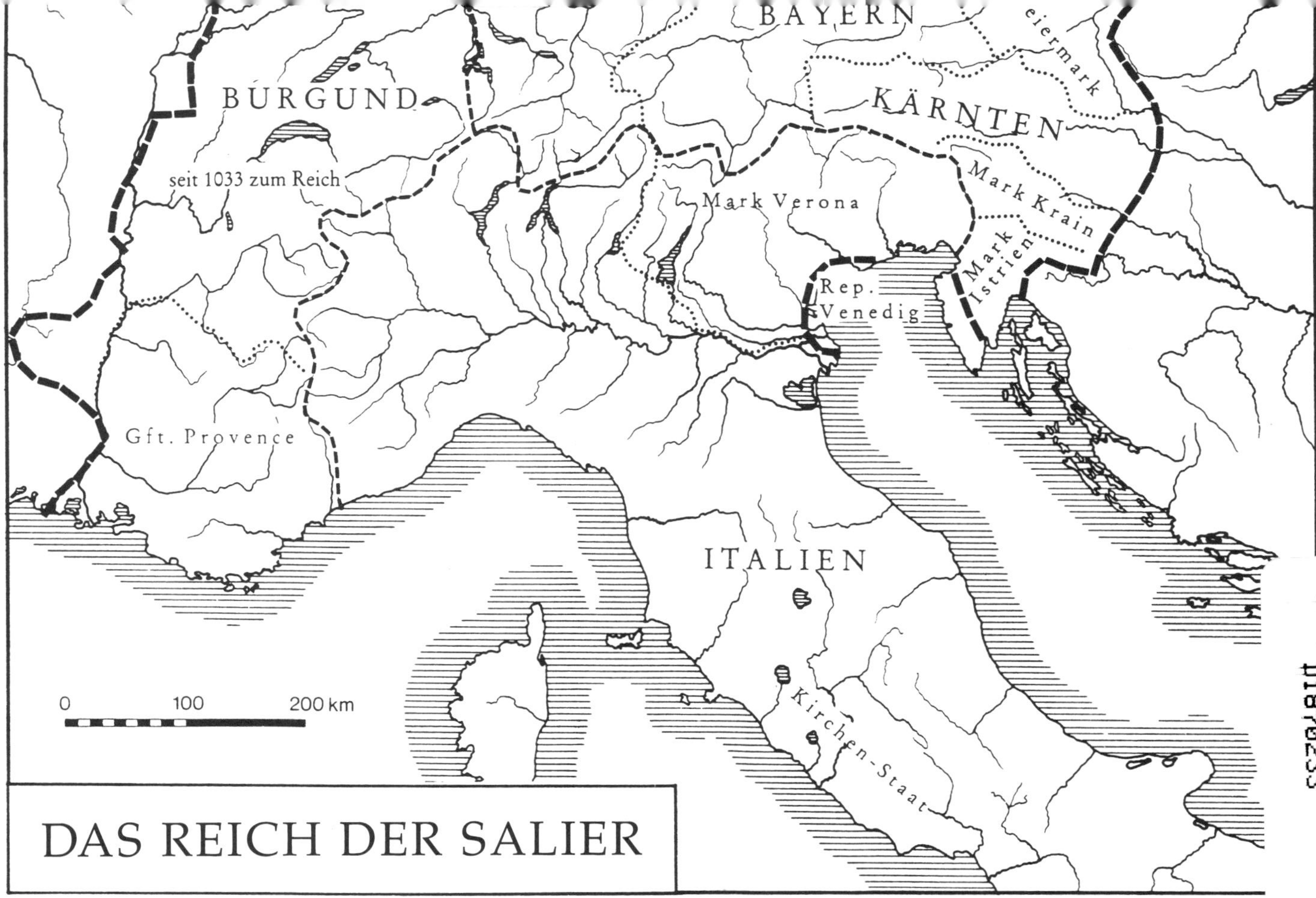
BAYERN
eiermark
BURGUND
KÄRNTEN
seit 1033 zum Reich
Mark Verona
Mark Krain
Mark Istrien
Rep. Venedig
Gft. Provence
ITALIEN
Kirchen-Staat
0
100
200 km
DAS REICH DER SALIER

Diese Miniatur aus dem 12. Jahrhundert aus dem »Decretum Gratiani« zeigt die Idealvorstellung der kirchlichen Reformpartei von dem Verhältnis zwischen Papst und Kaiser. Es ist der Papst, der dem Kaiser das Zepter reicht. Damit wird er zum Herrn über Kaiser und Welt.

Ernst W.
Wies

Kaiser
Heinrich
IV.

Ernst W. Wies

Kaiser Heinrich IV.

Canossa und der
Kampf um die
Weltherrschaft

Bechtle

Bildnachweis:
Archiv für Kunst und Geschichte, Berlin: 1, 2, 3, 6, 7
Bildarchiv preußischer Kulturbesitz, Berlin: 5
Diözesan- und Dombibliothek, Köln: Frontispiz
Marielene Wies, Köln: 4

Schutzumschlag: Bernd und Christel Kaselow, München
Umschlagmotiv: Kaisersiegel Heinrichs IV., AKG, Berlin
Satz: Fotosatz Völkl, Puchheim
Druck: Jos. C. Huber KG, Dießen
Binden: R. Oldenbourg, München
Printed in Germany
ISBN: 3-7628-0537-7

Für Marielene

Es ist wiederum Zeit
zum Danken:

Dem Direktor der Erzbischöflichen Diözesan- und Dombibliothek, Herrn Dr. J. A. Cervellò-Margalef, und seinen freundlichen Bibliothekarinnen und Bibliothekaren.

Darüber hinaus geht mein Dank an Herrn Dr. Hans Günther Siebert für die Mühsal des Korrekturlesens, aber auch für kenntnisreichen Ratschlag.

E. W. W.
Köln, im Herbst 1996

Inhalt

König und Papst *127*

Canossa und seine Überwindung *163*

Heinrich IV. und sein Weg bis zum bitteren Ende *193*

Heinrich V. und die neue Zeit *241*

Anhang

Vorbemerkung

Mit diesem Buch über Kaiser Heinrich IV. und die salische Dynastie ist der Kreis umschritten, der mit Karl dem Großen und den Karolingern begann und mit Otto dem Großen und seinem Hause weitergeführt wurde bis hin zu dem glänzenden Staufer Friedrich Barbarossa und seinem phantastischen Enkel Kaiser Friedrich II.

Die Erfahrung, die der Autor gewann, vor allem bei der Betrachtung der Geschichtsschreibung des 18. und 19. Jahrhunderts, war die, daß Historie, die ja um Objektivität bemüht sein will, in Wahrheit zum Instrument nationaler und nationalistischer Geschichtsschau wurde.

Ein Beispiel dieses politisierten historischen Denkens sei hier zitiert. Und zwar aus Königs Erläuterungen (Bd. 94/95) zum »Nibelungenlied«, in dem der Herausgeber Oswald Woyte wohl weit vor dem Ersten Weltkrieg ausführen läßt:

»Nicht mit Unrecht sagt Junghans, daß stets ›unser Lied‹ (das Nibelungenlied) in Ansehen stehen mußte, wenn der deutsche Name etwas galt, daß es dagegen versunken und vergessen war, wenn deutsches Wesen sich selbst vergaß und, in verächtlicher Weise vor dem Antiken oder dem Wälsch-Fränkischen daniederliegend, sich mit wertlosen Flittern des Auslandes schmückt‹.«

So verwandelte man in törichter Verblendung den Frankenkönig und Kaiser Karl den Großen zum Sachsenschlächter und welschen Franken.

Bei Otto dem Großen, der mit seinem Sieg auf dem Lechfeld 955 über die Ungarn die Hegemonie Deutschlands in Europa begründete, wurde vergessen zu berichten, daß es die Böhmen waren, die durch ihr Eingreifen den triumphalen Sieg in dieser Schlacht herbeiführten.

Vor allem entschwand aus dem historischen Bewußtsein, daß dieser Kaiser Otto I. nicht nur ein tief frommer Mensch war, sondern daß er die christlichen Tugenden des Verzeihens und der Vergebung vorlebte.

Vom Bruder, vom Sohn, vom Schwiegersohn verraten und mit Rebellion überzogen, nahm er sie doch alle wieder in die königliche Gnade auf, wenn sie sich unterwarfen. Dies war nicht nur ein Akt der Menschlichkeit, sondern auch ein Beispiel staatsmännischer Vernunft. Wurden sie, Bruder, Sohn und Schwiegersohn, doch zu getreuen Stützen seines Thrones.

Die gnadenlose Rache der Staufer bei Verrat durch Angehörige des eigenen Geschlechts war ihm fremd.

Gerade aber die Staufer wurden zu Lichtgestalten der deutschen Geschichtsschreibung.

Es kann kein Zufall sein, daß in der Zeit, in der der letzte Kaiser des Heiligen Römischen Reiches Deutscher Nation, der Habsburg-Lothringer Franz II., im Jahre 1806 unter den Hammerschlägen Napoleonischer Siege die Kaiserkrone niederlegte, daß just in dieser Zeit der Berliner Professor Friedrich von Raumer begann, sein Werk »Die Geschichte der Hohenstaufen und ihrer Zeit« zu schreiben.

Ein Werk von auch heute noch nicht überholtem Detailwissen. Der eigentliche Anlaß zu diesem großen Geschichtswerk jedoch war, dem gedemütigten und seiner Einheit beraubten deutschen Volk den Ruhm und den Glanz wiederzugeben, die die Gegenwart nicht mehr bieten konnte.

So wurden die Gestalten der Staufer hymnisch emporgetragen. Es wurde nicht mehr ins Bewußtsein gebracht, daß Friedrich Barbarossa achtzehn Jahre lang erfolglos gegen Papst Alexander II. gekämpft hatte. Denn erst, als es Barbarossa im Frieden von Venedig des Jahres 1077 gelang, Papsttum und Kaisertum zu versöhnen, erwuchs er zu jener Größe, die er in der Geschichte einnimmt.

Sein Enkel Kaiser Friedrich II. erblühte zu einem Märchenkaiser; es wurde nicht nachvollzogen, daß mit seinem Tode sein Reich unterging. Dieses letzte und endgültige Urteil der Geschichte über einen Herrscher wurde zugedeckt durch eine Flut von Reminiszenzen wie: »der erste moderne Mensch auf dem Thron«. Dabei hatte er in Wirklichkeit versucht, ein nach rückwärts gewandtes römisches Cäsarentum zu verwirklichen.

Die Salier hingegen haben die deutsche Nationalseele wenig berührt.

Zwar war der biedere Kaiser Konrad II. ein tüchtiger Mehrer des Reiches. Auch sein fast heiliger Sohn Kaiser Heinrich III. konnte die nationale Phantasie wenig beflügeln, obwohl er 1046/47 in Sutri drei korrumpierte Päpste absetzte und so dem Kaisertum auch eine kirchliche Ordnungsmacht zuwies.

Dessen Sohn, Kaiser Heinrich IV., wurde in der geschichtlichen Schau seitenverkehrt gesehen. Nicht Heinrich IV. war es, der in die Rechte von Papst und Kirche eindrang, sondern es war das Papsttum, das unter dem Schlagwort »Freiheit der Kirche« in jahrhundertealte deutsche Königsrechte einbrach. Das Königsrecht der Investitur der Bischöfe, das von über sechzig Papstgenerationen anerkannt worden war, wurde nun in einer klerikalen Revolution, man nannte sie Gregorianische Reform, ins Gegenteil verkehrt. Man drängte den König aus dem Sakralbereich, dem er bislang durch Weihe und Salbung angehört hatte, hinaus und behauptete, es könne nicht Aufgabe eines Laien (des Königs) sein, kirchliche Handlungen, wie die Einsetzung eines Bischofs, vorzunehmen.

Heinrich IV. hat versucht, mit Kampf, und wenn es sein mußte mit Unterwerfung, die deutschen Königsrechte zu bewahren, was ihm bis zu seinem Tode auch gelang.

Doch den Gang nach Canossa haben ihm die nationalen Historiker nicht verziehen. Canossa wurde zum nationalen Trauma, unter dem selbst Otto von Bismarck achthundert Jahre später noch litt. Sich einem Papst zu Füßen werfen, im Büßergewand Vergebung erflehen – nein!

Auch wenn durch eine solche Tat die innere Substanz des deutschen Königtums erhalten geblieben und der König selbst davor bewahrt worden war, zur Karikatur und zum Lehnsmann des Heiligen Stuhles herabzusinken – wie es dem Gegenkönig Rudolf von Rheinfelden erging.

Nein, solche Helden liebt die deutsche Seele nicht. Sie liebt den Helden, der unerschütterlich, niemals zur Umkehr bereit, sehenden Auges in den eigenen Untergang stürzt und sein ganzes Volk mit sich reißt.

Hagen von Tronje, das ist der deutsche Held, und an seinem Untergangswahn wurde deutsche Größe gemessen.

Die Stillen und Demütigen, die stark genug sind, sich um ihrer Ziele willen, zur Rettung des Ganzen zu beugen, sie sind im Fühlen und Denken der Deutschen wenn auch Helden, so doch Helden zweiter und dritter Klasse.

Und doch kann die Menschheit nicht, weder in Vergangenheit, Gegenwart noch Zukunft, auf solch stille Helden wie Kaiser Heinrich IV. verzichten.

Die Salier

Der erste Salier

Nachdem Ludwig IV. (das Kind), der letzte ostfränkische Karolinger, am 24. September 911 mit achtzehn Jahren gestorben war, stand die Fürstengesellschaft des ostfränkischen Reiches vor einer zukunftsentscheidenden Frage. Würden die ostfränkischen Herzöge ihr junges Staatsgebilde im Erbgang unter die Herrschaft des in Paris regierenden westfränkischen Karolingers Karl III. stellen, oder war das Gemeinschaftsgefühl der deutschen Stämme schon so ausgebildet, daß sie zu einem eigenen Königtum und einem gemeinsamen Reich finden konnten?

Einzig die Lothringer lösten sich aus der ostfränkischen Gemeinschaft und unterstellten sich dem westfränkischen König Karl III., unter Berufung auf das fränkisch-karolingische Erbrecht. So unangenehm dieser Austritt aus dem ostfränkischen Reich damals auch sein mochte, illegitim war er nicht.

Hingegen versammelten sich Franken und Sachsen im November 911 im oberfränkischen Forchheim und wählten auf Ratschlag Herzog Ottos von Sachsen den Frankenherzog Konrad zu ihrem König. Die Stämme der Baiern und Schwaben schlossen sich dieser Wahl an.

Die Königsherrschaft Konrads I. war nicht glücklich. Er versuchte die Herrschaftsform der Karolinger durchzusetzen, das heißt die Unterwerfung der Stämme unter die Königsmacht. Er vergaß dabei, daß er durch die Wahl eben dieser Stämme und ihrer Herzöge sein Königtum empfangen hatte. Sein Kampf um die Wiedereingliederung Lothringens blieb erfolglos. Doch gelang es ihm, König Karl III., der sich bereits im Elsaß festgesetzt hatte, zu verjagen.

Auch flammte die Ungarnnot wieder auf. Ungarische Einfälle in Franken und Thüringen, Sachsen und Schwaben, im Elsaß und in Lothringen verheerten das Land. Vom Bodensee bis zur Nordsee zogen sie ihre blutige Spur. Aber es war nicht der König – dem es an Macht mangelte –, der an der Spitze eines Reichsheeres den ungarischen Raubscharen entgegentrat, sondern es waren die Stammesherzöge, die sich mit ihren Mannen den Ungarn stellen und so ihre eigene Bedeutung sichtbar machten.

War dieser Herrscher, der erste König des salischen Hauses, auch glücklos, so setzte er sich doch ein in der Geschichte seltenes Denkmal edelster Hochherzigkeit.

Wenn auch der Bericht des Widukind von Corvey als Mittel sächsischer Legendenbildung angesehen wurde, so neigt die neuere Forschung doch dazu, den Handlungsverlauf der Darstellung als im Kern richtig anzuerkennen. Schauen wir in Widukinds Text:

»Der König aber zog nach Baiern und stritt mit Arnulf (Herzog von Baiern), und als er hier, wie einige erzählten, verwundet worden war, kehrte er in seine Heimat zurück. Und als er sich krank fühlte, in Verbindung damit, daß ihn sein anfängliches Glück verlassen hatte, rief er seinen Bruder, der ihn zu besuchen gekommen war, und sprach zu ihm also: ›Ich fühle, Bruder, daß ich dieses Leben nicht länger halten kann, da es Gott nach seinem Ratschluß so will und eine schwere Erkrankung mich zwingt. Deshalb gehe ich mit Dir zu Rate und sorge, für das ganze Frankenreich, indem Du auf meinen Rat, den Rat Deines Bruders, achtest. Wir können, Bruder, Truppen und Heere aufbieten und anführen, wir haben Burgen und Waffen nebst den königlichen Insignien und alles, was die königliche Würde erheischt – nur kein Glück und keine Eignung –. Das Glück, mein Bruder, samt der herrlichsten Befähigung, ist Heinrich zuteil geworden, die Entscheidung über das Gemeinwesen liegt in der Sachsen Hand. Nimm darum diese Abzeichen, die heilige Lanze, die goldenen Spangen nebst dem Mantel, das Schwert und die Krone der alten Könige, gehe hin zu Heinrich und mache Frieden mit ihm, damit Du an ihm immer einen Verbündeten hast. Denn warum soll das Frankenvolk samt Dir vor Heinrich hinsinken? Er wird in Wahrheit König sein und Befehlshaber zahlreicher Heeresaufgebote.‹

Als er so gesprochen hatte, erwiderte sein Bruder unter Tränen, er sei damit einverstanden. Danach starb der König, ein tapferer Mann, tüchtig im Krieg wie im Frieden, freigebig und mild und mit aller Tugend Schmuck geziert und wurde begraben in seiner Stadt Weilburg (vielmehr Fulda) unter dem Jammer und den Tränen der Franken.«[1]

Nun ist der Thronverzicht eines sterbenden Königs für sein Geschlecht schon ein seltener Vorgang. Noch seltener aber ist die Haltung des Bruders, Herzog Eberhards von Franken, der auf die legitime Thronnachfolge verzichtete. Ja, im Sinne des Gemeinwesens ging er noch einen Schritt weiter.

»Eberhard begab sich, wie es der königliche Bruder befohlen hatte, zu Heinrich, stellte sich mit allen Schätzen ihm zur Verfügung (cum omnibus thesauris illi tradidit), schloß Frieden und erwarb sich dessen Freundschaft, die er bis an sein Ende in treuer Verbundenheit bewahrte. Sodann versammelte er die Fürsten und Ältesten des Frankenheeres an einen Ort namens Fritzlar und rief ihn vor allem Volk zum König aus.«[2]

So wurden König Konrad I. und sein Bruder Herzog Eberhard aus dem älteren salischen Haus durch ihren hochherzigen Verzicht zum Wegbereiter jenes Staates, den man einmal das »Deutsche Reich« nennen sollte.

Der zweite Weg zum salischen Königstum

Doch ein zweites Mal noch wird der salische Name im Sturm der Geschichte aufleuchten. Am 10. August 955 fiel der Schwiegersohn König Ottos I., Herzog Konrad von Lothringen, einst Rebell wider König und Reich, jetzt zurückgekehrt in die Treue und Gnade des Königs, als strahlender Held in der Lechfeldschlacht. In ihm sehen wir den ersten markanten Vertreter des jüngeren salischen Hauses, das dem Reich vier Könige und Kaiser stellen wird.

Rund siebzig Jahre später wurde Konrads des Roten Urenkel, Konrad II., in Kampa, gegenüber Oppenheim, zum deutschen König gewählt. Der kirchlichen Salbung und Krönung in Mainz am 8. September folgte am 21. September die Krönung seiner Gemahlin Gisela in Köln durch Erzbischof Pilgrim. Die deutsche Krone war nach Franken zurückgekehrt, das Jahrhundert der Salier hatte begonnen.

War Deutschland auch kein Erbkönigreich wie Frankreich, so gab es doch bei der deutschen Königswahl eine zwingende Voraussetzung: die des königlichen Blutes.

Hatten sich einstmals die Ottonen durch Heirat der karolingischen Königsfamilie angesippt, so waren die Salier durch die Heirat Konrads des Roten mit der Königstochter Luidgard dem ottonischen Königshaus verbunden. Und Konrad II. war in weiblicher Linie der Urenkel Ottos des Großen.

Die auf die Salier folgenden Staufer kamen durch die Heirat Friedrichs I., des Herzogs von Schwaben, mit Agnes von Waiblingen, der Tochter Kaiser Heinrichs IV., zu königlichem Geblüt.

So hat im Laufe von vierhundertfünfzig Jahren, von den Karolingern über die Ottonen, die Salier und die Staufer, keine Dynastie in Deutschland geherrscht, die nicht in der ungebrochenen Kette des germanischen Geblütsmythos gestanden hätte.

Nur das heilige Blut der Könige befähigte zu Königsheil und Königtum und damit zur Kaiserherrlichkeit.

Unter den ottonischen und salischen Herrschern bis zu Kaiser Heinrich III. fand das mittelalterliche Kaisertum den Gipfelpunkt seiner Ausprägung. Als Kaiser des Imperiums wie als Herren der Kirche, ja auch als Stellvertreter Christi auf Erden, lösten Ottonen und Salier korrumpierte Päpste ab und ersetzten sie durch moralisch integere Männer, die zwar kaisertreu, aber dem Kaiser nicht hörig waren. Kaiser und Päpste unterstützten sogar gemeinsam die kirchliche Reformpartei, die eine von weltlicher Macht und Simonie (Ämterkauf) befreite Kirche anstrebte, wobei sich die Kaiser – als Träger weltlicher und geistlicher Macht – auch als Teil der Kirche empfanden.

Auf der Synode von Sutri am 20. Dezember 1046 setzte Kaiser Heinrich III. den durch Simonie zum Papsttum gelangten Gregor VI. und den vertriebenen Papst Silvester III. ab und verlieh dem deutschen Bischof Suitger von Bamberg als Clemens II. die päpstliche Würde. Die Kurie wagte es nicht, einen Gegenpapst aufzustellen. Das Wort des Kaisers galt.

Zwar glänzte das Reich auch noch unter den Staufern. Doch Friedrich Barbarossa gelang es zu keiner Zeit, seine Gegenpäpste durchzusetzen. So kam es schließlich zwischen Kaiser und Papst am 24. Juli 1177 zum Kompromißfrieden von Venedig.[3]

Die darauf folgenden dreizehn Jahre – bis zu seinem symbolhaften Kreuzfahrertod am 10. Juni 1190 im Fluß Saleph – waren die großen Jahre Friedrichs I., die ihn zur Lichtgestalt, zum ersten Fürsten des Abendlandes erhoben. Die Königskrone von Burgund wurde erworben, Friedrichs innenpolitischer Gegner, Heinrich der Löwe, besiegt und auf dem Reichstag zu Würzburg im Jahre 1180 der Reichsacht unterworfen, und der Frieden mit dem Lombardenbund und Mailand wurde hergestellt. Zu Pfingsten 1184 feierte Friedrich I. zu Mainz das große Hoffest, anläßlich der Schwertleite seiner beiden Söhne. Es war die glanzvollste Selbstdarstellung staufischer Kaiserherrlichkeit und ritterlichen Lebens.

Durch die Heirat des Kaisersohnes Heinrich VI. mit Constanze von Sizilien im Jahre 1186 erwarb dieser die Anwartschaft auf die Krone Siziliens, was wenige Jahre später politische Wirklichkeit wurde.

Auf dem Hoftag Jesu Christi in Mainz, am 27. März 1188, nahm der nun sechsundsechzigjährige Kaiser das Kreuz, um als Führer der christlichen Ritterschaft das Heilige Grab zu befreien. Sein Tod im Jahre 1190 machte ihn zum Mythos der Geschichte.

In diesem letzten Jahrzehnt Friedrichs I. wird offenbar, was Kaisertum sein kann im Frieden mit Papst und Klerus.

Sein Enkel, Kaiser Friedrich II., fand diesen Frieden nie. Er scheiterte in seinem Kampf gegen das Papsttum, was zum Untergang des Stauferreiches führte.

Die geistliche und weltliche Machtfülle ottonischer und salischer Kaiser wurde nie mehr erreicht. Für eine Weltenstunde war eine Harmonie, eine Übereinstimmung göttlicher und weltlicher Ordnung aufgeblüht wie danach nie wieder. Unter dem vorletzten Salier, dem tragischen Kaiser Heinrich IV., vollzog sich die Wende deutscher Kaiserherrlichkeit. Der Pendelschlag der Macht neigte sich den Päpsten zu.

Kaiser Konrad II.

Die umfassendste Lebensbeschreibung Konrads II. verdanken wir dem burgundischen Priester und Mitglied der Hofkapelle namens Wipo. Zwar hat man seine Qualitäten als Historiker angezweifelt, dennoch gab er uns ein Bild der Menschen und ihrer Zeit. Vor allem aber gab er uns die Vorstellung vom Eingebundensein des Königs und Kaisers in den göttlichen Willen. Für ihn war Gott der Ursprung aller Macht. Der rechtmäßig erwählte König wird durch die Gnade Gottes zu einem neuen, in göttliche Geheimnisse eingehüllten Menschen. Wenn Konrad II. diesen Forderungen nicht ganz entsprach, so ist zu bedenken, daß Wipos Werk »Die Taten Kaiser Heinrichs II.« dem Sohn Heinrichs gewidmet war. Wipo unternahm damit den Versuch, durch die idealisierte Darstellung des Vaters den Sohn pädagogisch zu prägen.

Konrad II. war ein praktischer, erdgebundener Mann mit scharfem Verstand und zupackender Hand. Ein Sprichwort seiner Zeit sagte: »An Konrads Sattel hängen die Steigbügel Karls des Großen.«

Konrads ausgeprägtes Rechtsempfinden rührt daher, daß er in seiner Jugend von der eigenen wie der kaiserlichen Familie in seinen Erbrechten beschnitten worden war. Dies zeigt Wipo an einem Ereignis: »Während der König seinen Einzug (Krönungseinzug) hielt, traten drei Menschen mit ihren besonderen Klagen an ihn heran. Der eine war ein Bauer der Mainzer Kirche, der zweite Waise, der dritte eine Witwe. Da der König ihre Anliegen hören wollte, suchten ihn einige Fürsten abzulenken durch den Hinweis, er dürfe die Weihe nicht verzögern und müsse rechtzeitig das heilige Amt hören. Doch als ein ›echter Stellvertreter Christi‹ – so sahen Wipo und seine Zeit den König – entgegnete er tief christlich mit einem Blick auf die Bischöfe: ›Wenn das Königsamt meine Aufgabe ist und ein Mann, der sich selbst treu bleibt, niemals aufschieben darf, was ihm zu tun möglich ist, dann erscheint es mir richtiger, meine Pflicht zu tun, als mir von einem anderen sagen zu lassen, was ich tun soll. Soviel ich weiß, erklärt ihr immer, Rechtfertigung finde nicht, wer das Gesetz hört, sondern wer es erfüllt.‹ ... Unter solchen Worten blieb er stehen, wo ihm die Unseligen entgegengetreten waren, und ließ, seine Schritte verhaltend, ihnen Gerechtigkeit werden ... So beglückend sah man seine Regierung beginnen; der Rechtspflege widmete er mehr Eile als der Königskrönung.«[4]

Auch in der Krönungspredigt des Erzbischofs Aribo von Mainz, gehalten am 8. September 1024, die Wipo überliefert und in die er ohne Zweifel eigene Vorstellungen hineininterpretiert, klingt die sakrale Stellung des Königtums gewaltig an:

»Mit Dir und Deinetwegen rede ich, Herr König! Der Herr, der Dich erwählt hat zum König über sein Volk, wollte Dich prüfen, bevor er Dich zum König machte. Er sucht jeden heim, den er annimmt. Er hat gnädig gezüchtigt, den er aufnehmen wollte ... Nicht ohne Absicht hat Gott Dich geprüft, die zukünftige Frucht hat er in Dir zur Reife gebracht. Er ließ Dich die Huld Deines Vorgängers, Kaiser Heinrichs, verlieren und wieder erlangen, damit Du jetzt wissest, Dich derer zu erbarmen, die Deine Huld verlieren.

Du hast Unrecht erduldet, damit Du Dich jetzt derer zu erbarmen verstehst, die Unrecht erleiden. Gottes Liebe wollte Dich nicht ungeprüft lassen, damit Du nach dieser himmlischen Belehrung das christliche Reich an Dich nehmen könntest. Zur höchsten Würde bist Du aufgestiegen, ein Stellvertreter Christi bist Du.«[5]

Eine inhaltsschwere Krönungspredigt, die Wipo den Erzbischof von Mainz halten läßt. Sie berichtet uns, daß Konrad II. in die Ungnade Kaiser Heinrichs II. gefallen war, daß er sich aus seinem Erbe gedrängt fühlte und daher sein geschärftes Rechtsgefühl herrühre. Aber all dies ist zweitrangig. Erzbischof Aribo postuliert, daß das Königtum von Gott verliehen wird. Daß keines Menschen Hand, auch nicht die eines Priesters, zwischen Gott und dem Königtum steht. Ja, der Erzbischof präzisiert die Stellung des Königs ganz genau: »... ein Stellvertreter Christi bist Du«.

Um dieser Rechtsposition willen wird der Kampf zwischen Papst und Kaiser entbrennen, der sich von den ersten Jahrzehnten des elften Jahrhunderts bis zum Wormser Konkordat im Jahre 1122 unter dem Namen Investiturstreit hinziehen wird. Tatsächlich enden wird der Kampf erst im Jahre 1250 mit dem Zerbrechen des staufischen Kaiserreiches.

Papst Gregor VII. leugnete die Stellung des Königs in der Vergangenheit, wie Erzbischof Aribo von Mainz sie formuliert hatte. Gregor dekretiert in seinem »Dictatus papae« unter Artikel 8:

»Nur er (der Papst) verfügt über die kaiserlichen Insignien.«

Und unter Paragraph 9:

»Alle Fürsten haben die Füße einzig und allein des Papstes zu küssen.«

In Artikel 12 setzt der Papst den Höhepunkt:

»Der Papst kann Kaiser absetzen.«[6]

Einhundertdreiundzwanzig Jahre später überhöht der im Jahre 1198 gewählte Papst Innozenz III. alle diese Thesen. In seiner Konsekrationspredigt präzisiert der Siebenunddreißigjährige für die Römer und die ganze Christenheit die Stellung des Papstes:

»Ich bin über das Haus Gottes gesetzt, damit mein Verdienst und meine Stellung alles überrage. Mir ist gesagt vom Propheten: ›Ich will Dich über Völker und Königreiche setzen.‹ Von mir heißt es beim Apostel: ›Ich will Dir des Himmelreichs Schlüssel geben.‹ Der Knecht, der über das ganze Haus gesetzt ist, ist ›der Stellvertreter Christi‹, der Nachfolger des Petrus, der Gott Pharaos; er ist in die Mitte gestellt, zwischen Gott und die Menschen, geringer als Gott, aber größer als ein Mensch; der über alle urteilt, während über ihn niemand ein Urteil fällt.«[7]

In diesen unerhörten Spannungsbogen gesetzt, vollziehen sich das Schicksal und der Kampf zwischen Kaiser und Papsttum.

Konrad II. herrschte – ohne theologisch besonders gebildet zu sein wie sein Sohn Heinrich III. – aus dem Vollgefühl seines göttlichen Auftrags. So regierte er auch in seiner Kirche. Er besetzte Bischofsstühle in dem Bewußtsein, eine jahrhundertealte königliche Herrscherpflicht auszuüben. Es galt der Grundsatz, »daß das Bistum vergeben wird nicht durch Wahl, sondern durch die Gabe des Königs«.[8] Auf den Vorwurf, für kirchliche Ämter Bezahlung (Simonie) zu nehmen, antwortete er in naiver Offenheit, »er könne sonst nicht das Reich regieren«.

Es wäre von der Forschung zu untersuchen, ob der Simonievorwurf nicht oftmals ein politisches Argument der Kirchenreformer im Investiturstreit war, um ihre klerikale Revolution durchzusetzen. Denn eine Revolution ist es doch, wenn jahrhundertealte Königsrechte auf den Schindanger der Geschichte geworfen werden, um statt dessen die faszinierende These von der Freiheit der Kirche aufzurichten. Ämterkauf wäre es gewesen, wenn der König die Kirchenämter an den Meistbietenden verschachert hätte. Das aber ist wohl in den seltensten Fällen so gewesen. War es vielmehr doch so, daß der König, wenn er einen Bischof einsetzte, diesen mit dem Besitz reicher königlicher Güter ausstattete und der Bischof für die Einsetzung ins Amt und die Güter üblicherweise eine finanzielle Vorausleistung erbrachte. Zudem besetzte der König nicht aus alleinigem Willen die Bischofssitze, sondern auf Rat der Großen des Landes. Gemäß einer fein abgestimmten Machtverteilung hatten bestimmte große Adelsfamilien Ansprüche auf bestimmte Bischofssitze. Das erweisen die Bischofslisten.

Es galt hier nicht, die Taten Konrads II. aufzuzeigen. Daß er ein Mehrer des Reiches war, daß er die Krone Burgunds erwarb, daß er zum Kaisertum aufstieg, daß er die Ostgrenzen des Reiches sicherte, all dies ist bekannt. Wichtig war es, die Stellung des Königs und Kaisers in Kirche und Welt darzustellen, damit wir die folgenden Geschehnisse und die Ansprüche der Kirche besser beurteilen können.

Kaiser Konrad starb nach einem erfüllten Herrscherleben am 4. Juni 1039 zu Utrecht. Unter seiner Regierung setzte sich die Bezeichnung Imperium Romanum durch. Ein Zeichen, wie fest deutsches Kaisertum begründet schien.

Kaiser Heinrich III.

Heinrich III., der zweite Salier auf dem Thron, war – wie nur wenige Herrscher – auf sein Amt vorbereitet worden. Heinrich III. erhielt eine theologische und eine literarische Ausbildung, und schon am 14. April 1028 ließ Kaiser Konrad seinen elfjährigen Sohn zum Mitkönig erheben. Dies geschah in der Aachener Pfalz, am Stuhl Karls des Großen, durch Erzbischof Pilgrim von Köln. Beim Tod Konrads, im Jahre 1039, vollzog sich daher die Übergabe der Regierungsgewalt vom Vater auf den Sohn nahtlos.

In der Betrachtung Heinrichs III. geht es – wie schon im vorhergehenden Kapitel – nicht um politische und militärische Erfolge: Es gelang ihm, den Böhmenkönig Bretislaw – mitsamt seinen Plänen einer böhmisch-tschechischen Nationalkirche – wieder in die Vasallität des Reiches zu zwingen, die Vorherrschaft gegenüber Ungarn durchzusetzen und die Leitha wiederum als Grenzlinie zwischen Ungarn und dem Reich zu etablieren sowie den Polenkönig unter deutsche Vasallität zu stellen. Die völlige Verfügung über das römische Papsttum machte ihn zu einem der bedeutendsten Herrscher. So wie sein Vater Konrad II. in den Steigbügeln Karls des Großen gesehen wurde, so zeigt sich auch in Heinrich III. ein Herrscher mit dem Machtpotential des großen Karolingers.

Etwas anderes aber ist es, was das geschichtliche Profil des zweiten Saliers prägt. In ihm versinnbildlicht sich die Gestalt des Priesterkönigs.

Übte sein Vater Konrad die Macht unbekümmert im Glauben seiner königlichen Sendung aus, so wird bei Heinrich III. die priesterliche Funktion schärfer sichtbar. Er versucht mit all seiner Lebenskraft und Macht den Widerspruch zwischen weltlicher Herrschaft und christlicher Liebe zu überbrücken.

Beeindruckend für die Zeitgenossen, daß er seine Heerfahrt gegen die Böhmen im Jahre 1041 mit einer Bußfeier des deutschen Heeres beginnt.[9]

Sieht man Heinrichs III. Verhalten auf der Synode von Konstanz im Jahre 1043, so kann man tatsächlich an ein neues Zeitalter, den Anbeginn des Gottesstaates denken. Deutschland war geschüttelt von Hunger und Mißernten, auf der anderen Seite standen Heinrichs großartige Siege gegen die Ungarn fest im Bewußtsein der Menschen. Und am vierten Tage der Synode schreitet dieser König und Priester – geleitet von einem Bischof – zum Ambo der Konzilskirche und verkündet dem versammelten Volk eine ergreifende Aufforderung zum Frieden. Aber es bleibt nicht bei dieser dramatischen Deklaration: Der König bittet alle, gegen die er sich vergangen hätte, um Verzeihung.

Der gleiche ergreifende und das Volk anrührende Vorgang wiederholte sich in Lothringen. Lampert von Hersfeld berichtet: »Der König feierte Weihnachten in Trier, und dort sprach er alle, die sich gegen die königliche Majestät vergangen hatten, von Schuld frei und verkündete für das ganze Reich das gleiche Gebot, daß alle einander ihre Vergehen vergeben sollten.«[10]

Im Jahre darauf fand nach dem großen Sieg über die Ungarn eine gleiche Buß- und Vergebungsfeier auf dem Schlachtfeld an der Raab statt. Man stelle sich vor: der siegreiche König, barfuß, im wollenen Büßergewand, ihm nachfolgend die Fürsten des Reiches und das gesamte Heer!

Welch eine Szene! Die gelebte Imitatio Christi. Die Verwirklichung des siegenden und liebenden Christus. Und nun werfen sich alle, der König und sein Heer, vor einem Partikel vom Holz des heiligen Kreuzes nieder. Vor dieser Reliquie danken die demütigen Sieger Gott für den übergroßen und so unblutigen Sieg. »Als Dank für die göttliche Hilfe geloben alle, allen zu vergeben.«[11]

Dieser König predigt nicht nur die Taten christlicher Liebe und Vergebung, er lebt sie auch vor.

Bern von Reichenau zögert nicht, Heinrich III. mit König David zu vergleichen, und schreibt von dem künftigen Reich, »in dem Gerechtigkeit und Frieden sich küssen«.[12]

In diesen Jahren errang Heinrich III. in der Christenheit die moralische Position, die es ihm erlaubte, auf der Synode von Sutri am 20. Dezember 1046 drei korrumpierte Päpste abzusetzen. Nach der Weigerung des Erzbischofs Adalbert von Bremen/Hamburg (der von einem nordischen Patriarchat träumte), die Papstwürde zu übernehmen, erhob auf seinen Ratschlag hin Heinrich III. den Sachsen Suitger von Bamberg zum Papst. Zur materiellen Absicherung seines päpstlichen Amtes beließ ihm der Kaiser seine Diözese Bamberg. Fünf Tage danach erhielt Suitger unter dem Papstnamen Clemens II. in Rom die Weihen. Dann vollzog er die Kaiserkrönung an Heinrich III. und dessen Gemahlin Agnes von Poitou.

Der amtierende Papst Gregor VI. aus der römischen Bankiersfamilie der Pierleone, der sein Papsttum nachweislich seinem Vorgänger abgekauft hatte, mußte sich selbst seiner Würden entkleiden und wurde nach Deutschland, genauer nach Köln, verbannt. Ihn begleitete auf seinem Weg in die Verbannung ein junger Mönch mit Namen Hildebrand, dem wir später als Papst Gregor VII. begegnen werden. Empfand Hildebrand diesen Weg in die Verbannung eines seiner Würden entkleideten Papstes nicht als die Absetzung eines simonistischen Papstes, sondern erlitt dieses leidenschaftliche Herz dies als eine Entwürdigung des Papsttums überhaupt, als einen Eingriff weltlicher Macht in das Innerste der Kirche?

Lernte Hildebrand im deutschen Exil in Köln mit seinem Papst Gregor VI. im Jahre 1047 die Ideen des Bischofs Wazo von Lüttich kennen, der, obwohl ein reichstreuer Mann, die Vorgänge von Sutri scharf verurteilte? Haben sich damals in ihm – angesichts kaiserlicher Macht über römisches Papsttum – die unerhörten Grundsätze päpstlichen Machtanspruchs über alle Herrscher der Welt geformt, die er später in seinem »Dictatus papae« der Welt entgegenschleuderte?

Und gibt nicht auch die Wahl seines Papstnamens zu denken? Gregor nannte er sich. Und alle Welt folgerte, daß er sich auf Gregor I., den Großen, den Übervater des Papsttums, bezog. Aber ist es nicht naheliegend, daß er sich auf Gregor VI., den Gedemütigten und Verbannten, mit dem er gemeinsam ins Exil ging, bezog? Wollte er als Gregor VII. Sturz und Fall des Papsttums unter Gregor VI. überwinden?

Allgemein kam aus Deutschland und Italien Beifall über Heinrichs Eingreifen. Petrus Damiani schreibt: » ... nächst Gott hat er (Heinrich) Rom aus dem Rachen des unersättlichen Drachens befreit, er hat die Geldwechsler aus dem Heiligtum verjagt und verhütet, daß der Tempel Gottes zu einem Markt werde«.[13]

Wazo bezieht die Gegenposition und bekennt: Dem Kaiser schulden wir Treue (fides), dem Papst Gehorsam (oboedentia). Er schrieb dem Kaiser, daß sich alle Kirchenväter einig seien, die Päpste dürften von niemandem gerichtet werden. Wazo stellte die Frage, ob Heinrichs Eingreifen in Sutri und die Papsteinsetzungen nach kirchlichem Recht zulässig gewesen seien, und verneinte dies eindeutig.

Bedenkt man, daß Hildebrand mit dem abgesetzten Papst Gregor VI. in Köln lebte, wahrscheinlich in einem Kloster, daß das

Bistum Lüttich zur Kölner Kirchenprovinz gehörte und Lüttich nur etwa einhundert Kilometer von Köln entfernt ist, so zwingt sich die Folgerung auf, daß Hildebrand Wazos Ideen bekannt waren und er sein späteres Handeln danach ausrichtete.

Zunächst hatte Heinrich III. mit seinen Päpsten wenig Glück. Papst Clemens II. (Suitger von Bamberg) starb nach einem zehnmonatigen Pontifikat im Oktober 1047.

Sein zweiter Papst, Damasus II. (Poppo von Brixen), konnte sich erst nach Monaten gegen den zurückgekehrten Benedikt IX. durchsetzen. Damasus wurde erst am 17. Juli 1048 inthronisiert, starb aber schon wenige Wochen später, am 9. August 1048. Daß diese Päpste in der kurzen Zeit ihres Pontifikats nicht Geschichte machen konnten, versteht sich. Dann aber kam des Kaisers und der Kirche Glückswurf: der kaiserliche Verwandte Graf Bruno von Egisheim, Bischof von Toul, Papst Leo IX., der Papst aus dem Elsaß.

Auch dieser Papst lebte im Kreis der Reformideen: Freiheit der Kirche von weltlicher Macht, Verbot der Simonie und Reinheit des geistlichen Standes durch schärfste Beobachtung der Zölibatsgesetze.

Dennoch stand er nicht im Widerstand zum Kaiser. Bei der Gleichheit der Seelen harmonierten sogar die Gegensätzlichkeiten von Gedanken und Positionen.

Dieser Papst kam, so würden wir heute sagen, mit einer eigenen Regierungsmannschaft nach Rom. Um ihn war der Lütticher Archidiakon Friedrich, ein Bruder des Herzogs Gottfried von Lothringen. Friedrich wird sicher das Gedankengut des Lütticher Bischofs Wazo eingebracht haben. Ferner waren da die Mönche Humbert von Moyenmoutier und Hugo Candidus von Remiremont. Zu dieser Gruppe päpstlicher Mitarbeiter gehörte auch der Mönch Hildebrand, den Papst Leo zum Subdiakon der römischen Kirche ernannte.

Leos IX. Unabhängigkeit vom Kaiser, der ihn zum Papst erhoben hatte, zeigt sich daran, daß er eine nachträgliche kanonische Wahl durch Klerus und Volk von Rom zur Bedingung der Aufnahme des Papstamtes machte. Leo IX. war es, der den universalen Charakter des Papsttums wieder stärkte. Während seines fünfjährigen Pontifikats überquerte er sechsmal die Alpen. Zusammen mit Kaiser Heinrich III. leitete Papst Leo eine Reformsynode in Mainz. Auch hier war der Grundtenor die Reinheit der Kirche und ihre Befreiung von Simonie und Priesterehe. Leo bestätigte gegen die Reichsinteressen die Rechte von Grado, weil er für seine unteritalienischen Vorhaben die Unterstützung Venedigs benötigte. Die Freundschaft zwischen Heinrich und Leo zerbrach nicht an diesem sachlichen Gegensatz, weil sie vereint waren in dem hohen Ziel des Imperium christianum.

Ein Gegensatz zwischen Kaiser und Papst bei der Durchführung der Kirchenreform konnte auch darum nicht ausbrechen, weil der Kaiser sich selbst als Priesterkönig empfand, der mit dem gleichen heiligen Öl gesalbt war wie die Bischöfe. Auf seiner ersten Lateransynode im April 1049 ließ Leo als erstes in einer dramatischen Inszenierung die Beschlüsse der vier großen Synoden (Nikaia 325, Konstantinopel 381, Ephesos 431, Chalkedon 451) des Altertums verlesen, bestätigte sie und befahl die Beachtung aller päpstlichen Dekrete als Herrschaft des kanonischen Rechts in der Kirche. In der Frage der Simonie war der ansonsten so geschmeidige Mann von klarer Härte. Er forderte, alle Weihen, die durch simonistische Bischöfe durchgeführt worden waren, als ungültig zu erklären. Hier stellte sich ihm die Synode in tumultuarischer Form entgegen. Dann, so rief man dem Papst zu, müsse der Gottesdienst in den Kirchen aus Priestermangel eingestellt werden. Erst nach langen Verhandlungen fand man einen Kompromiß. Die Frage selbst blieb für Leo immer eine Wunde. Um so vehementer stellte er sich gegen die Priesterehe. Für seinen Bischofssitz Rom befahl er, die Priesterfrauen zu Unfreien zu erklären und in den Besitz der Laterankirche zu überführen.

Auch gegen die Übergriffe der Laien wandte sich der Papst, vor allem in Eherecht und Zehntpflicht.

Der Lateransynode folgten noch im gleichen Jahr eine Synode im Mai in Pavia, eine im Oktober in Reims und eine in Mainz; 1050 folgten Synoden in Salerno, Siponto, Rom und Vercelli, 1051 in Rom und 1053 in Mantua und wiederum Rom.

Wie ein Wunder erschien der Welt dieser Papst, der es verstand, seine Kirche unermüdlich zu regieren, zu reformieren; das hieß nach seinen Worten auf der Synode zu Mainz: »... das, was sich nicht ziemt und schadet, sollte von der Kirche, dem Körper der heiligen Christenheit, hinweggetan werden.«[14]

Der Abt Johann von Fécamp formuliert das Gefühl der Zeit diesem Papst gegenüber: »Wer sollte nicht in Jubel und Ruhm ausbrechen ob der in diesem Jahrhundert unerhörten Fürsorge des wachsamen Hirten? Ihm genügte es nicht, in Rom für sein Volk Sorge zu tragen oder allein das früchtereiche Italien mit dem Regen des göttlichen Wortes zu tränken, sondern auch die Kirchen diesseits der Alpen durchwandert er Synoden haltend; findet er etwas von der kirchlichen Norm Abweichendes, so eilt er, zu strafen und nach der Regel der Gerechtigkeit zu verbessern.«[15]

Dieser Papst weiß nicht nur mit Prälaten zu verhandeln und den päpstlichen Willen durchzusetzen, er ist auch ein Mann des Volkes. Als er im Jahre 1049 seine erste Reise über die Alpen antrat, versäumte er es nicht, das römische Volk um Abschied zu bitten. Auch in ein Kanonisationsvorhaben bezog er Klerus und Volk von Rom mit ein. Es ging darum, einen Vorgänger auf dem Bischofssitz von Toul, Bischof Gerhard, heiligzusprechen. In einer flammenden Predigt verkündete er dem lauschenden Volk und dem Klerus in der Laterankirche von dem heiligmäßigen Leben und den Wundern Bischof Gerhards und fragte dann die hingerissene Versammlung, ob ein solcher Mann nicht heilig und zur Verehrung der Altäre erhoben werden müsse?

Sein ganzes Pontifikat ist erfüllt von dem Bestreben, das gesamte christliche Volk in das Wirkungsgeschehen der Kirche miteinzubeziehen. Er spendet Reliquien, weiht Kirchen ein oder weilt ein paar Tage als Mönch unter Mönchen im Kloster auf der Reichenau.

Aber nicht nur das Volk und die Kleriker wußte er an sich zu binden. Dem Erzbischof Eberhard von Trier verlieh er die römische Mitra und erhob ihn zum Primas von Belgien. Dem folgte die Verpflichtung, daß Trier Jahr für Jahr eine Gesandtschaft nach Rom zu entsenden habe, um den päpstlichen Willen entgegenzunehmen. In Norddeutschland erreichte er die gleiche Bindung an den römischen Stuhl. Er erneuerte Erzbischof Adalbert von Bremen/Hamburg die Würde eines nordischen Legaten, mahnend, ihm denselben Gehorsam zu erbringen, wie ihn einstmals Bonifatius als Legat von Deutschland dem päpstlichen Stuhl erbracht habe. Ganz allgemein wurden die Erzbischöfe angehalten, alle drei Jahre in Rom zu erscheinen, um das Band päpstlicher und bischöflicher Brüderlichkeit zu festigen.

Durch die erstarkte Papstmacht wurde das Verhältnis zwischen Kaiser und Papst nie getrübt. Der Kaiser vertraute seinem Vetter, doch gab er keines seiner kirchlichen Rechte auf, er investierte die Bischöfe, leitete gemeinsam mit dem Papst Synoden, bestätigte ihre Beschlüsse, und auch in kirchlichen Fragen fällte er Entscheidungen.

Man kann das Verhältnis der beiden höchsten Männer der Christenheit so bezeichnen: Der Kaiser hatte nichts an Macht verloren, aber das Papsttum hatte in entscheidender Weise an Einfluß gewonnen.

Der Tod trennte den so eng verbundenen Schicksalsweg dieser beiden für das Reich und dessen Zukunft so wichtigen Männer. Am 19. April 1054 starb Papst Leo IX. Wie groß und unangefochten die Macht des Kaisers im Reich und in der Kirche war, zeigte sich darin, daß Rom ohne Widerspruch die kaiserliche Ernennung des Bischofs Gebhardt von Eichstätt annahm. Die Ernennung erfolgte ein halbes Jahr nach Papst Leos IX. Tod – reichlich Zeit für römische und klerikale Intrigen; es dauerte nochmals ein halbes Jahr, bis Bischof Gebhard als Papst Viktor II. am 13. April 1055 in Rom inthronisiert wurde.

Der Kaiser erwählte mit ihm wiederum einen Verwandten, der seine Grundüberzeugungen teilte. Er belehnte den neuen Papst mit Spoleto und Camerino, um so päpstliche wie kaiserliche Macht in Unteritalien zu verstärken.

Wenige Dinge noch blieben dem Kaiser zu tun. Ein letztes Mal zog er im Frühjahr 1055 über die Alpen. In Florenz feierte er – umgeben von einhundertzwanzig Bischöfen – mit dem neuen Papst Viktor an der Spitze ein Generalkonzil. Der Papst zog einzelne Bischöfe wegen Simonie zur Verantwortung, schritt gegen die immer wiederkehrende Verletzung des Zölibats ein und verbot die Veräußerung von Kirchengut. Kaiserliche Macht und päpstliche Autorität – einander stützend – erlaubten dem Kaiser, die Machtkonzentration des Hauses Canossa zu zerschlagen. Im Jahre 1054 hatte des Kaisers innerdeutscher Gegner, Herzog Gottfried von Lothringen, Beatrix von Tuszien geheiratet, um im Herzen Italiens ein Bollwerk gegen salische Kaisermacht zu bauen. Beim Herannahen Heinrichs III. floh Gottfried nach Deutschland. Beatrix und ihre Tochter Mathilde folgten dem Kaiser ins deutsche Königreich.

Für seinen am 11. November 1050 geborenen Sohn Heinrich schuf Heinrich III. durch dessen Verlöbnis mit Berta, der Tochter des Grafen von Turin, eine wichtige Verbindung zur Erstarkung der Kaisermacht in Italien.

Dieser Sohn Heinrich wurde 1053 im Alter von drei Jahren von den deutschen Fürsten in Tribur zum König gewählt. Damit war die Thronfolge des salischen Hauses anerkannt. Doch ein Vorfall zeigt, daß die schwere Herrscherhand des Kaisers im deutschen

Fürstenstand ihre Spuren hinterlassen hatte. Die Fürsten wählten den jungen Heinrich unter dem Vorbehalt »si rector iustus futurus esset«[16] – wenn er ein gerechter Herrscher sein werde.

Im Herbst 1056 zog Papst Viktor über die Alpen, um den Kaiser zu besuchen. Der gab ihm in Goslar einen glänzenden Empfang. Eine Demonstration der Einheit von Reich und Kirche.

Dann griff der Tod in die Geschichte ein. Kaiser Heinrich III. starb in seiner Pfalz Bodfeld am 5. Oktober 1056, im Alter von neununddreißig Jahren.

Der sterbende Kaiser empfahl Sohn und Reich dem Schutz des Papstes. Die Regentschaft übertrug er – ohne Widerspruch der Fürsten – der Kaiserin Agnes.

Nun waren eine schwache, fromme Frau, die nach eigener Einsicht besser zur Nonne als zur Herrscherin taugte, und ein sechsjähriger Knabe vor die Aufgabe gestellt, eine der schwersten Revolutionen und einen Bürgerkrieg zu bestehen: mehr Spielball des Schicksals als Erfüller der Zeit.

Der innere Zustand des Reiches

Was war der Investiturstreit?

Investitur kommt von dem lateinischen Wort »investitura«, Einkleidung! In unserem Sprachgebrauch lebt dieses Wort weiter fort, wenn wir zum Beispiel von jemandem sagen, er bekleide ein Amt.

Seit dem Ende des neunten Jahrhunderts übertrug der König dem Bischof oder Abt durch die Investitur zunächst mit dem Stab, später auch mit dem Ring die Regalien, die weltlichen Rechte und Güter aus dem Königsgut, und zugleich die Spiritualien, die geistlichen Amtsrechte. Der König empfing im Gegenzug den Treueid und die Kommendation des Bischofs.

Jahrhunderte war das so gewesen und war im Selbstverständnis der Christenheit rechtens.

Der König war der Herr der Kirche, war er doch auch mit heiligem Öl gesalbt und wußte sich in einer priesterlichen Situation. Konstantin der Große hatte seine Stellung gegenüber seinen Bischöfen so definiert: »Ihr seid Bischöfe in der Kirche, wohingegen ich der von Gott ernannte Generalbischof außerhalb der Kirche bin.« Daß er sich als den dreizehnten Apostel sah, geht daraus hervor, daß er sich in seinem Mausoleum inmitten von Gedenktafeln der zwölf Apostel begraben ließ.[1]

Karl der Große beschrieb seine Stellung gegenüber dem Papst so: »Uns liegt ob: Gemäß dem Beistand der göttlichen Güte allerwärts Christi Heilige Kirche gegen den Einbruch der Heiden und Verheerung durch Ungläubige nach Außen mit Waffen zu verteidigen und nach Innen durch Anerkennung des christlichen Glaubens zu festigen. Euch liegt ob, Heiligster Vater: mit zu Gott erhobenen Händen gleich Moses uns im Kampf zu unterstützen, auf daß, durch Euer Eintreten vor Gott geführt und gefördert, das christliche Volk über die Feinde seines heiligen Namens überall Sieg gewinne und der Name unseres Herrn Jesu Christi in der ganzen Welt verherrlicht werde.«

Dann ermahnte Karl den Papst: »Es bindet sich aber Eure maßgebende Klugheit überall an die kanonischen Beschlüsse und folge immer den Satzungen der heiligen Väter: möge das Vorbild jeglicher Heiligkeit allen in Eurem Wandel sichtbar erstrahlen und heilig spornende Mahnung aus Eurem Munde ertönen; möge Euer Licht leuchten vor den Menschen, daß sie Eure guten Werke sehen und Euren Vater preisen, der im Himmel ist.«[2]

Liest man diesen Text, dann weiß man, warum Notker, der Mönch von St. Gallen, Karl den Bischof der Bischöfe nennt.

Im zerfallenden Karolingerreich stärkte sich die Stellung der Päpste, namentlich unter einem so herrscherlichen Mann wie Papst Nikolaus I. Er setzte ohne Gerichtsbeschluß die Erzbischöfe Gunthar von Köln und Dietgald von Trier ab, die sich im Ehestreit König Lothars II. von Lothringen korrumpieren ließen und sich parteiisch auf die Seite des Königs gestellt hatten.

Johannes Laudage vertritt mit Recht in seinem 1993 erschienenen Buch »Gregorianische Kirchenreform und Investiturstreit« die begründete Ansicht, daß der Investiturstreit nur ein Teil der Gregorianischen Kirchenreform war.

Zweifelsohne ist die Reform das weitere, bedeutendere und wichtigere Feld der Kirchengeschichte. Aber im Investiturstreit stellt sich der Kampf der Kirche um die Macht in der Welt dar.

Die Kirchenreform forderte nicht nur die Freiheit der Kirche von weltlicher Macht, sondern wandte sich gegen den Sittenverfall in den eigenen Reihen, die fast völlige Mißachtung des Zölibatsgebotes, die zu grotesken Situationen führte. Franz Haller schreibt in seinem Werk »Das Papsttum« Idee und Wirklichkeit«: »Überall lebte ein großer Teil der Geistlichen in gesetzloser Ehe oder in einem Verhältnis, das von einer solchen nicht zu unterscheiden war ... Aus Mailand hören wir, daß dort das Zölibat eine Ausnahme sei; alle Diakone und Priester hätten Frauen. Regelrecht verheiratet war Bischof Hildebrand von Florenz. Er ließ seine Frau im öffentlichen Gericht das Wort ergreifen. Aus Rouen hören wir von zwei Erzbischöfen, die mehrere Söhne hinterließen.«[3]

Vom Kloster Farfa berichtet dessen eigener Chronist, um 950 hätten die Mönche ganz offen mit ihren Mätressen gelebt.

Die Colmarer Chronik der Dominikaner oder Predigermönche notiert unter dem Jahre 1200 folgendes: »Viele Geistliche waren in der Wissenschaft schwach, weshalb sie nicht klugen Rat geben konnten. Auch hatten die Geistlichen insgemein Beischläferinnen, weil die Bauern sie dazu gewöhnlich anhielten; denn sie sagten, der Pfaff kann nicht enthaltsam sein, deshalb ist es besser, daß er nur ein Weib hat, als daß er die Weiber von allen versucht und erkennt. Die Stiftsherren und die Ritter erkannten Nonnen von Adel. Herr Heinrich, der Bischof von Basel (entweder Heinrich I. von Horburg oder Heinrich II. von Thun), hinterließ bei seinem Tode 20 Kinder als Waisen der Sorge ihrer Mütter.«[4]

Das gregorianische Reformstreben hatte im sittlichen Verhalten der Geistlichkeit wenig geändert. Dennoch hatten die Reformpäpste, namentlich die deutschen, von Kaiser Heinrich III. eingesetzten, immer wieder versucht, den Sittenverfall des Klerus auszumerzen.

Es gibt kein einheitliches Bild des Mittelalters, seiner Menschen, deren Tugenden und Sünden. Denn neben aller menschlichen Schwäche und Verderbtheit erblühen dem Zeitalter Heilige von herzbewegender Kraft: der heilige Franziskus, Freund und Bruder der Armen und jeglicher Kreatur, sein weibliches Pendant auf deutschem Boden, die heilige Elisabeth von Thüringen, oder der heilige Dominikus, Ordensgründer und Glaubenserneuerer, um nur einige zu nennen.

Eine sittenreine Kirche, die sich selbst zurückführt auf die schlichte Frömmigkeit und apostolische Armut der Urkirche, das waren sicher legitime Bestrebungen der Reform in Klöstern und Kirche.

Der Investiturstreit aber wurde im Kern, so werden wir sehen, zu einer politischen Machtfrage. Der verständliche Ruf nach der Freiheit der Kirche von weltlicher Macht und Simonie eskalierte im Laufe der Auseinandersetzung zum Kampf um die Herrschaft über alle anderen Mächte.

Unter den Ottonen wurden die Bischöfe zu Instrumenten der Reichspolitik, was teilweise den Kirchen zugute kam. Ottonen und Salier sahen in den Bischöfen ein Gegengewicht zu den sich immer wieder empörenden Herzögen. Diese wollten sich nicht mit einem Amtsherzogtum aus der Hand des Königs zufriedengeben, sondern erstrebten erbgebundene Herrschaft.

Die Kaiser stärkten die Stellung der Bischöfe, gaben ihnen Grafschaften und Herzogtümer, denn alle Rechte, einschließlich des Kirchengutes, fielen beim Todesfall des Bischofs in die Vergabegewalt des Königs zurück. Ein großer Teil der Bischöfe erwuchs aus den Mitgliedern der Hofkapelle, die wir in unserem heutigen Sprachgebrauch geradezu als eine Kaderschmiede des Reichsepiskopats bezeichnen würden.

Die Mitglieder der Hofkapelle standen langjährig im Königsdienst und waren mit dem Denken des Herrschers und dessen politischen Zielen vertraut. Besser als alle theoretischen Darlegungen dokumentiert sich die Macht der Reichsbischöfe und deren Bedeutung für den Herrscher im Heeresaufgebot Kaiser Ottos II. für das Jahr 981.[5] Danach stellte an Panzerreitern

das Erzbistum	Mainz	100
	Köln	100
	Trier	70
	Salzburg	70
das Bistum	Straßburg	100
	Augsburg	100
	Regensburg	70
	Würzburg	60
	Lüttich	60
	Verdun	60
	Worms	40
	Eichstätt	40
	Konstanz	40
	Chur	40
	Freising	40
	Speier	20
	Toul	20
	Seben	20
	Cambrai	12
die Abtei	Fulda	60
	Reichenau	60
	Weissenburg	50
	Lorsch	50
	Hersfeld	40
	Prüm	40
	Ellwangen	40
	St. Gallen	40
	Kempten	30
	Murbach	20
	Stablo-Inden	12

Insgesamt stellten die geistlichen Fürsten eintausendfünfhundertundvier Panzerreiter. Demgegenüber standen sechshundert Panzerreiter der weltlichen Fürsten. Dies muß nicht das durchgängige Verhältnis gewesen sein, es ist durchaus möglich, daß bei anderen Aufgeboten der Anteil der Fürsten größer war. Dennoch bekunden diese Zahlen, welch großes Machtpotential die geistlichen Fürsten ins Feld stellen konnten. Auf diese Macht konnte kein deutscher König durch Aufgabe des Investiturrechts verzichten. Ferner führt uns diese Zahl von zweitausendeinhundertundvier Panzerreitern zu den wirklichen Größenverhältnissen mittelalterlicher Heere und reduziert die oftmals übertriebenen Zahlenangaben zeitgenössischer Chronisten.

Bedenkt man, daß zu jedem Reiter noch ein Ersatzpferd und mindestens zwei Hilfskräfte kamen, so kommt man leicht auf eine Formation von viertausendzweihundert Pferden und sechstausend Mann; dazu kamen dann noch Proviant- und Versorgungswagen. Es war schon ein großer Kriegshaufen, der da im Jahr 981 die Alpen nach Italien überschritt. Da diese Truppen nur eine beschränkte Zeit im Felde blieben, zogen in einem dauernden Hin und Her große Menschenmengen mit Pferden und Wagen durch die alpine Bergwelt.

Hielt ein deutscher König und Kaiser über einige Jahre ein Heer von fünftausend Panzerreitern in Italien unter Waffen, so waren das ingesamt zehntausend Pferde und mindestens fünfzehntausend Mann: eine große Leistung für das Reich und die Fürsten, wobei der Beitrag der geistlichen Fürsten unverzichtbar war.

Der Ruf nach der Freiheit der Kirche, nach Simonieverbot und kanonischer Wahl der Bischöfe hatte die Herzen und Hirne der Menschen erfaßt, und diese neuen, reformerischen Ideen wurden zu politischen Realitäten.

Die Könige von Frankreich und England standen vor den gleichen Problemen. Ein französischer Kanonist (Kirchenrechtler), Bischof Ivo von Chartres, fand den Ausweg aus der konträren Situation. In einem Brief an den päpstlichen Legaten in Frankreich, Erzbischof Hugo von Lyon, formulierte er, die Könige könnten die Übertragung eines kanonisch gewählten Bischofs (das heißt eines von Volk und Klerus gewählten und nicht vom König bestimmten Bischofs) vollziehen. Eine solche Übertragung schade nicht der Würde des geistlichen Amtes, denn sie sei nur auf die weltlichen Rechte und weltlichen Güter der Kirche beschränkt, die sie ja der Freigebigkeit der Könige verdanke.

Damit war der gordische Knoten durchhauen. Es wurde getrennt zwischen geistlicher Würde, die der Bischof durch kanonische Wahl und geistliche Weihehandlung erhielt, und den weltlichen Gütern und Rechten, die dem Bischof die materielle Ausübung seines Amtes möglich machten und für die er dem König Treueid und Mannschaft leisten mußte.

Wahl und Weihe blieben ganz in der Zuständigkeit der Kirche.

Siebzig Jahre wurde um diese Lösung gestritten, gingen Städte und Dörfer in Flammen auf, wurden unzählige Menschen erschlagen und dahingemordet. Wurden Eide geschworen und Eide gebrochen, wurde verflucht und gebannt.

In diese Zeit geistlicher und geistiger Verwirrung hineingeboren, von keines Vaters Hand geführt, schon als Knabe mißbraucht und zum Gegenstand finsterer Mordpläne gemacht, begegnete Kaiser Heinrich IV. unausweichlich seinem Schicksal. Tragisch ist dieses Schicksal im Sinne der griechischen Tragödie, in der der Mensch unabwendbar schuldig werden muß, ohne jede Möglichkeit der Wahl.

Geburt und Sicherung der Thronfolge Heinrichs IV.

Als Heinrich IV. am 11. November 1050 geboren wurde, war er das heißersehnteste Kind seiner Zeit. Die erste Ehe Kaiser Heinrichs III., die er Pfingsten 1036 mit Gunhild, der Tochter König Knuts von Dänemark, geschlossen hatte, war bis zu deren frühem Tod im Jahr 1038 ohne männlichen Erben geblieben. Die Prinzessin aus dem Norden schenkte jedoch einem Mädchen das Leben, Beatrix von Franken, die wir als Äbtissin von Quedlinburg wiederfinden. Nach fünfjähriger Ehelosigkeit heiratete Kaiser Heinrich III. Agnes von Poitou, die Tochter Herzog Wilhelms von Aquitanien. Die Hochzeit wurde im Jahre 1043 in der Pfalz zu Ingelheim gefeiert. Durch die aquitanische Heirat verband sich das deutsche Kaiserhaus eng mit dem Kloster Cluny, Ausgangs- und Mittelpunkt des Reformgedankens. Denn die Herzöge von Aquitanien waren Stifter und Schirmvögte dieser einflußreichen Abtei, deren Äbte Berater von Königen, Kaisern und Päpsten waren und aus deren Klostergemeinschaft bedeutende Päpste erwuchsen. Für die Salier untermauerte diese Heirat die Ansprüche auf die burgundische Königskrone.

Auf einen Sohn mußte Heinrich III. lange warten. Agnes von Poitou schenkte zunächst vier Töchtern, Gisela, Mathilde, Judith und im Jahr 1048 Adelheid, das Leben.

Erst im Jahre 1050 gebar sie »endlich« – so ein Chronist, und man spürt förmlich das befreiende Aufatmen – den Sohn und Thronfolger Heinrich IV. 1052 wurde ein weiterer Knabe, Konrad, geboren. Er wurde 1054 zum Herzog von Baiern erhoben, um dieses wichtige Herzogtum in der Hand der Dynastie zu behalten, was sich daran erweist, daß es beim frühen Tod Konrads am 10. April 1055 der Kaiserin Agnes übertragen wurde.

Mit aller Energie hatte der Kaiser, der seine tödliche Krankheit schon in sich trug, die Thronfolge seines Sohnes gesichert. Am Osterfest des Jahres 1051 taufte der Erzbischof Hermann von Köln den kleinen Prinzen, Abt Hugo von Cluny war sein Taufpate. Nächst dem Papst war dies wohl der bedeutendste Pate im kirchlichen Bereich, den man für einen Königssohn wünschen konnte. Außerdem wurde dadurch nochmals die Bindung des kaiserlichen Paares zu den kirchlichen Reformideen, deren Mittelpunkt Cluny war, herausgestellt.

Auf einem Reichstag zu Tribur im November 1053 erfolgte die Wahl Heinrichs IV. durch die Fürsten mit dem schon erwähnten Vorbehalt »si rector iustus futurus esset«. In dieser Einschränkung lag die Antwort auf die harte Herrschaft Heinrichs III. in den letzten Jahren. Oder flackerten noch einmal Reste des germanischen Widerstandsrechtes gegen den harten und ungerechten Herrscher auf? Dieser Vorbehalt von Tribur war das wirkliche Erbe Heinrichs IV., das er von seinem Vater erhalten hatte, und er hat ein ganzes Leben daran tragen müssen.

Am 17. Juli 1054 vollzog der Kölner Erzbischof Hermann – aus dem Pfalzgrafenhaus der Ezzonen – in Aachen die feierliche Weihe und Krönung. Die Sorge des Kaisers ging noch weiter. Weihnachten 1055 wurde der kleine Heinrich in Zürich mit Berta von Turin-Savoyen verlobt, eine Sicherung salischer Macht in Italien gegen das starke Geschlecht der Markgrafen von Canossa-Tuszien.

Auf seinem Sterbelager zu Bodfeld ließ der Kaiser nochmals die um ihn versammelten Fürsten den Sohn zum König wählen. Dann übergab er den Sohn in Schutz und Huld des anwesenden Papsts Viktor.

Papst Viktor II. erhob Heinrich IV. dann zu Aachen auf den Thron Karls des Großen. Ein Widerspruch der Fürsten fand nicht statt. Ebenso fiel der Kaiserin Agnes die Regentschaft nicht nur in ihrer Eigenschaft als Mutter des Königs zu, sondern auch als Teilhaberin der Königs- und Kaiserherrschaft (consors regni-imperii). Diese Stellung erwuchs ihr aus den Rechtstiteln der Kaiserinnen Theophanu und Adelheid, und die Fürsten räumten ihr, beim etwaigen vorzeitigen Tod des Sohnes, ein Designationsrecht für den Nachfolger ein.

Papst Viktor hatte die lothringischen Fürsten, allen voran Herzog Gottfried den Bärtigen von Lothringen, wieder in den Frieden des Reiches geholt. Dies fand seinen Ausdruck darin, daß der Bruder Gottfrieds, Friedrich, zum Abt von Monte Cassino gewählt und zum Kardinal erhoben wurde.

Als Papst Viktor II. bald darauf, am 28. Juli 1057, zu Arezzo verstarb, durfte er glauben, ein wirklicher Treuhänder seines Kaisers gewesen zu sein. Die Thronfolge war gesichert, die Kaiserin anerkannt und der mächtige Lothringerherzog zufriedengestellt. Nachfolger des Papstes wurde Friedrich, der Bruder Herzog Gottfrieds von Lothringen. Unter dem Namen Stephan IX. trat er am 3. August 1057 sein Pontifikat an.

Kaiserin Agnes

Die Annalen von Niederalteich kennzeichnen die Lage beim Regierungsantritt der Kaiserin Agnes im Jahre 1056 so: »Das war der Anfang der Schmerzen: der König war ein Knabe, die Mutter aber, wie das bei einer Frau erklärlich ist, gab leicht nach, indem jeder ihr Ratschlag erteilte. Wer aber am Hof etwas zu sagen hatte, dachte nur an die Befriedigung seiner Habsucht, niemand vermochte ohne Geldzahlung für seine Sache Recht zu finden ... Niemand sagte dem König, was gut und recht sei ...«

Lampert, Mönch im königstreuen Kloster Hersfeld und seltsamerweise Feind Heinrichs IV., berichtet über diese Tage in den Annalen des Jahres 1057: »Die sächsischen Fürsten verhandelten in häufigen Zusammenkünften über die Ungerechtigkeiten, die ihnen unter dem Kaiser (Heinrich III.) zugefügt worden waren, und sie glaubten sich dafür eine herrliche Genugtuung zu verschaffen, wenn sie seinem Sohne die Reichsregierung entrissen, solange noch seine Jugend günstige Gelegenheit zu solcher Gewalttat böte; und die Annahme war ja auch recht naheliegend, daß der Sohn in Charakter und Lebensart, wie man zu sagen pflegt, in die Fußstapfen des Vaters treten werde. Unverhofft fanden sie ein ausgezeichnetes Werkzeug für ihre Umsturzpläne in Otto, einem Bruder Markgraf Wilhelms von der Nordmark, aber aus unebenbürtiger Ehe – seine Mutter war nämlich eine Slawin –, einem Manne von scharfem Verstand und kampfbereiter Faust ... Als sie ihn dazu aufgelegt und tatbereit fanden, versicherten sie ihm alle ihre Treue, jeder einzelne versprach, ihm seinen Arm, seine Hilfe zu leihen, und sie beschlossen, den König zu töten, wo immer das Schicksal Gelegenheit dazu böte.«

Nun, halten wir fest und vergessen es nicht, daß über der ganzen Lebensgeschichte Heinrichs IV. der versuchte Mord an dem kindlichen König steht.

Lampert fährt fort: »Da wurden alle von Furcht ergriffen, denen das Schicksal des Reiches am Herzen lag, und eifrig darauf bedacht, den Umtrieben gleich zu Beginn Einhalt zu tun, hielten sie es für richtig, daß der König unverzüglich nach Sachsen komme (ins Zentrum der Verschwörung) und nur alle möglichen Mittel anwende, um der dem Reich drohenden Gefahr entgegenzutreten. Daher wollte er den Tag der heiligen Apostel Petrus und Paulus (29. Juni) in Merseburg feiern; hierher ließ er alle Fürsten Sachsens zu einer Beratung aufbieten. Als sie nun auf dem Wege dahin waren, jeder von einer seinen Verhältnissen entsprechenden Schar Bewaffneter begleitet, traf es sich, daß Brun und Ekbert, des Königs Vettern, zufällig auf die Mannschaft Ottos (des zum Königsmord Ausersehenen) stießen, der mit dicht zusammengedrängten Mannen zum königlichen Hoflager in der Nähe von Quedlinburg ritt. Diese waren – abgesehen von politischen Gegensätzen – auch wegen persönlicher Feindschaft dessen erbittertste Gegner. Unverzüglich gaben sie ihren Rittern das Zeichen zum Angriff, spornten die Rosse, und beide Parteien stürzten mit gleicher Kühnheit, mit gleichem Haß in das wechselseitige Morden, beide, ohne an ihre eigene Deckung zu denken, nur darauf bedacht, den Gegner zu treffen, rannten sie mit so hitzigem Ungestüm gegeneinander, daß sie sich beim ersten Anprall gegenseitig durchbohrten und tödlich verwundet vom Pferde warfen ... So ward das Reich von schwerer Sorge befreit, und die Sachsen, denen der Bannerträger (der Königsmörder) der Rebellion genommen war, unternahmen nun nichts Feindseliges gegen den König.«[6]

Der Herrscher, der dieser Mörderbande entgegentreten sollte, war eine Frau, Kaiserin Agnes, denn von dem siebenjährigen König konnte man keine herrscherlichen Reaktionen erwarten.

Kaiserin Agnes hatte in einem Brief an die Mönche von Fruttaria, einer ehemaligen Benediktinerabtei in Volpiano in Piemont, ihren Gemütszustand beschrieben:

»Mein Gewissen schreckt mich stärker als Geister und Gespenster. Ich fliehe durch die Stätten der Heiligen und suche ein Versteck vor meiner Angst. Mein größter Wunsch ist es, zu Euch zu kommen, weil Euer Gebet das sichere Heil ist. Inzwischen liege ich im Geist zu Euren Füßen, flehend, daß Ihr mir Verzeihung vor dem Herrn erbittet.«[7]

Stellt man sich vor, daß einem Menschen solcher Seelenhaltung die Bürde aufgelegt war, das komplizierteste Herrschaftsgebilde des Abendlandes zu führen, dann überkommt einen das große Erbarmen. Vor allem nach dem Tod Papst Viktors wird ihre Unsicherheit deutlich. Sie glaubte anscheinend, wenn sie jede Forderung erfüllte, so sei das der beste Weg zum Frieden und zur Sicherheit des Reiches. Anstatt die Königsmacht zu stärken oder zumindest nicht zu schmälern, verteilte sie großzügig Herzogtümer. Im September 1057, nach dem Tod des Babenbergers Otto III., belehnte die Kaiserin Rudolf von Rheinfelden mit dem Herzogtum Schwaben, obwohl dieser Mann im Verdacht stand, die Kaisertochter Mathilde vom Bischofssitz in Konstanz, wo sie ihre Erziehung genoß, mit List oder Gewalt entführt zu haben. Damit nicht genug, übertrug sie diesem merkwürdigen Schwiegersohn die Verwaltung Burgunds. Die Belehnung Rudolfs von Rheinfelden mit Schwaben stieß auf den flammenden Protest des Grafen Berthold von Zähringen, der behauptete, Kaiser Heinrich III. habe ihm eine Eventualbelehnung für Schwaben erteilt.

Die Kaiserin, dem Weg des geringsten Widerstandes folgend, belehnte Graf Berthold 1061 mit dem Herzogtum Kärnten. Auch als Herzog Berthold 1073 seines Herzogtums enthoben wurde, blieb der Herzogstitel in der Familie, die dadurch zu den Großen des Reiches gehörte.

Als im Jahre 1060 die Kaisertochter und Gattin Rudolfs von Rheinfelden starb, wird das Karrierestreben Rudolfs offenbar. Er heiratete in zweiter Ehe Adelheid von Turin, die Schwester Bertas, der Verlobten und späteren Gemahlin Heinrichs IV.: eine doppelte Ansippung an das salische Herrscherhaus, um in den Kreis derer zu gelangen, die zum Königtum befähigt waren. Es scheint, als hätten die deutschen Fürsten in einer lange geplanten Aktion einen Kandidaten aufgebaut, der den ungeliebten Salier ersetzen könnte. Somit erscheint das Gegenkönigtum Rudolfs von Rheinfelden in einem besonderen Licht.

In der Erinnerung scheint die ganze Königs- und Kaiserexistenz Heinrichs IV. von dem geplanten Mord am siebenjährigen König und dem sorgsam aufgebauten Gegenkönigtum des Rudolf von Rheinfelden überschattet.

Im Jahre 1061 gab Kaiserin Agnes ihre herzogliche Stellung in Baiern, das seit 1024 in salischer Hand war, auf und ernannte den sächsischen Grafen Otto von Northeim zum Herzog von Baiern.

Außer dieser neuen Machtposition in Baiern hatte Otto von Northeim Grafschaften und umfangreichen Eigenbesitz in Sachsen. Er gehörte nunmehr zu den mächtigsten Männern im Reich, ebenfalls befähigt, von der Krone zu träumen. In der Rückschau gesehen, hat die Kaiserin, sicher besten Willens, die späteren Todfeinde ihres Sohnes Heinrich in die Machtpositionen gebracht, aus denen heraus sie die salische Königsmacht bekämpfen konnten.

Der reale Anlaß zur Erhebung des Northeimers zum Baiernherzog waren die Zustände an der Ungarnfront. Im Jahre 1058 hatte man die Kaisertochter Judith mit dem ungarischen Thronfolger Salomon verrheiratet, um den Frieden zu stabilisieren. Aber auch hier war das Glück gegen Kaiserin Agnes. 1060 war der regierende Ungarnkönig Andreas von seinem Bruder Béla gestürzt worden. Der Kronprinz Salomon und seine deutsche Prinzessin flohen an den deutschen Hof. Ein glückloser deutscher Ungarnfeldzug vollendete das Desaster, und nun hatte man der Kaiserin suggeriert, die politische Lage in Ungarn benötige dringend einen starken Herzog in Baiern. Ob keine andere Lösung zur Sicherung der Reichsgrenze nach Ungarn gefunden werden konnte, ist eine heute nicht mehr zu klärende Frage. Tatsache ist, die drei süddeutschen Herzogtümer waren an drei Fürsten gegeben, die sich nicht als Amtsherzöge ihres Königs betrachteten, sondern als Dynasten, die den territorialen Umbau ihrer Lehen zu »erblichen« Herzogtümern anstrebten und nicht die Stärkung salischen Königtums. Man darf sagen, daß die Politik der Kaiserin den dornenvollen Weg ihres Sohnes als König und Kaiser vorprägte.

Die Erosion der Königsmacht

Auch auf kirchlichem Gebiet bröckelte die Macht des Reiches. Nach dem Tod Papst Viktors II. (am 28. Juli 1057) trat ein feiner Bruch zwischen Papsttum und Kaiserhaus auf. Unter dem Einfluß Herzog Gottfrieds des Bärtigen von Lothringen, der durch seine Heirat mit Mathilde von Canossa der unbestrittene Herr Mittelitaliens geworden war, wurde sein Bruder, bisher Abt von Monte Cassino, als Stephan IX. zum Papst erhoben.

In der Morgenfrühe des 2. August geleiteten die Römer Friedrich in die Kirche St. Peter ad vincula. Dort fand die formelle Wahl durch Klerus und Volk von Rom statt. Unter lautem Jubel wurde er als Papst Stephan IX. ausgerufen und am folgenden Tag geweiht. Die Inthronisation am darauffolgenden Tag fand ohne Einverständnis des kaiserlichen Hofes statt. Die Patriciusrechte Kaiser Heinrichs III. vom Jahre 1046, nun auf seinen Sohn übergegangen, wurden nicht beachtet. Für die Reformer, zu denen auch Friedrich gehörte, gab es gute Gründe, auf die Zustimmung der Regentschaft zu verzichten. Man befürchtete die Erhebung eines reformfeindlichen Papstes durch die römischen Adelscliquen.

Rom glaubte, sich von deutscher Abhängigkeit befreit zu haben. Dafür stand man jetzt unter der Herrschaft der lothringischen Brüder Friedrich und Herzog Gottfried; letzterer der stärkste Fürst Italiens und Schwertarm seines Bruders. So griff denn Gottfried sofort nach dem Reichsgut. Spoleto und Camerino, von Kaiser Heinrich III. Papst Viktor zur Stärkung seiner Stellung in Italien verliehen, wurden von ihm besetzt. Gottfried war reiner Machtpolitiker, ein Mann, der, wäre sein päpstlicher Bruder nicht so rasch gestorben, nach der Kaiserkrone gegriffen hätte.

Papst Stephan IX. war im August inthronisiert worden, doch erst Ende Dezember trafen seine Boten, Bischof Anselm von Lucca und Hildebrand, am Kaiserhof ein, um die Papstwahl anzuzeigen. Wie es Hildebrand, in dem wir den Kopf der neuen päpstlichen Politik sehen müssen, gelang, daß die Kaiserin keinen Einspruch gegen die Rechtmäßigkeit der Wahl erhob, wissen wir nicht. Jedoch hat sie den neuen Papst anerkannt und wiederum deutsches Königsrecht aufgegeben.

Neben dem neuen Papst standen zwei bedeutende Männer: Petrus Damiani und Humbert von Moyenmoutier. Petrus Damiani ist der Mann einer Kirchenreform, wie Kaiser Heinrich III. und

Papst Leo IX. sie verstanden hatten, die eine enge Verbindung von Priestertum und Königtum zum Wohle der Menschen, des Reichs und der Kirche anstrebten.

Anders Humbert. Alles, was Heinrich III. für die Kirche getan hatte, galt ihm als unbefugter Eingriff eines Laien in die Heiligkeit der Kirche. Die Unterschiede der beiden Theologen zeigen sich in der Beurteilung der von Simonisten erteilten Weihen.

Im Sommer 1052 hatte sich Petrus Damiani in seinem »liber gratissimus« für die Anerkennung dieser Weihen ausgesprochen. Neben seiner theologischen Überzeugung wird auch die realistische Betrachtung mitgespielt haben, daß bei Nichtanerkennung dieser Weihen ein Heer von Priestern ihrer Würden beraubt und die Kirche nicht mehr in der Lage gewesen wäre, ihre Gläubigen mit den Sakramenten zu versorgen. Ein Problem von großer emotionaler Bedeutung.

Humbert bezog die krasse Gegenposition. In bewußter Verkürzung postuliert er: Simonie ist Häresie, damit stehen Simonisten außerhalb der Kirche, können deshalb das kirchliche Amt nicht besetzen und demzufolge auch nicht weiter übertragen. Über die kirchenpolitischen Folgen setzte sich der unerbittliche Theoretiker hinweg.

In der Frage der Laieninvestitur, also der Verleihung von Kirchenämtern durch Fürsten, nahm er ebenfalls eine kompromißlose Haltung ein: »Kaiser und Könige, Fürsten und Richter, alle weltlichen Machthaber, trieben Handel mit dem Gut der Kirche; sie vernachlässigten ihre Herrscherpflichten, indem sie Gewalt, Einfluß, Talent und Mühe nur darauf richteten, die kirchlichen Besitztümer zu erobern.«

Daß die Kirche diese Güter von den Königen und Fürsten erhalten hatte, um ihre Aufgaben erfüllen zu können, schien Humbert wohlweislich vergessen zu haben.

»Bei Bischofswahlen gehe ihr Wort dem der Primaten und Metropoliten voran. So hielten sie die Kirche in einer schlimmeren Knechtschaft als der, unter der sie einmal im Langobardenreich seufzte.« Hierin liegt der tiefere Grund für Humberts Widerspruch gegen die augenblicklichen Zustände: » … es dünkte ihm, die jungfräuliche Reinheit der Kirche werde geschändet, indem sie von Laien verwaltet und regiert werde. Begonnen habe diese Schmach unter der Herrschaft der Ottonen. In der Erneuerung des Kaisertums fand der römische Kardinal die hauptsächlichste Wurzel des kirchlichen Verderbens.«[8]

Wie meistens in der Weltgeschichte setzen sich die radikalen Positionen durch, so auch hier. Papst Gregor VII. wurde der geistliche Vollzieher von Humberts Gedanken.

Am 29. März 1058 endete das Pontifikat des Lothringer Papstes durch seinen überraschenden Tod. Doch vorher muß der Papst von Todesahnungen erfüllt gewesen sein. Aus Sorge, daß nach seinem Tod wieder ein Papst der römischen Adelsgesellschaft, die Rom und der Kirche oftmals geschadet hatte, zur Macht gelangen könnte, ließ er die Bischöfe und Bürger von Rom schwören, keinen Papst zu erwählen, bevor nicht Hildebrand, der Subdiakon der römischen Kirche, von seiner Mission am deutschen Hofe zurückgekehrt sei. Zum erstenmal schiebt sich das Bild Hildebrands übergroß in das Bild der Geschichte, denn der sterbende Papst machte ihn zum Treuhänder der künftigen Papstwahl.

Hildebrand – der Mann hinter den Päpsten

Die Befürchtungen Papst Stephans IX. erfüllten sich. Am 29. März war er in Florenz gestorben, da erwählte der römische Adel den Bischof Johann von Velletri als Papst Benedikt X. auf den römischen Stuhl. Die Wahl war geschickt. Denn Papst Benedikt, einst von Papst Leo IX. unter die Kardinäle aufgenommen, war ein Mann der Reformpartei. Sogar Friedrich von Lothringen hatte ihn beim Tode Papst Viktors zum Papst vorgeschlagen. Einem solchen Mann, so die Spekulation des römischen Adels, konnten die Reformer ihre Zustimmung nicht versagen. Aber die Führer der Reformpartei durchschauten den Plan. Hätten sie diesem ihnen nahestehenden Papst zugestimmt, so wäre das Prinzip der kanonischen Wahl wiederum durchbrochen worden und die Inthronisation eines Papstes durch Adels-, sprich Laienhand geglückt.

Petrus Damiani und die übrigen Kardinäle flohen aus Rom und vereinigten sich mit dem Diakon Hildebrand in Siena. Dort wählten sie, unter der geschickten Regie Hildebrands, den Günstling des mächtigen Herzogs Gottfried, den Bischof Gerhard von Florenz, unter dem Namen Nikolaus II. zum Papst.

Nun galt es, ein besonderes Meisterstück zu wagen: die Anerkennung des deutschen Hofes, den man so oft brüskiert hatte, zu erlangen.

Zu Pfingsten 1058 erschienen römische Boten auf dem Reichstag zu Augsburg vor der Kaiserin – Hildebrand hielt sich weise zurück – und erbaten von ihr gemäß dem Gesetz von 1046 die Nominierung eines neuen Papstes. Dem vom römischen Adel erhobenen Papst Benedikt X., der in Verletzung deutscher Königs- und Patriciusrechte inthronisiert worden war, konnte sie nicht zustimmen, also gab sie dem von Herzog Gottfried von Lothringen favorisierten Bischof, Gerhard von Florenz, die Stimme der deutschen Krone. Zugleich gab sie den Auftrag – die Diplomatie Hildebrands wirkte bis nach Augsburg –, den neuen Papst von Florenz nach Rom zu führen.

War Gottfried der Feldherr des Papstes, so war Hildebrand der geistige Leiter des künftigen Geschehens. Hildebrand gelang es, die römischen Adelsparteien zu spalten. Nach tagelangen Kämpfen in den Straßen Roms gab Benedikt auf und verließ die Stadt. Am 24. Januar 1059 erschien Papst Nikolaus II. im Lateran und wurde dort inthronisiert. Im März unterwarf sich ihm Benedikt, ein Schisma war vermieden worden und Nikolaus II. der anerkannte Papst.

Um die Inthronisation des Papstes ein für allemal in den Griff zu bekommen, verkündete Papst Nikolaus II. auf einer römischen Synode am 13. April 1059 das neue und berühmte Papstwahldekret, das auch von der Synode beschlossen wurde. Hierin wurde verfügt, daß zunächst nach dem Tode eines Papstes die Kardinalbischöfe zusammentreten sollten, um in eine gemeinschaftliche Beratung zu treten. Danach sollten die übrigen Kardinäle hinzugezogen werden, um gemeinsam die Wahl zu vollziehen, die dann durch Klerus und Volk von Rom ratifiziert werden sollte. Etwas gänzlich Neues war geschehen. Die Entscheidung war auf einen kleinen, steuerbaren Kreis von Kirchenfürsten reduziert worden. Wenn ehedem Klerus und Volk gewählt hatten, so wurde diesen jetzt nur das Recht auf Zustimmung zugestanden. Man war unter sich. Volk und niederer Klerus waren ausgeschaltet, ebenso der Stadtadel von Rom, und die Form der Mitwirkung des Königs und Kaisers war durch eine nach jeder Richtung dehnbare Schamformel angedeutet. Es hieß: »Dabei soll die schuldige Ehre und Achtung vor unserem geliebten Sohn Heinrich erhalten bleiben, von dem wir erhoffen, daß er mit Gottes Hilfe Kaiser werde, ebenso diejenigen seiner Nachfolger, die persönlich von diesem Apostolischen Stuhl die Kaiserwürde erlangt haben ...«

Auch wenn es als ein Paradoxon erscheint, diese Aussage war sowohl unverbindlich wie schwerwiegend.

Dem geliebten Sohn Heinrich sollte Ehre und Achtung erwiesen werden. Was bedeutet das? *Nichts!*

Welche Rechtstitel lassen sich davon ableiten? *Keine!*

Schwerwiegend aber ist die Formulierung » ... (und) diejenigen seiner Nachfolger, die persönlich von diesem Apostolischen Stuhl die Kaiserwürde erlangt haben ...«

Das Kaisertum ist zurückgestuft. Ist nicht mehr Ausfluß göttlicher Gnade, sondern eine Würde, die der Apostolische Stuhl verleiht. Dieser Satz zerstört die Tradition der Ottonen wie der Salier. Er verändert die Welt und die Beziehung zwischen Kaiser und Papst.

Hier blitzt das Genie Hildebrands, der inzwischen Archidiakon geworden war, auf. Ein Genie, das weiß, daß man Institutionen – und was sind Kirche und Imperium denn anderes – nur verändern kann, wenn man ihre Grundlagen ändert. Ein weiterer, konsequenter Schritt war der sechste Kanon der römischen Synode. Es wurde allen Klerikern eingehämmert, daß es verboten sei, aus der Hand eines Laien ein kirchliches Amt, sei es mit oder ohne Geld, anzunehmen. Damit hatte die Humbertische Auffassung der Simonie gesiegt. Aber man ging noch weiter. Man rief die Laien auf zum Widerstand gegen simonistische oder nicht zölibatäre Priester. Man war bereit, als Kampfmittel die innerkirchliche Revolution gegen einen nicht gehorsamen Priesterstand auszurufen.

Auch die Normannenpolitik änderte sich. Hatte noch Papst Leo versucht, die Normannen im Süden Italiens in einem Feldzug zu besiegen – selbst Papst Stephan war zur kriegerischen Lösung der Normannenfrage bereit gewesen –, so ging die päpstliche Politik unter Leitung des Archidiakons Hildebrand den entgegengesetzten Weg.

Die Normannenpolitik der Kurie und die Minderung des Reiches

Im August 1059 gab Papst Nikolaus II. im Anschluß an eine Reformsynode in Melfi dem Normannenfürsten Richard Capua und Robert Guiscard Apulien, Kalabrien und das noch zu erobernde Sizilien als päpstliche Lehen.

Der Vorteil war für beide Seiten offensichtlich. Der Papst legalisierte den Raub der langobardischen und byzantinischen Ländereien, die Normannenfürsten leisteten dem Papst im Gegenzug den feierlichen Treueid, gaben vor allem aber die konkrete Zusage, jedem kanonisch gewählten Papst mit Waffen zu Hilfe zu eilen, um sein Pontifikat in Rom durchzusetzen. Ferner gelobten und schworen sie, niemals das Land des heiligen Petrus (den Kirchenstaat) noch das Fürstentum Benevent anzugreifen, zu plündern oder in Besitz zu nehmen.[9]

Damit hatte die Kurie wiederum in Reichsrechte eingegriffen. Die Besitztitel des Reiches in Süditalien reichten zurück bis in die Zeit Karls des Großen. Auch die Ottonen hatten hier Recht gesetzt, und die Salier, Kaiser Konrad II. und auch Heinrich III., hatten ihre Ansprüche geltend gemacht. Über all das setzte sich die Kurie hinweg und trat dort als Lehensherr auf.

Wegen dieser und anderer Maßnahmen Roms gingen auch die deutschen Kirchenfürsten auf Abstand, wie, werden wir noch sehen. Fühlte sich doch der deutsche Episkopat durch das Papstwahldekret ebenso wie der kaiserliche Hof bei der Papstfindung ausgeschlossen. Machtanspruch und Mitwirkung der deutschen Bischöfe bei der Papstwahl wie unter Kaiser Heinrich III. waren nicht mehr gegeben.

Die Klimaverschlechterung im Verhältnis zwischen deutschem Hof und Episkopat auf der einen und römischem Papsttum auf der anderen Seite zeigt sich an folgender Affäre. Anfang 1060 war der frühere Fuldaer Abt Siegfried von der Kaiserin zum Erzbischof von Mainz erhoben worden. Die Kaiserin ersuchte den Papst, dem neuernannten Erzbischof das Pallium zu übersenden. Da kam aus Rom die schroffe Antwort, der Erzbischof möge in Rom erscheinen und es dort aus den Händen des Papstes empfangen.

All diese Niederlagen des kaiserlichen Hofes minderten die Anerkennung und die Akzeptanz der Kaiserin seitens der weltlichen und geistlichen Fürsten.

Sicher fühlten sie sich auch brüskiert, daß am Hofe, namentlich in der Umgebung des jungen Königs, unfreie königliche Dienstmannen führende Positionen innehatten: als Erzieher des jungen Königs der Ministeriale Kuno und der schon unter Kaiser Heinrich III. bekannt gewordene Otnand, der energisch königliche Interessen gegen bischöfliche Machtansprüche vertrat. Die Bamberger Kleriker verteufelten ihn deshalb als »orcus ille Othnandus«, als Höllen-Otnand.[10]

Daß diese Leute, die nicht dem Adel entstammten, Macht und

Einfluß auf den jungen König ausübten, machte sie zum Haßobjekt der Fürsten.

Als dann die Kaiserin sich als engsten Berater den Bischof von Augsburg aussuchte und so mächtige Männer wie Erzbischof Anno von Köln und Siegfried von Mainz überging, vergrößerte das die Verbitterung.

Den Ausfluß dieser Stimmung finden wir bei Lampert von Hersfeld unter den Jahren 1061/62 sehr klar notiert: »Während der Minderjährigkeit ihres Sohnes führte die Kaiserin selbst die Regierungsgeschäfte, und sie bediente sich dabei in erster Linie des Rates des Bischofs Heinrich von Augsburg. Deshalb konnte sie dem Verdacht unzüchtiger Liebe nicht entgehen, denn allgemein ging das Gerücht, ein so vertrauliches Verhältnis sei nicht ohne unsittlichen Verkehr erwachsen. Daran nahmen die Fürsten schweren Anstoß, sahen sie doch, daß wegen der persönlichen Liebe zu einem Manne ihr Einfluß, der im Reich am meisten hätte gelten müssen, fast gänzlich ausgeschaltet war.«[11] Es ist eine altgeübte Praxis, dem Manne die Ehre und der Frau die Keuschheit abzusprechen, wenn man sie verleumden will. So auch hier.

Wie wenig wahrscheinlich ist es doch, daß eine so fromme, religiöse und von Skrupeln geplagte Frau wie Agnes von Poitou mit einem Manne, und dann noch mit einem Bischof, intimen Verkehr hatte.

Im übrigen sagt uns der Hersfelder Mönch ganz klar, worum es ging: » ... daß ... ihr Einfluß (der der Fürsten), der im Reich am meisten hätte gelten müssen, fast gänzlich ausgeschaltet war.«

Einfluß aber bedeutet Macht und persönliche Bereicherung, wie wir sehr bald sehen werden.

Auch Adam von Bremen läßt keine Zweifel, wenn er sagt: »Ungern sahen sich die Fürsten durch die Amtsgewalt einer Frau und durch das Gebot eines Kindes regiert, und um nicht dienen zu müssen, sicherten sie sich zunächst gemeinsam ihre alten Freiheiten. Dann aber begannen sie untereinander zu streiten, wer von ihnen der größte sei. Schließlich griffen sie frech zu den Waffen, um ihren Herrn und König abzusetzen.«[12]

Eine deutsche Synode setzt den Papst ab

Während all dies unter der Oberfläche des politischen Geschehens brodelte, schrieb die schon mutlos gewordene Kaiserin für das Weihnachtsfest 1059 eine Synode nach Worms aus. Aber die Synode kam nach dem Willen der Bischöfe nicht zustande. Man wußte zwar nicht genau, wofür, aber sehr genau, wogegen man war. Man war gegen ein starkes König- und Kaisertum, aber auch gegen einen starken Papst. Das Papstwahldekret Nikolaus' II. war im Frühjahr 1060 als Rundschreiben in Deutschland bekanntgemacht worden; die schroffe Haltung Roms in der Palliumsverleihung für Erzbischof Siegfried von Mainz, die Disziplinierungsmaßnahmen des Apostolischen Stuhles gegen große Teile des Reichsepiskopats, allen voran den mächtigen Erzbischof Anno von Köln, all dies trug zu einer Verschärfung der Situation bei. Auch der Bruch der Reichsrechte in Süditalien durch die päpstliche Lehensverleihung an die Normannenfürsten wurde als bitter empfunden. Ebenso die Demütigung des Erzbischofs Wido von Mailand, der seine Sonderstellung als Nachfolger des heiligen Ambrosius aufgeben mußte, um sich dem Papst zu unterwerfen – all dies hatte den Graben zwischen Rom, dem deutschen Hof und den deutschen Bischöfen weiter aufgerissen.

Um Hof und Episkopat zu beruhigen, entsandte der Papst wohl im späten Frühjahr 1060 den Kardinal Stephan, einen Mann aus der Umgebung Papst Leos IX., Lothringer von Geburt, an den kaiserlichen Hof. Hier kam es zum Eklat. Fünf Tage wartete der päpstliche Legat, um sein Sendschreiben zu übergeben. Er wurde nicht vorgelassen und reiste erfolglos und gedemütigt ab.

In der Erregung der Gefühle und unter dem Eindruck dieser Ereignisse trat zu Beginn 1061 eine Synode aus Mitgliedern des kaiserlichen Hofes und Bischöfen zusammen. Man versuchte, die Lage mit einem Donnerschlag zu klären. Voller Härte lehnte man das Papstwahldekret ab, das den deutschen Bischöfen nicht mehr den gewohnten Einfluß auf die Papstwahl gab und die Patriciusrechte der deutschen Krone in nebelhafte, vieldeutige Worte auflöste.

Damit aber begnügte sich die Reichssynode nicht. Sie sprach die Verdammung über Papst Nikolaus II. aus und befahl, seinen Namen für immer aus den päpstlichen Listen zu tilgen. Daß dieser Skandal damals so wenig Aufsehen erregte und in der Geschichte wenig Beachtung fand, läßt sich nur daraus erklären, daß Papst Nikolaus II. am 27. Juli desselben Jahres starb und die Geschichte zur Tagesordnung schritt.

Es gilt aber festzuhalten, daß nicht nur deutsche Kaiser wie Heinrich III. oder Heinrich IV. einen Papst absetzten, verdammten und alle seine Dekrete für ungültig erklärten, sondern daß dies auch von sehr selbstbewußten deutschen Bischöfen im Jahre 1061 vollzogen wurde.

Machtprobe in Rom

Nach dem Tod Papst Nikolaus' II. mußte sich erweisen, ob das neue Papstwahldekret auch über dessen Tod hinaus seine Wirkung haben würde. Und ein weiteres mußte sich erproben: der Wert der normannischen Schwüre.

Doch die römische Adelspartei, die noch immer davon träumte, nach ihren Gesetzen und nach ihrer Macht die Päpste zu bestimmen, handelte schnell. Sie sandte Boten an den deutschen Hof, die dem jungen Heinrich IV. Mantel, Ring und Stirnreif und damit die Würde des römischen Patricius überbrachten, mit der Bitte, der König möge kraft seines Amtes Rom einen neuen Papst geben. Die lombardischen Berater der Kaiserin ordneten eine Reichsversammlung an, um diese Berufung vorzunehmen. Die deutschen Fürsten und Bischöfe, unsicher in ihrem Handeln, hielten sich zurück.

War die römische Adelspartei schnell, der Archidiakon Hildebrand war schneller. Seine normannischen »Lehenstruppen« besetzten Rom. Hildebrand reiste eilends nach Lucca, wo es ihm gelang, Bischof Anselm von Lucca zur Übernahme des Pontifikats zu bewegen. Anselm tat dies unter dem von ihm erwählten Namen Alexander II.

Zwei Monate nach Nikolaus' II. Tod wurde Anselm außerhalb Roms von einem Kardinalsgremium gewählt, mit normannischen Waffen nach Rom zur Kirche St. Petrus ad vincula gebracht, dort inthronisiert und zum Lateran geführt. Hier empfing er am nächsten Tag, am 2. Oktober 1061, normannische Treueschwüre, in Form und Inhalt gleich denen von 1059.

In dem Versuch, den Gegensatz zwischen Mailand und Rom auszugleichen, wandte sich der Papst schriftlich an die Bürger Mailands, seiner Vaterstadt: »Durch seine Wahl sei jetzt die päpstliche

Würde auf einen Sohn der ambrosianischen Kirche übertragen worden. Er ermahnte seine Mitbürger, ... von den weltlichen Dingen ab- und sich dem Himmel zuzuwenden. Am Wandel seiner heimatlichen Blutsgenossen hoffte er stets sich erfreuen zu können; denn« – so eröffnete er am Schluß die Aussicht auf seine bevorstehende Kirchenleitung – »in der Zeit unseres Dienstes wird die heilige Keuschheit der Geistlichen erhöht und die Üppigkeit der unenthaltsamen mit den übrigen Ketzern zerschlagen.«[13]

Die Reichsregierung unter der Leitung der schwachen Regentin handelte erst einen Monat später. Auf einer Reichsversammlung in Basel, die fast nur von lombardischen Bischöfen besucht war, wurde nach einer Lageschilderung des Kanzlers Wibert die Wahl Papst Alexanders verworfen. Die Kaiserin ernannte im Namen ihres Sohnes Heinrich IV. den reichstreuen Bischof Cadulus von Parma zum Papst. Er nahm den Namen Honorius II. an. Die Kaiserin litt bei dieser Ernennung unter moralischen Skrupeln.

Es gehört zur persönlichen Tragik dieser zum Regentenamt so wenig geeigneten Frau, daß sie, die mit ihrem verstorbenen Gemahl das clunyazensisch-reformatorische Ideal getragen hatte, nun ein Schisma begründen mußte.

Die Inthronisation des kaiserlichen Papstes konnte nur durchgeführt werden, wenn er von Rom Besitz nahm. Aber deutsche Waffenhilfe wurde ihm nicht gewährt. Als er gegen das Gebiet von Rom vorrückte, wurde ihn von den Truppen der Markgräfin Mathilde der Weg verlegt.

Nicht einmal im deutschen Episkopat konnte die Regentschaft den kaiserlichen Papst durchsetzen.

Der Prälat mit dem höchsten Ansehen in Norddeutschland war Erzbischof Adalbert von Bremen. Doch dieser Mann, der unerschütterlich zu Kaiser und Reich gestanden hatte, ließ sich von dem in Basel abgesetzten Papst Alexander II. als päpstlicher Legat anerkennen. Und der Erzbischof Gebhard von Salzburg, ein Priester aus der Hofkapelle Heinrichs III., der unter Kaiserin Agnes als Kanzler gedient und von ihr selbst mit Stab und Ring zum Erzbischof investiert worden war, erbat nicht vom kaiserlichen Papst Honorius II., sondern vom römischen Papst Alexander das Pallium. Zweifel an der Autorität der Kaiserin werden hier überdeutlich.

Papst Honorius II. gelang ein weiterer Versuch, nach Rom zu ziehen. Auf den neronischen Feldern stießen am 14. April 1062 die

Heere der beiden Päpste aufeinander. Die Truppen Papst Alexanders wurden geschlagen, dennoch zog Papst Honorius am 19. April von Rom ab, da es ihm nicht gelang, in die Stadt hineinzukommen.

Ein anderer Entscheidungsträger sprach ein Machtwort. Herzog Gottfried der Bärtige von Lothringen griff ins Geschehen ein und beendete die Kämpfe. Er schickte beide Päpste in ihre Bistümer zurück, Honorius nach Parma und Alexander nach Lucca. Dort sollten sie die Entscheidung des deutschen Königs über die Rechtmäßigkeit ihres Pontifikats abwarten.

Die Einmischung des bärtigen Gottfried ist leicht verständlich. War er bis 1059 der einzige Schwertarm des Papstes in Italien gewesen, so war er jetzt durch das Bündnis der Kurie mit den Normannen nicht mehr der alleinige, unverzichtbare Helfer. Die Position des Papstes hatte sich verstärkt, die Stellung Gottfrieds gemindert. Nun war der Augenblick gekommen, in dem er dramatisch und mit Nachdruck beweisen konnte, daß ohne ihn in Italien keine Politik zu machen war.

Der Entscheidung des Königs konnte er mit Ruhe entgegensehen, denn als er Mitte Mai seine Schiedsrichterfunktion in Italien zwischen den beiden Päpsten ausübte, war der Staatsstreich von Kaiserswerth längst bekannt.

Der junge Heinrich IV.

Der Königsraub von Kaiserswerth

Die Fürsten, vor allem die Prälaten, waren zum Umsturz in Deutschland bereit. Zu schwach war die Kaiserin, zu sehr waren die Rechte des Reiches gemindert worden. Der verlorene Ungarnfeldzug lastete auf allen, ebenso die päpstlichen Eingriffe in die Reichsrechte in Süditalien.

Aber es gab nicht nur sachliche Gründe. Lampert von Hersfeld bündelt – wie in einem Kaleidoskop – die immer wechselnden menschlichen Leidenschaften von Machtgier, Habsucht und krasser Vorteilsnahme, die im April 1062 zum Tag von Kaiserswerth führten.

»Diesen unwürdigen Zustand ertrugen sie (die Fürsten) nicht: sie veranstalteten deshalb häufig Zusammenkünfte, erfüllten ihre Pflichten gegen das Reich nur lässig, reizten die Volksstimmung gegen die Kaiserin auf und trachteten endlich mit allen Mitteln danach, den Sohn dem Einfluß der Mutter zu entziehen und die Verwaltung des Reichs in ihre Hände zu bekommen. Schließlich fuhr der Erzbischof (Anno) von Köln, nachdem er sich mit Graf Ekbert (später Markgraf von Meißen) und Herzog Otto von Baiern beraten hatte, zu Schiff auf dem Rhein an einen Ort, der ›Insel des hl. Switbert‹ (Kaiserswerth) heißt. Dort hielt sich damals der König auf. Als dieser eines Tages nach einem festlichen Mahl besonders heiter war, redete ihm der Bischof zu, ein Schiff, das er zu diesem Zweck besonders prächtig hatte herrichten lassen, zu besichtigen.

Dazu ließ sich der arglose Knabe leicht überreden. Kaum hatte er das Schiff betreten, da umringten ihn die vom Erzbischof angestellten Helfershelfer seines Anschlags, rasch stemmten sich die Ruderer hoch, warfen sich mit aller Kraft in die Riemen und trieben das Schiff blitzschnell in die Mitte des Stroms. Der König, fassungslos über diese unerwarteten Vorgänge und unentschlossen, dachte nichts anderes, als daß man ihm Gewalt antun und ihn ermorden wolle, und stürzte sich kopfüber in den Fluß und wäre in den reißenden Fluten ertrunken, wäre dem Gefährdeten nicht Graf Ekbert trotz der großen Gefahr, in die er sich begab, nachgesprungen und hätte er ihn nicht mit Mühe und Not vor dem Untergang gerettet und aufs Schiff zurückgebracht. Nun beruhigte man ihn durch allen nur möglichen freundlichen Zuspruch und brachte ihn nach Köln …

Die Kaiserin war willens, ihrem Sohne nicht nachzureisen noch für das ihr zugefügte Unrecht nach dem Völkerrecht Rechenschaft zu fordern, sondern beschloß, sich auf ihre Privatgüter zurückzuziehen und künftig ihr Leben ohne politische Betätigung zu verbringen. Und nicht lange danach beschloß sie, der Welt zu entsagen.«[1]

Eine Schandtat, die uns Lampert von Hersfeld hier berichtet, wobei die anderen Quellen im wesentlichen mit dieser Schilderung übereinstimmen.

Welch ein bedrückendes Lebensereignis für einen zwölfjährigen Knaben, plötzlich mit List und kaschierter Gewalt aus seinem Leben herausgerissen zu werden. War es Mut, war es Freiheitswille, oder beides, gepaart mit Angst, was den Königsknaben den gefährlichen, vielleicht tödlichen Sprung in den reißenden Strom wagen ließ?

Und die kaiserliche Mutter am Strand läßt resigniert den Raub des Sohnes zu. Alles, was bislang sicher und fest im Leben des jungen Heinrich gewesen war, wurde fließend, reißend, gefährlich wie die Wasser des Rheins. Welcher Sturz, welche Umkehrung des Weltbildes für den Königsknaben. Der Bischof, der hohe Priester wird zum Räuber, zum Entführer. Die Mutter versagt, sie kämpft nicht um ihr Kind, ruft nicht den Adel des Reiches auf, den Frevel an ihrem königlichen Sohn zu rächen. Hätte sie ihre Stimme erhoben, gewiß hätte es noch Männer gegeben, die sich an die Seite ihrer Kaiserin gestellt und gekämpft hätten.

Lag es daran, daß die fromme Agnes von Poitou eine Frau war? Nein, andere Frauen hatten sich in solchen Situationen bewährt. Da leuchten Bild und Beispiel der großen Kaiserin Theophanu auf, die ihrem Sohn Otto III. König und Kaisertum rettete. Nein, Agnes' Schicksal war nicht das Schicksal einer Frau, sondern das eines schwachen Menschen, den das Schicksal an die falsche Stelle befohlen hatte.

Wenn man den wechselhaft schwankenden Charakter Kaiser

Heinrichs IV. beklagt, seine Fähigkeit zur Unterwerfung, seine Kraft, alles auf eine Karte zu setzen, sich quasi immer wieder den Fluten des Rheins preiszugeben, um drohendes Schicksal zu wenden, so muß man sich an Heinrichs Jugenderlebnisse erinnern. Denn das Attentat und der Staatsstreich von Kaiserswerth blieben nicht das einzige Ereignis, das einen jungen Menschen belasten mußte.

Bei der Weihnachtsfeier des Jahres 1062 – berichtet uns Lampert – mußte der junge König mit ansehen, wie es in der Kirche zu Freising zwischen dem Kämmerer des Bischofs Hezilo von Hildesheim und dem des Abtes Widerad von Fulda zu einem wüsten Streit über die Rangfolge der beiden Prälaten kam. Nur das Eintreten des Herzogs Otto von Baiern verhinderte Blutvergießen in der Kirche.

Die Sache war aber damit nicht ausgestanden.

Bei der Pfingstfeier am 8. Juni 1063 in Goslar in der Stiftskirche »St. Simon und Judas« kam es zu einem blutigen Streit im Beisein des dreizehnjährigen Königs. Es ging um das gleiche Problem wie in Freising. Der Abt Widerad von Fulda beanspruchte den Ehrenplatz neben dem Erzbischof von Mainz. Bischof Hezilo von Hildesheim aber behauptete, innerhalb seiner Diözese gehöre ihm als Diözesanbischof der Ehrenplatz neben dem Erzbischof. Es soll hier nicht die Schuldfrage geklärt werden, dazu sind alle Chronisten zu parteiisch. Nur die Nichtigkeit soll aufgezeigt sein, die ein solches Blutbad entfesselte.

Lampert schreibt dazu: »Eine hitzige Schlacht entbrennt, und durch die ganze Kirche hallt statt der Hymnen und geistlichen Gesänge Anfeuerungsgeschrei und Wehklagen Sterbender. Auf Gottes Altären werden grausige Opfer abgeschlachtet, durch die Kirche rinnen allenthalben Ströme von Blut, vergossen nicht wie ehedem durch vorgeschriebenen Religionsbrauch, sondern durch feindliche Grausamkeit.

Der Bischof von Hildesheim hatte einen erhöhten Standort gewonnen und feuerte seine Leute wie durch ein militärisches Trompetensignal zu tapferem Kampfe an, und damit sie sich nicht durch die Heiligkeit des Ortes vom Waffengebrauch abschrecken ließen, hielt er ihnen das Aushängeschild seiner Machtbefugnis und seiner Erlaubnis vor. Auf beiden Seiten wurden viele verwundet, viele getötet, unter ihnen vornehmlich Reginbodo, der Fuldaer Bannerträger, und Bero, ein dem Grafen Ekbert besonders treuer Gefolgsmann. Der König erhob zwar währenddessen laut seine Stimme und beschwor die Leute unter Berufung auf die königliche Majestät, aber er schien tauben Ohren zu predigen. Auf die Mahnung seines Gefolges, an die Sicherung seines Lebens zu denken und den Kampfplatz zu verlassen, bahnte er sich schließlich mit Mühe seinen Weg durch die dicht zusammengeballte Menge und zog sich in die Pfalz zurück.«[2]

Das sind Bilder aus der Jugend und Kindheit Heinrichs IV. Daß dieser, zum Manne und zur Herrschaft erwachsen, keine allzu hohe Meinung von Äbten, Bischöfen, Priestern und anderen heiligen Männern haben konnte, ist nach diesen Erlebnissen verständlich. Wenn wir später die Anklagen des sächsischen Mönches Bruno in seinem »Sachsenkrieg« lesen werden, müssen wir auch dieser Tatsachen eingedenk sein.

Früh hatte er den Vater verloren, war von einer schwachen Mutter aufgezogen und schließlich aufgegeben worden. Unter wilden Kriegsleuten erlebte er, wie heilige Kirchenhallen zu blutigen Schlachtfeldern erniedrigt wurden. An der Seite des erzbischöflichen Regenten und Vormundes Anno II. sah er, wie das Reichsgut verschleudert und zur Beute gieriger Prälaten wurde. Das war die Jugend dieses Königskindes.

Erzbischof Anno II. und der Kölner Aufstand

Wer war nun dieser Mann, der durch den Staatsstreich von Kaiserswerth, also durch ein brutales Majestätsverbrechen, die Macht im Reich an sich gerissen hatte?

Gemessen an seiner Stellung als Erzbischof und Reichsregent war er ein Mann kleiner Verhältnisse. Er entstammte dem schwäbischen Geschlecht der edelfreien Herren von Steußlingen. Dem Wunsch des Vaters, Krieger zu werden, widersetzte er sich, Kleriker zu werden war sein Ziel. Er trat in die berühmte Schule der Bamberger Kirche ein, und bald finden wir ihn in der Hofkapelle Kaiser Heinrichs III. wieder. Lampert von Hersfeld entwirft ein günstiges Bild von ihm: »Er zeichnete sich aber außer durch Geistesgaben und Sittenreinheit auch durch körperliche Vorzüge aus, er war von hohem, schlankem Wuchs, sein Antlitz war schön, er war redegewandt und im Ertragen von Nachtwachen und Fasten äußerst ausdauernd, kurz, er war zur Ausführung aller guten Werke mit natürlichen Gaben reich ausgestattet. Nachdem er nur wenige Jahre am Hof zugebracht hatte, bekam er das Erzbistum Köln (am 4. April 1056 durch Kaiser Heinrich III.), begleitet von hohen Erwartungen des Kaisers und aller, die ihn kannten.«[3]

Adam von Bremen, der Chronist der hamburgischen Kirche und Biograph des Erzbischofs Adalbert von Bremen/Hamburg, des Gegenspielers Annos II., sieht aus der Gegenposition den Kölner Erzbischof so:

»Der Kölner (Anno II.) dagegen, ein Herr von düsterem Wesen, wurde sogar des Treubruchs gegenüber dem König beschuldigt. In allen Verschwörungen seiner Zeit war er außerdem der Drahtzieher.

Der Kölner, den man der Habsucht zieh, verwandte alles, was er zu Hause und bei Hof erraffen konnte, zum Schmuck seiner Kirche. Sie war zuvor schon groß gewesen, er machte sie so bedeutend, daß sie über jeden Vergleich mit einer anderen Kirche des Reiches erhaben war. Auch beförderte er seine Verwandten, Freunde und Kapläne, damit sie wieder anderen, Schwächeren, helfen könnten. Die Vornehmsten unter ihnen waren des Erzbischofs Bruder, Erzbischof Werner von Magdeburg, beider Vetter Bischof Burchard von Halberstadt und auch der erwählte Erzbischof Konrad von Trier, dem die Feindschaft seiner Geistlichkeit die Märtyrerkrone eintrug, bevor er inthronisiert wurde.«[4]

Annos Neffe, der eben erwähnte Erzbischof Konrad von Trier, wurde am 1. Juni 1066 von den empörten Trierern – unter Anführung ihres Burggrafen – ermordet, weil seine Ernennung ohne Mitgestaltung des Trierer Domkapitels vollzogen worden war.

Dieser Anno, der drei Erzbistümer und ein Bistum in die Hände seiner Familie brachte, nämlich Köln, Magdeburg, Trier und Halberstadt, zeichnet sich durch seine Taten eindringlicher und genauer aus, als seine Biographen es gekonnt hätten. Sehen wir Anno II. mit seinen Kölnern schalten und walten:

»Der Erzbischof feierte das Osterfest (20. April 1074) in Köln, bei ihm war der Bischof Friedrich von Münster, den er als seinen vertrauten Freund zur Teilnahme an den Freuden des hohen Festes eingeladen hatte. Als nun die Osterfeiertage vorüber waren und dieser sich anschickte abzureisen, erhielten die Hausbediensteten des Erzbischofs den Befehl, ein geeignetes Schiff für seine Reise zu besorgen. Nach eingehender Musterung beschlagnahmten sie eines, das einem reichen Kaufmann gehörte ... Als die Knechte, die das Schiff zu bewachen hatten, das verweigerten, drohten sie mit Gewalt ... Darauf rannten die Knechte schleunigst zu dem Schiffseigner, meldeten den Vorfall und fragten, was sie tun sollten.

Dieser hatte einen erwachsenen Sohn, der sich ebenso durch Kühnheit wie durch Körperkräfte auszeichnete und bei den Großen der Stadt wegen verwandtschaftlicher Beziehungen und wegen seiner Verdienste außerordentlich beliebt war. Dieser lief mit seinen Knechten in fliegender Eile zu dem Schiff und verjagte die Diener des Erzbischofs ... Als darauf der Stadtvogt zum Eingreifen heranrückte und ein neues Handgemenge hervorrief, wehrte er auch diesen mit der gleichen Unerschrockenheit ab und jagte ihn davon ... Als man den Erzbischof benachrichtigte, daß in der Stadt ein schwerer Aufruhr tobte, schickte er sofort seine Leute aus, um den Volksaufstand zu beschwichtigen, und drohte voll Zorn, bei der nächsten Gerichtssitzung die aufrührerischen Burschen mit der verdienten Strafe zu züchtigen. Wohl zeichnete er sich durch Tugenden jeder Art und durch oft erprobte Rechtschaffenheit in Sachen des Reichs und der Kirche Gottes aus ... Wenn aber sein Zorn aufloderte, konnte er seine Zunge nicht zügeln, sondern schleuderte gegen jeden ohne Ansehen der Person Scheltworte und die beißendsten Beschimpfungen ... Nur mit Mühe konnte man der Rauferei einigermaßen Einhalt tun. Aber trotzigen Wesens wie er war und durch seine ersten Erfolge übermütig gemacht, hörte der junge Mann nicht auf, überall zum Aufruhr zu hetzen ...

Am Nachmittag, gegen Abend, als zu der Wut noch Trunkenheit – Öl zu Feuer – hinzukam, stürmten sie aus allen Teilen der Stadt zum erzbischöflichen Palast, und während er (Anno) an einem belebten Platz mit dem Bischof von Münster speist, greifen sie ihn an, schleudern Geschosse, töten einige von den Aufwärtern, die übrigen, zermürbt durch Prügel und Wunden, verjagen sie ... Den Erzbischof konnten seine Leute nur mit Mühe und Not aus dem feindlichen Haufen und der Wolke von Geschossen heraushauen und in die Kirche des heiligen Petrus (die alte Domkirche) bringen, deren Türen sie nicht nur durch Riegel und Querbalken sicherten, sondern auch durch große davor gewälzte Blöcke ...

Als nun die Leute in der Kirche sahen, daß das Volk entschlossen auf seinem (Annos) Tod bestand und die Menschen nicht nur durch die Trunkenheit, die ja mit der Zeit abzuebben pflegt, sondern auch durch zähen Haß und fanatische Wut umgetrieben wurden, rieten sie ihm zu dem Versuch, in Verkleidung aus der Kirche zu fliehen und so den Belagerern zu entkommen; dadurch könne er gleichzeitig das heilige Gebäude vor der Einäscherung und sich selber vor dem Tode retten …

Ein schmaler Zugang führte aus der Kirche in den Schlafsaal und von dort in den Vorhof und in das Haus eines Domherrn, das unmittelbar an die Stadtmauer angebaut war. Dieser hatte einige Tage vor dem Ausbruch der Empörung vom Erzbischof die Erlaubnis erhalten, die Stadtmauer zu durchbrechen und sich eine kleine Hintertür anzulegen, so hatte es Gott zur Rettung des Erzbischofs gnädig gefügt.«[5]

Wir haben hier einen der ersten Bürgeraufstände auf deutschem Boden gegen einen Bischof und Stadttyrannen.

Lampert schildert ausführlich, wie die Kölner in den Dom gelangen und vor Wut, weil sie den Erzbischof nicht mehr antreffen, unschuldige Menschen erschlagen.

Der Erzbischof floh nach Neuß. Hier flossen ihm neue Truppen zu, und alsbald konnte er mit großer Heeresmacht vor den Mauern Kölns erscheinen.

Die Kölner übergaben ihre Stadt, auf das Erbarmen des Erzbischofs hoffend. Lampert, ganz auf der Seite Annos, vergißt nicht dessen übergroße Güte und Nachsicht zu rühmen. Aber zwischendurch schleicht sich doch die Wahrheit in seinen Text, wenn er schreibt:

»In dieser Nacht flohen mehr als sechshundert (in Wahrheit sechzig) der wohlhabendsten Handelsherren aus der Stadt und begaben sich zum König, ihn um sein Einschreiten gegen das ›Wüten‹ des Erzbischofs zu bitten.« Und: »So wurde die Stadt, noch vor kurzem die volkreichste und nächst Mainz der Haupt- und Vorort aller gallischen Städte, plötzlich fast völlig verödet; wo bisher die Straßen die dichten Scharen der Fußgänger kaum fassen konnten, zeigt sich jetzt nur selten ein Mensch, und schauriges Schweigen herrscht an all den Stätten der Lust und der Genüsse.«[6]

Zwei Erzbischöfe regieren das Reich – Anno II. von Köln und Adalbert von Bremen

Die drängendste Frage für die regierenden Herren nach dem Staatsstreich von Kaiserswerth war wohl zunächst die Entscheidung im Schisma der Päpste Alexander II. und Honorius II.

Auf einer Reichssynode 1062 zu Augsburg manipulierte Erzbischof Anno die Meinung der Synodalen in die Richtung, daß man Alexander unter Vorbehalt seiner Rechtfertigung als amtierenden Papst hinnehmen solle. Bischof Burchard von Halberstadt, der Neffe Erzbischof Annos, wurde zu Papst Alexander II. entsandt. Dieser war zwar nur unter Vorbehalt anerkannt, aber nach »der normativen Kraft des Faktischen« war er regierender Papst. Er zeigte Burchard seine Dankbarkeit, indem er ihm das Pallium verlieh, eine Würde, die sonst nur Erzbischöfen zukam. Auch auf Anno fiel die päpstliche Gnade, er wurde in seiner Würde als Erzkanzler der römischen Kirche bestätigt.

Papst Alexander II. nahm auf der Ostersynode 1063 in Rom die Entscheidung, wer denn nun der rechtmäßige Papst sei, die Anno II. und die deutschen Bischöfe auf einer künftigen Synode treffen wollten, vorweg. Er belegte Honorius II. mit dem Bann. Anno hielt sich gegenüber dem römischen Geschehen zurück. Er war auch auf dem Konzil in Basel, das Honorius zum kaiserlichen Papst gekürt hatte, nicht dabeigewesen.

Aber Honorius stellte sich dem Kampf. Auf einer Gegensynode exkommunizierte er Papst Alexander, ja, er suchte sogar die Entscheidung mit den Waffen, marschierte nach Rom und eroberte Teile der Stadt. Der schwankende Kampf entschied sich erst, als neue Normannenscharen gemäß ihrem Eid, Papst Alexander zu unterstützen, heranahten. Die Rolle, die einst das Reich wahrgenommen hatte, nämlich dem Heiligen Stuhl Hilfe zu leisten, war den Normannen zugefallen.

Als die im Oktober zu Augsburg beschlossene Synode dann im Mai 1064 in Mantua, einer Stadt Gottfried des Bärtigen, zusammentrat, war die Entscheidung, die hier getroffen werden sollte, längst gefallen.

Papst Alexander II., der theoretisch zur Disposition stand, nahm den Vorsitz ein. Als erster begann Erzbischof Anno mit einer Erklärung, daß der König und die Fürsten Kunde erhalten hätten, Alexander sei durch Simonie auf den päpstlichen Thron gekommen, daß sich der Papst darum mit den Normannen verbunden hätte, um sich mit ihren Waffen gegen das Recht der Kirche und den Willen des Königs durchzusetzen. Diese Vorwürfe habe die Synode im königlichen Auftrag zu untersuchen.

Wozu diese Demütigung des Papstes, wo doch die deutschen

Fürsten beschlossen hatten, ihn anzuerkennen? Hatte doch Anno sich selbst von diesem Papst die Würde des Erzkanzlers der römischen Kirche erneuern lassen, und sein Neffe Burchard hatte von diesem Papst den Schmuck des Palliums angenommen. War demütigende Schroffheit schon so sehr zu Annos II. Natur geworden, daß er sie auch gegenüber dem Papst nicht abzulegen vermochte?

Die Antwort Papst Alexanders war souverän:

Wie einstmals Papst Leo III. vor Karl dem Großen, stützte er sich auf den Spruch einer Synode italienischer Bischöfe, die im Jahre 501 auf Veranlassung Theoderichs des Großen über den Lebenswandel des Papstes Symmachus zu befinden hatten. Man kam zu dem Schluß, »das Urteil über den Papst sei Gott anheimzustellen«.

Papst Alexander, um der Kirche kein Ärgernis zu geben, reinigte sich durch einen Eid von dem Vorwurf der Simonie. Seine Erhebung auf den römischen Stuhl sei nach kanonischem Recht geschehen. Sein Verhalten gegenüber den Normannen zu rechtfertigen lehnte er ab. Dies könne nie das Thema eines Konzils sein, sondern sei eine Sache zwischen ihm und dem König. Er werde sie, wenn der König nach Italien komme, mit ihm regeln.

Annos Anklagen waren im Grunde nicht widerlegt, sondern verblüffend einfach beiseite geschoben worden. Der Simonievorwurf war durch den Reinigungseid und durch die alte Feststellung, daß ein Papst nicht dem Urteil anderer unterworfen sei, entkräftet und das Verhältnis zu den Normannen dargestellt worden als eine politische Frage, die auf einem Konzil nichts zu suchen habe. Dann behauptete der Papst, »daß das Recht der Kirche nichts von einer notwendigen Teilnahme des Königs an der Papstwahl wisse«. Ausdrücklich vermerkt der Alteicher Annalist, daß er des Papstes eigene Worte hier aufführe.

Die Synode nahm Papst Alexanders Argumente an und erklärte ihn als frei von Schuld.

Alexander nutzte die Gunst der Stunde. Mit der Zustimmung der Synode verdammte er Honorius II. und war vor der Welt der rechtmäßige Papst.

Eine zwiespältige Sache, die sich da am 31. Mai 1064 zu Mantua vollzog. Erzbischof Anno II. und die deutschen Fürsten, zunächst Ankläger Alexanders, ließen Papst Honorius II., der in Basel nach dem Willen der Kaiserin vom deutschen König eingesetzt worden war, fallen und bekannten sich jetzt – ohne ersichtliche Not – zu dem vorher abgelehnten Papst Alexander II., dem Manne Hildebrands.

Die Lage in Deutschland

Als Erzbischof Anno II. nach Deutschland zurückkehrte, hatten sich die politischen Gewichte verschoben. Seine Rolle in Mantua, erst Ankläger des Papstes in unnötiger Härte, dann Bejaher des gleichen Papstes, hatte seine Konturen undeutlich gemacht.

Zum jungen König hatte Anno zu keiner Zeit inneren Zugang gefunden, denn dieser hatte ihm nie den Tag von Kaiserswerth verziehen.

Ein Mann war aufgetaucht, der schon lange einen großen Schatten geworfen hatte: Erzbischof Adalbert von Bremen. Wenn Anno auch kein Staatsmann mit weitreichenden Konzeptionen war, so hatte er doch früh genug, im Sommer 1063, erkannt, daß er seine Macht mit Adalbert teilen sollte. Selten waren zwei gegensätzlichere Männer zu gemeinsamem Handeln verurteilt.

Neben den strengen, asketischen Anno, der weder ein starkes Königtum noch ein starkes Papsttum wollte, sondern der in den begrenzten Machtträumen eines Territorialfürsten lebte, neben diesen Mann aus kleinen Verhältnissen trat nun mit Adalbert ein Kirchenfürst aus höchstem Reichsadel, aus dem Geschlecht der Pfalzgrafen von Sachsen aus dem Hause Goseck.

Ein herrscherlicher Mann, der das Geld mit vollen Händen ausgab, sich eine prachtvolle Hofhaltung leistete, der zwar voller Ruhmsucht, aber dennoch ein unerschütterlicher Gefolgsmann salischen Königtums war. Er sah im Egoismus der Fürsten und Prälaten das Krebsübel des Reiches. Er war Kaiser Heinrich III. so ergeben gewesen, daß dieser ihn zum Papst erheben wollte. Adalbert aber lehnte ab. Papst Leo IX. hatte ihn schon zum Legaten des Nordens ernannt. Er hatte eine unerhörte Mission nach Dänemark, Schweden und Norwegen und gar bis ans Ende der Welt betrieben. In Adalbert lebten eigene, kühne Pläne. Der Domherr Adam erzählt über Adalberts Missionstätigkeit und ihre Wirkungen:

»Menschen aus allen Ländern der Erde, vor allen aus den Völkern des Nordens, suchten ihn in großer Zahl auf. Unter ihnen waren am weitesten gereist die Isländer, Grönländer und Gesandte der Göten und Orkneys, um die Entsendung von Glaubensboten zu erbitten. Das erfüllte er sofort. Für Dänemark, Schweden und Norwegen und die Inseln im Meere hat er viele Bischöfe geweiht.«[7]

In einem Brief Papst Alexanders II. an die Bischöfe im dänischen Königreich heißt es:

»Alexander, Bischof und Knecht der Knechte Gottes, wünscht allen im dänischen Königreich eingesetzten Bischöfen unter der Obedienz des Apostolischen Stuhles und unseres Vikars Heil und apostolischen Segen. Erzbischof Adalbert von Hamburg, unser hochwürdigster Vikar, hat sich schriftlich und durch seine Gesandten beklagt ...«[8]

Wenn der Papst Adalbert als Legaten und seinen Stellvertreter im Norden sah, wen kann es dann wundern, daß der phantasievolle und herrscherliche Mann von einem nordischen Patriarchat träumte? Sah er eine von Rom losgelöste oder eine unabhängige nordisch-germanische Kirche und sich selbst als deren Herren?

Der Papst jedenfalls hat diesen Plänen widerstanden. Außer dem genannten vermuteten Grund gab es Einwände des dänischen Königs, der eine eigene, von einem deutschen Patriarchen unabhängige Kirche forderte und schließlich auch erhielt.

Adam hat seinen Erzbischof so gezeichnet: »Doch dieser merkwürdige Mann (vir memorabilis) darf allenthalben hoch gepriesen werden; er war edel, schön, klug, redegewandt, keusch und mäßig. Das alles vereinigte er in sich mit noch anderen Vorzügen, die den Menschen gewöhnlich von außen zufallen: Reichtum, Glück, Ruhm und Macht; alles besaß er im Überfluß.«[9]

Dieser keusche und für sich persönlich bescheidene Mann war ein Verschwender größten Stils, wenn es um die Demonstration seines Pontifikats und seiner Kirche ging. Trotz aufbrausenden Jähzorns und strenger Rigidität konnte er weltklug, anpassungsfähig und in gewisser Weise tolerant sein. Als er merkte, daß er die absolute Keuschheit bei seiner Priesterschaft nicht durchsetzen konnte, hörte ihn Adam oftmals sagen: »Ich warne, verlange und befehle: Macht Euch frei von heillosen Bindungen an Frauen; wenn Ihr aber Euch nicht zwingen laßt, weil das Vollkommenheit voraussetzt, dann hütet Euch wenigstens in ehrfürchtiger Scheu vor dem Band der Ehe; heißt es doch: *Wenn schon nicht keusch, dann doch wenigstens vorsichtig.*«[10]

Dies war der Mann, der mit Anno II. von Köln das Reich verwalten und den jungen Heinrich erziehen sollte.

Der Knabe Heinrich bewunderte den Grandseigneur in der Bischofsrobe. An seiner Seite hatte er den Ungarnfeldzug bestanden. Er hatte seinen aus Ungarn vertriebenen Schwager Salomon, der mit seiner Schwester Judith verheiratet war, in Ungarns damaliger Hauptstadt Stuhlweißenburg auf den Königsthron erhoben. Auf diesem Feldzug waren sich der Erzbischof und der junge König nahegekommen.

Währenddessen verwaltete Erzbischof Anno II. das Reich und nahm die Gelegenheit wahr, gegen den von den Wählern erkorenen Magdeburger Dompropst Friedrich seinen Bruder Werner auf den erzbischöflichen Stuhl von Magdeburg zu erheben. Jungkönig Heinrich konnte dem Bruder des Reichsregenten die Belehnung mit Ring und Stab nicht versagen.

Waren die beiden regierenden Erzbischöfe auch gegensätzlich, in einem waren sie sich einig, in der Bereicherung ihrer Diözesen an Reichs- und Klostergut. Der Erzbischof Adalbert erhielt im Jahre 1065 vom König die wertvollen Abteien Corvey und Lorsch. Der Erzbischof von Köln schanzte sich mit königlicher Bewilligung die Abteien von Malmedy, Kornelimünster und die gegenüber Bonn liegende Abtei Vilich zu.

Außerdem hatte sich Anno II. am 14. Juli 1063, als er den jungen König und den Regentschaftsrat autoritativ zu lenken suchte, ein Diplom ausstellen lassen, mit dem die Übertragung des neunten Teils aller Einkünfte von König und Reich an die Kölner Kirche festgelegt wurde. Als Begründung hieß es in dieser Urkunde: »Dies geschehe für das Wohlbefinden des Königs und die Ordnung des Reiches.«[11]

Zur Abrundung des Charakterbildes des Kölner Erzbischofs gehört, daß er durch Wortbruch das Erbe der Polenkönigin Richeza aus dem rheinischen Hause der Ezzonen, das dem Hauskloster Brauweiler zugedacht war, an sich brachte.[12]

Daß diese Haltung Annos II. für Adam von Bremen ein trefflicher Anlaß war, Annos Geldgier, Machtgier und Raffgier zu geißeln, liegt auf der Hand.

Aber auch die anderen Potentaten des Reichs mußten befriedigt werden, damit, wie Lampert schreibt, »nicht Mißgunst unter den übrigen Reichsfürsten erwachse«.

So hatte Erzbischof Siegfried von Mainz 1063 die Abtei Seligenstadt erhalten, die im Jahre 815 von Einhard, dem Biographen Karls des Großen, gegründet worden war. Herzog Otto von Baiern wurde mit dem Kloster Alteich und Herzog Rudolf von Schwaben mit Kempten befriedigt.

Die Reichsabtei Lorsch, die schon im Jahre 772 Immunität und Reichsunmittelbarkeit erhalten hatte, wehrte sich gegen die Vereinnahmung durch den Erzbischof von Bremen.

Der Abt, die Klosterbrüder und die Klostervasallen erbauten im nahegelegenen Heppenheim auf einem die Rheinebene beherrschenden Berg die Starkenburg, Fluchtburg und Abwehrbastion zugleich.

Tatsächlich gelang es Erzbischof Adalbert nicht, seine Hand auf die alte Reichsabtei Lorsch zu legen, in der der Baiernherzog Tassilo sein Leben ausgehaucht haben soll.

Die stolze Starkenburg oberhalb Heppenheims ist heute noch zu besichtigen. Sie bietet ein Burgrestaurant, eine Falknerei und einen überwältigenden Blick weithin in die Rheinebene.

Das Wunder des heiligen Remaclus

Diese Geschichte, die bei Lampert von Hersfeld niedergeschrieben ist und deren Hauptquelle das »Lib. II. Triumph. s. Remacli (I. c. 449.461) ist, sagt mehr über die Gefühlswelt und die Glaubensvorstellungen des Mittelalters aus, als scharfsinnige Abhandlungen es können.

Da wird berichtet, daß König Heinrich IV. dem Erzbischof Anno II. von Köln das Kloster Malmedy geschenkt hatte. Malmedy bildete eine Klostereinheit mit dem Kloster Stablo, was auch daraus sichtbar wird, daß der Abt von Stablo beide Klöster in Personalunion leitete. Abt Theoderich von Stablo war im Jahre 1068 in Rom bei Papst Alexander mit der Bitte erschienen, die Einheit der beiden Klöster wiederherzustellen. Sein flehentlicher Wunsch wurde nicht erfüllt. Wahrscheinlich wollte der Papst den König und den mächtigen Kölner Erzbischof nicht verärgern.

König Heinrich IV. befand sich, urkundlich bezeugt, mit einer Fürstenschar am 11. Mai 1071 in Lüttich. Bei ihm waren Erzbischof Anno II. von Köln, die Bischöfe Wilhelm von Utrecht, Theoderich von Verdun, Hermann von Bamberg, Lietbert von Cambray, Ermenfried von Sitten und Gregor von Vercelli als Kanzler für Italien. Von den weltlichen Großen waren zugegen die Herzöge Gottfried von Niederlothringen, Rudolf von Schwaben und Welf von Baiern.

Der Abt Theoderich von Stablo, der erfahren hatte, daß zu Lüttich ein Reichstag abgehalten werden sollte, auf dem der König Recht sprach, hatte sich schon am 5. Mai auf den Weg zum König gemacht. Ihm folgten seine Mönche, den schweren Schrein ihres Klosterheiligen Remaclus auf den Schultern. Sie hofften, daß dessen Gegenwart in Lüttich ein Wunder bewirken und den starren Sinn des Kölner Erzbischofs und auch des Königs ändern könne. Dietwin, der Bischof von Lüttich, ebenso wie der italienische Kanzler verwandten sich für das Anliegen der Mönche. Die älteren Mönche warfen sich bei einem Gottesdienst am Sonntag, dem 8. Mai, dem Erzbischof zu Füßen. Als auch das nichts fruchtete, beschlossen sie, zum König selbst zu gehen. Der König saß mit seinen Herren in einem Baumgarten, der an die Pfalz angrenzte, beim Mahle. Da wankten die Stabloer Mönche heran, seufzend unter der Last des heiligen Remaclus, stellten den Sarg mit ihrem Klosterheiligen auf den königlichen Tisch und flehten den König an, das Unrecht, das dem heiligen Remaclus durch die Abtrennung von Malmedy geschehen sei, wiedergutzumachen. Der König beklagte sich bei Anno über das ungehörige Vorgehen der Mönche. Anno II. griff ein und schalt die Mönche bäuerischer Frechheit. Dann sprangen König und Erzbischof empört auf und zogen sich in die Pfalz zurück.

Dann – so berichten die Mönche in ihrer späteren Siegesbotschaft – sei Unerhörtes, sei ein Wunder geschehen. Die starken Stützen des Tisches, auf denen der Schrein des Heiligen ruhte, seien unter dem Gewicht zusammengebrochen. Da auch dieses Wunder den Erzbischof nicht zur Herausgabe des Klosters Malmedy bewegen konnte, beschimpften die enttäuschten Mönche nunmehr ihren Heiligen, nannten ihn einen alten, nichtsnutzigen Kerl, der sein Recht als Heiliger nicht einmal gegen einen Erzbischof oder König durchsetzen könne. Dennoch wichen die Mönche nicht vom Fleck. Sie umstanden singend und betend den heiligen Sarg im Baumgarten. Am Morgen mußten sie dem königlichen Druck weichen. Der Befehl war ergangen, den Sarg in die Marienkirche, die dem Heiligen des Bistums, dem heiligen Blutzeugen Lambertus, geweiht war, zu verbringen.

Kürzen wir die lange Geschichte ab. Schlußendlich verbündete sich das Volk mit den Mönchen. Zusammenrottungen vor der Pfalz fanden statt. Die Situation schien bedrohlich zu werden. Die hohen Adeligen erkannten dies und gaben dem König den Rat, dem Volk seinen Willen zu gewähren und Malmedy, ob mit oder

Die Sachsenfürsten unterwerfen sich Kaiser Heinrich IV. (1)

Heinrich IV. in Canossa.
Gemälde aus dem 19. Jahrhundert (2)

ohne Erzbischof Annos Einverständnis, dem heiligen Remaclus zurückzugeben.

Erzbischof Anno erkannte die Lage und sagte: »Weil es einmal Gott so gefällt und es nicht anders geschehen kann, so siehe Herr!, nimm das Gut, welches du gegeben hast, zurück!« Mit diesen Worten reichte Anno II. dem König den Hirtenstab. Der eilte bleich aus der Pfalz zur Kirche hin. Vor dem Sarg des Heiligen niederkniend, legte er zum Zeichen der Rückgabe Malmedys den Hirtenstab auf den heiligen Schrein.

Der Bischof von Lüttich konnte freudig behaupten, daß die geballte Kraft des heiligen Remaclus und des Lütticher Bistumsheiligen Lambertus das Wunder der Rückgabe Malmedys bewirkt habe.

Es ist dies mehr als eine erbauliche Geschichte, die uns erlaubt, über das sogenannte finstere Mittelalter zu lächeln und uns als überlegene Kinder eines aufgeklärten Zeitalters zu fühlen. Hier werden tragende Lebensgefühle einer Zeit sichtbar, der tiefe Glaube an das Wunder, geboren aus der Ohnmacht gegenüber den realen Mächten – hier König und Erzbischof. Dieser Glauben hinderte nicht, in naiver Enttäuschung den Heiligen zu schelten, wenn er das erhoffte Wunder nicht erbringen konnte. Diese fast kindliche Heiligenschelte ist unbedingter Bestandteil des Wunderglaubens.

Wenn sich aber mönchischer Wunderglaube mit den Emotionen des Volkes verbündete, konnte ein hochbrisantes, gefährliches Gemisch entstehen, aus dem sich eine Aggressivität entwickelte, die die Fürsten zurückweichen ließ und sie das Fürchten lehrte.[13]

Die lebenslange Verschwörung

Am Anfang unserer Überlegungen wurde behauptet, gegen Leben und Krone Heinrichs IV. sei eine lebenslange Verschwörung geführt worden.

Lampert berichtet, daß die sächsischen Fürsten bereit waren, den kindlichen Königsknaben zu ermorden. Dann setzte sich der Plan der Entführung und des kalten Staatsstreiches, angeführt von Erzbischof Anno II. von Köln, in Übereinstimmung mit vielen Fürsten des Reiches, durch.

Als der Herrscher sich der Volljährigkeit und damit der Übernahme der königlichen Amtsgewalt näherte, setzte eine weitere Phase der Verschwörungspolitik ein.

Wenn man einen Herrschenden entmachten will, muß man eine Stimmung gegen ihn erzeugen, die von der stillschweigenden Mehrheit von Fürsten und Volk getragen wird.

Man muß ein Bild von ihm zeichnen, das jedes Verbrechen, das man an ihm begehen will, zur guten, zur befreienden Tat macht. Dem Mord muß der Rufmord vorausgehen. Der Rufmord rechtfertigt den Mord und den Mörder!

Es wird als wahrscheinlich angesehen, daß der Rufmörder mit dem um 1100 bezeugten Domscholaster Bruno – dem Leiter der Magdeburger Domschule – identisch ist. Dieser Bruno schuf mit sächsischem Grimm und mönchischem Haß ein wahrhaft unmenschliches Bild von Heinrich IV. Er machte ihn zum sexuellen Unhold, zum Unmenschen und Tyrannen, von dem sich zu befreien Recht des Menschen sei.

Bevor wir uns den sexuellen Untaten Heinrichs zuwenden, werfen wir einen kurzen Blick in die Geschichte der Sexualmoral des Mittelalters. Es ist bekannt, daß sich der fromme Karl der Große neben fünf Friedel- und Ehefrauen eine Reihe von Konkubinen hielt. Überliefert sind uns die Namen: Madelgard, Gerswind, Regina und Adelinde. Ja selbst seinen Töchtern, denen er aus politischen Gründen keine Ehe gestatten konnte, versagte er nicht das Glück freier Liebesverbindungen. Dies ist dokumentiert bei dem ersten Karls-Biographen, Einhard, in seiner »Vita Caroli Magni«, in der er über die Karls-Töchter schreibt: »Daß er von den Gerüchten über ihre Unkeuschheit und dem Gerede über sie gehört hatte, ließ er sich allerdings nicht anmerken.«

Dem Hofklerus und auch dem einflußreichen Alkuin blieb nichts anderes übrig, als über das sexuelle Temperament des kaiserlichen Hauses hinwegzusehen.

Hermann von Reichenau, ein Zeuge des Zeitalters Heinrichs III. und IV., schreibt bedauernd in seinem Gedicht über die acht Laster: »... Der Arme hat erzwungenermaßen nur eine einzige legitime Ehefrau und erfreut sich der heiligen Ehe nur wenig. Der Reiche hingegen hat schändlichen Umgang mit ein, zwei oder mehreren Beischläferinnen, ist seiner unersättlichen Sinnlichkeit verfallen und scheut sich nicht, sich diesen Buhlschaften öffentlich hinzugeben.«[14]

Kaplan Berthold, Biograph des Landgrafen Ludwig IV. von Thüringen, des Ehemannes der heiligen Elisabeth, notiert mit Verwunderung, daß Ludwig seiner Ehefrau treu war. Er berichtet von der Ungnade des Landgrafen, als die Ritter seiner Begleitung ihm während einer Kriegsfahrt hübsche Beischläferinnen zuschieben wollten – der Landgraf lehnte sie indigniert und unwillig abl.[15]

Diese Beispiele ließen sich in ermüdender Länge fortsetzen. Keuschheit oder gar eheliche Treue der Männer waren im Mittelalter die Ausnahme, unbedenkliches Ausleben des Triebes die Normalität. Und so verwundert es doch, wenn der Domscholaster Bruno über diese Tatbestände, die ihm bekannt sein mußten, hinwegsieht und aus Heinrich IV. ein sexuelles Ungeheuer machen will.

So schreibt denn Bruno:

»Zwei oder drei Kebsweiber hatte er zur gleichen Zeit, aber auch damit war er noch nicht zufrieden. Wenn er hörte, jemand habe eine junge und hübsche Tochter oder Gemahlin, befahl er, sie ihm mit Gewalt zuzuführen ... Seine schöne und edle Gemahlin, Berta, Tochter des Grafen von Savoyen und der Gräfin Adelheid von Turin, die er auf Rat der Fürsten wider Willen zur Ehe genommen hatte, war ihm derart verhaßt, daß er sie nach der Hochzeit aus freien Stücken niemals mehr sah, da er auch die Hochzeit selbst nicht mit freiem Willen gefeiert hatte. (Das kann alles so nicht stimmen, denn seit dem Jahre 1070 entsprossen dieser Ehe mehrere Kinder.)

Daher trachtete er auf mancherlei Weise danach, sich von ihr zu trennen, damit er dann, wenn er die erlaubte Ehe nicht mehr führe, mit einem Schein des Rechts seinen unerlaubten Begierden folgen könne.

Endlich gebot er einem seiner Gesellen, sich um die Gunst der Königin zu bewerben, und versprach ihm eine große Belohnung, wenn er das erreiche ... Aber auch die Königin besaß trotz ihres weiblichen Körpers ein männliches Herz, sie erkannte sofort, welcher Quelle dieser Anschlag entsprang. Zunächst wies sie ihn scheinbar unwillig ab; als er aber, wie es ihm geboten war, hartnäckig blieb, versprach sie zum Schein, seine Bitte zu gewähren. Jener meldete es freudig dem König und gab ihm die Stunde an, die zur Ausführung bestimmt war. Hocherfreut ging der König zusammen mit dem Ehebrecher zum Schlafgemach der Königin, um Zeuge des Ehebruchs zu sein und sie dann rechtmäßig von sich zu stoßen oder auch – was ihm noch lieber gewesen wäre – zu töten. Allein als der Ehebrecher an die Tür der Königin klopfte und diese rasch öffnete, fürchtete der König, ausgeschlossen zu werden, wenn jener zuerst eingelassen würde, und drängte sich durch die

Tür. Die Königin erkannte ihn und schloß schnell die Tür, so daß der Ehebrecher draußen blieb, rief ihre Frauen zusammen und zerschlug ihn mit den Waffen, die sie zu diesem Zwecke bereitgelegt hatte, nämlich mit Schemeln und Stöcken, dermaßen, daß er halbtot liegen blieb. ›Du Hurensohn‹, rief sie, ›woher kam dir die Frechheit, dir auf die Umarmung der Königin Hoffnung zu machen, die den Mächtigsten zum Mann hat?‹

Er schrie, er sei doch Heinrich, er sei doch ihr Mann und habe sie zu Recht besuchen wollen. Sie aber entgegnete, der sei nicht ihr Mann, wer heimlich ehebrecherischen Umgang gesucht habe; wenn er ihr Mann sei, weshalb sei er dann nicht offen zu ihrem Lager gekommen? Deshalb warf sie ihn, fast bis auf den Tod zerschlagen, aus ihrem Gemach, verschloß die Tür und ging zu Bett. Er aber wagte niemandem zu verraten, was ihm widerfahren war; vielmehr schützte er eine andere Krankheit vor und hütete fast einen Monat das Bett.«[16]

Dann verbreitet Bruno sich ausführlich, wie der junge König die edlen sächsischen Frauen schändete und sie dann an seine Dienstmannen – gemeint sind die Reichsministerialien – verheiratete. All dies geschieht unter dem Beifall des bösen Erzbischofs Adalbert, der den König in seinen bösen Gelüsten bestätigt.

Bruno schreckt nicht davor zurück, den König zu bezichtigen, er habe seine Schwester Adelheid, die spätere Äbtissin von Quedlinburg, von seinen Gesellen vergewaltigen lassen und sie dabei mit eigenen Händen festgehalten.

Der junge König wird als Anstifter von Morden, selbst als Mörder geschildert. Die Perfidie Brunos zeigt sich daran, daß er seine Gewährsmänner nicht nennt; immer bleibt er im Dunstkreis der Verleumdung: »Über einen seiner engsten Vertrauten, dessen Namen ich ebenso wie die vieler anderer absichtlich verschweige, habe ich eine Geschichte erfahren, die ich hier einflechten möchte, weil sich in ihr zwei bedeutende Laster des Königs zeigen, nämlich seine Grausamkeit und seine Wollust. Selbst kein geborener Sachse (der obengenannte Vertraute), nahm dieser eine Sächsin zur Frau, eine Jungfrau ebenso schön wie edel. Der König selbst erlangte für ihn die Einwilligung der Eltern, und der König wohnte auch persönlich der Hochzeit bei; man kann allerdings zweifeln, ob er das mehr zur Ehre des Bräutigams tat oder aus Liebe zur Braut. Noch hatte diese ihre bräutliche Scham und Scheu nicht abgelegt, als der König alle Scham von sich warf und den Bräutigam aufforderte, sie zu seinem Lager zu senden. Jener entgegnete: Nichts, und sei es mein Leben, will ich Euch jemals verweigern, nur dieses eine dürft Ihr nicht von mir fordern und kann ich Euch nicht geben. Der König, der sich trefflich zu verstellen wußte, zeigte den Unwillen, den er empfand, mit keiner Miene und mit keinem Wort. Doch nach wenigen Tagen, als jener sich schon für sicher hielt und nichts mehr für sich befürchtete, schickte der König um Mitternacht zu ihm und befahl, allein zu ihm zu kommen. Jener kannte zwar die Art des Königs hinreichend, um zu wissen, daß er noch in dieser Nacht sterben müsse, ging aber, wohin der Befehl ihn rief; doch zog er vorher seinen dreifachen Panzer unter seinem Rock an. Als er nun zum Vorzimmer des Königs gekommen war, siehe da trafen zwei Schwerter seine Seiten und hätten sich mitten in seinem Leib getroffen, wenn sie der starke Panzer nicht abgehalten hätte. Er gelangte dennoch zum König und meldete ihm, wie er vor dessen Kammer empfangen worden war. Der König befahl ihm, dies niemals jemanden wissen zu lassen, wenn ihm sein Leben lieb sei.«[17]

All dieser Schmutz schwindet dahin wie der Schnee in der Sonne, wenn man den Bericht über Heinrichs IV. Scheidungsverlangen liest. Lampert von Hersfeld, sicher kein Freund des Königs, aber nicht mit dem brennenden Haß des Sachsen Bruno erfüllt, schreibt über das Jahr 1069:

»Der König feierte Weihnachten in Goslar, Ostern in Quedlinburg und Pfingsten in Mainz. Nach Pfingsten hielt er in Worms einen Fürstentag ab (Anfang Juni). Dort verhandelte er insgeheim mit dem Erzbischof Siegfried von Mainz und bat ihn dringend um seinen Beistand bei der Durchführung dessen, was er im Sinn habe; wenn er ihm helfe, werde er sich künftig unterordnen und aufs Wort gehorchen; außerdem werde er die Thüringer, wenn nicht anders möglich, mit bewaffneter Hand zwingen, für alle Zukunft und ohne Widerstand den Zehnt (an den Erzbischof von Mainz) zu entrichten. Der Bischof stimmte dem zu, und nachdem sie einig geworden waren, erklärte der König öffentlich (vor den Fürsten), er stehe sich mit seiner Gemahlin nicht gut; lange habe er die Menschen getäuscht, aber nun wolle er sie nicht länger täuschen. Er könne ihr nichts vorwerfen, was eine Scheidung rechtfertige, aber er sei – er wisse nicht durch welche Schickung, durch welche göttliche Fügung – nicht imstande, die eheliche Gemeinschaft mit ihr zu vollziehen. Er bitte sie daher um Gottes willen, ihn von der Fessel dieser unter schlimmen Vorzeichen geschlossenen Ehe zu lösen und die Trennung freundwillig zu dulden, damit er ihr und sie ihm, wenn Gott es fügte, den Weg zu einer glücklicheren Ehe eröffne. Und damit niemand den Einwand erheben könne, ihre einmal verletzte Keuschheit sei ein Hindernis für eine zweite Eheschließung, so schwöre er, daß er sie so, wie er sie empfangen habe, unbefleckt und in unversehrter Jungfräulichkeit bewahrt habe.«[18]

Das ist ein Donnerschlag und für die mittelalterliche Form der Ehetrennung etwas absolut Neues. Der jugendliche König bekennt, daß an seiner Frau kein Fehl sei, nichts, was eine Scheidung rechtfertige. Das ist absolut unüblich.

Es war Brauch, daß die mittelalterlichen Fürsten die Scheidung erreichten, indem sie ihren Frauen sexuelles Fehlverhalten, sprich Ehebruch, vorwarfen.

Eben erst hatte sich Rudolf von Schwaben, der künftige Gegenkönig und hochpropagierte christliche König des Papstes, von seiner zweiten Frau, der Schwester der Königin Berta, Adelheid von Turin, scheiden lassen, und den Markgrafen Ekbert von Meißen hatte nur ein schneller Tod seiner Frau Irmgard, Markgräfin von Susa, vor der schon eingeleiteten Scheidung bewahrt. Beide Fürsten hatten ihr Scheidungsverfahren mit der Untreue ihrer Ehefrauen, sicher zu Unrecht, begründet.

Bekannt ist der Ehehandel König Lothars II. Er lebte zunächst in einer Friedelehe mit Waldrada, Tochter einer moselländischen freien Familie. Mit ihr hatte er einen Sohn namens Hugo.

Aus politischen Gründen heiratete er die Schwester des Laienabtes Hukbert von St. Maurice, der die Alpenpässe kontrollierte. Da die Ehe kinderlos blieb, zwang Lothar seine Gemahlin Theutberga, vor einer Synode in Aachen im Jahre 860 das Geständnis abzulegen, sie habe mit ihrem Bruder Hukbert widernatürliche Unzucht getrieben. Zwar wurde die ausgesprochene Scheidung von Papst Nikolaus annulliert, doch das Beispiel zeigt, zu welchen Methoden hochadelige Herren griffen, um sich von lästig gewordenen Ehebanden zu lösen.

Hier aber gibt ein junger König eine Ehrenerklärung für seine Frau ab und schwört, daß ihre Jungfräulichkeit unverletzt und daß an ihr kein Tadel sei. Dies ist wahrhaft das Verhalten eines Edelmannes, der seinen Fürsten und Bischöfen sein Eheschicksal gesteht und bittet, zum Wohle beider, des Königs und der Königin, aus dieser Ehe, die eine Kindertragödie ist, entlassen zu werden.

Die Versammlung ist erschrocken, unfähig, das Gehörte zu verarbeiten. Ja, hätte Heinrich IV. einen Ehebruch seiner Frau mit noch so schlechten Beweisen konstruiert, sie verdammt und verstoßen, so wären die Bischöfe dem sicher gefolgt. Oder hätte er, eine weitere beliebte Methode der Ehescheidung, eine Trennung wegen zu naher Verwandtschaft angestrengt – auch das wäre ein Weg gewesen, den man verstanden hätte. Aber daß ein junger Mann erklärt, er könne mit seiner Frau, die ohne Tadel sei, nicht zusammenleben, weil sie nicht zueinander paßten, das war schier unverständlich.

Die Versammlung löste sich auf mit dem Auftrag an Erzbischof Siegfried von Mainz, beim Papst eine Entscheidung einzuholen. Dies allein schon war ein Triumph des Reformpapsttums: vom deutschen Episkopat als letzte verbindliche Entscheidungsinstanz anerkannt zu sein.

Der Papst sandte einen Legaten, der den Fall prüfen und entscheiden sollte. In glücklicher Wahl entsandte er Kardinal Petrus Damiani. Dieser war eine moralische Potenz, eine sittliche Erscheinung ersten Ranges. Lampert von Hersfeld hebt ihn als einen »vir aetate et vitae innocentia admodum reverendus« (wegen seines Alters und unsträflichen Lebenswandels höchst ehrwürdigen Mann) hervor.

Das Urteil eines solchen, fast heiligen Mannes mußte unumstößlich sein. Zwischen 4. und 10. Oktober trat die Synode in Frankfurt zusammen.

Der Legat führte aus, »daß das Gift eines so verwerflichen Beispiels, vom König ausgehend, das ganze christliche Volk beflecke und daß der, der ein Rächer der Verbrechen hätte sein sollen, selber Bannerträger und Anstifter zu Schandtaten werde«.

Und jetzt läßt der Papst – als Monarch der Kirche – seine Macht spüren, wenn er seinen Legaten sagen läßt: »›Schließlich, wenn er sich durch Ratschläge nicht umstimmen lasse, werde er notgedrungen kirchliche Gewalt anwenden und auf Grund des kanonischen Gesetzes das Verbrechen verhindern. Überdies werde er mit seinen Händen niemals einen Kaiser weihen, der, soviel an ihm liege, durch sein verderbnisbringendes Beispiel den christlichen Glauben verraten habe.‹ Da erhoben sich alle anwesenden Fürsten gegen den König, erklärten, der Papst habe recht, und baten ihn bei Gott, seine Ehre nicht durch ein Verbrechen zu schänden und die Majestät des königlichen Namens nicht durch den Unflat einer so schändlichen Tat zu besudeln.«

Nicht ohne Rührung liest man die Antwort des königlichen Jünglings: »Wenn das bei Euch unabänderlich beschlossen ist, so will ich mich selbst bezwingen und, so gut ich kann, die Bürde tragen, die ich nicht abwerfen kann.«

Lampert von Hersfeld ist ein hervorragender Zeuge seiner Zeit, wenn er Geschehnisse übermittelt. Seine Voreingenommenheit aber gegenüber Heinrich erkennen wir – wie so oft – an folgender Einlassung, die er nach der Unterwerfung des jungen Königs unter den Spruch des Legaten schreibt: »Sein Haß freilich wurde durch seinen Versöhnungswillen nur noch stärker entfacht: Er gestand zwar zu, daß die Königin wieder in die Throngemeinschaft aufgenommen wurde, er selbst kehrte mit kaum 40 Rittern schleunigst nach Sachsen zurück, um ein Zusammentreffen mit ihr zu vermeiden. Die Königin folgte langsam mit den übrigen Truppen und den Reichsinsignien.«[19]

Wieso Haß durch Versöhnungswillen gesteigert werden kann, ist kaum verständlich. Wenn Heinrich nach dem Spruch des Legaten sofort nach Sachsen abreiste, so gibt es dafür Gründe. Denn er hatte kurze Zeit vorher einen blutigen Kampf gegen den sächsischen Grafen Adalbert und gegen den Markgrafen Dedi geführt. Dieser hatte als Ehemann der Adele, Witwe des 1067 verstorbenen Markgrafen von Meißen, seine Hand auf dieses Erbe legen wollen.

Er und Graf Adalbert waren vom König besiegt und gefangengesetzt worden. Daß es dem König nun eilig war, zurück nach Sachsen und Thüringen zu gehen, um dort die Verhältnisse zu ordnen, ist verständlich. Daß er die Reichsinsignien in den Schutz seiner Frau gab, ist ein großer Vertrauensbeweis.

Wie ein Licht in der Nacht erhellt die Ehekrise des Jahres 1069 das wahre Wesen des vielgeschmähten Königs. Nicht das sexuelle Ungeheuer, das die eigene Schwester zur Vergewaltigung durch seine Spießgesellen festhält, wie uns Bruno glauben machen will, tritt hier zutage, sondern ein vornehmer, ritterlicher Jüngling, der zwar seine Lage verändern will, aber nicht auf Kosten der Ehre seiner Frau, nicht auf Kosten windiger Rechtskonstruktionen wegen zu naher Verwandtschaft.

Da war einer, der glaubte, mit der Verkündung der Wahrheit Hilfe und Erbarmen seiner Fürsten und Bischöfe finden zu können. Doch das war ein tragischer Irrtum.

Es ist beglückend, daß diese beiden Menschen dennoch zusammenwachsen und Berta ihrem Mann die Söhne schenkte, die ihn zwar später verraten werden, dennoch aber dem salischen Haus die Thronfolge sichern.

Berta wächst im Laufe ihres Lebens zu einer herzbezwingenden Frauengestalt heran. Sie steht mit Heinrich IV. auf den Eisfeldern von Canossa und wird an seiner Seite zur Kaiserin gekrönt werden.

Wir müssen dankbar sein, daß uns die Historie die Ehegeschichte Heinrichs IV. und seiner Frau Berta überliefert hat, in der der wirkliche Heinrich, gerade auch in den Schriften seiner Feinde, sichtbar wird.

Der sächsische Grimm

Heinrich IV. hatte mit Krone und Reich auch den Grimm der Sachsen geerbt. Heinrich von Reichenau schreibt in seiner Chronik unter dem Jahre 1053, also noch zur Regierungszeit Heinrichs III.: »Zu dieser Zeit murrten sowohl die Großen des Reichs wie auch die weniger Mächtigen immer häufiger gegen den Kaiser und klagten, er falle schon seit langem von der anfänglichen Haltung der Gerechtigkeit, Friedensliebe, Frömmigkeit, Gottesfurcht und vielfältigen Tugenden, worin er doch täglich Fortschritte machen solle, mehr und mehr ab zu Eigennutz und Vernachlässigung seiner Pflichten und werde bald schlechter sein, als er war.«[20]

Hinter diesen frommen Worten stecken Fragen wirtschaftlicher und kriegerischer Macht. Die Sachsen hatten es innerlich nie akzeptiert, daß die Königsmacht von den sächsischen Ottonen zu den salischen Franken zurückgekehrt war. Das, was die Ottonen an Königsgütern im Harz, in Thüringen und Sachsen zusammengebracht hatten, betrachteten sie nicht als Reichsgut, was es in Wirklichkeit war, sondern als sächsisches Eigentum. Die sächsische Erbitterung zeigte sich, als Kaiser Heinrich III. im Herbst auf dem Königsgut Lessum mit knapper Not einem Anschlag entging, der vom Grafen Thietmar, dem Bruder des mächtigen Sachsenherzogs Bernhard II., ausging. Damit hatte das mächtige Adelshaus der Billunge klare Position bezogen. Aber die Opposition saß nicht nur im sächsischen Herzogshaus, sie war breiter.

Der Daueraufenthalt des kaiserlichen Hofes in der prachtvollen Kaiserpfalz Goslar war eine Dauerbelastung für die Sachsen. Die vielen damit verbundenen Vorteile sahen sie nicht. Die Chronik des Klosters Petershausen auf dem rechten Rheinufer gegenüber Konstanz nennt Sachsen »Coquina imperatoris«, die Küche des Kaisers. Auch die Goslarer Silbergruben wurden kräftig ausgebeutet. All das sah man in Sachsen mit scheelem Blick. Die Einsetzung Adalberts aus dem Grafenhaus von Gosek, der sich bald zum eingeschworenen Gegner des sächsischen Herzogshauses aufschwang, zum Erzbischof von Bremen/Hamburg im Jahre 1043 vertiefte den Riß zwischen Saliern und Sachsen noch mehr.

Vor allem als Adalbert in der Zeit seiner Regentschaft begann, die Königsgüter der fränkischen, ottonischen und salischen Könige aufzulisten, um sie wieder in die Verfügung der Krone zu bringen, da brandete der Unmut, namentlich in Sachsen und Thüringen, auf. Alle die großen und kleinen Herren hatten es verstanden, sich am Königsgut zu bereichern, bis hinunter zum kleinen Bauern, der sich daran gewöhnt hatte, seine Schweine zur Mast in die königlichen Forste zu treiben.

Die »Deutsche Geschichte« (Berlin-Ost 1983) weist alleine in diesem Raum einhundertvierundzwanzig Königsgüter aus. Diese wieder ganz oder teilweise in die Krongewalt zu bringen, mußte zu schweren politischen Verstimmungen führen.

Wenn die neuere Forschung glaubt, daß der Verlust an Königsgütern nicht so groß gewesen sei wie vermutet, dann stehen dem die Klagen der Sachsen und Thüringer entgegen. Aber auch die Vergabe der süddeutschen Herzogtümer durch die Kaiserin Agnes an die späteren Feinde ihres Sohnes deckt die Auflösung der Königsmacht unwiderlegbar auf.

Die Anfänge der Regierungstätigkeit Heinrichs IV.

Am 29. März 1065 fand – nach altem ripuarischen Recht – die Schwertleite und damit die Mündigkeitserklärung des jetzt fünfzehnjährigen Königs in Worms statt. Den kirchlichen Segen vollzog Erzbischof Eberhard von Trier, da Erzbischof Siegfried von Mainz auf Pilgerreise war. Als Schildträger stand dem jungen Heinrich Herzog Gottfried der Bärtige zur Seite, der im gleichen Jahr in das Herzogtum Niederlothringen eingesetzt wurde. Die Annalen des Lampert berichten unter dem Jahr 1065 wie folgt: »Hier gürtete sich der König mit Einwilligung desselben Erzbischofs (Adalbert und der übrigen Fürsten) zum ersten Male mit

Kriegswaffen, und er hätte sogleich die erste Probe mit der eben angelegten Rüstung gegen den Erzbischof von Köln abgelegt und wäre Hals über Kopf ausgezogen, um ihn mit Feuer und Schwert zu bekämpfen, hätte nicht die Kaiserin noch zur rechten Zeit den drohenden Sturm durch ihren Rat beschwichtigt.«[21]

Die Erinnerung an den Staatsstreich von Kaiserswerth im Jahre 1062, durchgeführt von Erzbischof Anno II. von Köln, muß den jungen König zu dieser emotionalen Tat getrieben haben.

Heinrich IV. begann seine Regierungstätigkeit mit großzügigen Schenkungen.

Es ist wenig wahrscheinlich, daß der fünfzehnjährige König von sich aus eine solch zielstrebige Schenkungsaktion durchgeführt haben soll. Hier wird die Hand Erzbischofs Adalbert sichtbar, der sich – wie bereits geschildert – die alten Reichsklöster Corvey und Lorsch und seinem Widersacher Anno von Köln, um diesen ruhigzustellen, die Klöster Malmedy-Stablo, Kornelimünster und Vilich zusprechen ließ. Die anderen Klöster wurden, um möglichst viele zu befriedigen oder Mitschuldige zu schaffen, an andere wichtige Fürsten ausgegeben.

Auch in der Burgenbaupolitik, die erst 1067 unter Leitung Bischof Bennos von Osnabrück einsetzte, erkennt man noch nicht die eigene Handschrift des Königs.

Im ganzen handelte es sich bei dem von den Sachsen hochgespielten Burgenbau (»Zwingburgen der Tyrannis«) nur um fünf oder sechs Höhenburgen.

Da war südöstlich von Goslar die Harzburg, die wohl gewaltigste Burg des ganzen Burgensystems, südöstlich von Wernigerode die Heimburg, nordwestlich von Nordhausen die Hasenburg, nach Osten vorspringend auf den Höhen der Heinleite Burg Spatenberg und schließlich die in den Unstrutbereich vorstoßende Burg Volkenrode als südlichste Position.

Bei der Neuinvestierung von Bischöfen setzten sich Heinrich und sein neuer Beraterkreis über theologische Eignung oftmals hinweg. Man investierte Bischöfe, von denen man sich für König und Reich Treue erhoffen konnte, manche aber auch, um mächtigen Reichsfürsten gefällig zu sein. So wurde im Jahre 1065 ein Mönch aus dem Kloster St. Gallen, ein Bruder Rudolfs von Rheinfelden, des mächtigen Schwabenherzogs, als Bischof Adalbero von Worms investiert, der, so schreibt Lampert, »auf einem Beine lahm war und in jeder Hinsicht sehenswert: Er war nämlich ungeheuer stark, überaus gefräßig und so dick, daß sein Anblick eher Entsetzen als Bewunderung hervorrief, und kein hundertarmiger Gigant, kein anderes Scheusal des Altertums, wenn es aus der Unterwelt aufgetaucht wäre, hätte die Augen und Blicke des staunenden Volkes so stark auf sich gezogen.«

Diese Wormser Fehlbesetzung, und das ist hier zu beachten, wurde auf Wunsch und Empfehlung Rudolfs von Rheinfelden vollzogen. Das widerlegt eindeutig die sächsischen Klagen, der König sei ein Mann einsamer Beschlüsse, die er dann mit tyrannischer Gewalt durchsetze. Das Gegenteil war der Fall. Der König handelte in Übereinstimmung mit den Reichsfürsten und seinen Beratern. Daß hierbei Widersprüche und Gegensätzlichkeiten entstanden, ist verständlich.

Von ganz anderer Seite kommen die Bedenken gegen die Bischofsernennungen des Königs. In all den Jahren des Wirkens der Reformpartei hatte sich der Gedanke durchgesetzt, daß die kanonische Wahl des Bischofs Voraussetzung zur Investitur durch den König sei.

Außerdem, wer Ring und Stab erhielt, mußte bereit sein, die Erhebung durch Geldgeschenke aufzuwiegen. Aber auch das war Gewohnheitsrecht der deutschen Könige. Wir erinnern uns, daß Heinrichs IV. Großvater, Kaiser Konrad II., in vollkommener Naivität gesagt hatte, »er wisse nicht, wie er das Reich regieren solle, wenn er diese Gelder nicht erhalte«.

Auch von der Abtei Reichenau ist bezeugt, daß sie mehrfach gegen Geldzahlungen vergeben wurde. 1069 an den Hildesheimer Mönch Meginward und nach dessen Tod an den Abt Routpert aus Bamberg.[22]

Kanonische Rechte wurden durch den jungen König gebrochen. Der Kanonikus Heinrich von Goslar erhielt das Bistum Speyer, obwohl er das kanonische Alter noch nicht erreicht hatte.

Der Traum von der Kaiserkrone

Der erste Staatsgedanke, den Heinrich IV. mit jugendlicher Begeisterung aufgriff, war die Romfahrt zur Erlangung des Kaisertums. Sicherlich hätte die Kaiserkrone den Prestigeverlust der deutschen Krone wettmachen können.

Auch Rom stand der Kaiserkrönung positiv gegenüber. Die Zuverlässigkeit der normannischen Verbündeten schien zu brüchig.

1066 war Richard von Capua in den Kirchenstaat eingefallen. Da mochte in Rom ein deutscher König und Kaiser, so er denn die kirchliche Ordnung nicht zu sehr störte, als ein zuverlässigerer Partner erscheinen. Auch hätte ein deutscher König, der aus der Hand Papst Alexanders II. die Kaiserkrone empfing, den jetzt schon an die Seite gedrängten Gegenpapst Honorius II. völlig ins Aus gesetzt.

Selbst der gegenüber Rom und Alexander treue Petrus Damiani rief dem jungen König zu, »sich als wahrer Schirmvogt der römischen Kirche zu erweisen und das Schisma zu beenden«. Aber gerade der, den Heinrich IV. unter den deutschen Fürsten am meisten liebte und verehrte, der bewunderte Freund Erzbischof Adalbert, hintertrieb den Romzug.

Zum einen konnte der Erzbischof mit Recht der Auffassung sein, daß die innenpolitische Situation angesichts der immer zu Aufstand und Rebellion bereiten Sachsen zu schwach sei, um das Abenteuer des Romzuges zu wagen.

Zum anderen mußte er fürchten, dadurch die Stellung Erzbischof Annos II., der Erzkanzler der römischen Kirche war, so aufzuwerten, daß der lästige Rivale ihm die Herrschaft im Reich mindern konnte.

Schon sollte das deutsche Heer sich versammeln und in zwei Marschsäulen nach Italien ziehen, eine unter dem Kommando Heinrichs IV. und Erzbischof Adalberts über den Brenner, die andere unter Herzog Gottfried von Lothringen und Erzbischof Anno II. von Köln über den Mont Cenis, »da kam«, so berichtet Anno dem Papst, »in großer Eile ein Bote von Augsburg, fünf Tage vor unserem Abmarsch, hier an und ließ uns von unserem Herrn und König wissen, daß die Heerfahrt auf den nächsten Herbst vertagt war«.

Der große römische Wurf war Heinrich nicht gelungen. Wenn der Einfluß und die Macht Erzbischof Adalberts über den König so groß waren, ihn von seinen Kaiserträumen abzuhalten, was hatte man dann von diesem Machtmenschen noch zu erwarten?

Die Verschwörung von Tribur

Die Sachsenfürsten, vor allem die Billunger Sachsenherzöge und der sächsische Baiernherzog Otto von Northeim, der über große Eigengüter in Sachsen verfügte, fühlten die Hand Adalberts und seines Beauftragten, des Bischofs Benno von Osnabrück. Dieser betrieb mit beharrlicher Entschlossenheit und aufgrund der nun festgelegten königlichen Rechtstitel die Rückführung des Königsgutes.

So kam es wiederum zu einer Verschwörung der Reichsfürsten, diesmal gegen den mächtigsten Mann an Heinrichs IV. Seite, den Erzbischof Adalbert, und damit gegen den König selbst.

Es verbanden sich die Erzbischöfe Anno II. von Köln und Siegfried von Mainz, wohl im Einverständnis mit Erzbischof Gebhard von Salzburg. Von den weltlichen Herren traten hinzu die Herzöge Berchthold von Kärnten, Otto von Northeim, und Rudolf von Rheinfelden, der ehemalige Schwager des Königs. Auch Lampert von Hersfeld belegt dieses Tun mit dem richtigen Wort und nennt es Verschwörung:

»Die Erzbischöfe von Mainz und Köln hielten mit den übrigen Fürsten, denen das Wohl des Reiches am Herzen lag, häufige Versammlungen ab und forderten alle auf, gemeinsam zu überlegen, was zu tun sei. Als dann die ›Verschwörung‹ zur Reife gediehen war, sagten sie allen Fürsten einen Reichstag zu Tribur an; hier sollten alle den Bremer Erzbischof, den gemeinsamen Feind aller, gemeinsam bekämpfen und dem König ankündigen, daß er entweder abdanken oder seine vertraute Freundschaft mit dem Bremer Erzbischof aufgeben müsse.«[23]

In einem irrt Lampert. So weit wurde das deutsche Königtum nicht gedemütigt, daß die Fürsten den König nach Tribur zitierten. Es war der König, der auf Drängen der Fürsten den Reichstag ausschrieb.

Aber die Verhandlung zu Tribur war demütigend genug: »Am festgesetzten Tage (Mitte Januar 1066) waren die Mienen aller Anwesenden unheilverkündend für den König, unheilverkündend aber auch der Spruch, daß er der Regierung entsagen oder den Erzbischof von Bremen seiner Stellung als Ratgeber und Mitregent entheben müsse. Als er zögerte und schwankte, wofür er sich entscheiden solle, riet ihm der Erzbischof, in der nächsten Nacht heimlich mit den Reichsinsignien zu entfliehen und sich nach Goslar oder anderswohin zu begeben, wo er vor einer Gewalttat sicher sei, bis sich dieser Sturm gelegt hätte.«[24]

Auch der Kleriker Adam, der Biograph Erzbischof Adalberts, unterrichtet uns über das Ereignis von Tribur:

»Nun wollte unser Erzbischof die goldene Zeit erneuern und

soll vorgehabt haben, aus dem Reiche Gottes alle auszutilgen, die gegen das Recht verstießen, vor allem aber ihre Hände gegen den König erhoben, oder die offensichtlich Kirchen ausgeraubt hatten. Nun waren sich freilich fast alle Bischöfe und Großen des Reiches eines Anteils an diesen Verbrechen bewußt, und so taten sie sich in einmütiger Feindschaft zu seinem Sturz zusammen, um andere vor der Gefahr zu retten. Darum versammelten sie sich alle zu Tribur, wo der König weilte, und vertrieben unseren Erzbischof als Gaukler und Verführer vom Hofe. So sehr waren seine Hände gegen alle und die Hände aller gegen ihn, daß die Auseinandersetzung schließlich mit Blutvergießen endete.

Als dann vollends unsere Herzöge (Herzog Ordulf von Sachsen und sein Sohn Magnus) erfuhren, der Bischof sei seiner Würde als königlicher Rat entsetzt, da hielten sie hocherfreut die Zeit zur eigenen Rache für gekommen, zu seiner völligen Vertreibung aus dem Bistum, und sie geboten: ›Verheert alles darin bis auf die Grundmauern; wir wollen ihn aus dem Land der Lebendigen austilgen.‹«[25]

Über die letzten Tage des Erzbischofs schreibt Adam: »Sein Auftreten hatte sich zwar immer von dem der üblichen Haltung anderer Menschen unterschieden, aber vor seinem Ende wirkte er fast dämonisch und unerträglich, als sei er ein anderer geworden, ganz besonders nach dem Tage seiner Vertreibung und der darauf folgenden Verwüstung seines Sprengels ... Wie trügerisch ist das Glück des Menschenlebens! Wie muß man den Ehrgeiz meiden. Was nützt dir, hochwürdiger Vater Adalbert, jetzt alles, was du immer geliebt hast: Ruhm der Welt, viel Volk, hoher Adelsrang!«

Seine menschlichen Qualitäten als Biograph beweist Adam mit folgenden Worten über seinen Herrn und Erzbischof:

»Gern würde ich von einem solchen Mann Besseres berichten, denn er hat auch mich geliebt; und wie angesehen war er in seinem Leben! Doch ich scheue davor, denn es steht geschrieben: ›Wehe denen, die Böses gut nennen‹ und: ›Verderben sollen, die Schwarz in Weiß verkehren‹. Es erscheint mir gefährlich, einem solchen Manne, den zu seinen Lebzeiten Schmeicheleien verdorben haben, auch nach seinem Tode noch mit Wort und Schrift zu schmeicheln.«[26]

Der Slawenaufstand

Der Sturz des Erzbischofs Adalbert hatte weitreichende Folgen. Der Erzbischof hatte im Rahmen seiner Missionsarbeit den Obotritenfürsten Gottschalk getauft, so daß jetzt ein christlicher Slawenfürst die Missionsarbeit förderte. Gottschalk hatte, um seine Herrschaft zu stabilisieren, die dänische Königstochter Sigrid geheiratet, und Adam notierte: »Gottschalk hatte die Slawen so fest in der Hand, daß sie ihm als ihrem König Ehrfurcht bezeugten.«

All das fegte jetzt der Slawenaufstand mit elementarer Gewalt hinweg. Sturmfluten des Hasses gegen die aufgezwungenen christlichen Lebensformen rissen alles nieder, was gestern noch heilig und sicher schien. Gottschalk, der christliche Obotritenfürst, wurde ermordet, und die drei Missionsbistümer Oldenburg, Ratzeburg und Mecklenburg wurden blutig zerstört.

Helmold, der Pfarrer von Bosau, schildert in seiner Slawenchronik den mörderischen Sturm, der über die Missionsgebiete hinwegraste:

»Nach dem Tode des Vaters (Herzog Bernhards von Sachsen) waren denn auch kaum fünf Jahre vergangen, als die gleich auf Empörung sinnenden Slawen vor allem zunächst einmal Gottschalk erschlugen. Und so wurde der für alle Zeit unvergeßliche Mann wegen seiner Gott und den Fürsten bewiesenen Treue von den Barbaren umgebracht, die zum Glauben zu bekehren er selbst bemüht war ... So litt jener zweite Makkabäer am 7. Juni (1066) in der Burg Leontium, die mit anderem Namen Lenzen heißt, zusammen mit dem Priester Eppo, der auf dem Altar geopfert wurde, und vielen anderen, Laien wie Geistlichen, die für Christus verschiedene Todesarten erdulden mußten. Der Mönch Ansver und andere mit ihm wurden zu Ratzeburg gesteinigt. Ihr Martertod ereignete sich am 15. Juli 1066. Als er den Leidensweg ging, soll derselbe Ansver die Heiden angefleht haben, seine Gefährten möchten vor ihm gesteinigt werden, weil er fürchtete, sie könnten (vom Glauben) abfallen. Als sie die Märtyrerkrone erlangt hatten, beugte er selbst freudig das Knie wie (einst) Stephanus.

Der greise Bischof Johannes wurde mit anderen Christen in Magnapolis, das ist Mecklenburg, gefangen für den Triumph aufbewahrt. Mit Ruten gezüchtigt, weil er nämlich Christus bekannte, wurde er sodann zum Spott durch die einzelnen Burgbezirke der Slawen geführt, und weil er nicht von Christi Namen abgebracht werden konnte, hackte man ihm Hände und Füße ab und warf seinen Körper auf die Straße hinaus. Sein Haupt aber wurde abgetrennt, die Barbaren pflanzten es auf einen Spieß und opferten es als Siegeszeichen ihrem Gott Radegast. Das geschah in Rethra, dem religiösen Mittelpunkt der Slawen am 10. November.

Die Tochter des Dänenkönigs ward nackt aus Mecklenburg, dem Hauptort der Obotriten, samt den übrigen Frauen fortgeschickt.«

Helmold von Bosau listet über viele Seiten hin weiter die Verbrechen der Slawen auf. Allerdings müssen wir in den zahlreichen Greueltaten die Antwort der Slawen auf die grausame Zwangschristianisierung sehen, die ihnen widerfahren war. Helmold von Bosau sagt abschließend: »Diese Umwälzung im Slawenland geschah im Jahre 1066 der Fleischwerdung des Herrn, dem achten der Regierung Heinrichs IV. Und der Oldenburger Sitz (Bischofssitz) stand 84 Jahre lang leer.«[27]

Die Zerstörung der Slawenmission traf nicht nur das Erzbistum Bremen-Hamburg, sondern gleichzeitig die sächsische Herzogsmacht. Noch bedenklicher war es, daß das Erzbistum seine Vorrangstellung im skandinavischen Raum verlor. In Rom wurden jetzt die Pläne geprüft, eine dänische Nationalkirche mit dem Erzbistum Lund zu schaffen, das dann aus der deutschen Reichskirche herausgelöst wurde. Erzbischof Adalberts Traum von einem nordischen Patriarchat war für immer dahin.

Rom ruft den deutschen König

Nach dem Einfall der Normannen unter Richard von Capua in den Kirchenstaat im Jahre 1066 ergab sich noch einmal die Möglichkeit zur Romfahrt. So wie einst Papst Stephan den Frankenkönig Pippin gegen die Langobarden zu Hilfe gerufen hatte, so erging jetzt der Ruf des Papstes an den jungen König. Nun war für den königlichen Jüngling der Weg frei. Nicht mehr als Eroberer, nein, als Erretter des Papstes sollte er erscheinen, um »die heiligen Rechte St. Peters« zu verteidigen.

Auch durfte Rom darauf vertrauen, daß die deutschen Fürsten an der Unabhängigkeit des Papstes interessiert waren. Denn nur ein unabhängiges Papsttum konnte die Aufgabe erfüllen, die die deutschen Fürsten ihm zugedacht hatten: Gegengewicht zum eigenen König zu sein.

Im Frühsommer 1067 sollte der Abmarsch des deutschen Heeres von Augsburg erfolgen. Die Rüstungen wurden mit Macht betrieben, und die Kaiserkrone war zum Greifen nah.

Da zerstörte ein Zwischenfall, der kein Zufall sein konnte, die Träume und Hoffnungen des jungen Königs.

Gottfried der Bärtige, in dessen Hand durch die Heirat mit Beatrix, der Witwe des Markgrafen Bonifacius von Tuszien, die Macht Lothringens und Mittelitaliens gebündelt war, wollte den jungen Salier nicht als Schiedsrichter und Retter des Papsttums sehen.

Während der König auf sein Eintreffen in Augsburg wartete, marschierte Herzog Gottfried über Burgund nach Italien. Sein Argument zu diesem Tun: Es sei das Recht der Markgrafen von Tuszien, dem deutschen König beim Romzug voranzumarschieren. Sein Erscheinen genügte, die Normannen in die Schranken zu weisen.

Bei der Belagerung Aquinos, des südlichen und umstrittenen Einflußbereichs des Kirchenstaates, kam es für beide Seiten zu einem maßvollen Friedensschluß.

Königliche Kreise in Italien sahen in Gottfried einen Eidbrecher, der aus Haß gegen den jungen König diesem den Weg verschlossen habe, um selbst die kaiserliche Krone zu erlangen.[28]

Wahrscheinlich war es Gottfried darum gegangen, seinen Einfluß in Italien sichtbar zu machen und durchzusetzen.

Sein Einwirken kann nicht ganz erfolglos gewesen sein. Papst Alexander und Hildebrand konnten sich schon im Juni nach Apulien begeben, um am 1. August in Melfi die erneuten Schwüre der Normannen entgegenzunehmen und eine Synode abzuhalten. Den Rückweg nahmen Alexander und Hildebrand über Capua. Die süditalienischen Verhältnisse schienen durch die Intervention Herzog Gottfrieds des Bärtigen stabilisiert.

All diese Ereignisse berührten das Herrscherschicksal Heinrichs IV. derart, daß er mehr als anderthalb Jahrzehnte auf die Kaiserkrone warten mußte.

Mailand – Schicksalsstadt des Reiches

Seit der Zeit des heiligen Ambrosius im vierten Jahrhundert hatte das Erzbistum Mailand eine besondere Bedeutung. Mailand galt als Roma secunda, als zweite Stadt des Reiches. Ihre Erzbischöfe hatten es verstanden, Rom gegenüber eine gewisse Unabhängigkeit zu zeigen. Den Anfang hatte der heilige Ambrosius gesetzt, der als Freund der römischen Kaiser Gratian, Valentian II. und Theodosius I. ein Mann von besonderem Einfluß war. Er war in seiner Zeit die führende Gestalt der abendländischen Kirche. Er galt als der eigentliche Bezwinger der arianischen Häresie. Seine herausragende Stellung wurde von der Kirche anerkannt, indem er zum Kirchenlehrer erhoben wurde.

Rom und die Päpste hatten die Unabhängigkeit der Mailänder Kirche nie bestätigt, mitunter bestritten, oftmals duldend hingenommen.

Unter dem Bischof Vitalis trennte sich Mailand von Rom, dieses Schisma dauerte bis zum Ende des siebten Jahrhunderts. Durch die Freundschaft des Mailänder Erzbischofs Aribert mit Kaiser Konrad II. gewann Mailand erneut an Bedeutung. Aribert krönte Konrad II. mit der lombardischen Krone, fiel eine Zeitlang bei Kaiser Heinrich III. in Ungnade, wurde aber 1040 wieder in Gnaden aufgenommen.

Mailands Klerus leistete dem Reformpapsttum Roms Widerstand bei den Versuchen, Simonie und Priesterehe auszumerzen. Dazu benutzte Rom die revolutionäre Bewegung der Pataria (der Name soll vom Mailänder Trödelmarkt entlehnt sein). Die Pataria war zweifellos geboren aus den sozialen Spannungen der Stadt, in der die einen zu reich und die anderen zu arm waren. Adel und Besitzbürgertum teilten unter sich die Kirchenämter. Dafür wurden feste Taxen entrichtet. Für den Subdiakonat wurden zwölf, für den Diakonat achtzehn, für den Presbyterrat vierunddreißig Nummi gezahlt.[29]

Wie einen Schlachtruf nahm die Pataria die Forderung des Reformpapsttums nach Freiheit der Kirche von Simonie und nach Keuschheit des Priestertums auf. Denn vor den Augen des Volkes brüsteten sich Klerus und Adel ihrer Laster. Die Anführer der Pataria, Ariald und Landolf, wurden von Erzbischof Wido exkommuniziert. Ariald begab sich nach Rom, um dort die Sache der Pataria zu vertreten. Für die Kurie eine willkommene Gelegenheit, römische Autorität zu demonstrieren. Ariald und seine Freunde wurden anerkannt und die Pataria vom Papst autorisiert.

Zur besonderen Unterstützung der Pataria erschienen Anfang des Winters 1057 die päpstlichen Legaten Hildebrand und Anselm von Lucca, die späteren Päpste Alexander II. und Gregor VII., in Mailand. Außer für die Ziele der Kirchenreform kämpfte die Pataria um die politische Macht in Mailand. Über eintausend Männer hatten sich zu einem Schwurverband vereinigt, um für die Ziele der Patarener zu kämpfen. Priester wurden gezwungen, vor dem Altar einen Reinigungseid zu leisten, noch schlimmer: Man besuchte ihre Messen nicht mehr, aus Überzeugung, daß alles von Simonie und Sünde befleckt sei.

Nach der Wahl Papst Nikolaus' II. – am 6. Dezember 1058 – richtete die Pataria einen neuen Hilferuf nach Rom mit der Bitte, einzugreifen.

Noch vor der Ostersynode 1059 sandte der Papst Petrus Damiani und wiederum Anselm von Lucca nach Mailand, um die Unterwerfung des Erzbischofs und des Klerus von Mailand durchzusetzen.

Ein schwieriges Unterfangen: Als das Volk von der Anwesenheit von zwei römischen Legaten in der Stadt erfuhr, loderte der Volkszorn jäh auf, denn noch immer hatte das Volk die Freiheit der ambrosianischen Kirche gegenüber Rom im Herzen. Aber die Führer der Pataria waren Herren der Lage. Vielleicht bewirkte die brodelnde Stadt die Sinnesänderung des Erzbischofs, der sich mit seinem Klerus Rom unterwarf. Erzbischof Wido reiste mit seinen Suffraganbischöfen zur großen Ostersynode nach Rom. Mit allen Ehren wurde der Vertreter der ambrosianischen Kirche vom Papst empfangen und erhielt den Ehrenplatz zu dessen Rechter.

Noch einmal gab der Erzbischof für sich und seinen Klerus eine Gehorsamsversicherung ab, und Wido erhielt aus der Hand Nikolaus' II. einen Ring als Zeichen der Investitur durch Macht und Gnade des Papstes.

Eine hochpolitische Angelegenheit ersten Ranges!

Denn Erzbischof Wido war von Kaiser Heinrich III. zum Erzbischof designiert und dann gewählt worden. Hatte er bislang als Mann des Kaisers gegolten, so war jetzt offenbar, daß dieses Band zerrissen war. Die kaiserliche Autorität in Mailand war untergraben worden und der Triumph des Papstes offensichtlich.

Damit war die Geschichte der Pataria noch nicht beendet. Ihre

Führer hatten das Volk mißbraucht, um die Stadtherrschaft des Erzbischofs zu zerstören und über die Rechte der Krone zu triumphieren. Jetzt waren die Führer der Pataria die Herren Mailands.

Nach dem Tode Landolfs im Jahre 1064 übernahm dessen Bruder Erlembald, ein Ritter und Kriegsmann, die Führung. Der Papst verlieh ihm in Rom, umgeben von seinen Kardinälen, den Segen der Kirche und ein prächtiges Banner. Der Ritter Erlembald kehrte, derart ausgezeichnet als des Papstes Schwertarm gegen König und Reich, nach Mailand zurück. Zugleich war der waffenstarke Ritter Erlembald mit seinen Verschworenen eine permanente Warnung vor eventuell wieder auftauchenden Selbständigkeitsbestrebungen. Erlembald, ein prachtvoll auftretender Mann, an dem sich die Phantasie der Massen entzündete, brannte vor Haß gegen den Klerus, hatte doch ein Priester ihm die Braut verführt. Seine Glaubenstreue war dadurch nicht erschüttert worden, sondern hatte sich durch eine Pilgerreise nach Jerusalem verstärkt.

Dieser Mann war des Papstes Wachhund gegen Simonie und Unkeuschheit des Klerus. Immer wieder kam es zu Ausschreitungen der Patarener gegen simonistische und unkeusche Priester. Im Frühjahr 1066 erhoben die Patarener wiederum Klage gegen Wido und seinen Klerus, und der Papst bedrohte den Erzbischof mit der Exkommunikation. Pfingsten kam es zu schweren Tumulten, und der Erzbischof wurde mit Knüppeln mißhandelt und blieb halbtot im Dom liegen. Sein Bischofspalast wurde vom marodierenden Pöbel geplündert.

In den folgenden Unruhen wurde Ariald, der geistliche Führer der Pataria, von Kriegern des Erzbischofs gefangengenommen. Er wurde zum Lago Maggiore gebracht, hier einer Nichte des Erzbischofs übergeben, die auf einer Insel im Lago Maggiore, wahrscheinlich bei Cannero, den Züchtiger der mailändischen Geistlichkeit von zwei Priestern totschlagen ließ. Der Leichnam wurde zunächst auf der Burg Val Travaglia, im heutigen Castell Veccana am Seeufer, geborgen.[30]

Obwohl sich die Lage in Mailand für den Erzbischof verbesserte, war Wido bereit, zurückzutreten und einem anderen den schwankenden Mailänder Bischofsstuhl zu überlassen. Nun muß noch einmal das hochpolitische Geschehen, das jetzt einsetzt, herausgestellt werden.

Gelang es der Pataria als verlängertem Arm Roms, für den

Nachfolger eine kanonische Wahl und, anstatt der Designation durch die deutsche Krone, die Bestätigung durch den Papst durchzusetzen, dann war die Niederlage des Reichs in Oberitalien exemplarisch. Denn der Patarenerbund hatte sich schon in anderen Städten Norditaliens etabliert, als da sind: Cremona, Piacenza, Turin und Alba. Es drohte die Gefahr, daß die ganze Lombardei für die deutsche Krone verlorenging.

Das königliche und das päpstliche Interesse standen sich konträr gegenüber.

Keiner, weder König noch Papst, war frei, weder in der Wahl des Weges noch der des Verhaltens.

Kein Monarch hätte anders entscheiden können als König Heinrich IV. So ernannte er, im Einverständnis mit dem amtsmüden Erzbischof Wido, dessen Vertrauten, den Subdiakon Gottfried, einen Mann, der sich bereits in königlichen Diensten bewährt hatte, zum Erzbischof von Mailand.

Da griff Erlembald zu den Waffen und verwehrte dem neuernannten Erzbischof den Einzug in seine Stadt. Gottfried suchte Zuflucht in der Burg Castiglione, doch die überlegenen Mailänder schlossen ihn dort ein. Während der hin und her wogenden Kämpfe starb Erzbischof Wido am 23. August 1071.

Nun mußten die Gegner des vom König eingesetzten Erzbischofs einen eigenen Kandidaten benennen. Darüber verloren sie ihre Einigkeit. Lediglich die Patarener hatten die Kraft und erkoren auf Epiphanias 1072 den Kleriker Atto zum Erzbischof von Mailand. Damit aber war die Affäre keineswegs beendet.

Attos Gegner formierten sich und überfielen den Neugewählten im Bischofspalast. Sie knüppelten ihn nieder und schleppten den schwer mißhandelten Mann in die Kirche. Dort mußte er, um sein Leben zu retten, durch Eidesleistung vor dem ganzen Volke erklären, für jetzt und alle Zeit auf das Bischofsamt zu verzichten.

Doch Papst Alexander nahm diesen Verzicht nicht an. Er erklärte Atto zum rechtmäßig gewählten Bischof Mailands und sprach den Bann über den vom König ernannten Gottfried. Der deutsche König schickte eine Gesandtschaft in die Lombardei mit der Erklärung, die Ernennung Gottfrieds bestehe zu Recht. Und, o Wunder, die lombardischen Bischöfe nahmen trotz päpstlichen Bannspruchs die Konsekration Gottfrieds zum Erzbischof von Mailand vor.

Jahrhundertelang hatte die christliche Welt erlebt, von Karl dem

Großen über die Ottonen bis hin zu den Saliern, daß die Könige die Bischöfe einsetzten – selbst die schwache Kaiserin Agnes und der junge Heinrich IV. hatten so verfahren –, sie mit Königsgut ausstatteten und somit die weltliche Grundlage für die Ausübung des Bischofsamtes schufen.

All dies, jahrhundertelang geübt, sollte nun nicht mehr recht sein. Jetzt sprach man von Simonie, wenn die Bischöfe für das übertragene Königsgut eine Abgabe leisteten.

Zwar war es vorgekommen, namentlich unter Konrad II. und Heinrich IV., daß solche Abgaben in Schmiergeld ausarteten, aber das war doch die Ausnahme. In der Regel erfolgte die Investitur eines Bischofs im Einvernehmen mit den in der Region mächtigen Adelsfamilien.

Wie schwierig die Grenze zum Tatbestand der Simonie zu ziehen ist, zeigt ein Brief des Erzbischofs Siegfried von Mainz an den Archidiakon Hildebrand, den sittenreinen, unerbittlichen Vorkämpfer gegen jeglichen Ämterkauf und den späteren Papst Gregor VII.:

»Obschon ihr nämlich zwischen den vielfachen Obliegenheiten der Kirche, welche Ihr alltäglich auf Euch habt, nichts als Gottes Dank verlangt und wiewohl Ihr von den Dingen der Erde auch nicht irgend etwas berühren wollt, wenn nicht zu deren Ordnung viel mehr als zu dem Zwecke, jene zu besitzen, so tragen wir dennoch, weil ein fröhlicher Geber, um für Gott viel geben zu können, notwendigermaßen viel als Eigen haben muß, Eurer Liebe auf, daß, wenn etwas unser ist, das Eurem Wohlgefallen passen könnte, dasselbe sogleich aus unserem Besitz das Eurige würde, wenn man uns das zu wissen geben wollte.«[31]

Auch der Gutwilligste muß in diesem Anerbieten einen subtilen Bestechungsversuch sehen. Wenn der Erzbischof von Mainz es wagen konnte, Hildebrand solche Vorschläge zu machen, so zeigt das, in welchem Schattenbereich sich Simonie und Bestechung bewegten.

Nachdem die lombardischen Bischöfe den vom König ernannten Gottfried zum Erzbischof von Mailand geweiht hatten, zuckte der Bannstrahl des Papstes über die Alpen nach Deutschland. Den König traf der Bannfluch noch nicht. Dafür verkündete Alexander auf der Fastensynode den Bann gegen die vornehmsten Räte des Königs.

Keiner der beiden Parteien sind Vorhaltungen zu machen. Heinrich IV. ist oft der Vorwurf der Sprunghaftigkeit, der Leichtfertigkeit, namentlich in seiner Jugend, gemacht worden. Das mag in einigen Fällen stimmen. In den großen Fragen der Zeit war er fest und unerschütterlich und vom Schicksal her auf bestimmte Haltungen fixiert. Darin besteht die Tragödie seiner Herrschaft: daß er so handeln mußte, wie er es tat. Oder sollte er, der vierte Salier, uraltes deutsches Königsrecht preisgeben? Das konnte und wollte er nicht!

Auf der anderen Seite die Päpste, die seit zwanzig Jahren die Kirchenreform betrieben, das heißt: den Kampf gegen die Simonie, für Keuschheit des Klerus und die Freiheit der Kirche vom Staat. Ein Petrus Damiani sah bis zu seinem Tod noch die Notwendigkeit der Einheit von Staat und Kirche.

Die neuen Reformer waren darüber hinausgewachsen. Sie wollten nicht die Einheit, sondern die Trennung von Kirche und Staat und unter Papst Gregor VII. die Herrschaft über ihn.

Das Ideal von der Herrschaft des priesterlichen Königs wandelte sich zum Vorbild des königlichen Priesters. Und die Menschen folgten den neuen Visionen, gaben sich ihnen hin mit Leidenschaft und Fanatismus.

Die Päpste mußten den neuen Leitbildern folgen, sie fördern, vorantreiben. Die Könige mußten sich dem entgegenstellen und auf ihren alten Kronrechten beharren.

Was kommen mußte, kam. Der unausweichliche Kampf. Und auf der historischen Bühne standen zwei Männer, deren Lebensschicksal dieser Kampf war.

Am 21. April 1073 starb Papst Alexander II. Er war ein starker Papst gewesen. Ein noch stärkerer, radikalerer sollte auf ihn folgen. Doch schauen wir jetzt noch einmal nach Deutschland. Entscheidendes war dort geschehen.

Die sächsische Herausforderung

Der Sachsenkrieg

Nachdem Adalbert von Bremen aus der Regierung ausgeschieden war, stand Heinrich IV. als Alleinherrscher da – allerdings als sehr gefährdeter. Noch immer stellte der Familienclan Annos von Köln, dessen Bruder Werner von Magdeburg und der Neffe Burchard von Halberstadt, eine große Macht im Reich dar. Der Baiernherzog, der Sachse Otto von Northeim, mit seinen großen sächsischen Eigengütern war ein weiteres Machtpotential gegen den König, ebenso der Schwabenherzog und spätere Gegenkönig Rudolf von Rheinfelden.

Zur Verbitterung des Adels trug bei, daß sich Heinrich IV. seine Berater aus der Gruppe des niederen Adels und der Ministerialen holte. Diese kamen als Reichsministerialen zu hoher Bedeutung und empfanden sich bald als dem alten Adel gleichwertig. Spätere Könige und Kaiser sollten Heinrich IV. auf diesem Wege folgen. Denn der hohe Adel dachte nicht an die Stärkung des Königtums, sondern an die Mehrung der eigenen Macht. Den gleichen Prozeß sehen wir in Frankreich, England und Spanien. Ein Beweis, wie richtig und zukunftsorientiert Heinrich IV. handelte.

Die sächsischen Chronisten machen aus den Reichsministerialen niedrige Knechte. Bei Bruno hört sich das so an:

»Nachdem die Besatzungen in die Burgen gelegt waren und diese rundum auf Beute auszuziehen begannen, um für sich zu ernten, was sie nicht gesät hatten, ›freie Männer zu knechtischer Arbeit zu zwingen‹, da sahen sie endlich ein, was diese Burgen bedeuteten, aber noch immer wagten sie keinen Widerstand und keine Verteidigung. Nur die unmittelbar Geschädigten beklagten sich insgeheim bei jenen, die bei den Burgen weiter entfernt wohnten und daher bis zum Augenblick noch nicht zu leiden hatten. Aber diese waren zu gleichgültig, um jenen zu helfen, und stärkten so die gegen sie selbst gerichteten Kräfte der Tyrannei. Denn nach den Bauern beraubte der König die Ritter, erst nahm er die Früchte der Erde, dann die Freiheit ...

Erzbischof Siegfried von Mainz sandte an die Bischöfe Werner von Magdeburg und Burchard II. von Halberstadt ein Schreiben voller Klagen darüber, daß der König sich in seinem Bistum solche Stellen ausgesucht habe, die besonders geeignet seien, um Beutezüge zu unternehmen, und daß er dort Burgen errichtet und Besatzungen hineingelegt habe, die seiner Kirche großen Schaden zufügten. In demselben Schreiben bat er sie auch, ein festes Bündnis zwischen ihm und Erzbischof Anno von Köln zu vermitteln; sie seien zwar nicht verfeindet, aber sie verbinde doch auch wieder keine so zuverlässige Freundschaft, daß sie einander ihre Geheimnisse, wie sie wohl möchten, anzuvertrauen wagten. Dies aber tut dem ganzen Reiche not; denn wenn diese beiden, die Vornehmsten im ganzen Reich, vertrauensvoll zueinanderfänden, könnten sie das ganze Reich festigen; und das könnten gerade jene beiden Bischöfe bewirken, weil der Magdeburger der Bruder, der andere aber der Vetter des genannten Erzbischofes von Köln sei.«[1]

Man sieht, die Feststellung der permanenten Verschwörung gegen den König bestätigt sich von den Quellen her immer wieder neu.

Zunächst versuchte der König, seine beiden mächtigsten Gegner auszuschalten. Bruno und Lampert berichten beide darüber. Vertrauen wir uns diesmal wieder Lampert von Hersfeld an:

»Hohes Ansehen bei Hofe und starken Einfluß auf die Reichsregierung hatte zu dieser Zeit der Baiernherzog Otto (von Northeim). Doch wie ja der Ruhm immer den Neid zu begleiten pflegt, so neideten ihm viele nichtsnutzige Menschen, die es bedauerten, daß seine Macht und seine maßlose Berühmtheit ihrer Schlechtigkeit im Wege standen, und sie suchten eine Gelegenheit, ihn zu stürzen ...

Daher stifteten sie einen gewissen Egino, einen Adeligen, der durch Schandtaten aller Art übel berüchtigt war, insgeheim zu seiner Ermordung an. Dieser beschuldigte Otto, ihn wiederholt durch viele Bitten und Versprechungen zur Ermordung des Königs angestiftet zu haben, und zum Beweis seiner Glaubwürdigkeit wies er das Schwert vor, das ihm jener für diesen verbrecherischen, ruchlosen Anschlag angeblich gegeben hatte. Wenn er das ableugne, so sei er bereit, die Richtigkeit seiner Angaben durch jeden gewünschten Beweis zu bestätigen. Als diese Anklage in der Öffentlichkeit bekannt wurde, da waren alle, die Otto irgendeinmal um des gemeinsamen Besten willen gekränkt hatte, mit erbitterter Feindseligkeit bei der Hand und suchten mit allen Kräften den Zorn des Königs gegen ihn zu schüren. Der König lud ihn daher mit den übrigen Fürsten zu einer Verhandlung nach Mainz und machte ihm den Inhalt der Anzeige bekannt; als er leugnete, setzte er ihm eine Frist von sechs Wochen, am 1. August sollte er nach Goslar kommen und dort die gegen ihn erhobene Beschuldigung durch einen Zweikampf mit seinem Ankläger widerlegen ...

So kam er denn am festgesetzten Tage mit zahlreichen Gewappneten in die Nähe von Goslar und ließ dem König durch Boten sagen, wenn man ihm freies Geleit gewähre für sein Kommen und seine Verteidigung, sei er bereit, sich zu stellen ... Der König antwortete darauf hart und scharf; er sage ihm weder für sein Kommen noch für die Verhandlung seiner Sache Frieden und Sicherheit zu; er erwarte einzig und allein, daß er dem Gebote entsprechend unverzüglich nach Goslar komme, und wenn er seiner Unschuld sicher sei, solle er durch einen Zweikampf mit seinem Gegner Gott, dem allgerechten Richter, seine Sache anheimstellen; tue er das nicht, so werde er ihn ohne Rücksicht auf etwa abweichende Gesetze und den Streit der Meinungen als eines so abscheulichen Verbrechens überführt und geständig ansehen. (Der König antwortete vielmehr, daß der Ausgang des Gottesgerichtes über alles weitere entscheiden werde. A. Schmidt und W. D. Fritz) ... Als ihm, (dem Herzog) somit die Hoffnung auf Verzeihung geschwunden war, zog er sich unverrichteter Dinge auf seine Güter zurück ...

Am folgenden Tag (7. August 1070) ließ der König die Fürsten Sachsens, weil Otto aus diesem Lande stammte und weil ihnen Otto wegen privater Feindschaften am meisten verhaßt war, über ihn (als Sachsen nach sächsischem Recht, durch sächsische Fürsten auf sächsischem Boden) Urteil fällen. Diese verurteilten ihn als des erwiesenen Verbrechens überführt wegen Hochverrats und ordneten an, wenn man seiner habhaft werde, das Todesurteil an ihm zu vollstrecken.«[2]

Wie, so fragen wir, ist es zu der Entfremdung zwischen dem König und Herzog Otto gekommen? Der Herzog war einer der mächtigsten Männer im Reich. Zum einen durch den Besitz des reichen Herzogtums Baiern, zum anderen durch seine großen Eigengüter in Sachsen. Man ist erstaunt über die Klagen der Sachsen über ihren mangelnden Einfluß im Lande, denn das sächsische Herzogtum war fest in der Hand der Billunge, des Herzogs Otto (Ordulf) und seines Sohnes Magnus. Außerdem war einem Sachsen, Otto von Northeim, das reiche bairische Herzogtum anvertraut. Im Jahre 1063 hatte Herzog Otto an der Seite des dreizehnjährigen Königs den erfolgreichen Feldzug gegen Ungarn geführt, da waren Verstimmungen noch nicht ersichtlich. Zu Beginn des Jahres 1069 sehen wir den Herzog an der Seite des Königs auf dem Feldzug gegen die Liutizen und im Jahre davor als Königsboten in Italien. Jedoch: Herzog Otto hatte mit Anno von Köln zu dem Verschwörerkreis gehört, der die Kaiserin Agnes entmachtet und den Staatsstreich von Kaiserswerth geführt hatte. Eine Tat, die der König nie verziehen hat. Herzog Otto gehörte auch zu dem Kreis der Fürsten, die im Jahre 1066 gegen den vom König geliebten Erzbischof Adalbert von Bremen intrigiert hatten, ein Ereignis, das zugleich eine tiefe Demütigung des Königs darstellte.

Dennoch hatte der König den mächtigen Herzog zu Reichsaufgaben herangezogen.

Gerold Meyer von Knonau vermutet einen persönlichen Gegensatz zwischen dem sächsischen Baiernherzog und dem König. Aber auch das muß Spekulation bleiben, da es keine greifbaren Fakten gibt. Eher ist zu glauben, daß der Baiernherzog dem König zu mächtig wurde und sein Ansehen das des Königs überstrahlte.

Und da Heinrich IV. sich vorgenommen hatte, das Königtum wieder auf jenen Gipfel zu führen, den es unter seinem Vater Heinrich III. innegehabt hatte, mußte der mächtige Mann, auf dem jetzt die schlimmen Anschuldigungen Eginos lagen, fallen.

Der König versammelte nun ein Heer, um das gegen Herzog Otto ausgesprochene Urteil durchzusetzen.

Er nahm die herzoglichen Burgen Hanstein an der Werra und Desenberg bei Warburg ein.

Herzog Otto ging zum Gegenangriff über. Pathetisch schildert Lampert:

»Da endlich packte Herzog Otto wilder Schmerz, und seine ausharrende Geduld ward von der Last des Unheils überwältigt. Er machte daher mit 3000 auserlesenen und in allen Künsten der Kriegsführung geübten Männern einen Angriff auf Thüringen, steckte die mit allen Vorräten reich ausgestatteten Königshöfe in Brand, machte reiche Beute und köderte ganz zu Anfang seine Reisigen, die in der Mehrzahl nur die Hoffnung auf Beute in den

Kampf verlockt hatte, durch diesen Lohn und sicherte sich dadurch unbedingte Treue. So zog er, alles verheerend, bis über Eschwege hinaus ... Inzwischen riefen die Thüringer, die sich vor einigen Jahren eidlich verpflichtet hatten, keine Räuber und Plünderer ungestraft zu lassen, über die Plünderung ihrer Habe erbittert, zu den Waffen, ballten sich in aller Eile zu ungeheuren Haufen zusammen, setzten den Feinden nach, und als sie unweit von Eschwege auf sie stießen, griffen sie sie am 2. September an. Doch der Kampf war bald entschieden. Denn als Herzog Ottos Leute ungesäumt gegen sie anrannten, hielten sie kaum dem ersten Sturm stand und wandten sich zur Flucht ... Etwa dreihundert Thüringer fielen in diesem Kampf. Auf der Gegenseite wurde nur einer getötet, und zwei wurden verwundet.«[3]

Lampert erzählt dann, daß Graf Magnus, Sohn des Sachsenherzogs Otto (Ordulf), den aufständischen Herzog Otto unterstützte, was angesichts der Tatsache, daß alle Sachsenfürsten Otto von Northeim zu Goslar verurteilt hatten, zu den vielen Widersprüchen einer widerspruchsreichen Zeit gehört.

König Heinrich reagierte, indem er nach Goslar eilte, um zu verhindern, daß die Stadt – Residenz der deutschen Könige – von den Rebellen angegriffen und vernichtet werde. In Goslar feierte der König das Weihnachtsfest. Hier wurde auch Welf IV., der Neffe des 1055 kinderlos verstorbenen Welf III., des Herzogs von Kärnten, zum Herzog von Baiern ernannt. Welf IV. war der Sohn von Welfs III. Schwester Kunigunde und des Markgrafen Azzo von Este. Der Vorschlag soll vom Herzog von Schwaben, Rudolf von Rheinfelden, gekommen sein. Der Versuch der sachsenfreundlichen Chronisten, den König als willkürlich handelnden Tyrannen darzustellen, bricht wiederum zusammen, wenn man sieht, wie er auch hier dem Fürstenvorschlag folgt.

Pikant an der Erhebung von Welf IV. zum Herzog von Baiern ist, daß er mit Ethelinde, der Tochter Ottos von Northeim, verheiratet war. Nachdem Otto von Northeim vom sächsischen Fürstengericht abgesetzt worden war, trennte sich Welf IV. von seiner Gemahlin und schickte sie seinem Schwiegervater zurück mit der eidlichen Versicherung, daß er sie niemals wieder aufnehmen werde. Man sieht, eheliche Treue – wenn es um den Vorteil der Herren ging – war keine Fessel. Nur König Heinrich IV. wurde immer wieder an den geheuchelten Moralvorstellungen der sächsischen und sachsenfreundlichen Chronisten gemessen.

Die Unterwerfung des Otto von Northeim

Der König wollte nach Baiern ziehen, um dort Herzog Welf IV. selbst vorzustellen. Er wollte dem Unmut bairischer Großer entgegentreten, daß er den jungen Welf zum Baiernherzog erhoben hatte, ohne sich mit ihnen zu beraten. Während der Vorbereitungen zu diesem Zug bekam er Kunde, daß Otto von Northeim sich zur Entscheidungsschlacht stellen wolle, »da die Brandschatzungen der Feinde all seine Güter verzehrt und ein anderer sein Herzogtum ihm vor allem zur Schmach an sich gerissen hatte«.[4]

Otto hatte, Sachsen verlassend, sich am Nordrand Hessens auf dem zwischen Diemel und Fulda liegenden Berg Hasung festgesetzt, eine hervorragende strategische Position, die er durch Verschanzungen noch verstärkt hatte. Von hier aus konnte er in die Ebene hinein angreifen und immer wieder eine fast uneinnehmbare rückwärtige Verteidigungslinie beziehen.

König Heinrich stand nicht das ganze Reichsaufgebot zur Verfügung. Er hatte in der Not und Eile des Augenblicks nur Truppen aus Sachsen, Thüringen und Hessen zusammengerafft. Graf Eberhard von Nellenburg, um diese Zeit einer der Hauptratgeber des Königs, erkannte die Situation und trat mit Herzog Otto in Verhandlungen ein. Er »beschwor ihn bei Gott, sich und seine Leute nicht in so große Gefahr zu stürzen; noch sei ja für ihn nicht alle Hoffnung auf Verzeihung, nicht alle Möglichkeit genommen, wieder zu Atem zu kommen. Wenn er sein Heer von dem Berge, den er besetzt hatte, wegführe und sich dem König unter billigen Bedingungen ergebe, so verspreche er ihm eidlich, daß er ihm beim König Verzeihung für das ihm zur Last gelegte Vergehen und Rückerstattung all dessen, was er nach Kriegsrecht verwirkt hatte, erwirken werde. Als jener einwilligte, trug er dem König die Sache vor und erlangte ohne Mühe dessen Zustimmung …

So wurde der Frieden von beiden Seiten beschworen und dem Herzog Otto ein Waffenstillstand bis Ostern gewährt, dann solle er nach Köln kommen und dort unter Bedingungen, die die Fürsten für billig erklären würden, seine Unterwerfung vollziehen.«[5]

Auch hier sehen wir den König verhandlungsbereit und nicht gewillt, um jeden Preis ein Strafgericht zu vollziehen. Wiederum sind die Reichsfürsten, die den Northeimer für schuldig befunden hatten, in das Rechtsgeschehen mit einbezogen. Ein Herrscher, der keinen Rat annimmt, ist in den Quellen nicht zu finden.

Der König konnte jetzt Herzog Welf IV. in Baiern einführen, und die Aufnahme war so positiv, daß Welf es sich erlauben konnte, schon nach zwei Monaten Baiern zu verlassen, um wieder am königlichen Hof zu erscheinen.

Zunächst feierte Heinrich IV. das Pfingstfest am 12. Juni 1071 zu Halberstadt. Es war ein besonderer Freudentag, denn es wurde die feierliche Einweihung der Domkirche vorgenommen, die im Jahre 1060 einer Feuersbrunst zum Opfer gefallen war. Sie war in elfjähriger Bauzeit von Bischof Burchard II. neu errichtet worden.

Zu diesem Fest erschien eine illustre Gesellschaft: Erzbischof Adalbert von Hamburg-Bremen, der sich wieder an der Seite des Königs zeigte, ferner die Bischöfe Richbert von Verdun, Werner von Straßburg, Benno von Osnabrück, Tiedo von Brandenburg und endlich Hiltin, als Missionsbischof des Erzbischofs Adalbert. Von den weltlichen Fürsten wird Herzog Ordulf von Sachsen verzeichnet. Heinrich IV. erschien unter Krone in königlichen Gewändern, an seiner Seite seine Frau Berta, deren Tante Immula, die Witwe des 1068 verstorbenen Markgrafen Ekbert I. von Meißen, und des Königs Schwester, die Äbtissin Adelheid von Quedlinburg.

Hier fand auch die Unterwerfung Ottos von Northeim, des Billunger Grafen Magnus und der anderen Verschwörer statt. Als Vermittler zwischen dem König und den schuldigen Fürsten trat Erzbischof Adalbert auf. Das war ein persönlicher Triumph nach der Schmach von Tribur. Die Gegenwart des Erzbischofs und seine Vermittlertätigkeit zeigen, daß sich Heinrich wieder als Herr der Lage empfinden konnte.

Heinrich IV. nahm die Ergebung der rebellischen Fürsten auf Gnade und Ungnade entgegen, nachdem man ihnen die Unantastbarkeit ihres Lebens zugesichert hatte. Völlige Gnade wurde ihnen nicht zuteil. Zunächst wurden sie königstreuen Fürsten in Gewahrsam gegeben, die sich verpflichteten, auf Befehl ihre Gefangenen dem königlichen Hof zu überstellen.

Graf Magnus, der Sohn des Sachsenherzogs Ordulf, wurde auf der Harzburg vom König selbst in Haft gehalten. Herzog Otto erhielt seine Eigengüter ungeschmälert zurück, doch seine großen Reichslehen blieben ihm für immer verloren. Im Gegenzug erhielt Erzbischof Adalbert die Güter seiner Kirche zurück, die er bei seinem Sturz an die Billunger hatte abtreten müssen.

Reichspolitik im Spannungsfeld zwischen Sachsen und Mailand

Das Verhältnis des Königs zum Schwabenherzog – und späteren Gegenkönig Rudolf von Rheinfelden – war spannungsreich. Da war die Ehe Rudolfs mit des Königs Schwester Mathilde. Nach deren frühem Tod im Jahre 1060 die Heirat mit der Schwester der Königin. Eine doppelte Ansippung an die Königsfamilie und ein früher Hinweis auf die Absichten des Rheinfeldeners.

Der König hatte daraufhin das Bistum Basel mit Burchard, dem Kämmerer des Erzbischofs Siegfried von Mainz, besetzt und das Bistum Lausanne ebenfalls mit einem Burchard aus der gleichen königstreuen Familie. So waren dem Schwager des Königs, der von Kaiserin Agnes seinerzeit noch zusätzlich mit Burgund ausgestattet worden war, zwei aufmerksame Wächter zur Seite gestellt. Die Kaiserinmutter Agnes hatte bei ihrem Besuch in Worms im Jahre 1072 versucht, ein Einverständnis zwischen dem König und dem Schwabenherzog herzustellen.

Auf das Einwirken seiner Mutter hin hat Heinrich IV. Wibert zum Erzbischof von Ravenna bestellt. Wieder ein Beispiel, daß Heinrich bei der Besetzung von Bischofsämtern auf Ratgeber, in diesem Falle seine Mutter, hörte. Die These vom tyrannischen Alleinherrscher ist nicht haltbar.

Dennoch zogen sich Unwetter über dem König zusammen. Die Besetzung des Mailänder Bischofsstuhles brachte Heinrich in Konflikt mit dem Papst. Ebenso wie die Durchsetzung salischer Königspolitik ihm den unversöhnlichen Zorn der Sachsen einbrachte.

Das sind die Zwänge, in die Heinrichs IV. Politik gestellt war.

Außerdem wurden die Verhältnisse überschattet von dem sächsisch-thüringischen Zehntstreit: ein lange schwelender Rechtsstreit zwischen dem Erzbischof von Mainz und den Reichsabteien Fulda und Hersfeld. Lampert berichtet darüber ausführlich und parteiisch. Er zeichnet den König, der als Vermittler zwischen dem Erzbischof und den Äbten stand, als einen Täter, der das Unrecht wollte. Ja, er macht Heinrich zu einem Komplizen des Erzbischofs, da er von diesem einen eigenen Anteil von dessen Zehntem gefordert haben soll. Außerdem stellt Lampert den Zehntstreit, der im wesentlichen eine Angelegenheit der Abteien Fulda und Hersfeld und des Erzbischofs war, als eine Sache des gesamten thüringischen Stammes dar, der aber nur teilweise davon betroffen war.

Richtig daran ist lediglich, daß der König in der Verhandlung dem Erzbischof günstig gesinnt war. Es wurde eine Kommission gebildet aus den Bischöfen Hermann von Bamberg, Hezilo von Hildesheim, Eberhard von Naumburg und Benno von Osnabrück. Zugegeben, königlich gesinnte Bischöfe, aber von einem Alleingang des Königs kann auch hier nicht gesprochen werden. Über den gefundenen Vergleich berichtet Lampert korrekt:

»Nach langer Verhandlung einigten sich Abt und Bischof durch Vermittlung des Königs (es müßte heißen: der Kommission) auf folgende Vereinbarung: Der Abt solle von zehn ihm zinspflichtigen Kirchen zwei Drittel, der Erzbischof ein Drittel erhalten, von seinen übrigen Kirchen solle dem Abt und dem Erzbischof je die Hälfte zufallen; von den zehntpflichtigen Kirchen, die Eigentum des Erzbischofs seien, solle ihm das ganze Zehntel zufließen; ferner sollen alle Herrenhöfe des Erzbischofs, in welcher Parochie (Amtsbezirk) sie auch lägen, völlig frei sein von jeder Entrichtung des Zehnten. Als der Hersfelder Abt unter dieses Joch gezwungen war, gaben die Thüringer sogleich alle Hoffnung auf, denn auf seine Klugheit und Redegewandtheit hatten sie ihr ganzes Vertrauen gesetzt; sie widersetzten sich nicht länger, sondern erklärten sich bereit, in Zukunft den Zehnten gutwillig zu leisten …

Der König wußte recht gut, daß diese Abmachungen nicht die Billigung des Papstes finden würden, er befahl daher beiden Äbten unter Androhung seiner Ungnade, weder persönlich noch durch einen Boten noch auf irgendeine andere Weise beim Apostolischen Stuhl die Beschlüsse anzufechten.«[6]

Der letzte Satz war eine besondere Perfidie Lamperts, denn es konnte doch nicht die Aufgabe des Papstes sein, in fiskalische Auseinandersetzungen zwischen einem Erzbischof und zwei Äbten einzugreifen. Zwar ist ähnliches in den Jahren nach dem Tode Kaiser Heinrichs III. geschehen, aber dies war doch eine Zerstörung der Selbständigkeit des deutschen Episkopats und ein unzulässiger Eingriff in die Rechte des deutschen Königs als Herr seiner Reichskirche.

Man ist versucht zu sagen, die eigentlichen Sieger über Heinrich IV. waren weder Päpste, Fürsten und Sachsen noch seine treulosen Söhne, sondern die beiden Chronisten: Bruno mit seinem »Sachsenkrieg« und Lampert von Hersfeld mit seinen »Annalen«. Sie haben das Bildnis dieses Herrschers so verunstaltet und verzerrt, daß es schwerfällt, von der Summe von Unflat, Verdrehung und Lüge unberührt zu bleiben.

Wenige Seiten nach der Schilderung des Thüringer Zehntstreites schlägt Lampert wiederum zu:

»Als nun der König sah, daß alle Einwohner ringsum, durch die Furcht völlig verschüchtert, bereitwilligst alle Bedingungen, die er ihnen auferlegte, annehmen würden, da entschloß er sich zu etwas Ungeheuerlichem und von keinem seiner Vorgänger Versuchtem, *nämlich alle Sachsen und Thüringer zu Sklaven zu machen und ihre Güter zu konfiszieren ...*

Als er genug Helfershelfer zu haben glaubte, kündigte er allen Reichsfürsten einen Feldzug gegen die Polen an ... Wie indes das Gerücht später allgemein behauptete, wollte er – die Polen nur vorschützend – die Sachsen vollständig ausrotten und Schwaben ansiedeln.«[7]

Bruno weiß in seinem »Buch vom Sachsenkriege« das Verhalten des Königs noch schärfer zu geißeln. Der König ließ die sächsischen Bischöfe und Fürsten einen Tag lang vor seiner Pfalz in Goslar warten und vertrieb sich in seiner Kammer mit seinen »Schranzen« die Zeit mit Würfelspiel und anderen unnützen Dingen. In der Nacht kam dann ein Höfling heraus und sagte den sächsischen Fürsten, sie warteten umsonst, der König sei durch ein anderes Tor zu seiner Harzburg enteilt.

Selbstverständlich herrschte große Empörung!

Die sächsischen Großen riefen dann eine Stammesversammlung nach Hortensleben ein. Der abgesetzte, schließlich wieder in Gnaden angenommene Baiernherzog Otto von Northeim hielt dort eine von Bruno wohl nachempfundene Rede an seine Stammesgenossen:

»Tapfere Krieger! ... Unbill und Schmach, die unser König seit langem über jeden einzelnen von Euch allen gebracht hat, sind groß und unerträglich; aber was er noch zu tun vorhat, falls es der allmächtige Gott zuläßt, ist noch weit größer und schwerer. Starke Burgen hatte er, wie Ihr wißt, in großer Zahl an von Natur aus festen Plätzen errichtet und ziemlich bedeutende Kräfte seiner Vasallen mit aller Art Waffen reichlich versehen.«

Herzog Otto zeichnet dann ein furioses Bild aller Plagen, die der König über den sächsischen Stamm bringen wird. Da wird nicht nur geraubt, gebrandschatzt, geknechtet und unterdrückt, da werden auch die edlen sächsischen Frauen und Mädchen geschändet. Dann fährt der Herzog fort:

»Vielleicht scheut Ihr Euch als Christen, den Eid zu verletzen, den Ihr dem König geschworen habt. Solange er für mich ein König war und wie ein König handelte, habe ich ihm die Treue, die ich ihm schwor, rein und unverletzt bewahrt; doch nachdem er aufgehört hat, ein König zu sein, war er nicht mehr der, dem ich die Treue zu halten hatte. Also nicht gegen den König, sondern gegen den ungerechten Räuber meiner Freiheit ... Hütet Euch, daß Ihr und Eure Kinder nicht infolge Eurer Sorglosigkeit oder Trägheit fremder Menschen Knechte werdet. Doch niemand von Euch glaube, der Anlaß sei nicht dringlich genug, daß wir die Waffen gegen den König aufnehmen – haben wir doch vor allem den König von Kindheit an in unserem Land aufgezogen und waren ihm treuer als alle anderen Stämme in seinem Herrschaftsbereich.«[8]

Hier irrt Bruno! Denn Lampert von Hersfeld berichtet unter dem Jahre 1057, daß die sächsischen Fürsten zum Königsmord an dem siebenjährigen Heinrich entschlossen waren und einen Meuchelmörder in der Gestalt eines Halbbruders des Markgrafen Wilhelm von der Nordmark gefunden hatten. Als Treue ist das schwerlich auszulegen.

Lampert von Hersfeld berichtet weiter:

»Die von den Anstiftern geschürte Empörung infizierte in kurzem das ganze sächsische Volk wie mit einer Art Raserei, so daß jede Würde, jeder Stand, jedes Alter, das nur eben zum Waffendienst fähig war, alle eines Sinnes, eines Willens stürmisch zu den Waffen riefen und schworen, entweder ohne Schwanken zu sterben oder ihrem Stamm die Freiheit zu erkämpfen. Teilnehmer der Verschwörung (hier nennt Lampert die Dinge beim Namen) waren folgende Fürsten: Erzbischof Werner von Magdeburg (der Bruder Erzbischof Annos II. von Köln), die Bischöfe Burchard II. von Halberstadt (Annos Neffe), Hezil von Hildesheim, Werner von Merseburg, Eilbert von Minden, Immet von Paderborn, Friedrich von Münster (zweifelhaft) und Benno von Meißen, ferner Otto von Northeim, Markgraf Udo II. von der Nordmark, Markgraf Dedi von der Lausitz, ... Markgraf Ekbert von Thüringen (Meißen), ein noch nicht waffenfähiger Knabe, Pfalzgraf Friedrich von Sachsen, und die Grafen Dietrich von Katlenberg und Adalbert von Ballenstedt; dazu kamen aus dem einfachen Volk über 60 000, die zur Rettung der Freiheit des Vaterlandes und zum Schutze der Gesetze bereitwilligst ihren Arm und ihre Hilfe versprachen ...

Erzbischof Liemar von Hamburg-Bremen, Bischof Eppo von Zeitz und Bischof Benno von Osnabrück, die sich dem einmütigen Willen ihres Volkes nicht fügen wollten, wurden aus Sachsen vertrieben; sie begaben sich zum König und blieben während des ganzen Krieges seine Anhänger.«[9]

Lampert schreibt, daß die Verschwörung Anfang August herangereift war. Doch schon am 29. Juni 1073 war man so weit, daß man Boten an den König senden konnte, die die sächsischen Vorstellungen überbrachten.

Die Hauptforderung war, die Sachsen von der Teilnahme am Polenfeldzug zu suspendieren, da sie ihre Mannschaften bräuchten, um sich gegen die andauernden Liutizeneinfälle zu wehren. Unterstellt man, daß die Sachsen fähig gewesen wären, 60 000 Mann gegen den König aufzustellen, so wirkt die Verteidigungsthese konstruiert. Gehören die 60 000 Mann auch zu den üblichen mittelalterlichen Zahlenübertreibungen, so waren die Sachsen wohl doch stark genug, ihre Grenzen zu verteidigen und dem König ein Aufgebot zu stellen.

Die zweite sächsische Klage betraf die königlichen Burgen. Natürlich waren diese ein Pfahl im sächsischen Fleisch.

Es waren im ganzen fünf bis sechs Burgen, die Heinrich IV. erbaut hatte. Der Vorwurf, der König habe beim Bau der Burgen die Liutizen- und Poleneinfälle vorgetäuscht, trifft nicht. Mochten dies auch die sächsischen Bauern glauben, die Hand- und Spanndienste leisteten, die sächsischen Großen hatten sicher den militärischen Überblick, um den strategischen Zweck dieser Burgen zu erkennen. Nämlich die Königsgüter und Pfalzen um Oker, Bode, Elbe, Saale, Elster und Unstrut zu schützen und so der Königsherrschaft neues Gewicht zu verleihen. Und gerade das war es, was den sächsischen Zorn erregte.

Als Streiter des Rechts und als Friedenswahrer sah ihn die »Vita Heinrici IV.«, die von einem Chronisten, der sich in der Anonymität verbergen mußte, geschrieben wurde. Wahrscheinlich war es gefährlich, unter Heinrichs IV. Nachfolger und Sohn Heinrich V. ein positives Urteil über den Kaiser zu geben.

Der Anonymus schreibt: »Denn da er geschieden ist, verschwand auch die Gerechtigkeit aus der Welt, der Friede ging fort, und Lug und Trug traten an die Stelle des Rechts … Ihr Armen habt vor allem Grund zur Trauer, denn jetzt erst seid ihr wirklich arm geworden, da ihr den Tröster eurer Armut verloren habt. Er hat euch gespeist, er hat euch mit seinen eigenen Händen gewaschen, er hat eure Blöße bedeckt …

In seinem Schlafgemach lagen Blinde und Lahme und selbst Menschen mit den verschiedensten Krankheiten; er zog ihnen selbst die Schuhe aus und brachte sie ins Bett, er erhob sich in der Nacht, um sie zuzudecken, und er schreckte auch nicht davor zurück, einen Menschen zu berühren, der infolge seiner Krankheit das Bett verunreinigte … Überall an den Königshöfen hatte er Stipendien für die Armen eingerichtet; er wollte ihre Zahl wissen, sogar ihren Todestag, denn er wollte auch der Toten gedenken und sicher sein, daß an die Stelle eines Verstorbenen ein anderer getreten sei.«[10]

Das liest sich anders als die Haßgesänge sächsischer Chronisten. Hier wird Heinrich IV. in überhöhter, hymnischer Schau gesehen. Fast eine Heiligen-Vita, die sich hier anbietet. Versucht man, die Mitte zu finden zwischen dem Hymnus des Freundes und den sächsischen Haßtiraden, so erscheint – wie in einem Schmelztiegel – das Bildnis eines normalen mittelalterlichen Menschen und Fürsten.

Kehren wir zurück zu den rebellierenden Sachsen. K. W. Nitzsch sieht in seiner »Geschichte des deutschen Volkes bis zum Augsburger Religionsfrieden« nicht nur die Erhebung des freiheitsdurstigen sächsischen Stammes, sondern die bewußt gelenkte Operation des großen sächsischen Staatsmannes Otto von Northeim. »In Otto tritt die ganze Begabung des großen sächsischen Stammes nach allen Seiten hin zutage: der erste Fechter und Reiter seiner Zeit, der erste Redner und Unterhändler im Rat der Fürsten wie in der sächsischen Volksgemeinde, welche eben er zum letztenmal als politische Macht in Bewegung setzt.«[11]

Ein Mann, in den Augen von Nitzsch, angesiedelt zwischen Widukind und Heinrich dem Löwen.

Als die Boten der Sachsen bei Heinrich zu Goslar erschienen, war dieser überrascht über das Ausmaß der Verschwörung. Sollte er in dem Glauben gelebt haben, die Rüstungen der Sachsen bezögen sich auf den Feldzug gegen die Polen? Sein Dilemma erkennend, sagte er den Boten, sie möchten ihren Auftraggebern mitteilen, der König plane in keiner Weise, die Freiheiten des sächsischen Stammes einzuschränken, vielmehr geschehe alles zur Aufrechterhaltung von Recht und Ordnung. Persönlich aber zog er für sich und seine Hofhaltung die Konsequenzen und siedelte über in die sichere Harzburg.

Die Flucht von der Harzburg

Als wie bedrohlich der König die Situation jetzt einschätzte, zeigt sich daran, daß er den größten Teil der Kroninsignien und die Teile des Kronschatzes, die er bei sich führte, ebenfalls auf der Harzburg in Sicherheit brachte. Die die Harzburg umlagernden sächsischen Fürsten schienen noch nicht zum Äußersten entschlossen. Anders das Volk: Aufgeputscht und voller Haß, wollte es den Kampf.

Die Sachsen schlossen den Ring um die Harzburg enger und fester. Nach Lampert wurden mehrere Gesandtschaften an die Sachsen geschickt, einmal um Zeit zu gewinnen, zum anderen um die königliche Friedensbereitschaft zu zeigen. Der König empfand den brodelnden Haß, der ihn umgab, und entschloß sich zur Flucht. Nun mußte der dreiundzwanzigjährige König in dunkler Nacht vor seinen eigenen Untertanen fliehen. Lampert schildert die Flucht so:

»Die Harzburg lag auf einem hohen Berge und war nur auf einem, noch dazu sehr schwierigen Weg zugänglich.

Die übrigen Seiten des Berges hüllte ein ungeheuer ausgedehnter Wald in Dunkel, der sich als zusammenhängender Urwald von dort viele Meilen weit bis an die Grenze Thüringens hinzieht, und deshalb konnte keine Wachsamkeit der Belagerer den Eingeschlossenen Eingang oder Austritt versperren. Nach einer Beratung mit seinen Leuten ... nahm der König in einer Nacht (9. August), als sie (die Sachsen) sich dessen ganz und gar nicht versahen, Herzog Berthold und die beiden obengenannten Bischöfe (Eppo von Zeitz und Benno von Osnabrück) und viele seiner übrigen Vertrauten mit, schickte in dem Gepäck die Reichsinsignien und einen Teil der Schätze, so viel Zeit und Umstände erlaubten, voraus und verließ dann heimlich die Burg, nachdem er den Zurückbleibenden den Auftrag gegeben hatte, am folgenden Tage mit aller möglichen List so zu tun, als wäre er noch anwesend, und die Feinde von einem Verdacht, daß er geflohen sei, abzulenken.

Drei Tage lang, so wird berichtet, zogen sie ohne Essen durch den Urwald auf einem schmalen, bis dahin nur wenig bekannten Fußpfad, den ein Jäger, ihr Führer, entdeckt hatte ... Am vierten Tage langten sie in Eschwege an, bis zum Äußersten erschöpft von Hunger, Nachtwachen und den Anstrengungen der langen Reise.

Hier stärkten sie sich ein wenig durch Speise und Schlaf und zogen am folgenden Tage, dem 13. August, als dem König schon zahlreicheres Kriegsvolk zuströmte, nach Hersfeld. Hier blieb er vier Tage und wartete auf das Heer, das er aus dem ganzen Reiche für den Feldzug gegen die Polen aufgerufen hatte.«[12]

Bruno berichtet in seinem »Buch vom Sachsenkriege« über den weiteren Verlauf des Geschehens:

»Nachdem die Sachsen die Flucht des Königs erkannt hatten, und sie konnte ja nicht lange verborgen bleiben, ließen sie unverzüglich die Mannschaften dort zurück, die die Burg belagern sollten, denn zerstört werden konnte sie nicht; die übrigen rückten ab, um die anderen Burgen, die nicht so fest waren, zu zerstören. Einige von ihnen gingen indessen zu den Thüringern, machten ihnen den ganzen Verlauf der Sache bekannt und gewannen sie nach gegenseitigen Eiden für ihren Bund.«[13]

Im Dorf Kappel (jetzt Grebenau) versammelten sich um den 22. August 1073 die Fürsten und das Reichsaufgebot gegen die Polen. Aber nur wenige waren bereit, jetzt gegen die Sachsen zu ziehen und die dem König und dem Reich angetane Schmach zu rächen. Der König konnte trotz flehentlicher Bitten (Lampert spricht sogar von einem Kniefall) die Mehrheit nicht bewegen, ihm nach Sachsen zu folgen. Dieser Fall zeigt klar, wie zerbrechlich die Macht des deutschen Königs war. Er mußte seinen Fürsten erneut eine Frist gewähren.

In diesen Wochen verbanden sich Sachsen und Thüringer noch enger miteinander. Sie brachen gemeinsam einige königliche Burgen und stellten sich zusammen gegen den Erzbischof von Mainz in der sie immer noch bewegenden Frage des Zehnten. In einem Schreiben an den Papst beklagt sich der Erzbischof über »die widerspenstige Magd Thüringen«. Er schildert dem Papst, wie die Thüringer sich mit bewaffneter Hand erhoben und in einem unterschiedslosen Haufen ihn und seine Leute belagert hätten. Der Erzbischof forderte vom Papst »schwere Maßnahmen kirchlicher Zucht gegen das ungehorsame Volk«.[14]

All diese Dinge halfen mit, die Autorität des Königs im Reich zu erschüttern. Denn zu den wesentlichen Aufgaben des Königs gehörte die Friedensschaffung und die Friedensbewahrung im Reich.

Der neue Papst und König Heinrichs Schuldbekenntnis

Am 21. April 1073 war Papst Alexander II. gestorben. Schon einen Tag später wurde er in der Salvatorkirche beigesetzt. Über ein Dezennium hatte Alexander Rom und die Kirche geführt und die päpstliche Macht gestärkt. Die Stadt war voller Unruhe. Die Kardinäle hatten dem römischen Volk den Tod des Papstes kundgetan, ein dreitägiges Fasten und eine Almosenverteilung waren angeordnet worden. Danach sollte die neue Papstwahl stattfinden.

Aber das Volk in der Salvatorkirche nahm die Dinge selbst in die Hand. Während der hohe Klerus die Papstleiche der Gruft übergab, wuchs die Unruhe, Rufe wurden laut: Hildebrand solle der neue Papst sein!

Die Forderung war berechtigt. Schon hinter Papst Nikolaus II. und Papst Alexander II. hatte Hildebrand gestanden, hatte die päpstliche Politik gestaltet, formuliert und durchgesetzt. Warum sollte der Mann, der aus dem Dunkel heraus die Politik der Kurie geformt hatte und der als ein entschiedener Reformer galt, nicht zur Höhe des päpstlichen Stuhles gelangen, allen sichtbar als Herrscher und Lenker der Kirche?

Die Erhebung Hildebrands zu Papst Gregor VII. war problematisch, denn er war durch eine sogenannte spontane Erhebung des Volkes und nicht, wie das Papstwahldekret von Nikolaus II. – an dem er mitgewirkt hatte – es forderte, durch die Wahl der Kardinäle auf den Stuhl Petri gelangt.

Ein zweiter schwerer Formfehler: Der deutsche König war in seiner Eigenschaft als Patricius der Römer gänzlich übergangen worden.

Aber Heinrich IV. war diesmal gut beraten, als er über diesen Formfehler hinwegsah und Gregor VII. bis zum Bruch von Worms anerkannte.

Heinrich IV. befand sich in den Jahren 1073/74 in einem Schwächezustand. Zum einen lastete die düstere Bedrohung durch die Sachsen, zum anderen das latente Mißtrauen der süddeutschen Herzöge auf ihm; nein, zusätzlich einen Streit mit Rom konnte der König nicht brauchen. Nur aus dieser Situation ist der Brief zu erklären, den er Ende August 1073 an den Papst schrieb:

»Ach, wir Schuldbeladenen und Unglückseligen. Durch die Verlockung der Jugend verführt und durch die Ungebundenheit unserer herrscherlichen Macht, verführt und getäuscht auch von solchen, deren Ratschlägen wir allzu anfällig gefolgt sind, haben wir gegen den Himmel und vor Euch gesündigt und sind hinfort nicht mehr wert, Euer Sohn zu heißen. Wir sind nicht nur in den Kirchenbesitz eingedrungen, wir haben auch die Kirchen selbst als Unwürdige, die durch die Galle der Simonie bitter geworden waren, und nicht durch die Tür, sondern anderswoher eingetreten sind, verkauft, anstatt sie zu schützen, wie es unsere Pflicht gewesen wäre …

Und nun bitten wir in erster Linie für die Mailänder Kirche, die durch unsere Schuld im Irrtum befangen ist (Heinrich hatte zeitweilig dem von Erlembald, dem Führer der Mailänder Pataria, durchgesetzten und vom Papst anerkannten Erzbischof Atto einen eigenen Kandidaten, Gottfried, entgegengestellt), Eure apostolische Gewalt möge sie nach kanonischem Recht auf den richtigen Weg bringen, und danach möge Euer päpstlicher Urteilsspruch fortfahren, auch die übrigen zu bessern.

Wir werden Euch bei allem, so Gott will, nicht im Stich lassen, und ebenfalls bitten wir Euch, der uns väterlich zugetan ist, daß Ihr uns freudig und gnädig beisteht. Unseren Brief werdet Ihr in Kürze durch uns völlig ergebene Leute erhalten. Vor ihnen werdet Ihr alle unsere Angelegenheiten, von denen darüber hinaus noch zu sprechen bleibt, so Gott will, ausführlicher erfahren.«[15]

Dieser Königsbrief macht einen betroffen. Heinrich muß unter den Verhältnissen im Reich so gelitten haben, daß er diesen Brief fast in einem Schockzustand geschrieben hat. Er bekennt sich schuldig im Sinne der Anklagen seiner Feinde. In Mailand gibt er Reichs- und Königsrechte in der Besetzung des Mailänder Erzstuhles preis!

Wahrlich, der Zögling Erzbischof Annos von Köln hatte es gelernt, sich zu unterwerfen.

Wen wundert es da, daß der Papst dem Ritter Erlembald, Führer der Pataria und Statthalter päpstlicher Interessen, schreibt:

»Wisse weiter, daß uns König Heinrich Worte voller Süße und Gehorsam übermittelt hat, wie sie unserer Erinnerung nach weder er selbst noch einer seiner Vorgänger den römischen Bischöfen übermittelt haben. Auch einige seiner bedeutenderen Getreuen versprechen uns von seiner Seite aus, er werde in der Angelegenheit der Mailänder Kirche ohne Zweifel unserem Rat folgen. Wie sehr wir ihm nützen und wie sehr wir ihm schaden können, falls wir die helfende Hand abziehen, wirst Du bald genau erfahren, und Du wirst als offenkundig einsehen, daß Gott mit uns ist und mit uns handelt. Capua, am 27. September 1073 i. d. 12. Indikation.«[16]

Zu den wichtigsten Beratern in dieser Zeit aus dem engeren Umkreis des Königs dürfen wir Rudolf von Rheinfelden, den Herzog von Schwaben, rechnen, dem der Papst, ebenfalls von Capua aus, am 1. September 1073 schreibt:

»Schon aus Deinen früheren Bemühungen wurde deutlich, daß Du die Ehre der römischen Kirche liebst; nun aber zeigt Dein Brief, den Du uns gesandt hast, von welch glühender Zuneigung Du erfüllt bist und wie sehr Du die übrigen jenes Landes im Ausmaß Deiner Zuneigung übertriffst ... Daher möchten wir Dich wissen lassen, daß wir nicht nur hinsichtlich des Königs Heinrich – wir sind seine Schuldner, weil wir ihn selbst zum König erwählt haben und weil sein Vater lobenden Angedenkens, Kaiser Heinrich, mich an seinem Hofe mit besonderer Ehre behandelte sowie auf seinem Sterbebett seinen eben genannten Sohn durch den Papst Victor ehrwürdigen Angedenkens der römischen Kirche anvertraute ...«[17]

Rudolf von Rheinfelden stand in hohem Ansehen in Rom. Er könnte der Ratgeber gewesen sein, der Heinrich drängte, den Unterwerfungsbrief an den Papst zu schreiben. Dieser Brief war das erste Canossa Heinrichs. Die Unterwerfung war in den Jugenderlebnissen Heinrichs angelegt.

Erinnern wir uns: mit sieben Jahren Mordziel einer sächsischen Fürstenverschwörung. Mit zwölf Jahren durch eine weitere Fürstenverschwörung von Erzbischof Anno von Köln gekidnappt. Der Knabe, mutig und stolz, springt in den Rhein. Er wird gerettet, wieder auf das Schiff des Erzbischofs gebracht und muß sich – was soll ein zwölfjähriger Knabe anderes tun? – dem bischöflichen Briganten unterwerfen.

Es wird zum Stigma seines Lebens, sich – wenn alle Mittel versagen – demutsvoll zu unterwerfen. So handelt er bei Tribur im Jahre 1066, als wiederum eine Fürstenverschwörung ihn zwingt, auf den Freund an seiner Seite, den Erzbischof Adalbert, oder aber auf Krone und Thron zu verzichten.

Und Ende 1076, so werden wir sehen, unterwirft er sich in Tribur wiederum einer Fürstenverschwörung, findet dann aber die Kraft, den großen Sprung nach Canossa zu wagen, wo er den Papst mit seiner Unterwerfung fast erdrückt und ihn zur Lösung von Bann und Fluch zwingt. Mit dem Gang nach Canossa sicherte er sich Krone und Reich.

Halbherzigkeiten – Verrat und Kämpfe

Der 5. Oktober, der Tag des Reichsaufgebotes gegen die Sachsen, rückte heran. Schon bald erkannte der König, daß bei den Fürsten die Zeichen nicht auf Krieg und Kampf, sondern auf Frieden und Verständigung standen. Schon vorher hatte Erzbischof Siegfried von Mainz, jener eigenartige und schillernde Mann, den eigenmächtigen Versuch unternommen, eine Verabredung sächsischer Fürsten mit königlichen Unterhändlern für den 20. Oktober in Gerstungen zu treffen. Der König mußte diesen Plan im nachhinein akzeptieren, um sich nicht dem Vorwurf der Unversöhnlichkeit auszusetzen. Dennoch blieben für ihn die Sachsen und Thüringer Rebellen, denen es mit dem Schwert entgegenzutreten galt. Die Paradoxie, in die der Erzbischof von Mainz den König gebracht hatte, erweist sich daran, daß Sachsen und Thüringer vor und während dieser Verhandlungen die Harzburg und die Hasenburg – allerdings erfolglos – berannten.

Mit welcher inneren Einstellung die Sachsen in diese Verhandlungen gingen, beschreibt Lampert:

»Die sächsischen Fürsten kamen wie verabredet am 20. Oktober mit 14 000 Bewaffneten nach Gerstungen, während sie die übrigen Truppen zum Schutz des Landes und zur Belagerung der Burgen zurückließen. Von der Partei des Königs waren anwesend die Erzbischöfe Siegfried von Mainz und Anno von Köln, die Bischöfe Werner von Metz und Hermann von Bamberg, die Herzöge Gottfried von Lothringen, Rudolf von Schwaben und Berthold von Kärnten, die vom König abgeordnet waren, um die Anklage, die man gegen ihn erheben würde, zu widerlegen. Er selbst wollte nicht kommen, sondern erwartete den Ausgang der Untersuchungen in Würzburg, um zu verhüten, daß die Volkswut durch seine Anwesenheit noch mehr erhitzt wurde und sich etwa zu irgend etwas Nachteiligem für ihn hinreißen ließ.«[18]

Und nun läßt Lampert die sächsischen Fürsten vor den Gesandten des Königs laute Klage anstimmen über dessen Schandtaten am sächsischen Volk und seinen Fürsten. So schlimm seien diese Taten

– so die Sachsen –, daß man den König absetzen müsse, um einen besseren Herrscher zu wählen.

Man stelle sich eine Friedensverhandlung vor, in welcher die Rebellen die Absetzung des rechtmäßig amtierenden Königs fordern. Wahrscheinlich bereitet Lampert hier literarisch das Gegenkönigtum Rudolfs von Rheinfelden vor. Auf jeden Fall gelang es den Sachsen, die Unterhändler des Königs von einem Waffengang gegen sie abzubringen.

Eine weitere Verschwörung gegen den König und sein Ansehen im Reich brach auf. Ein Mann namens Regenger, unbescholten und von gewissem Ansehen, eröffnete den Herzögen Rudolf von Schwaben (von Rheinfelden) und Berthold von Kärnten, der König hege einen Mordplan gegen sie. Regenger war bereit, die Richtigkeit seiner Anklage durch ein Gottesurteil, einen Zweikampf also, auch mit dem König selbst, zu beweisen. Die beiden Herzöge kündigten daraufhin dem König die eidliche Treue auf. Die Auseinandersetzung eskalierte. Jetzt forderte der König Herzog Rudolf zum Zweikampf auf.

Dies wollte ein Getreuer des Königs nicht zulassen, da es mit der königlichen Ehre unvereinbar sei, und bot an, selbst gegen jeden zum Zweikampf anzutreten, damit die Unschuld des Königs offenbar werde. Rudolf nahm das Rechtfertigungsangebot weder an, noch lehnte er ab. Dadurch ist dem Bedenken Raum gegeben, daß es sich um eine Verschwörung der süddeutschen mit den sächsischen Fürsten handelte.

Lampert von Hersfeld bekennt ganz offen: »... inzwischen drängten die Sachsen die rheinischen Fürsten durch zahlreiche Gesandtschaften, entweder sie zur Wahl eines Königs zu ermächtigen oder, da sie ihnen an Rang und Zahl überlegen seien, selber irgendeinen, wen sie immer wollten, mit Zustimmung der Sachsen zu wählen und einzusetzen und nicht zu dulden, daß das Reich durch die Untüchtigkeit eines Menschen an den Rand des Untergangs gebracht werde.«[19]

Die Beziehungen zwischen den Sachsen, aber auch zwischen den süddeutschen und rheinischen Fürsten, waren wie ein Sumpf, der dauernd giftige Blasen trieb.

Man fragt sich, wie bei diesem tückischen Verhalten untereinander überhaupt noch ein politisches Leben, eine konstruktive Zusammenarbeit möglich war.

Unter der Last all dieser Verleumdungen, der Verschwörungen, des versteckten Abfalls, in dem kein Reichsfürst entschlossen die

Rechte des Reichs und des Königtums vertrat, erkrankte Heinrich schwer. Fast schien es, als Heinrich in Ladenburg, einem Besitz der Wormser Kirche, darniederlag, als würden sich die heimlichen und auch offenen Wünsche seiner Feinde erfüllen und der König einen raschen Tod erleiden.

Aber sie hatten nicht mit der Lebenskraft des Dreiundzwanzigjährigen gerechnet, der sich rasch erholte, den Rhein überschritt und umjubelt ins salische Worms einzog. Die Wormser hatten sich gegen ihren Bischof Adalbert, ihren Stadtherrn, erhoben und ihn davongejagt. Teils war dies Ausdruck neuen, selbstbewußten Bürgertums, teils aber auch Reaktion darauf, daß Bischof Adalbert sich während der Krankheit des Königs dessen Feinden angenähert hatte. Die Wormser paradierten vor dem König mit ihrer jungen, gutgerüsteten Kriegsmannschaft und sagten ihm Hilfe gegen seine Feinde zu. Heinrich IV. hatte in der wankenden Welt wieder einen festen Punkt gefunden. Mit einem großen Zollprivileg dankte der König der getreuen Stadt.

Das Verhalten von Worms hatte zu einem Umschwung geführt. Hatte der König schon aus Baiern Truppen mit sich geführt, so vermehrte sich jetzt der Zuzug aus Oberdeutschland. Der von Erzbischof Siegfried von Mainz zusammengerufene Fürstentag kam nicht zustande. Unter dem Eindruck der militärischen Präsenz des Königs, versammelte sich eine Reihe von Fürsten mit dem König in Oppenheim. Das einzig sichere Ergebnis dieses Treffens war der Beschluß, den Zweikampf zwischen Regenger und Udalrich von Godesheim auf der Rheininsel Marsaue bei Mainz auf einen bestimmten Tag nach dem 13. Januar 1074 festzulegen.

Während Heinrich IV. in seiner getreuen Stadt Worms das Weihnachtsfest 1073/74 feierte, tobte der Kampf um die königlichen Burgen im Harz weiter. Jeder Tag, um den sich die Belagerung verlängerte, mußte zuungunsten der königlichen Burgbesatzungen sein.

Der Frieden von Gerstungen – ein fauler Frieden

Auch der Papst – von den sächsischen Großen angerufen – drängte sich danach, im sächsischen Krieg die Rolle des Schiedsrichters in Deutschland zu spielen.

Am 20. Dezember 1073 schreibt er an Erzbischof Werner von

Magdeburg, Bischof Burchard von Halberstadt, Markgraf Dedi und die übrigen sächsischen Fürsten:

»Unter den sonstigen beängstigenden Sorgen bedrängt uns am meisten Unruhe darüber, daß zwischen Euch und König Heinrich, der ja Euer Herr ist, derartige Zwietracht und feindliche Bestrebungen aufgetreten sind, wie wir wissen, daß dem Vernehmen nach vielfach Totschlag, Brandschatzung und Plünderung der Kirchen und der Wehrlosen sowie schändliche Verwüstung des Vaterlandes vorkommen.

Darum haben wir uns an den König gewandt und ihn ermuntert und seitens der Apostel Petrus und Paulus ermahnt, sich der Waffen und jeglicher kriegerischer Beunruhigung zu enthalten, bis wir Boten seitens des Apostolischen Stuhles zu ihm senden, die die Ursachen Eurer Uneinigkeit sorgfältig zu erforschen und, so Gott es will, durch ein billiges Urteil zu Frieden und Eintracht hinzuführen vermögen. Und ebenso möchten wir Euch gebeten und aus apostolischer Autorität gemahnt haben, Eurerseits jede feindliche Unruhe beizulegen und eine Zeit des Friedens zu beobachten und Euch nicht aus irgendeinem Anlaß hinderlich dem Frieden in den Weg zu stellen, den wir mit Gottes Hilfe herstellen wollen.«[20]

Noch steht der Papst dem König nicht feindlich gegenüber. Noch zeigt der Unterwerfungsbrief Heinrichs seine Wirkung. Natürlich muß es den Herrn der Kirche reizen, als Schiedsrichter in deutschen Reichsangelegenheiten aufzutreten.

Anfang Januar hatten die Erzbischöfe von Köln und Mainz eine Zusammenkunft mit sächsischen Großen, mußten sich aber von ihnen, die im Burgenkrieg zu siegen schienen, nach Lampert mit den Worten abspeisen lassen, »sie seien jetzt an dem Punkt angelangt, wo die Sache nicht mehr mit weibischem Geschwätz entschieden werden müsse«. Mit dieser Nachricht kamen die Erzbischöfe von der Unterredung von Corvey zurück. Die päpstlichen Friedensermahnungen hatten bei den Sachsen nichts erreicht.

Ein Lichtstrahl der Menschlichkeit fällt in diese grausame und trügerische Zeit. Nachdem die Thüringer die Hasenburg zu Fall gebracht hatten, hatte die Belagerung der Burg Vockenrode, nahe Hersfeld, begonnen. Der König hatte dort seine schwangere Frau, Königin Berta, in Obhut gegeben. Jetzt, da Belagerung und Fall der Burg bevorstanden, gestatteten die Thüringer der Königin freien Abzug ins Kloster Hersfeld, in dem sie von Abt Hartwig freundlich aufgenommen wurde. Dort gebar die Königin am

12. Februar 1074 ihren Sohn, den späteren König Konrad III. Bischof Ezzo von Oldenburg, der gerade als Gast im Kloster weilte, taufte den Knaben auf den Namen von dessen Urgroßvater, Kaiser Konrad II. Inzwischen vollzog sich ein weiterer, bemerkenswerter Vorfall.

Jener Regenger, der den König des Mordplanes an den Herzögen Rudolf von Schwaben und Berthold von Kärnten geziehen hatte, verfiel wenige Tage vor dem Zweikampf dem Wahnsinn und starb eines grauenvollen Todes, so der Chronist.

Folgen wir weiter Lampert und seinem Bericht:

»Da der König sah, daß die Fürsten von ihm abfielen und der Kampfeswille der Feinde durch seine Nachgiebigkeit immer mehr zunahm, trieb ihn gleichermaßen sein verletztes Ehrgefühl wie seine Notlage zu dem Entschluß, alles auf eine Karte zu setzen und, sobald sich die Gelegenheit dazu bot, mit den Sachsen in offener Feldschlacht zu kämpfen, entschlossen, lieber sein Leben mit Ehre als mit Schande den Thron zu verlieren.«[21]

Da sind dem Hersfelder Mönch einige Worte entschlüpft, die er so sicher nicht gewollt hatte. Da wird dem König, dem man alle charakterlichen Mängel nachsagte – von der Frauenschändung bis zum Meuchelmord –, bescheinigt, daß er Ehrgefühl hatte und daß er lieber mit Ehren sein Leben als mit Schande seinen Thron verlieren wollte.

Bruno berichtet in seinem »Sachsenkrieg«: »Als er nun ein ziemlich großes Heer zusammengebracht hatte, das aber nur im äußersten Notfall zu kämpfen bereit war, beschloß er, am 1. Februar in Sachsen einzufallen, bald nach Beginn des Jahres 1074 seit der Menschwerdung des Herrn. Aber die Sachsen hatten vorher von seiner Ankunft Kenntnis erhalten und zogen ihm, um ihr Land zu verteidigen, mit einem gewaltigen Heer bei der Stadt Vacha (an der Werra, östlich von Hersfeld) entgegen; nicht weit vom König, so daß sich beide Heere sehen konnten, schlugen sie ihr Lager auf. Doch sandte man von beiden Seiten auch noch Späher aus, um die Stärke beider Heere zu erforschen, und diese berichteten den Ihrigen genau, was sie gesehen hatten. Das Heer der Sachsen aber war so groß, daß man es für doppelt so zahlreich hielt wie das des Königs.«[22]

Nach Lampert hatten die Sachsen vierzigtausend Streiter; nach dem »Carmen de bello Saxonico« waren auf der Seite des Königs sechstausend, auf der der Sachsen aber sechzigtausend Krieger.

Der König, anfangs zum Kampf entschlossen, zauderte bei dieser personellen Überlegenheit der Sachsen, den Angriff zu wagen, obwohl das königliche Heer in besserer Verfassung gewesen sein soll. Das im Gegensatz zu Bruno und Lampert den König verherrlichende »Carmen de bello Saxonico« sagt aus: »Als nun der Rest (der Sachsen) die Truppen des Königs in Schlachtordnung herannahen sah und als die Sonne sich in den schmuckvollen Helmen und Schilden widerspiegelte und als er die Schlachtreihen mit erhobenen Feldzeichen dahinziehen sah, da war er betäubt von dem schrecklichen Anblick«.[23]

Wie schmuck nun auch immer des Königs Mannschaft gewesen sein mag, der König war realistisch genug, seine personelle Unterlegenheit zu erkennen.

So entsandte er den Abt Hartwig von Hersfeld als Botschafter zu den Sachsen. In diesem Februar 1074 herrschte grimmige Kälte im Land, wie alle Chronisten melden; sie ließ auf beiden Seiten den Verständigungswillen wachsen. Abt Hartwig konnte bei seiner Rückkehr aus dem sächsischen Lager prinzipielle Verhandlungsbereitschaft melden.

»Daraufhin wurden vom König vier Bischöfe als Friedensunterhändler zu den Sachsen entsandt. Sie hatten die Vollmacht, alles zuzusagen, was die Sachsen vernünftigerweise forderten und was von beiden Seiten ausgewählte Schiedsrichter billig finden würden.«[24]

Das war natürlich eine Gummiformel, die es dem König wie den Sachsen erlaubte, jederzeit die Verhandlungen abzubrechen. Denn was recht und billig war, darum ging dieser ganze Krieg.

Die Sachsen blieben bei ihrer immer wiederholten Forderung: die königlichen Burgen in Sachsen und Thüringen niederzureißen, um so die Königsgewalt aufs äußerste zu reduzieren. Ferner forderten sie, daß in Sachsen alle Regierungsmaßnahmen nur nach dem Rate von Angehörigen des sächsischen Stammes zu vollziehen seien. Weiter wurde eine umfassende Autonomie eingeklagt. Wolle der König dies gewähren und die Reichsfürsten, die jetzt als Unterhändler im sächsischen Lager weilten, den Sachsen als Bürgen überantworten, so seien sie bereit, den Frieden anzunehmen und die Waffen niederzulegen.

Dies war kein Frieden, sondern ein sächsisches Diktat! So sandte der König jetzt Boten zu den Fürsten, daß ein jeder am folgenden Tag sein Aufgebot heranführen solle. Die Fürsten aber standen nicht zu ihren gegebenen Zusagen, sondern vor der Erkenntnis, daß mit ihren schwachen Aufgeboten die Überzahl der wild entschlossenen Sachsen nicht siegreich zu bekämpfen war.

Doch auch im sächsischen Lager tat sich ein Zwiespalt auf, der seit den Tagen Karls des Großen bekannt ist: zwischen den freien Sachsen und ihren Ethelingen! War zur Zeit Karls des Großen wie auch jetzt die Mehrzahl der Edlen verhandlungsbereit, weil sie im fränkischen Großreich für ihren Stamm und für ihre eigene Stellung eine bessere Zukunft sahen, so waren es wiederum die sächsischen Bauern, die in grimmiger Winterkälte diesen Feldzug durchstanden und den endgültigen Sieg wollten. Sie stellten sich gegen ihre verhandlungsbereiten Fürsten. Otto von Northeim, dem der Sachse Bruno einen besonderen Einfluß auf seine Stammesgenossen bescheinigte, mußte seine ganze Kraft aufwenden, um diesen für den König katastrophalen, für die Sachsen aber sehr vorteilhaften Frieden, der ihnen praktisch eine Autonomie gegenüber der Krone gewährte, durchzusetzen.

Über die inneren Schwierigkeiten der Sachsen, aber auch über die Vorbehalte des Königs schreibt Lampert:

»Darauf erwiderten die Fürsten, es gäbe durchaus keinen anderen Weg, den Kampf zu vermeiden, mit dem man ihn (den König) schon aus nächster Nähe mit gezücktem Schwert bedrohe, als die Forderungen der Sachsen zu erfüllen. Als er dies gelobte und Christi Namen zum Zeugen anrief, begaben sich die fünfzehn Bischöfe und alle im Lager anwesenden Fürsten zu den Sachsen, um ihnen den Entschluß des Königs zu verkünden. Viele Meinungen wurden da geäußert, viele Gegengründe hervorgesucht, denn da sie Argwohn hegten wegen des Königs unbändiger Kampfeslust und oft genug seine Unzuverlässigkeit erlebt hatten, schien ihnen kein Beschluß genügend Sicherheit zu gewähren. Nach langwieriger Erörterung (sie dauerte zwei Tage) stimmten sie schließlich dem Friedensschluß unter folgenden Bedingungen zu: Sollte der König in der Erinnerung an die erlittene Unbill (offensichtlich empfanden die Sachsen die dem König abgepreßten Zugeständnisse selbst als unbillig) jemals seinen Entschluß widerrufen oder versuchen, etwas von dem, was er jetzt in der höchsten Not zugestanden habe, für ungültig erklären, dann werden sie wieder, wie jetzt zu einer Eidgenossenschaft verbunden, zu den Waffen greifen, dem Unrecht begegnen und ihn, als des offenkundigen Eidbruchs schuldig, mit Hilfe sämtlicher Fürsten des Reichs vom Throne stoßen. Nachdem man dies vereinbart hatte, zogen alle in dichten Haufen, wie sie standen, gerade am Tage Mariä Reinigung (2. Februar 1074) unter Voranritt der Bischöfe und übrigen Fürsten, die die Friedensvermittler gewesen waren, heran, um den König von Angesicht zu Angesicht zu sehen. Dieser empfing sie mit allen Ehren, gewährte ihnen den Kuß und bekräftigte durch die Macht des lebendigen Wortes die Friedensbedingungen, die er durch die Unterhändler kundgegeben hatte.«

Diese Unterwerfung unter die Sachsen nannte sich »der Frieden von Gerstungen«.

Der Fall der Harzburg – Stimmungsumschwung durch sächsische Greueltaten

Ein eigentümlicher Frieden, dieser Frieden von Gerstungen. Der König mußte sich erpreßt und seiner alten Königsrechte beraubt vorkommen. Die Sachsen wiederum waren verbittert, war doch ihr Ziel, den verhaßten Salier vom Thron zu stoßen, nicht erreicht.

Man weiß, wie schwer es ist, eine Masse gegen einen Feind in Bewegung zu setzen. Darum muß man den Feind dämonisieren, ihn zum Unmenschen machen. Das war damals so und ist es auch heute noch. Ebenso schwer ist es, einem aufgehetzten Volk zu erklären, daß der Feind nicht so unmenschlich ist, wie man ihn in der Hitze des Kampfes dargestellt hatte. Deshalb hatten die sächsischen Großen Mühe, ihren Stammesgenossen klarzumachen, daß Heinrich weiterhin König sei.

Es wundert einen, zu erfahren, daß in dieser Situation gegenseitigen Mißtrauens der König sein Heer, etwa sechstausend Krieger, unter großen Gunstbezeugungen in die Heimat entließ und mit nur wenigen Getreuen, inmitten des zurückkehrenden sächsischen Heeres, nach Goslar ritt.

Die tapferen königlichen Burgbesatzungen wurden ebenfalls nach Goslar gerufen und reich belohnt. Hier werden weitere Gegensätze sichtbar.

Die Burgbesatzungen, allen voran die tapferen Verteidiger der Harzburg, konnten sich mit diesem Frieden ohne Sieg genausowenig abfinden wie die Masse des sächsischen Volkes.

Zwischen diesen politischen und psychologischen Gegebenheiten mußte sich der König hindurchwinden. Die Sachsen, mit dem Schwert bei Fuß, warteten auf den königlichen Befehl, die Burgen zu zerstören. Noch blieben sie ruhig, wähnten sie doch, der König in ihrer Mitte könne sie nicht hintergehen. Heinrich soll den Plan gehabt haben, die Harzburg einem sächsischen Fürsten zu übergeben, um sie so vor der drohenden Vernichtung zu bewahren. Allein, dieser Plan blieb Gerücht. Ein zweiter Schachzug des Königs scheiterte ebenfalls. Er forderte einen Reichstag aller Fürsten für den 10. März nach Goslar. Dort sollte die Gesamtheit der Fürsten über das Schicksal der Burgen entscheiden. Aber im Grunde stand das nicht mehr zur Entscheidung an, es galt, die Beschlüsse des Friedens von Gerstungen zu vollziehen.

Der 10. März kam. Aber die Reichsfürsten, abgesehen von den sächsischen Fürsten und den kriegerischen Sachsenscharen, verweigerten sich. Keiner dachte daran, den in Gerstungen ausgehandelten Frieden umzustoßen, denn darauf liefen die Pläne des Königs hinaus. Auch seine Getreuesten, der Erzbischof Liemar von Hamburg-Bremen, Bischof Eberhard von Naumburg und Bischof Benno von Osnabrück, die durch den Frieden von Gerstungen die Herausgabe ihrer sächsischen und thüringischen Güter erhoffen durften, beschworen den König, die Friedensbedingungen von Gerstungen zu erfüllen.

So mußte der König schweren Herzens Befehl erteilen, die königlichen Burgen abzureißen und niederzubrennen. Doch noch immer suchte er für seine geliebte Harzburg einen Ausweg. Er befahl, nur die äußeren Mauern abzureißen, um der Burg dadurch den Charakter einer Wehranlage zu nehmen.

So glaubte der König den Forderungen der Sachsen Genüge getan zu haben. Er verließ Goslar mit kleinem Gefolge und ritt nach Worms. Diese alte Salierstadt hatte er auserwählt, anstelle von Goslar und der Harzburg die Rolle der königlichen Pfalz zu übernehmen.

Nur wenige Tage hatte der Hof Goslar verlassen, da erreichte den König eine Schreckensnachricht. Das sächsische Volk, das unter der Besatzung der Harzburg so lange gelitten hatte, wollte es nicht hinnehmen, daß von der verhaßten Zwingburg nur die äußeren Mauern fallen sollten. So hetzten sich die Volksmassen gegenseitig auf und zerstörten die Harzburg gänzlich. Nicht nur die äußeren Mauern fielen, auch die übrigen Gebäude, sogar die Kirche, in der Heinrichs jüngerer Bruder und sein erstgeborener Sohn Konrad begraben waren, wurden niedergerissen, die Altäre gestürzt und die königlichen Gräber geschändet.

Bei Lampert zittert das Grauen über das Geschehen nach:

»Die Kirche, die zur Beschleunigung des Baues einstweilen in Holz mit höchster Pracht errichtet worden war, steckten sie in Brand, plünderten die Kleinodien und zertrümmerten die Altäre. Damit dem König kein Grund zur Wiederherstellung der Burg bliebe, gruben sie schließlich die Gebeine seines Sohnes und seines Bruders aus, die er dort beerdigt hatte, um den Platz beim Volk beliebt zu machen, und taten alles, was sie konnten, damit der eingeebnete Berg künftig keinerlei Handhabe mehr zu Führung eines Krieges bot.«[25]

Die Untat erschreckte nicht nur den König, sondern das ganze Reich, sogar die sächsischen Fürsten.

Die Adelsgesellschaft schloß sich zusammen. Die Kluft zwischen Adel und Volk wurde offenbar. Der gleiche Volkszorn, der die königlichen Gräber umpflügte, konnte sich heute oder morgen gegen die eigenen Fürsten und Herren richten. So sandten die sächsischen Fürsten eilends Boten an den König und beschworen ihn, daß sie weder Mitwisser noch Mittäter der schrecklichen Freveltat seien. Der König soll den Gesandten geantwortet haben: »›Da ja die weltlichen Gesetze gegen die Sachsen nichts ausrichten, ich aber, von meinen Vasallen im Stich gelassen, die Übergriffe nicht mit dem Schwerte zu bestrafen vermag, werde ich nunmehr notgedrungen meine Zuflucht zu den Gesetzen der Kirche nehmen und, wo menschliche Hilfe versagt, göttlichen Beistand anrufen.‹ Unverzüglich (erst im folgenden Jahr) schickte er Gesandte nach Rom, um die apostolische Kirche gegen die anzurufen, die eine Kirche eingeäschert, Altäre zertrümmert, Gräber entweiht und aus Haß gegen einen Lebenden mit barbarischer Grausamkeit gegen die Asche Verstorbener gewütet hatten.«[26]

Die Untat auf der Harzburg hatte die Reichsfürsten in aristokratischer Solidarität an die Seite des Königs getrieben. Heinrichs Diplomatie verstand es, diese Bindungen durch persönliche Treueschwüre der einzelnen Fürsten zu verstärken.

An Heinrichs IV. Seite standen jetzt die Herzöge Rudolf von Schwaben, Berthold von Kärnten und Gottfried von Niederlothringen. Aber auch das fränkische Land beiderseits des Rheins sowie Baiern und Böhmen stützten die Stellung des Königs. Noch nie hatte Heinrich IV. als König ein so geeintes Reich, durch die Freveltat auf der Harzburg zusammengeschmiedet, hinter sich.

Vor allem Rudolf, der mächtige Schwabenherzog, bezog nunmehr entschieden Stellung gegen die Sachsen.

So lagen über Sachsen düstere Schatten. Vor allem die Sachsenführer, politisch klüger und weitsichtiger als das Volk, das immer noch in dem Traum seiner Unbesiegbarkeit lebte, konnten sich ausrechnen, daß der sächsische Stamm der geballten Kraft des Reiches nicht widerstehen konnte. Außerdem war es der Diplomatie des Königs gelungen, die Einigkeit der Sachsen aufzusprengen. Erbittert berichtet Bruno:

»So kam es, daß auf unserer Seite der Vater, der Sohn auf der gegnerischen Seite, der eine Bruder hier und der andere Bruder dort waren. Viele der Großen, die Güter in beiden Gebieten besaßen, gingen auch, um beide zu retten, aus eigenem Antrieb zum König über oder ließen hier einen Sohn oder Bruder zurück ... Als aber das geschwätzige Gerücht all das in Sachsen zu verbreiten begonnen hatte, ... da freute sich zwar das gemeine Volk, weil es die Dinge nicht gehörig abzuwägen weiß, und drohte jeden, der in sein Land einfallen würde, im ersten Anlauf niederzuschlagen, der Adel indessen geriet in große Besorgnis, da er des Königs große Macht mit seiner geringfügigen eigenen sehr sorgfältig verglich. Denn von der einen Seite sahen sie die Franken, die beide Ufer des Rheines innehatten, die Schwaben, Baiern, Lothringer und Böhmen zum Kampf antreten; auf ihrer Seite fanden sie nur ein knappes Drittel von Sachsen, weil die Westfalen und die Bewohner des Gebiets um Meißen, vom König durch Gold bestochen, von uns abgefallen waren. Doch selbst dieses Drittel blieb kaum in sich zuverlässig, weil die Versprechungen des Königs auch hier jeden einzelnen ständig in Versuchung führten.«[27]

Bruno berichtet noch von Zeichen, die kommendes Unheil kündeten. Von Rabenschlachten, von Bischofsstäben, die Wasser absonderten, von Kruzifixen, die Schweiß verströmten, und anderen Symbolen.

Bruno weiß von vielen solcher Begebenheiten, in denen sich die tiefe Unsicherheit der Sachsen über ihr künftiges Geschick darstellte. Vielleicht lebte in ihnen auch das unterschwellige Gefühl, daß mit dem dem König abgepreßten Frieden von Gerstungen und der Zerstörung der Harzburg, ihrer Altäre und Königsgräber eine Schattengrenze überschritten war, die man nicht hätte überschreiten dürfen.

Diese Unsicherheit und der Wille, den Waffengang zu vermeiden, werden in einer Flut von Briefen sichtbar, die sächsische Große an den König richteten. Selbst der Bruder Annos und eingeschworene Feind des Königs, Erzbischof Werner von Magdeburg, schreibt Friedensbriefe und bittet Erzbischof Siegfried von Mainz um Hilfe und Fürsprache für Sachsen beim König. Er gibt die Zerstörung der Harzburg einzig in die Schuld der Bauern und schreibt: »Die Bauern aber, unvernünftig wie Bauern einmal sind, wollten nichts übriglassen, was zur Wiederherstellung Anlaß geben könnte, zumal sie von dieser Burg viel Übles erfahren hatten und niemand da war, der mäßigend gewirkt hätte.«

In einem anderen Brief Werners von Magdeburg an Siegfried von Mainz und Adalbero von Würzburg ruft er den beiden Bischöfen:

»Ferner mögt Ihr in Eurer Güte geruhen, unseren Herrn, den König, daran zu erinnern, daß er der Stellvertreter des himmlischen Königs ist.«[28]

Seltsam, unter dem Eindruck der königlichen Macht kehrt Werner zu der alten salischen Idee zurück, die Wipo und der Erzbischof Aribo von Mainz ausgeformt hatten, als sie den König »Stellvertreter Christi« nannten.

Der Unterwerfungswille, gemischt mit sächsischer Aufsässigkeit, dokumentiert sich in einer Szene, die Bruno schildert: »Ein Jahr und mehr war vergangen, nachdem der König Sachsen verlassen hatte, als er sich in Mainz (Worms) aufhielt und am Osterfest (5. April 1075) ein Bote der Sachsen mit einem Schreiben dort ankam. Dieses überreichte er dem Erzbischof Udo von Trier, der an diesem Tage die Messe feierte, gerade auf der Kanzel stand und dem Volke predigte, und bat ihn im Namen aller Sachsen, den Brief dem versammelten Volke vorzulesen und zu erklären.

Als der König das untersagte, legte der Bote selbst beherzigt den Inhalt des Briefes in kurzen Worten vor dem ganzen Volke dar und forderte im Namen aller Sachsen von allen, so sie Gott fürchteten, Sachsen nicht mit Waffengewalt anzugreifen, ehe es nicht einer Schuld überführt sei. Aber Herzog Rudolf von Schwaben, der den schnellen Vertrag der Sachsen mit dem König nicht vergessen hatte, hetzte den König auf, das Gott, ihm und allen Fürsten angetane Unrecht nicht ohne Strafe hingehen zu lassen, und er versprach, ihm mit der ganzen ihm verfügbaren Streitmacht zur Verfügung zu stehen. Ebenso verhielten sich alle anderen Fürsten, teils durch große Zusagen verlockt, mehr aber noch gedrängt durch die drohende Gefahr des Todes, der sie anders nicht entgehen konnten.«[29]

Ein unglaublicher Vorgang. Da dringt ein (sächsischer) Bote während einer Meßhandlung in eine Kirche ein und verlangt vom

Erzbischof, den er in seiner Predigt unterbricht, er möge einen Brief vorlesen. Der König verbietet dieses Ansinnen. Der Sachse trotzt dem königlichen Befehl und verliest selbst den Brief. Es wird nicht erwähnt, daß dem sächsischen Boten ein Leid geschehen sei – wenn, dann hätte Bruno dies sicher als weitere Schandtat des Königs berichtet. Ja, man muß sich über den Langmut Heinrichs IV. wundern, der uns als Tyrann geschildert wird. Ein Tyrann hätte sich bei so einem Vorgang sicher anders verhalten.

Der sächsische Bote erreichte durch seine Frechheit jedoch nur eine erneute Solidarisierung der Fürsten mit dem König. Steckte doch dem mittelalterlichen Hochadel vor dem Volk – dieser amorphen, so schwer durchschaubaren Masse, unglaublich leidensfähig und dann wieder unberechenbar explodierend – ein heiliger Schrecken in den Knochen. Die Herrschaft des Adels über das Volk setzte eine ständige aristokratische Solidarität und Allianz voraus, damit die Herrschaft der wenigen über die vielen möglich blieb.

Der König gab schließlich den sächsischen Bittschriften in etwa nach, indem er Erzbischof Werner von Magdeburg und einige andere wieder in seine Gnade aufnahm. Er forderte aber die Auslieferung des Bischofs Burchard II. von Halberstadt, Ottos von Northeim (nach Lampert die Hauptanführer des sächsischen Aufstands) und des Pfalzgrafen von Sachsen, Friedrichs II. von Goseck.

Die Taktik der Sachsen wurde subtiler. Da sie beim König nicht den gewünschten Erfolg erzielten, schickten sie jetzt Gesandtschaften an die Herzöge Rudolf von Schwaben, Berthold von Kärnten und Gottfried von Lothringen in der Hoffnung, diese von der Seite des Königs wegzuziehen. Aber auch dieser Versuch mißlang. Lampert erzählt von den Zurüstungen der kommenden Schlacht:

»Der König feierte mit wenigen Fürsten am 24. Mai 1075 das Pfingstfest in Worms, denn jeder bemühte sich persönlich um die Vorbereitung des Feldzuges. Am festgesetzten Tag, am 8. Juni, kam er mit einer unermeßlichen Truppenmenge nach Breitungen: Völlig gemeinsam stimmten alle überein, daß seit Menschengedenken niemals im deutschen Reich von irgendeinem König ein so großes, so tapferes, so kriegsmäßig ausgerüstetes Heer aufgebracht worden sei. Was es im Reich an Bischöfen gab, was an Herzögen, was an Grafen, was an kirchlichen und weltlichen Würdenträgern, alle hatten sich hier versammelt, all ihre Macht auf diesen Krieg richtend.«[30]

Auch Herzog Wratislaw von Böhmen war erschienen, seine Truppen sollen so zahlreich gewesen sein, daß er wähnte, die Sachsen allein besiegen zu können.

Der große Tag in König Heinrichs Herrscherleben war angebrochen.

Die Schlacht von Homburg an der Unstrut

Die Schlachtberichte zeichnen sich auf beiden Seiten durch eine große Konfusion aus. Man kann kaum glauben, daß zwei große Heere mit so wenig Kriegskunst und mit so viel Leichtfertigkeit aufeinanderprallten. Wenn die Königlichen schließlich unter hohen Opfern siegten, so lag es an ihrer Überzahl. Schauen wir in den Bericht Lamperts, der vom nahen Hersfeld aus einen guten Einblick in das Schlachtgeschehen gehabt haben muß: »Der König marschierte also von Breitungen (dem Versammlungsort des Heeres) ab und kam am ersten Tag bis Ellen (Oberellen westlich von Eisenach).

Am nächsten Tag (dem 9. Juni 1075) legte er in überstürzter Eile fast zwei Tagesmärsche zurück und bezog sein Lager bei Behrungen, nicht weit von den Sachsen entfernt. Hier schlug man die Zelte auf, und alle liefen einzeln nach allen Richtungen auseinander, um sich der Pflege ihrer von Ermattung erschöpften Körper zu widmen. Auch der König hatte sich auf ein Ruhebett gelegt; da tritt plötzlich Herzog Rudolf ein und meldet, die Sachsen stünden in ganz geringer Entfernung und, man wisse nicht, ob aus Mißachtung oder aus Unkenntnis des Anmarsches der Feinde, belustigten sich bei Schmausen und Zechen mit kindischer Kurzweil, als ob sie beweisen wollten, daß es bis zu diesem Augenblick noch nicht an ihnen gerächt sei, daß sie die gegen das Reich und die Gesetze des Vorfahren erhobenen Waffen dem König so frevelhaft vor Augen führten; diese Verhöhnung des deutschen Reichs könne in aller Zukunft nicht getilgt werden; er sei deshalb dafür, da ja der größte Teil des Tages noch vor ihnen liege, das Heer zur Schlacht aufzustellen und den Kampf zu beginnen …

Die Sachsen hatten sich in ihrer Torheit eingebildet, der Zwischenraum, der sie vom König trennte, könne kaum von leichten

Reitern, geschweige denn von einem mit Gepäck und sonstigem Gerät beladenen Heer in einem Tage überwunden werden ... So hatten sie sich in trügerischer Sicherheit entspannt und allen Eifer von den Waffen fort auf die Körperpflege gerichtet. Da sehen sie plötzlich, wie sich der Himmel von einer Staubwolke verdunkelt und ein Heer, unzählbarer als der Sand am Meer, sich über die ganze Weite des anliegenden Feldes wie ein Heuschreckenschwarm ergossen hat ... Kopflos infolge des unvermuteten Angriffs und sich gegenseitig der Saumseligkeit zeihend, daß sie den Feind nicht eher bemerkt hätten, stimmen sie mit zum Himmel dringendem Geschrei den Schlachtruf an ... Nur wenige wappnen sich mit Panzern, die übrigen stürzen los, um keine Zeit zu verlieren, und denken nicht einmal daran, ihre Kleider anzuziehen.«[31]

Bruno stellt in seinem Schlachtbericht die Tapferkeit der Sachsen heraus: »Doch haben wir erfahren, daß unser Markgraf Udo II. von Stade (Markgraf der Nordmark) seinen Vetter Rudolf mit dem Schwerte so gewaltig ins Gesicht traf, daß er ihm den oberen Teil des Kopfes gänzlich abgehauen hätte, wenn ihn nicht die vorspringende Nase des Helms geschützt hätte.« (Daß Herzog Rudolf nur durch seine Rüstung vor dem Tode bewahrt wurde, berichtet auch Lampert.)

Bruno erzählt von der Zerrissenheit der Sachsen, wenn er wenig weiter sagt: »Brüder standen in dieser Schlacht auf verschiedenen Seiten, Väter gegen Söhne, und auch andere Verbindungen waren in gleicher Weise geschieden ... Überaus grimmig war jene Schlacht, doch in kürzester Zeit entschieden. Denn da die Unsrigen an Zahl geringer waren – jedoch ein ganzes Heer der Tapferkeit nach, und selbst die Feinde bekannten, niemals so furchtbare Schwertstreiche gehört zu haben –, sich von den Ihren verlassen sahen, auch selbst schon durch vieles Morden ermüdet waren und selbst die wenigen immer weniger wurden, entzogen sie sich allmählich der Gefahr und ließen dem König zwar den Ruhm des Sieges, aber mit großen Verlusten für die Seinen.«[32]

Und nun ergeht sich Bruno in der Auflistung der Verbrechen der Königlichen und schreibt:

»Wenn die Heiden so über uns gesiegt hätten, würden sie die Besiegten nicht grausamer behandeln. Es half den Frauen nichts, daß sie sich in die Kirche geflüchtet und ihre Habe dorthin getragen hatten; denn die Männer waren in die Wälder geflohen oder wo sie sonst in einem Versteck auf Rettung hofften. Die Frauen schändeten sie (die Königlichen) noch in den Kirchen, selbst wenn sie sich zum Altar geflüchtet hatten, und wenn nach Barbarenweise ihre Lust befriedigt war, verbrannten sie die Frauen mit den Kirchen.«[33]

Der siegreiche König Heinrich IV. zog mit seinem Heer in das von ihm geliebte Goslar. Er erschien mit kleinem Gefolge, damit der reiche Platz nicht durch die Besetzung durch eine größere Truppe Schaden erleide. Vielleicht fürchtete der König auch, mit einer Demonstration zu starker Truppenmacht den sächsischen Widerstand erneut zu provozieren? Alle Vorwürfe der Maßlosigkeit und der Tyrannei, mit denen sächsische Chronisten Heinrich IV. entgegentreten, werden durch Heinrichs wirkliche Taten als das entlarvt, was sie sind, nämlich politische Propaganda.

Allerdings, dem Vorschlag einiger Fürsten und Ratgeber, die Sachsen in ihrer Gesamtheit wieder in die königliche Gnade aufzunehmen, konnte er nicht folgen.

Aber kein deutscher König, weder ein karolingischer, ottonischer noch salischer, hätten eine solche Provokation deutscher Königswürde sühnelos hinnehmen können. Der König entließ, durch Thüringen ziehend, bei Eschwege sein Heer, das bei Homburg an der Unstrut einen so glänzenden Sieg für die deutsche Krone errungen hatte. Jedoch hatten ihm die Fürsten verpflichtend zugesagt, am 22. Oktober bei Gerstungen mit noch größerer Rüstung zu erscheinen, um die Kroninteressen in Sachsen durchzusetzen.

Nach der Niederlage brachen im sächsischen Stamm Zwist und Hader aus. Die Fürsten warfen dem gemeinen Volk vor, die Niederlage bewirkt zu haben, weil es prassend und zechend im Lager geblieben sei und den Angriff des königlichen Heeres nicht wahrgenommen habe. Der Zorn des Volkes galt wiederum den Fürsten, weil es von ihnen zum Kampf gegen den König aufgehetzt worden sei, der Adel dann aber, bei Beginn der Schlacht, mit seinen schnellen Pferden die Flucht ergriffen und das Volk einem schmählichen Schlachtentod preisgegeben habe.

Liest man Bruno und Lampert genau, so preisen sie in der Tat, daß nur wenige sächsische Edle im Kampf gefallen waren. Hingegen hatten in den Reihen der Königlichen acht Hochadelige, die in ihrem Adel dem König nicht nachstanden, den Schlachtentod gefunden.

Dieser Tatbestand läßt zwei Deutungen zu. Entweder waren die sächsischen Adeligen so fürchterliche Streiter, daß sie im Reiterkampf so viele Adelsgenossen aus des Königs Heer töteten, oder – die andere, sicher zulässige Überlegung – die Vorwürfe des sächsischen Volkes waren gerechtfertigt, und der Adel war geflohen und hatte sein Volk, meistens weniger waffengeübte Bauern, den Schwertern der Königlichen überlassen. Der Streit unter den Sachsen war so groß, daß nur das Dazwischentreten des Bischofs Burchard von Halberstadt und des redegewandten Otto von Northeim ein Blutvergießen unter den Sachsen verhinderte, berichten die Chronisten.

Währenddessen gingen ununterbrochen Botschaften der Sachsen an den König mit der Bitte, doch einen Frieden zu gewähren. Doch der nutzte seine Position, und mit Blick auf den 22. Oktober, an dem er wieder über ein starkes Heer zu verfügen glaubte, lehnte er dieses Ansinnen ab.

Pünktlich am 22. Oktober erschien Heinrich IV. in Gerstungen. Allein das größere Heer, mit dem er nach den Zusagen der Fürsten hatte rechnen dürfen, fand er nicht vor. Herzog Rudolf von Schwaben, Herzog Welf von Baiern und Herzog Berthold von Kärnten mit ihren Aufgeboten stellten sich nicht ein. Der Hersfelder Mönch Lampert nennt als Grund: »Sie hatten dem König die erbetene Hilfe abgeschlagen, weil sie sagten, das viele im vorigen Feldzug unnütz vergossene Blut reue sie, und weil sie auch Anstoß nahmen an dem harten, unversöhnlichen Sinn des Königs, dessen Zornesglut weder die Tränen der Sachsen noch die Thüringens Gefilde überschwemmenden Blutströme hätten löschen können.«[34]

Solch zarte Regungen den Herzögen zu unterstellen mag zwar sehr menschenfreundlich sein, aber nicht realistisch. Der führende Kopf der drei Herzöge war sicherlich Rudolf von Schwaben, der Schwager des Königs. Wenn er bei Gerstungen nicht erschien, sich aber siebzehn Monate später, am 15. März 1077, in Forchheim zum König wählen ließ, dann erweist sich wieder, daß das Rudolfsche Gegenkönigtum eine lang geplante Verschwörung war. Rudolf von Schwaben wollte seine Truppen nicht mehr in einem Sachsenkrieg verschleißen. Er brauchte sie für den Tag, an dem er die Krone an sich zu bringen gedachte.

Das tapfere Eintreten Rudolfs bei der Schlacht an der Unstrut steht dazu nicht im Widerspruch. Dort hat er nicht für seinen Schwager, König Heinrich IV., gekämpft, sondern für die von den Sachsen mit Füßen getretene Würde des deutschen Königtums. An dieser Würde aber mußte dem künftigen Gegenkönig Rudolf in besonderer Weise gelegen sein.

Es konnte nicht mehr im Interesse Rudolfs und der beiden anderen oberdeutschen Herzöge liegen, die Macht König Heinrichs IV. durch einen weiteren siegreichen Waffengang gegen die Sachsen zu stärken.

Doch noch verfügte der König über eine so starke Truppenmacht, daß er zum Kampf bereit war. Die Sachsen richteten wieder Friedensangebote an ihn und erklärten sich bereit, den Urteilsspruch eines Fürstengerichts widerspruchslos hinzunehmen. Der König lehnte mit der logischen Begründung ab, »seine Fürsten seien aus so entfernten Teilen des Reiches nicht zusammengeströmt, um Urteile zu fällen, sondern um mit bewaffneter Hand von den Feinden Rechenschaft zu fordern für die sie alle gemeinsam angehenden Gewalttätigkeiten gegen das Reich.«[35]

Heinrich ließ sein Heer in geordneter Formation langsam durch Thüringen nordwärts vorrücken.

Endlich ließ sich der König erweichen und sandte die Erzbischöfe Siegfried von Mainz und Gebhard von Salzburg, die Bischöfe Embriko von Augsburg und Adalbero von Würzburg und Herzog Gottfried von Lothringen – einen Mann unwandelbarer Treue und höchsten Ansehens im Reich – als Unterhändler zu den Sachsen.

Von den Verhandlungen selbst ist kein klares Bild zu gewinnen. Man muß die Meinung Meyer von Knonaus teilen, daß die königlichen Unterhändler auf keinen Fall den sächsischen Fürsten versprachen, es werde ihnen, »sobald sie durch eine augenblickliche Genugtuung der Hoheit von König und Reich die Ehre erwiesen haben würden, sogleich die Lossagung von der Ergebung in Gnade und Ungnade erteilt; sie selbst aber werden dem Vaterland und der Freiheit, ohne irgendwelche Verringerung ihres Standes, zurückgegeben werden, so daß sie weder an ihrer Unverletztheit noch an ihrer Freiheit, noch an ihren Gütern und Lehen, noch an ihrem übrigen beweglichen Besitz auch nur den kleinsten Verlust erleiden würden – und darauf habe das Zutrauen zur Treue dieser Fürsten und zur milden Gesinnung des Königs die sächsischen Herren zur Unterwerfung bewogen«.[36]

Sicher ist, daß sich der König freie Hand behielt. Während Bruno über die bedingungslose Kapitulation der Sachsen wenig Worte verliert, berichtet er aber von einem Gerücht, wonach der König für den Fall, daß die Fürsten seine Forderungen zu seiner Ehre durchsetzten, geschworen habe, Anfang November alle in Freiheit und Gnade nach Hause zu entlassen.

Aus diesem Gerücht konstruierten die sachsenfreundlichen Chronisten einen Rechtsanspruch und später die Grundlage dafür, die Treulosigkeit des Königs anzuprangern.

Lampert von Hersfeld findet für die Unterwerfung der Sachsen breiten Raum:

»Am folgenden Tage (25. Oktober 1075) nahm der König zu ihrem Empfang in der Mitte eines sich weithin dehnenden Feldes bei Spier (Ober- und Niederspier bei Sondershausen) Platz; das ganze Heer war zu diesem Schauspiel aufgeboten worden, und zwischen den in dichten Reihen aufgestellten Truppenmassen war ein leerer Raum, wo sie vom ganzen Heer gesehen werden konnten, wenn sie ihn durchschritten.

Nun werden der Reihe nach zuerst die sächsischen und thüringischen Fürsten herbeigeführt, Erzbischof Werner von Magdeburg, Bischof Burchard II. von Halberstadt, der ehemalige Baiernherzog Otto (von Northeim), Herzog Magnus von Sachsen, dessen Oheim Graf Hermann, Pfalzgraf Friedrich, Graf Dietrich von Katlenburg, Graf Adalbert von Thüringen und die Grafen Rüdiger (von Bielstein an der Werra), Sizzo (wahrscheinlich von Käfernburg), Berengar (von Sangershausen) und Bern; dann alle Freigeborenen, die durch den Glanz ihres Geschlechts oder Reichtums auch nur ein wenig im Volke hervorragten, und wie vereinbart unterwarfen sie sich dem König ohne jeden Vorbehalt. Der König übergab sie einzeln seinen Fürsten zur Verwahrung, bis in einer gemeinsamen Beratung über sie entschieden würde, aber schon kurz danach brach er den Vertrag, mißachtete alle Eidesbande, durch die er sich verpflichtet hatte.«[37]

Hier sieht man, wie an der sächsischen Legende gewebt wird. Der Sachse Bruno sprach noch von Gerüchten, wonach die Sachsen im November freigelassen werden sollten, wobei es sich höchstens um Zusicherungen gehandelt haben kann. Auf der Grundlage dieses Gerüchtes wird dem König jetzt Eidbruch vorgeworfen.

Dieser König, der uns als hart, tyrannisch, grausam und verworfen geschildert wird, setzte nun ein weithin sichtbares Friedenszeichen. Er verzieh seinem alten Feind, Otto von Northeim, der in der Schlacht an der Unstrut die sächsische Reiterei geführt hatte und in dem die Seele des sächsischen Widerstandes gesehen wurde, und schickte ihn als seinen Stellvertreter auf die Harzburg. Ein Zeichen der Aussöhnung, wenn es nur verstanden worden wäre.

Die Sachsen aber, so läßt der Hersfelder Mönch uns wissen, sahen darin Verrat. Sie warfen Otto vor, »er habe übrigens nur zu dem Zwecke so dringend zur Übergabe geraten, um durch ihr Blut den Zorn des Königs gegen ihn zu besänftigen und durch die Vernichtung des Volkes seine eigene Rettung zu erkaufen ... Er habe zum Lohn für seinen Verrat die Herrschaft über ganz Sachsen erhalten und sei nun der Henkersknecht ... und für alles, was der König Grausames ersinne, der noch grausamere Helfershelfer.«[38]

Sie tun sich schwer, die Sachsen, mit dem König, aber auch mit den Männern aus ihren eigenen Reihen.

Aus all dem wird ersichtlich, daß die Sachsen die Unterwerfung innerlich nie angenommen hatten, daß sie nach wie vor grimmige Feinde des salischen Königtums und des Reiches waren.

Dennoch, der Frieden von Spier war der hohe Tag Heinrichs IV. Und als am Weihnachtsfest des Jahres 1075 die zu Goslar versammelten Großen des Reiches seinen – am 12. Februar 1074 geborenen – Sohn Konrad eidlich als Thronfolger anerkannten, war die salische Dynastie gesichert und ein Gipfelpunkt von Heinrichs Herrscherleben erreicht.

Er war jetzt fünfundzwanzig Jahre alt und regierte bereits zehn Jahre. Als Kind entführt und unter die Herrschaft machtgieriger Prälaten gestellt, hatte er auf deren Rat und Befehl das eigene Königserbe verschleudert. In einem langen Entwicklungsprozeß, in dem ihm kein väterlicher Freund zur Seite stand, war er aus eigener Kraft zum Mann und zum König herangewachsen. Die Lehre dieses zehnjährigen Ringens mußte sein, daß der deutsche König nur im Verbund mit den deutschen Reichsfürsten stark sein konnte.

Die politische Noblesse des Ottonenkönigs Heinrich I. wäre jetzt nötig gewesen, der, als die Fürsten ihn gewählt hatten, die Königskrönung mit den Worten ablehnte, »er wolle sich nicht zu sehr über jene erheben, die ihn erwählt hatten«.[39]

König und Papst
Der Kampf um die Weltherrschaft

Das Herrscherbild Heinrichs IV. in der Geschichte

»Von der Parteien Gunst und Haß verwirrt, schwankt sein Charakterbild in der Geschichte«, sagt Schiller, und in unserer Zeit legt Gerd Tellenbach fest: »Heinrich IV. gehört in die Reihe derjenigen Herrscher, die schon in ihrer Zeit derart extreme Bewertungen erfahren haben, daß man auch heute nur schwer ein deutliches Bild gewinnen kann.«

Wie kommt es, müssen wir fragen, daß ein Mensch in seiner Zeit nur in überzogenen Freund- oder Feindbildern gezeichnet wird?

Was ließ Heinrich IV. für die einen so abstoßend und für die anderen so anziehend erscheinen?

Der anonyme Autor der »Vita Heinrici IV. imperatoris«, hinter dem man den Anhänger Heinrichs IV. Bischof Erlung von Würzburg vermutet, schreibt in Heinrichs Todesjahr 1106 über ihn:

»Bald erschien er voll kaiserlicher Majestät, bald wie ein einfacher Ritter und bekundete damit die Würde seines Amtes und zugleich seine Demut. Er war voll hoher Geisteskraft und großer Einsicht, und wenn das Urteil der Fürsten in einer Reichssache oder in Reichsangelegenheiten noch schwankte, löste er selbst rasch den Knoten und erklärte ihnen, gleichsam als schöpfe er aus dem Geheimnis der Weisheit selbst, was gerechter und nützlicher sei. Aufmerksam hörte er sich die Worte seiner Umgebung an, er selbst sagte wenig; er platzte nicht voreilig mit seiner Meinung heraus, sondern wartete, was die anderen meinten. Heftete er seine durchdringenden Augen auf das Antlitz eines Menschen, so durchschaute er dessen innerste Regungen und sah gleichsam mit Luchsaugen, ob einer im Herzen Haß oder Liebe zu ihm trug. Auch das erscheint mir rühmenswert, daß er im Kreise der Fürsten alle überragte und über sich selbst hinauszuwachsen schien, zuweilen strahlte dann sein Antlitz eine solch furchterregende Hoheit aus, daß, wer ihn anblickte, wie vom Blitz getroffen schien;

unter seinen Hausgenossen dagegen und im kleinen Kreis sah er stets freundlich aus und nicht größer als die anderen.«[1]

Auch Ekkehard von Aura, der sich in der Verteidigung seines Sohnes Heinrich V. nicht scheut, den kaiserlichen Vater »als Erzpiraten, Fürsten der Häretiker, Abtrünnigen und Verfolger mehr noch der Seelen als der Leiber« zu bezeichnen, spricht von »seiner wahrhaft königlichen Erscheinung«.[2]

Die Vita Bischof Ottos von Bamberg überliefert: »Der Kaiser war in der Schrift so beschlagen, daß er die Urkunden, von wem auch immer er sie erhielt, selber lesen und verstehen konnte.«[3]

Das verheerende Urteil über Heinrich IV. in Brunos »Buch vom Sachsenkriege« ist uns in deutlicher Erinnerung. Es ist von so zerstörerischer Exzessivität, daß es in dieser Form nicht angenommen werden kann.

Über Heinrichs IV. äußere Erscheinung können wir uns ein recht gutes Bild machen.

Am 25. August 1900 wurde sein Sarkophag geöffnet. Man fand ein unberührtes und vollständig erhaltenes Skelett, das eine Rekonstruktion seiner Gestalt und seines Antlitzes ermöglichte. Danach stellt sich uns Heinrich IV. als ein ein Meter achtzig großer, untadelig gewachsener Mann vor. »Nirgends zeigen sich Residuen überstandener Krankheit. Die schöne Wölbung des Schädels auch in den Schläfen, der bemerkenswerte Mangel überzähliger Nahtknochen u. a. sprechen für eine ungestörte kräftige Gesundheit von Geburt an. Die gewölbte Brust, die breiten Schultern, das schmale Becken, die energische mechanische Durcharbeitung der langen Extremitätenknochen, namentlich jene der Arme und Hände, geben die Gestalt eines schlanken, aber kräftigen, beinahe athletischen Mannes, zu allen ritterlichen Übungen geschickt und in ihnen geübt. Im Antlitz erscheint männliche Kraft mit beinahe weiblicher Anmut gepaart. Der große Hirnschädel, die feine Stirnbildung, die energische, vortretende Unterstirn, die lange, edle, kräftige Nase gaben dem scharf modellierten, schmalen Gesicht einen energischen Ausdruck, der noch gehoben wurde durch den starken, kriegerischen Schnurrbart. Die offenen großen Augen, der feine Mund, das fast zarte Kinn verliehen dem Ausdruck eine gewisse Weichheit und besondere individuelle Schönheit.«[4]

Sieht man das im frühen dreizehnten Jahrhundert geschaffene Gesicht Kaiser Heinrichs IV. im Aachener Karlsschrein, so bezwingt einen der Eindruck, der mittelalterliche Künstler müsse et-

Papst Gregor VII., Holzstich aus dem 19. Jahrhundert (3)

was von der Gestalt, vom Antlitz und vom tragischen Schicksal dieses Kaisers empfunden haben. Mit verhaltener Distanz, ganz eingehüllt in inneres Erleben, grüßt uns über ein Jahrtausend hinweg ein schöner Mensch, mit edlen Zügen und feingemeißelter Stirn, mit großen, tiefen Augen, die alle Macht und Ohnmacht des Lebens gesehen und erlitten haben.

Papst Gregor VII., Herrscher von Kirche und Welt

Während Heinrich IV. zum Mann heranreifte, seine Kriege gegen die Sachsen führte und gewann, war in Rom ein Mann Papst geworden, der das Schicksal Heinrichs IV., der Kirche und der Welt entscheidend bestimmen sollte.

Dramatisch und ganz entgegen den Papstwahlgesetzen, die er einstmals mitgestaltet hatte, war Hildebrand auf den päpstlichen Thron geschleudert worden. – Sicher ein Mann des Schicksals, aber auch ein Mann Gottes?

Am 22. April 1073 wurde der Leichnam Papst Alexanders II. in der Salvatorkirche im Lateran beigesetzt, als das Außerordentliche geschah. Aber lassen wir Papst Gregor VII. selbst berichten. In einem Schreiben an Erzbischof Wibert von Ravenna schildert er:

»Ohne Zweifel ist unserem Brief die Kunde vorausgeeilt und hat Euch und vielen anderen das Hinscheiden unseres Herrn Papstes Alexander vermeldet. Was von mir sehr zu beklagen ist, denn sein Tod fiel auf mich, erschütterte mein ganzes Inneres und setzte es völlig in Verwirrung ... Nach Beratung legten wir daher fest, daß wir nach dreitägigem Fasten, nach Bittgesängen vieler – unterstützt durch Almosen – im Vertrauen auf Gottes Hilfe beschließen würden, was das Beste hinsichtlich der Wahl des römischen Bischofs schiene. Doch plötzlich, als unser erwähnter Papst in der Erlöserkirche dem Grabe übergeben wurde, entstanden große Unruhe und Lärm beim Volk, und sie drangen wie wahnsinnig auf mich ein; ohne mir Gelegenheit und Raum zu lassen, etwas zu sagen, etwas zu raten, zerrten sie mich gewaltsam auf den Platz der apostolischen Herrschaft, der ich bei weitem nicht gewachsen bin ... Furcht und Zittern überkamen mich, und Finsternis umfing mich. Da ich, von zahlreichen und großen Sorgen erschöpft, nicht ausführlich schreiben kann, übergehe ich es, meine Leiden aufzuzählen. Ich bitte Euch deshalb beim allmächtigen Gott, die Zuneigung, die Ihr der römischen Kirche vor allem in dieser Zeit und, wie Ihr Euch erinnern müßt, ganz besonders mir zu erweisen versprochen habt, ... mir nun zu zeigen Euch angelegen sein zu lassen – wenn schon nicht um meiner Verdienste willen, so wenigstens aus Liebe zu den Aposteln; ladet Eure Suffragane und die Söhne Eurer Kirche ein und ermahnt sie, Gott für mich anzuflehen, daß er mir die Kräfte gebe, die Last zu tragen, die mir gegen meinen Willen und unter Sträuben auferlegt wurde, und daß er mir die Hand reiche und mich, wenn er nicht will, daß ich sicher im Hafen bleibe, wenigstens nicht verlasse, da ich so großen Gefahren ausgesetzt bin. So wie ich Euch nämlich in ungeheuchelter Zuneigung liebe, so fordere ich ohne Zögern diese und alles, was zu ihren Pflichten gehört, von Euch. Und Eure Liebe soll nicht zweifeln, daß wir die römische Kirche und die, der Ihr durch Gott vorsteht, in der Eintracht und jeglicher Liebe zu verbinden wünschen ..., damit auch in unserem Herzen stets vertrauter Friede und volle Liebe verbunden seien. So wie wir Eure Klugheit ermahnt haben, so erkennt auch durch unsere Anfangshandlungen unser Wollen und unseren Wunsch, daß wir uns häufig durch gegenseitige Boten erfreuen und durch wechselseitige Tröstung erquicken können. Gegeben zu Rom in der 11. Indikation.«[5]

Dieser Brief ist schon deshalb ein bemerkenswertes Dokument, weil er rechtfertigen soll, warum die Bestimmungen des Papstwahldekrets Papst Nikolaus' II. durchbrochen wurden. Das Wahldekret bestimmte, daß nach dem Tode eines Papstes zunächst die Kardinalbischöfe in eine Beratung einzutreten hätten, um einen Wahlvorschlag zu finden. Danach sollten sie in Gemeinschaft mit den übrigen Kardinälen die Wahl vollziehen, die schließlich durch Zuruf und Zustimmung des Klerus und des Volkes von Rom ratifiziert werden sollte.

Dieses Wahldekret war – vorsichtig gesagt – eine Manipulation des kanonischen Rechts. Die Entscheidung lag nunmehr bei der kleinen Gruppe der Kardinalbischöfe, die die präjudizierende Vorentscheidung traf. Dem Klerus und dem Volk von Rom war nur noch die Akklamation geblieben, kraß gesagt: Sie waren zu Statisten degradiert.

Die Absicht ist klar. Vor allem sollten der römische Adel und das Volk ausgeschaltet werden. Beide hatten in der Vergangenheit keine segensreiche Rolle bei den Papstwahlen gespielt. Das Recht des deutschen Königs, wie in Satz sechs des Wahldekrets niedergelegt, war in die unverbindliche Formel gebracht, daß dem König die schuldige Ehre zu erweisen sei.

Im Kreis um Heinrich IV. gab es entschiedene Gegner, namentlich den italienischen Kanzler Gregor von Vercelli, die dem König rieten, die Anerkennung der Wahl Hildebrands zum Papst zu verweigern.

Aber Heinrich IV. befand sich bereits in seinen sächsischen Schwierigkeiten und akzeptierte die Papstwahl. Im Beisein seines Kanzlers fand am 30. Juni 1073 die Konsekration Gregors VII. statt.

Bei genauer Betrachtung des Wahlgeschehens, das man vornehm eine Inspirationswahl nannte, fragt man sich, warum der Mann, der das Papstwahldekret mitgeschaffen hatte, es durchbrach. Mußte er den Filter der Kardinalbischöfe mit ihrem Vorschlagsrecht fürchten, mußte er der Zustimmung des Kardinalkollegiums unsicher sein?

Warum ließ sich dieser kluge Mann, der seit über einem Jahrzehnt das kuriale Geschehen beherrschte, vom Volk zum Sitz der apostolischen Herrschaft »zerren« und sich entgegen allen Regeln zur Annahme des Papsttums nötigen?

Dieser emotionale, aber auch hochrationale Mann schreibt: »… sie drangen wie wahnsinnig auf mich ein; ohne mir Gelegenheit und Raum zu lassen, etwas zu sagen, etwas zu raten, zerrten sie mich gewaltsam auf den Platz der apostolischen Herrschaft, der ich bei weitem nicht gewachsen bin.«

Kaum glaublich, daß so etwas mit einem Mann geschieht, der eines der größten dramatisch-rhetorischen Talente seiner Zeit war. Der die Herzen der Massen zu lenken und zu leiten verstand wie keiner seiner Zeitgenossen.

Bleibt also nur die dürre Erklärung, daß der Mann, der hinter dem Papst die kuriale Politik geformt und artikuliert hatte, sich in seiner Herrschaftsausführung Feinde gemacht hatte, die seine Wahl gefährden konnten.

Deshalb konnte Gregor VII. auch nicht auf die Zustimmung des deutschen Königs verzichten.

Diese königliche Zustimmung stimmte Gregor VII. so positiv für Heinrich IV., daß er am 1. September 1073 an Rudolf von Rheinfelden, den Schwabenherzog, schrieb:

»Daher möchten wir Dich wissen lassen, daß wir nicht nur hinsichtlich des Königs Heinrich – wir sind seine Schuldner, weil wir ihn selbst zum König erwählt haben und weil sein Vater lobenden Angedenkens, Kaiser Heinrich, mich an seinem Hofe mit besonderer Ehre behandelte sowie auf seinem Sterbebett seinen eben genannten Sohn durch den Papst Victor seligen Angedenkens der römischen Kirche anvertraute – keinerlei Übelwollen hegen, vielmehr überhaupt keinen Christenmenschen – so wahr uns Gott helfe – hassen möchten.«[6]

Die Übereinstimmung Gregors VII. mit Heinrich IV. zeigt sich in einem Brief des Papstes an seinen Statthalter in Mailand, den Ritter Erlembald, dem er versichert: »Außerdem solltet Ihr die Bischöfe, die Euren Feind zu stützen suchen, nicht fürchten, denn Beatrix (von Tuszien) und ihre Tochter Mathilde unterstützen ganz und gar die römische Kirche und arbeiten zusammen mit einigen der bedeutenden Großen des Reiches daran, unseren und des Königs Sinn sicher zu vereinen. Gegen ihn möchten wir fürderhin keinen Haß üben, es sei denn – was ferne sei –, er wolle sich als Gegner der göttlichen Religion erweisen. Wir vertrauen fest darauf, daß der König unserem Wunsch hinsichtlich der kirchlichen Angelegenheiten durchaus entspricht, besonders daß er in Eurer Sache unserer Anordnung seine Zustimmung gibt.«[7]

Wenn trotz dieser Friedensbereitschaft von Papst und Kaiser ein fürchterlicher Kampf entbrannte, der das Reich und Europa in seinen Tiefen erschütterte, so darum, weil Papst Gregor VII. nicht nur in allen kirchlichen, sondern auch in allen weltlichen Dingen die Herrschaft forderte. Die Umsetzung dieses Weltherrschaftsanspruchs finden wir in seinem im Jahre 1075 verkündeten »Dictatus papae«:

I. Daß die römische Kirche vom Herrn allein gegründet ist.
II. Daß allein der römische Bischof mit Recht »allgemein« genannt wird.
III. Daß er allein Bischöfe absetzen und wieder einsetzen kann.
IV. Daß sein Legat den Vorrang vor allen Bischöfen hat auf einem Konzil, auch wenn er einen niedrigeren Weihegrad hat, und daß er gegen sie ein Absetzungsurteil fällen kann.
V. Daß der Papst Abwesende absetzen kann.
VI. Daß wir mit von ihm Exkommunizierten unter anderm nicht in einem Haus bleiben dürfen.

VII. Daß es allein ihm erlaubt ist, entsprechend den Erfordernissen der Zeit, neue Gesetze aufzustellen, neue Gemeinden zu bilden, ein Kanonikerstift zur Abtei zu machen und umgekehrt, ein reiches Bistum zu teilen und arme zu vereinen.

VIII. Daß er allein die kaiserlichen Herrschaftsabzeichen verwenden kann.

IX. Daß alle Fürsten allein des Papstes Füße küssen.

X. Daß allein sein Name in den Kirchen genannt wird.

XI. Daß dieser Name einzigartig ist auf der Welt.

XII. Daß es ihm erlaubt ist, Kaiser abzusetzen.

XIII. Daß es ihm erlaubt ist, bei dringender Notwendigkeit Bischöfe von einem Sitz zum andern zu versetzen.

XIV. Daß er jeden beliebigen Kleriker aus allen Diözesen weihen kann.

XV. Daß ein von ihm geweihter einer anderen Kirche vorstehen kann.

XVI. Daß keine Synode ohne sein Geheiß universal genannt werden kann.

XVII. Daß kein Rechtssatz und kein Buch ohne seine Autorisation für kanonisch gilt.

XVIII. Daß sein Urteilsspruch von niemandem widerrufen werden darf und er selbst die Urteile »aller« widerrufen kann.

XIX Daß er von niemandem gerichtet werden darf.

XX Daß niemand es wage, denjenigen zu verurteilen, der an den Apostolischen Stuhl appelliert.

XXI. Daß die wichtigsten Streitfragen jeder Kirche an ihn übertragen werden müssen.

XXII. Daß die römische Kirche niemals in Irrtum verfallen ist und nach dem Zeugnis der Schrift niemals irren wird.

XXIII. Daß der römische Bischof, falls er kanonisch eingesetzt ist, durch die Verdienste des heiligen Petrus unzweifelhaft heilig wird, nach dem Zeugnis des heiligen Bischofs Ennodius von Pavia, dem viele heilige Väter beistimmen, wie aus den Dekreten des heiligen Papstes Symmachus hervorgeht.

XXIV. Daß es auf sein Geheiß und mit seiner Erlaubnis Untergebenen erlaubt ist, anzuklagen.

XXV. Daß er ohne Synode Bischöfe absetzen und wieder einsetzen kann.

XXVI. Daß nicht für katholisch gilt, wer sich nicht in Übereinstimmung mit der römischen Kirche befindet.

XXVII. Daß er Untergebene von dem Treueid gegenüber Sündern lösen kann.

Die Gerechtigkeit gebietet zu sagen, daß es für jedes Postulat Belege in der Tradition oder der päpstlichen Judikation gibt, die sich in diesem Sinne zumindest deuten lassen. Das Neue und so bedrohlich Erscheinende ist die geballte Zusammenfassung dieser Thesen. Das »Diktat« greift in die Rechte der weltlichen wie der geistlichen Fürsten ein.

Der Papst kann Kaiser absetzen, folglich auch Könige und Fürsten. Er kann Treueide auflösen. Damit sprengt das »Dictatus papae« die mittelalterliche Lehensgesellschaft, die sich auf Treue und Eid aufbaut. Die ganze weltliche Herrschaft ist somit dem Papst unterworfen.

Damit nicht genug!

Das gesamte geistliche und kirchliche Leben wird der Allgewalt des Papstes unterworfen. So wie der Papst Nachfolger Petri ist, so waren die Bischöfe durch die ununterbrochene Kette der Handauflegung gleichberechtigte Nachfolger der Apostel. Nun werden sie zu Untergebenen des Papstes. Dieser regiert auch in die Metropolitangewalt der Erzbischöfe hinein.

Das jahrhundertealte Ordnungsgefüge der kirchlichen Hierarchie ist aufgebrochen, hinweggefegt, und alle Macht in Kirche und Welt ist auf Rom, auf den Papst zentriert.

Wen kann es da wundern, daß der fromme Erzbischof von Bremen-Hamburg, Liemar, meinte, »der Papst sei ein gefährlicher Mensch, er betrachte die Bischöfe wie seine Gutsverwalter und befehle ihnen, wie es ihm in den Sinn komme«.[8]

Den passendsten Kommentar von weltlicher Seite gab sieben Jahrhunderte später Kaiserin Maria Theresia ab, als sie von diesem »Dictatus papae« erfuhr: Sie wollte Gregor VII. aus den Papstlisten streichen lassen.

Der Papst versuchte seine Thesen in die politische Wirklichkeit umzusetzen, indem er den Versuch unternahm, die weltlichen Reiche unter die Oberlehnsherrschaft des Heiligen Stuhles zu stellen.

Die Nachgiebigkeit Heinrichs IV. – wie sie sich in seinem Unterwerfungsbrief von Ende August 1073 darstellte – durfte dem Papst Hoffnung geben, daß sich der junge König einer päpstlichen

Lehnsherrschaft beugen würde. Eine päpstliche Gesandtschaft – bestehend aus den Kardinälen Gerald von Ostia, Humbert von Palestrina und einem deutschen Cluniazenser –, die im Frühjahr 1074 an den Hof König Heinrichs IV. reiste, bestärkte die Erwartungen des Papstes. Die Legaten erklärten dem König, daß er durch den Verkehr mit seinen exkommunizierten Räten selbst gebannt sei, sich durch Trennung von ihnen um die Wiederaufnahme in die Kirche bemühen und als entschiedener Gegner der Priesterehe und der Simonie auftreten müsse. In einem Brief an die Mutter des Königs, die Kaiserin Agnes, die die Gesandtschaft begleitete, schreibt Papst Gregor VII. unter dem 15. Juni 1074:

»Das darüber überhaupt Wichtigste, das in unmittelbarer Verbindung mit der Einheit der Liebe steht, habt Ihr schon erreicht, daß nämlich Euer Sohn König Heinrich der Gemeinschaft der Kirche wiedergegeben und seine Königsherrschaft von einer allgemeinen Gefahr befreit wird. (So geschehen am Weißen Sonntag 1074 zu Nürnberg durch die päpstlichen Legaten Gerald von Ostia und Humbert von Palestrina) … und wir schreiben Euch und tun Euch unter völliger Gewißheit kund, daß Eurem Sohn Euer Rat und Eure Verdienste viel genützt haben und Eure Glückseligkeit mit Dank und Freude sehen wird, wie die göttliche Güte voller Erbarmen auf ihn schaut.«[9]

Ja, die Liebe des Papstes zu Heinrich IV. wird zur Symbiose zwischen Papst- und Königtum, so wie einstmals das Verhältnis Papst Leos IX. zu Kaiser Heinrich III. Nur war es damals die Verbindung zweier Gleichgestellter und durch ihren Adel verbundener Seelen. Hier aber sah sich der Papst in der Rolle des Führenden, erfüllt von der Idee, die Einheit der römischen Kirche mit der von Konstantinopel wiederherzustellen und mit fünfzigtausend Kriegern, rekrutiert diesseits und jenseits der Alpen, als deren Führer das Heilige Grab zu befreien.

So schreibt er an Heinrich IV. am 7. Dezember 1074: »Aber da eine große Sache großen Rat bedarf, suche ich bei Dir Rat, wenn Gott mir dieses zu beginnen erlaubt, und, wie es Dir paßt, Hilfe; denn wenn ich mit Gottes Gunst dorthin gehen werde, überlasse ich Dir, nebst Gott, die römische Kirche, damit Du sie als heilige Mutter behütest und zu ihrer Ehre verteidigst. Gib mir so schnell Du kannst Antwort, was Dir in dieser Hinsicht gefällt und was Deine Klugheit, von Gott eingeflößt, entscheidet. Denn wenn ich von Dir nicht mehr erhoffe, als die meisten meinen, würde ich diese Worte vergeblich vorbringen.«[10]

Da scheint eine Sternstunde an König Heinrich IV. vorbeigegangen zu sein, eine Sternstunde um den Preis, Juniorpartner des Papstes zu werden.

Der Herr der Königreiche

Natürlich las Heinrich IV. nicht nur päpstliche Briefe, er sah, was sonst unter dem Einfluß dieses getriebenen Papstes geschah.

Er hatte erlebt, wie Gregor VII. – noch als Archidiakon Hildebrand – die Normannen in päpstliche Oberherrschaft genommen und damit diesen Eroberern einen rechtlichen Status gegeben und zugleich in die Rechte des Reiches eingegriffen hatte.

Er sah, wie der Papst sich bemühte, das England Wilhelms des Eroberers unter päpstliche Oberlehnsherrschaft zu stellen, weil Papst Alexander II. der normannischen Flotte ein Vexillum S. Petri (Fahne) gestiftet hatte und die Normannen unter diesem Zeichen nach England gesegelt waren. Wilhelm der Eroberer erklärte, er wolle zwar dem Papst den Peterspfennig zahlen, aber von päpstlicher Oberlehnsherrschaft könne nicht die Rede sein.

An König Salomo von Ungarn war am 28. Oktober 1074 ein Brief ergangen, der Ungarn zum päpstlichen Lehen machen sollte:

»Dein Brief ist infolge des Verzugs Deiner Gesandten erst spät an uns gelangt. Unsere Hand hätte ihn noch viel bereitwilliger entgegengenommen, wenn Deine unbedacht eingenommene Stellung nicht derart den heiligen Petrus beleidigt hätte. Denn wie Du von den Großen Deines Vaterlandes in Erfahrung bringen kannst, ist die Königsherrschaft über Ungarn Eigentum der heiligen römischen Kirche, das einst von König Stephan mit allem seinem Recht und all seiner Gewalt dem heiligen Petrus angetragen und ehrerbietig übergeben worden ist. (Kern dieser unwahren Behauptung, die auch in Fälschungen Eingang fand, dürfte die Verleihung einer Krone an Stephan durch Papst Sylvester II. gewesen sein.)

Außerdem hat der verstorbene Kaiser Heinrich, der dieses Reich zu Ehren des heiligen Petrus eroberte, nach Niederwerfung des Königs und Erlangung des Sieges an den Leib des heiligen Petrus Lanze und Krone übersandt und zum Ruhme seines Triumphes die Herrschaftszeichen des Reiches dorthin geschickt, wo er die Herrschaft über diese Ehre würdig wußte. Trotz dieser Sachlage hast Du, der Du auch sonst Dich von königlicher Tüchtigkeit und von Herkommen weit entfernst, Recht und Anspruch des heiligen Petrus, soweit es an Dir liegt, gemindert und verschleudert, als Du, wie wir hörten, sein Reich vom König der Deutschen (Heinrich IV. 1074) zu Lehen nahmst. Welchen Dank des heiligen Petrus oder welches Wohlwollen Du von uns erhoffen darfst, wenn dies wahr ist, das weißt Du genau; nicht anders nämlich kannst Du sie erhalten und nicht lange wirst Du ohne apostolische Strafe herrschen, wenn Du nicht das Zepter des Reiches, das Du jetzt hältst, unter Berichtigung Deines Irrtums als Lehen der apostolischen und nicht der königlichen Majestät anerkennst.«[11]

Anscheinend will dieser Papst den ganzen christlichen Erdkreis in ein vasallitisches Verhältnis zum Heiligen Stuhl bringen, denn er schreibt an die Könige, Grafen und sonstigen Fürsten Spaniens:

»Außerdem möchten wir Euch zur Kenntnis bringen, was fürwahr nicht in unserem Ermessen steht zu verschweigen, für Euch aber nicht nur im Hinblick auf die zukünftige, sondern auch auf die gegenwärtige Herrlichkeit von höchster Dringlichkeit ist, daß nämlich die Königsherrschaft über Spanien aufgrund alter Satzungen dem heiligen Petrus und der heiligen römischen Kirche zu Recht und Eigentum übertragen worden ist.«[12]

Es ist nicht zu klären, auf welche Zeugnisse Papst Gregor VII. seine Behauptungen stützt. Einzig das Königreich Aragón war im Jahre 1038/39 durch König Sancho Ramírez dem päpstlichen Stuhl lehnspflichtig geworden.

Allerdings gelang es dem Legaten Gregors VII., im Oktober 1075 – durch die Krönung König Demitrius Zvonimirs – Kroatien in die Lehensabhängigkeit des Heiligen Stuhles zu bringen. Die noch heute bestehende enge Bindung Kroatiens an Rom und das Papsttum hat alte und tiefe Wurzeln.

Im ganzen gesehen waren die Erfolge Papst Gregors VII., die Fürsten Europas zu Vasallen des heiligen Petrus zu machen, nicht sehr erfolgreich.

Die Disziplinierung des deutschen Episkopats

Aber dieser Papst kämpfte nicht nur an einer Front. Jetzt ging es darum, die deutschen Bischöfe, die einstmals so bestimmend bei den Papsterhebungen gewesen waren, zu disziplinieren.

Die deutschen Bischöfe, vor allem Erzbischof Anno von Köln,

Gebhard von Salzburg und Siegfried von Mainz, ließen sich Zeit, bis sie Verbindung mit dem Papst aufnahmen. Ihnen warf Gregor vor, den Zölibat nicht energisch genug durchgesetzt zu haben.

Mit dem Erzbischof Siegfried von Mainz gab es anderen Streit. Der Bischof von Prag, Gebhard, war durch einen Legaten des verstorbenen Papstes Alexander suspendiert worden. Gregor VII. billigte das Urteil und ließ den Einwand des Prager Bischofs unbeachtet, daß dieser nur dem Gericht seines Metropoliten, des Erzbischofs von Mainz, unterworfen sei.

Jetzt war der Mainzer Erzbischof gezwungen, sein Schweigen gegenüber Papst Gregor zu brechen. Trotz äußerster Verbindlichkeit und Gehorsamsversicherung gegenüber dem Papst blieb der Mainzer Metropolit in der Sache fest. Papst Gregor VII. antwortete, behandelte aber den Prager Fall nicht, da er den Prager Bischof schon zur nächsten Fastensynode vorgeladen hatte. Jetzt wurde der Mainzer Erzbischof ebenfalls zur Fastensynode zitiert. Unmißverständlich heißt es bei Gregor: »Darum mahnen wir mit apostolischer Autorität Deine Frömmigkeit, nach aller Möglichkeit zur nächsten Synode, die wir, so Gott will, in der ersten Woche des vierzigtätigen Fastens feierlich zu halten gedenken, zu erscheinen, und zwar mit Deinen Suffraganbischöfen, mit Otto von Konstanz, Werner von Straßburg, Heinrich von Speyer, Hermann von Bamberg, Embrigo von Augsburg und Adalbero von Würzburg ... Und Deine Brüderlichkeit möge erwägen, daß Du, ohne Rücksicht auf Bitten und irgendeines Menschen Gunst, Laufbahn und Lebensführung der aufgeführten Bischöfe genau untersuchen und das Ergebnis durch Deine Vertreter mitteilen lassen mußt. Gegeben zu Rom am 4. Dezember 1074.«[13]

Der oftmals wankelmütige Erzbischof von Mainz blieb fest. Er teilte den sechs Bischöfen das päpstliche Schreiben mit, unterließ aber die vom Papst aufgetragene Untersuchung. Er selbst entschuldigte sich beim Papst wegen Krankheit und verwahrte sich gegen unausführbare Befehle.

Als einziger Bischof erschien Werner von Straßburg in Rom. Bischof Gebhard fehlte ebenfalls, mit der Begründung, es fehle ihm an Mitteln, da infolge der Suspendierung seine Einkünfte gesperrt seien. Für den Sohn eines Herzogs eine fadenscheinige, ja fast höhnische Entschuldigung.

Der Zorn des Papstes flammte auf. Zitieren wir einige Sätze des päpstlichen Briefes an Siegfried von Mainz, nur um zu zeigen, in welchem Ton man miteinander verkehrte:

»Uns kam ein empörender Bericht über Dich zu Ohren ... Da es in diesem Fall offensichtlich ist, wie wenig Deine Ratgeber die Rechte der apostolischen Autorität kennen oder beachten, laden wir unseren Bruder ein, mit uns die kanonistische Überlieferung und die Dekrete der heiligen Väter durchzugehen und dabei seine schnöde Anmaßung einzusehen und in sich selbst das schuldhafte Versäumnis und Unbedachtheit zu erkennen ...

Du solltest einsehen, daß es, ich sage nicht Dir, sondern keinem Patriarchen oder Primas erlaubt ist, apostolische Urteilssprüche wieder aufzugreifen, und nicht daran denken, Dir gegen die römische Kirche etwas zuzuschreiben oder zu unternehmen, denn ohne deren überströmende Güte kannst Du nicht einmal auf Deinem Platz, wie Du selbst weißt, bestehen.«[14]

So sprach, man bedenke, Papst Gregor VII. zum Primas von Deutschland. Der Prager Bischof Gebhard traf im April in Rom ein, und nach einem halben Schuldbekenntnis hob Gregor VII. die Suspension auf. Ein Beispiel dafür, daß, wer sich dem Papst unterwarf, mit einem milden Urteil rechnen konnte.

Die Ergebnisse der Fastensynode brachten neuen Ärger nach Deutschland. Hatte König Heinrich IV. auch dem Papst versprochen, streng gegen Simonie und Priesterehe einzuschreiten, so war in der Sache selbst wenig geschehen. Jetzt hob Gregor VII. diese Punkte nochmals besonders hervor, und den an den König Heinrich IV. gesandten Legaten war der Auftrag gegeben, die Synodalgesetze gegen priesterliche Unzucht und Simonie in Deutschland bekanntzumachen.

Das Vorhaben der Legaten war, auf einer deutschen Generalsynode unter ihrem Vorsitz die Simonie- und Zölibatsgesetze vorzutragen und deren Einhaltung zu erzwingen. Sie forderten von den beiden Erzbischöfen Liemar und Siegfried entsprechende Zusagen. Als diese sich weigerten, wurden die beiden Erzbischöfe wegen Ungehorsams nach Rom vorgeladen. Als beide zum Ladungstermin – dem Andreastag 1074 – nicht erschienen, verhängte der Papst Suspension und lud sie erneut zur Fastensynode.

Die Disziplinierungsverfahren gegen den deutschen Episkopat gingen weiter. Es ist wichtig, dies zu wissen, denn nur so wird die künftige Absetzung Papst Gregors VII. verständlich.

Im Mai 1074 wurde der Bischof Dietrich von Verdun wegen

Ungehorsams zur Verantwortung gezogen. Im Herbst erging eine erneute Vorladung an Bischof Gebhard von Prag, kurz darauf wurde eine Untersuchung über den Bischof Pibo von Toul verhängt, einen sechzigjährigen Mann. Grund war die Denunziation eines Touler Klerikers. Die Untersuchung sollte geführt werden von Erzbischof Udo von Trier und Bischof Hermann von Metz. Eine Versammlung von zwanzig Bischöfen unter Leitung des Trierer Erzbischofs stellte fest, daß des Papstes Verfahren den alten Rechtsgewohnheiten widerspreche.

Gregor VII. erkannte sehr bald, daß das Verhalten der deutschen Bischöfe Ausdruck bewußten Widerstands gegen ihn und seine Form der Regierung war.

Nach seiner Auffassung waren die Bischöfe in weltlichen wie in kirchlichen Dingen nichts anderes als Diener des Papstes. Albert Hauck urteilt in seiner Kirchengeschichte:

»Sowenig Gregor ein Recht der Bischöfe Rom gegenüber kannte, sowenig ein solches gegenüber den Metropoliten oder den Synoden: Der Papst ist es, der handelt, entscheidet, urteilt, die Synoden sind nur Zeugen seines Tuns.«[15]

Wer so die jahrhundertealte hierarchische Ordnung der Kirche zerstörte, schreckte auch vor der weltlichen Macht nicht zurück. So behauptete Gregor VII.: »Die allgemeine Regierung ist dem Papst übertragen, durch seine Sorge und Anordnung wird die königliche Würde gelenkt, deshalb ist der König zum Gehorsam gegen den päpstlichen Stuhl verpflichtet. Der Papst bestimmt, wer rechtmäßiger König ist, er entscheidet die Streitigkeiten der Fürsten; ein König, der es wagt, seinen Geboten entgegen zu handeln, entfällt dadurch seiner Würde, ein König aber, den er exkommuniziert hat, ist nicht mehr König.«[16]

Gregor steigerte sich mehr und mehr. Er wird zum Revolutionär, stürzt alle Ordnung um und kennt nur die von ihm postulierte. Er behauptete, die Verkünder des Königtums seien Tyrannen gewesen. Das Priestertum hingegen sei durch die Vorsehung des allmächtigen Gottes gestiftet. Die priesterliche Würde ist so erhaben, daß auch der geringste Kleriker in seiner geistlichen Würde erhabener ist als der mächtigste Fürst der Welt.

Wer die Welt und die Kirche so sah, mußte sich zum allmächtigen Herrscher des Erdkreises aufschwingen oder scheitern.

Gregor erkannte bald, daß er mit seinen Methoden nichts erreichte. So versuchte er, die Könige und ihre Fürsten zu entzweien, in Deutschland mit Erfolg, in England und Frankreich ohne.

Auf der Fastensynode des Jahres 1075 mobilisierte Gregor das Volk, man kann auch sagen den Pöbel, wie in Mailand erprobt, gegen alle, die dem päpstlichen Willen nicht unbedingt folgten. Er verbot allen Laien, Geistliche zu investieren, und wandte das Verbot ausdrücklich auf die Investitur der Bischöfe durch den König an. Er forderte die Laien auf, sich den sakramentalen und geistlichen Handlungen simonistischer oder unzüchtiger Priester zu entziehen. Also, Revolution von unten, angeführt vom Papst gegen Bischöfe und Metropoliten.

Es kam zu unvorstellbaren Handlungen. Hostien simonistischer oder unzüchtiger Priester wurden zertrampelt, die Kleriker angegriffen, die heiligsten Dinge in den Schmutz getreten.

An Anno von Köln schreibt Papst Gregor unter dem 29. März 1075: »Daher, teuerster Bruder, bin ich auch Deines Gehorsams recht sicher und mahne und ermahne Dich ..., daß Du Dich voll Eifer daran begibst, Keuschheit der Kleriker zu predigen und einzuschärfen.«[17]

Und an den Erzbischof von Mainz geht der Ruf: »Dies aber, Bruder, tragen wir Dir jetzt auf: Forsche eifrig nach simonistischer Häresie und Unzucht bei den Klerikern, so wie Du es vom Apostolischen Stuhl aufgetragen erhalten hast, und wo Du sie findest, strafe nach dem Gesetz, entferne sie gründlich und verbiete es völlig, daß weiterhin dergleichen geschieht.«[18]

Auch König Heinrich wird aufgerufen: »Abgesehen von sonstigen guten und tüchtigen Werken, liebster Sohn, zu denen, wie wir gehört haben, Du Dich in dem Bemühen um Besserung erhebst, hast Du Dich durch zwei Deiner heiligen Mutter, der römischen Kirche, ganz besonders empfohlen: einmal, weil Du mannhaft den Simonisten widerstehst, zum anderen weil Du Keuschheit der Kleriker, da sie ja Diener Gottes sind, gerne billigst und nachdrücklich zu gewährleisten wünschst.«[19]

Die deutschen Bischöfe wehrten sich gegen den überzogenen päpstlichen Machtanspruch und gegen die Minderung ihrer eigenen Position. Aber es war nicht so, daß sie der gesamten Kirchenpolitik Gregors konträr gegenüberstanden.

Sie versuchten auch die schon seit Papst Leo IX. verkündeten – und von Papst Gregor VII. mit erneuter Energie angegangenen – Zölibatsgesetze durchzudrücken, scheiterten aber. Der Erzbischof von Mainz wurde auf einer Synode zu Erfurt persönlich von aufgebrachten Klerikern bedroht, die ausriefen: »Wenn der Papst seine Kirche mit Engeln führen wolle, so möge er sie sich suchen.« Ebenso erging es dem Bischof Altmann von Passau, der von seinen empörten Klerikern verjagt wurde und nur durch den Schutz einiger weltlicher Vasallen sein Leben retten konnte.

Die Frage des Zölibats darf nicht nur unter dem sexuellen Aspekt betrachtet werden. Die Priesterehe war eine Institution, die dem Priester das Leben und die Ausübung seines Amtes ermöglichte. Die Kirchenabgaben wurden in den seltensten Fällen in Geld, meistens in Naturalien erbracht. Der Priester hatte ein Haus, ein Stück Land, das bearbeitet werden mußte. Wie sollte der Priester das tun und zusätzlich seinen geistlichen Pflichten nachkommen? Die Ehefrau war die ideale Helferin. Und wie aus der Genesis erinnerlich, »sah Gott, daß es nicht gut ist, daß der Mensch alleine sei, und beschloß, ihm einen Gefährten zu geben«.

Mochte der Bischof, der über größere Einkünfte und Dienerschaft verfügte, ohne eine Frau leben, so war dies für ihn »nur« ein sexuelles Opfer. Der niedere Klerus vermochte auf die Frau als Helferin nur schwer zu verzichten. So mehrte sich der Unmut gegen diesen Papst, und die Bischöfe sahen in dem machtbesessenen Mann in Rom die Minderung der eigenen Stellung.

Mailand – Prüfstein der Geschichte

Der Papst hatte sich im Falle der königlichen Bischofsinvestituren gegenüber Heinrich IV. nachsichtig gezeigt. Nur durch die Investitur und den Lehnseid waren die Bischöfe eingebunden in das Recht des Königs. Verfielen Lehnseid und Investitur, so wurden die Bischöfe selbständige Fürsten außerhalb des königlichen Rechts. Verlor der König das Investiturrecht, so verlor er auch die Verfügung über den ganzen bischöflichen Besitz, der schließlich aus Königsgut übertragen worden war. Es scheint fast so, als ob Papst Gregor VII. diese Schwierigkeit des deutschen Königs erkannt hätte.

Heinrich IV. hatte ungerührt sein Investiturrecht wahrgenommen. Der Bischofsstuhl von Speyer war mit dem Tode Bischof Heinrichs am 26. Februar 1075 frei geworden. Heinrich IV. hatte – ohne Bedenken ob der Beschlüsse der Fastensynode von 1075 – im späten Frühjahr Huzmann investiert. Im Sommer erhob er auf Vorschlag des getreuen Herzogs Gottfried von Lothringen Heinrich von Lüttich auf den dortigen Stuhl. Noch Ende November 1075 ernannte er den Propst Routpert von Goslar zum Bischof von Bamberg.

Zwei der wichtigsten Reichsklöster erhielten durch königliche Investitur neue Äbte. Und die beiden Erzbischöfe Siegfried von Mainz und Anno von Köln vollzogen die Weihen an den investierten Bischöfen und Äbten. Weder Volk noch Klerus ließen Ablehnung erkennen, und auch die Kurie griff nicht ein.

Das änderte sich, als Heinrich IV. in Italien wirksam wurde. Seit 1073 hatte er dort die Verhältnisse schleifen lassen, denn der Sachsenkrieg hatte seine ganze Kraft gefordert. Nun war der Herr Mailands und Statthalter der päpstlichen Politik, der Ritter Erlembald, Anführer der Pataria, am 28. Juni 1075 bei Straßenkämpfen erschlagen worden. Damit war die Herrschaft des Patarenerbundes beendet. Die zwei Männer, die sich als Erzbischöfe von Mailand bezeichneten, waren nicht im Besitz von Würde oder Macht. Atto hatte eidlich auf die erzbischöfliche Würde verzichtet, und Gottfried war vom König fallengelassen worden. So ergab sich für Heinrich IV. die Möglichkeit, durch Investitur eines neuen Erzbischofs die Macht des Reiches in der wichtigsten Stadt Oberitaliens wiederherzustellen.

Er machte nicht den Fehler, selbst die Ernennung vorzunehmen, sondern überließ den Mailändern die Wahl. Diese fiel auf den Mailänder Subdiakon und Kapellan Tebald. Jetzt erteilte der König die Investitur. Kennzeichnend für die Stimmung in der Stadt war, daß, obwohl Papst Gregor die Weihe Tebalds verbot, die Mailänder Suffraganbischöfe sie ohne Bedenken durchführten.

Durch den Gesandten Graf Eberhard, der auch zu den vom Papst gebannten Ratgebern des Königs gehörte, wurde bald nach Erlembalds Tod die Macht der Pataria auch in Piacenza gebrochen. Ebenso war der Erzbischof Wibert von Ravenna, der frühere Kanzler für Italien, vom Papst abgefallen, ein weiterer schwerwiegender Verlust päpstlicher Macht.

Als jetzt Heinrich neue Bischöfe für Fermo und Spoleto ernannte, war dies ein Eingriff bis an die Grenze des Kirchenstaates. Heinrichs IV. Pläne gingen noch weiter.

Gregor VII. hatte seine Position gegenüber seinen normannischen Lehnsleuten selbst geschwächt, als er Landulf von Benevent und Richard von Capua in päpstliche Lehnspflicht nahm. Denn so kam es zum Bruch mit dem maßgeblichsten der Normannenfürsten, mit Richard Guiscard. Auf den Fastensynoden von 1074 und 1075 wurde der Normannenherzog Richard Guiscard mit dem Bann belegt. Jetzt ließ Heinrich IV. dem Normannen durch seinen Gesandten Graf Eberhard den Vorschlag machen, sich mit seinen italienischen Besitzungen in die Lehnspflicht des Reiches zu stellen. Der Normanne ging zwar nicht auf den Plan ein, aber jetzt war sie wieder neu begründet, die uralte Angst der Päpste, von Nord und Süd den Kirchenstaat durch fremde Mächte bedroht zu sehen.

Es war die gleiche Angst, die Papst Stephan III. über die winterlichen Alpen getrieben hatte, um beim Frankenkönig Pippin Hilfe gegen die Langobarden zu erbitten, die von Norden und Süden gegen den Kirchenstaat vorrückten. Die gleiche Angst, die Papst Innozenz III. treiben wird, Friedrich II. mit heiligen Eiden zu binden, niemals das Königreich Sizilien mit dem Reich zu vereinen.

Sah der Papst noch in seinem Schreiben vom 7. Dezember 1074 im König seinen Stellvertreter, dem er die Kirche anvertrauen wollte, wenn er ins Heilige Land zog, so spürt man ein Jahr später in seinem Schreiben vom 8. Dezember 1075 den päpstlichen Groll. Schon in der Einleitung heißt es: »Bischof Gregor, Knecht der Knechte Gottes, sendet König Heinrich Gruß und apostolischen Segen, *wenn anders er dem Apostolischen Stuhl gehorcht, wie es einem christlichen König ziemt.*

Wenn wir erwägen und sorgfältig bedenken, daß wir dem strengen Richter Rechenschaft geben müssen über die Verwaltung des Dienstes, den uns der heilige Petrus, der Apostelfürst, anvertraut hat, senden wir Dir nur zögernd den apostolischen Segen, der nach dem Richtspruch des Apostolischen Stuhles und dem Urteil der Synode als jemand bezeichnet wird, der wissentlich Gemeinschaft mit Exkommunizierten hält. Du weißt selbst, daß, wenn dies wahr ist, Du nicht die Gnade göttlichen noch apostolischen Segens genießen kannst, es sei denn, Du würdest zuerst die Exkommunizierten von Dir trennen und zur Buße zwingen und hinsichtlich Deiner Verfehlung durch angemessene Reue und Wiedergutmachung Lossprechung und Nachlaß gewinnen …

Denn um vom übrigen zu schweigen, wie Du das geachtest, was Du uns in der Mailänder Angelegenheit durch Deine Mutter und durch unsere christlichen Mitbrüder (die Legaten Gerald von

Ostia und Hubert von Palestrina), die wir zu Dir gesandt haben, versprochen hast, das zeigt die Sache selbst.

Und fürwahr, um Wunde auf Wunde zu fügen, hast Du gegen die Satzungen des Apostolischen Stuhles die Kirche von Fermo und Spoleto – wenn überhaupt von einem Menschen eine Kirche übertragen oder geschenkt werden kann – Personen übertragen, die uns noch unbekannt sind und denen die Hand den Vorschriften entsprechend aufzulegen nicht erlaubt ist, wenn sie nicht bewährt und wohlbekannt sind.«[20]

Der Weg zum Bruch zwischen König und Papst

Die Weihnachtstage des Jahres 1075 wurden für König und Papst ein Fest von besonderer Bedeutung. In Goslar, dem Herzpunkt Sachsens, feierte Heinrich IV. als Sieger das Weihnachtsfest. Triumph war ihm, daß die Fürsten ihm dort eidlich schworen, seinen knapp einjährigen Sohn Konrad als Thronfolger anzuerkennen. Außerdem durfte er sich durch die endgültige Aussöhnung mit Otto von Northeim nun als Gewinner des Friedens sehen.

Auch Papst Gregor VII. machte auf diesem Weihnachtsfest eine besondere Erfahrung.

Er feierte nach alter Sitte die Heilige Nacht in der Kirche S. Maria Maggiore, als Censius, der Sohn des römischen Präfekten Stephanus, mit einer Schar entschlossener Verschwörer in das Gotteshaus eindrang und den Papst, der das Meßopfer feierte, ergriff. Der Vorgang war so dramatisch, daß Gregor VII. dabei verletzt wurde. Seiner päpstlichen Gewänder entkleidet, wurde der Papst auf ein Pferd gesetzt und zu einem festen Turm des Censius gebracht. Der Vorfall zeigt, daß dieser Papst auch in Rom nicht so unumstritten war, wie es den Anschein hatte. Doch die Medaille hat eine zweite Seite.

Als die Nachricht von der Gefangennahme des Papstes die Runde durch Rom machte, rottete sich das Volk zusammen, und von der Übermacht beeindruckt, ließ Censius den Papst frei und entfloh aus Rom. Und nun sehen wir Papst Gregor VII. in seiner ganzen, ungebrochenen Konsequenz. Er ließ sich sofort in die Kirche S. Maria Maggiore zurückführen und nahm seine Meßfeier genau an der Stelle auf, wo sie am Tage zuvor von den frechen Verschwörern unterbrochen worden war.

Bei allem Machtstreben, das Geistliche hatte immer den Vorrang und wurde mit unerbittlicher Folgerichtigkeit durchgesetzt. Die Macht, die Gregor VII. anstrebte, wollte er nicht für sich, so seine geistige Konstruktion, sondern für St. Petrus, dessen Stellvertreter er war, und für Gott, in dessen Auftrag er die Kirche und die Menschheit führen mußte. Und wenn er alle Ehren der Welt forderte, dann nicht für sich, den Mönch Hildebrand, sondern für den Apostelfürsten Petrus, für Gott und die Kirche.

Wenn er in Rom auch Feinde hatte, wie wir gesehen haben, so war doch ein größerer Teil der Römer hingerissen von der unbedingten Glaubenskraft dieses Papstes.

Heinrich war noch in Goslar, da trafen am 1. Januar nach den päpstlichen Legaten, die schon am Hof weilten, auch jene drei von ihm selbst an Gregor VII. entsandten Boten mit dem bereits erwähnten Brief des Papstes vom 8. Dezember ein.

»Ferner anwesend waren die Legaten des Papstes Hildebrand, die dem König mitteilten, er möge sich am Montag der zweiten Fastenwoche zu einer Synode in Rom einfinden, um sich wegen der Vergehen, die man ihm vorwerfe, zu rechtfertigen, (zudem) werde er unverzüglich an demselben Tage durch apostolischen Bann vom Leibe der Kirche abgetrennt«, so Lampert.

Diese Stelle ist nicht im Brief des Papstes enthalten, allerdings ist es auch möglich, daß die Gesandten dem König die päpstlichen Weisungen mündlich mitteilten.

Lampert fährt fort: »Diese Botschaft (er sagt nicht: dieses Schreiben) erregte beim König schweren Unmut; sofort wies er die Legaten unter schweren Beschimpfungen ab und befahl allen Bischöfen und Äbten seines Reiches, sich am Sonntag Septuagesimae (am 24. Januar 1076) in Worms zu versammeln; dort wollte er mit ihnen beraten, ob es einen Weg oder eine Möglichkeit gebe, den Papst abzusetzen, denn er glaubte sein ganzes Heil und die Festigkeit seines Thrones hänge davon ab, daß Hildebrand nicht mehr Bischof sei.«[21]

Der Versuch einer Entmachtung

Am 24. Januar 1076 traten sechsundzwanzig deutsche Bischöfe unter dem Vorsitz des Erzbischofs von Mainz zusammen. Allerdings war von den weltlichen Fürsten nur Herzog Gottfried der Bucklige von Lothringen erschienen.

Der Brief des Papstes an die Herzöge Rudolf von Schwaben und

Berthold von Kärnten vom 11. Januar 1075 und die darauf einsetzende päpstliche Diplomatie scheinen erfolgreich gewesen zu sein und die Herzöge in Reserve zum König gebracht zu haben.

Anders der empörte deutsche Episkopat, der durch die dauernden Machteingriffe des Papstes in die Rechte der Bischöfe schwer verärgert war.

Nun waren auch den Bischöfen die vielfachen Entscheidungen bekannt, wonach ein Papst nicht richtbar sei. So kündigten sie ihm den Gehorsam auf mit dem Hinweis, daß er schon bei seiner Erhebung gegen das von ihm selbst unterschriebene Papstwahldekret von 1059 und gegen den einst Kaiser Heinrich III. geleisteten Eid verstoßen habe, »daß er niemals ohne Zustimmung des Kaisers oder seines Sohnes Papst werden wolle«.[22]

Die Bischöfe plädierten also nicht auf Absetzung des Papstes, sondern beriefen sich darauf, daß er diese Würde niemals rechtens innegehabt habe. Dieses Argument war fast vier Jahre nach Gregors VII. Erhebung alleine nicht tragfähig. So fand man die Aushilfsformel, man habe Gregor toleriert in der Hoffnung, er würde diesen Mangel durch eine hervorragende Amtsführung ausgleichen. Aber auch darin sei man enttäuscht worden, denn Gregor habe die Kirche gespalten und die Binde- und Lösegewalt einzig auf sich monopolisiert. Der ganze Groll der Bischöfe gegen den herrschsüchtigen Papst trat offen zutage.

Der römische Kardinal Hugo Candidus, der bei der Erhebung Gregors VII. eine wichtige Rolle gespielt hatte, nahm zum Unglück an der Wormser Versammlung teil. Er war in Ungnade gefallen, vom Papst exkommuniziert worden und goß jetzt Öl in das Feuer der bischöflichen Empörung. Er schilderte nicht nur die geringe Herkunft des Papstes, sondern zieh ihn einer unkeuschen Lebensweise. Dabei scheute er sich nicht, ein sexuelles Verhältnis zwischen dem Papst und Mathilde von Tuszien anzuprangern. Sicher hatte er nicht unrecht, wenn er den übermäßigen Einfluß eines »Senats der Frauen«, der Kaiserin Agnes, der Markgräfin Mathilde und ihrer Mutter Beatrix, öffentlich machte.

Die deutschen Bischöfe schritten zur Tat und sagten sich vom Papst mit den genannten Argumenten los.

Heinrich IV. schrieb jetzt unter Billigung des deutschen Episkopats, und das muß beachtet werden, daß nicht der König alleine, sondern mit ihm seine Bischöfe die hier öffentlich werdenden Überzeugungen teilten:

»Heinrich, von Gottes Gnaden König, an Hildebrand:
Während ich bisher das von Dir erwartete, was dem Verhalten eines Vaters entspricht, und Dir in allem zur großen Entrüstung unserer Getreuen gehorchte, habe ich von Dir eine Vergeltung erfahren, wie sie nur von jemandem zu gewärtigen war, der der verderblichste Feind unseres Lebens und unserer Herrschaft ist. Denn nachdem Du mir zunächst die ganze erbliche Würde, die mir jener Stuhl schuldet, in vermessenem Beginnen entrissen hattest, gingest Du noch weiter und versuchtest, mir das italienische Reich zu entfremden. (Damit kann das Investiturverbot von 1075 für Mailand und Gregors VII. Haltung gegenüber den von Heinrich eingesetzten Bischöfen von Fermo und Spoleto und auch die Lehnshoheit über die normannischen Herzogtümer, auf die das Reich Anrechte hatte, aber ebenso die päpstliche Unterstützung der oberitalienischen Pataria gemeint sein.) Und damit nicht zufrieden, hast Du Dich nicht gescheut, Hand an die verehrungswürdigen Bischöfe zu legen, die als die liebsten Glieder mit uns vereint sind, und gegen göttliches und menschliches Recht hast Du sie, wie sie selbst sagen, mit den hochmütigsten Beleidigungen und den bittersten Schmähungen traktiert. Da ich alles mit einiger Geduld hingehen ließ, hieltest Du dies nicht für Geduld, sondern für Feigheit und wagtest es, Dich gegen das Haupt selbst zu erheben, und ließest verbreiten, was Dir ja bekannt ist – um Deine eigenen Worte zu gebrauchen –, daß Du entweder sterben oder mir Seele und Herrschaft nehmen wolltest.

Diese unerhörte Verhöhnung glaubte ich nicht mit Worten, sondern durch die Tat zurückweisen zu müssen, und ich hielt einen Hoftag mit allen Fürsten des Reiches auf deren eigenes Bitten hin ab. Sobald dies in die Öffentlichkeit gebracht wurde, was man bisher aus Scheu und Ehrfurcht verschwiegen hatte, da wurde aufgrund dieser wahrheitsgemäßen Darlegung dieser Fürsten verkündet – daß Du auf keinen Fall mehr auf dem Apostolischen Stuhl bleiben kannst. Da ihr Spruch vor Gott und den Menschen gerecht und billigungswert schien, stimmte auch ich zu und spreche Dir jedes Recht, das Du bisher am Papsttum zu haben schienst, ab; aufgrund des Patriziats über die Stadt Rom, das mir als von Gott gewährt und infolge der beschworenen Zustimmung der Römer rechtmäßig zusteht, befehle ich Dir, von ihrem Thron herabzusteigen.«[23]

Dann wurde ein weiterer Brief geschrieben, in noch schärferer

Form, zugleich wurde die Verdammung ausgesprochen. Aber dieser Brief war an die gerichtet, die man im elften Jahrhundert als Öffentlichkeit betrachtete, und endete mit den Worten: »So steige Du denn, der durch diesen Fluch und das Urteil aller Bischöfe und unser eigenes verdammt bist, herab, verlasse den Apostolischen Stuhl, den Du Dir angemaßt hast. Ein anderer steige auf den Thron des heiligen Petrus, einer, der Gewalttat nicht mit Frömmigkeit bemäntelt, sondern die reine Lehre des heiligen Petrus lehrt. Ich, Heinrich, durch die Gnade Gottes König, sage Dir zusammen mit allen meinen Bischöfen: Steige herab, steige herab.«[24]

Nunmehr hatte ein deutscher König, gemeinsam mit seinen Bischöfen, nach dem uralten Vorbild Roms, den Brief oder das Manifest als Propagandainstrument eingesetzt.

Heinrichs Boten, die die Verdammungssentenz überbrachten, trafen rechtzeitig zur großen Fastensynode in Rom ein. Und nun antwortete dem König ein noch größerer Propagandist, der in einer dramatischen Inszenierung die Synode zum Forum gegen den König umfunktionierte.

Seine Polemik gegen den König kleidete er in die Form eines Gebets an den Apostelfürsten Petrus. Denn dieser war, so Gregors rhetorische Rochade, durch den Hochmut des Königs beleidigt worden.

Hier liegt vielleicht der Schlüssel zum Wesen, zur Unbedingtheit dieses Mannes, der, unter völliger Aufgabe der eigenen Person zugunsten der Gestalt des Apostelfürsten, nicht seine eigenen Papstrechte verteidigte, sondern die Rechte des heiligen Petrus. Daher kam die Stoßkraft seines Wesens, die Macht seines eruptiven Willens.

Zuerst wurde Erzbischof Siegfried von Mainz mit folgenden Worten exkommuniziert: »Siegfried, den Erzbischof von Mainz, suspendieren wir nach dem Urteil des Heiligen Geistes und mit der Autorität der Apostel Petrus und Paulus von seinem bischöflichen Amte und versagen ihm die Kommunion des Leibes und des Blutes des Herrn, weil er die Bischöfe und Äbte des deutschen Reiches von der heiligen römischen Kirche, ihrer geistlichen Mutter, abzuspalten versucht hat, es sei denn, daß er in Gefahr des Todes gerät, und zwar nur dann, wenn er, von Buße geleitet, zu Verstande kommt …

Gegen diejenigen, welche nicht freiwillig zugestimmt haben, werden wir bis zum Feste des heiligen Petrus Langmut üben in dem Sinne, daß wir sie ihres bischöflichen Amtes entheben, falls sie nicht innerhalb dieser Frist uns entweder persönlich oder durch ihre Boten hinreichend Genugtuung geleistet haben.«

Mit diesem Passus spaltete er die deutschen Bischöfe und gab ihnen die Möglichkeit, in die Ordnung der römischen Kirche zurückzukehren.

Dann erfolgt die Exkommunikation der lombardischen Bischöfe, die sich auf einer Versammlung in Piacenza, geleitet von den beiden deutschen Königsboten, den Bischöfen von Basel und Speyer, vom Papst losgesagt hatten.

Dann schleudert der Papst den Bannstrahl auf ein halbes Dutzend Prälaten in Südfrankreich. Und nun kommt er zur Exkommunikation König Heinrichs IV. in Form eines Gebetes:

»Heiliger Petrus, Du Fürst der Apostel, wir flehen Dich an ... sei Du mein Zeuge, und meine Herrin, die Mutter Gottes, und der heilige Paulus, Dein Bruder unter allen Heiligen, daß Deine heilige römische Kirche mich gegen meinen Willen zur Leitung genötigt hat und daß ich nicht Raub im Sinne trug, um diesen Deinen Stuhl zu besteigen; lieber wollte ich mein Leben in der Fremde beschließen, als Deinen Platz um weltlichen Ruhmes willen, weltlichen Sinnes an mich zu reißen ... Und es ist mir durch Deine Gnade von Gott die Macht gegeben, zu binden und zu lösen im Himmel und auf Erden. Hierauf fest vertrauend, untersage ich zur Ehre und zur Verteidigung Deiner Kirche im Namen des allmächtigen Gottes, des Vaters, des Sohnes und des Heiligen Geistes durch Deine Gewalt und Autorität dem König Heinrich, dem Sohne des Kaisers Heinrich, der sich gegen Deine Kirche in ganz unerhörtem Stolze erhoben hat, die Herrschaft über das ganze Reich der Deutschen und über Italien, und ich löse alle Christen von den Banden des Eides, die sie ihm geschworen haben und noch schwören werden, und ich verbiete, daß ihm irgend jemand wie seinem König dient.

Denn das ist Recht: Wer die Ehre Deiner Kirche zu mindern trachtet, büße selbst seine Ehre ein, die er bis dahin besitzen mochte. Und weil er nicht bereit ist, wie ein Christ zu gehorchen, und nicht zu Gott zurückkehrte, den er verlassen hat – denn mit Gebannten hat er verkehrt, meine Ermahnungen, die ich ihm, wofür Du mein Zeuge bist, um seines Seelenfriedens willen gesandt habe, hat er in den Wind geschlagen, und er hat sich von Deiner Kirche getrennt, weil er sie zu spalten versucht hat –, schlage ich ihn an

Deiner Statt mit dem Bande des Anathems. Und so binde ich ihn im Vertrauen auf Dich, auf daß alle Völker wissen und erfahren, daß Du bist Petrus und daß auf diesem Felsen der Sohn des lebendigen Gottes seine Kirche gebaut hat und daß die Pforten der Hölle sie nicht überwinden.«[25]

Die zweite Verschwörung von Tribur

Eine Explosion erschütterte das Abendland, unhörbar, weil sie sich in der Tiefe der christlichen Seele vollzog. Der Herrscher des Reichs und der römische Papst hatten sich gegenseitig abgesetzt und verdammt. Nun mußte sich zeigen, welche der beiden Gewalten die tiefere Macht entwickeln würde. Wohin sollten sich die Seelen wenden, wo war die größere Vorteilshoffnung?

Würde das Pendel dem Papst zuneigen, der auf dem Weihnachtsfest zu Rom 1075 durch die Tat des Censius die Zerbrechlichkeit päpstlicher Macht erkennen mußte, der sich durch flammende Bannsprüche zum Feind vieler hochgestellter Prälaten gemacht hatte?

Oder würde die Macht des jungen Königs den Ausschlag geben, der das widersetzliche Sachsenvolk niedergerungen hatte und dessen Triumph der Papst selbst im September 1075 so beschrieben hatte: »Daß der Übermut der Sachsen, die sich ungerechterweise gegen Euch stellen, von Dir zerschmettert worden ist.«[26]

Der König stützte sich vor allem auf die deutsche Reichskirche, die in größter Einmütigkeit dem Papst den Gehorsam aufgekündigt, die den König fast auf diesen Weg getrieben hatte. Wo würden sich die Bruchstellen zuerst erweisen?

Die päpstliche Bannsentenz wurde dem König am Vorabend des Osterfestes 1076 zu Utrecht überbracht. Bischof Pibo von Toul, der die Ostermesse halten sollte, verließ den königlichen Hof fluchtartig.

Bischof Wilhelm von Utrecht, ein besonders königstreuer Mann, der schon in Worms die schwankenden Bischöfe auf des Königs Seite gezogen hatte, mußte die Ostermesse halten und den Papst exkommunizieren. Als am gleichen Tag ein Blitzschlag seine Bischofskirche einäscherte und er selbst am 27. April 1076 einen qualvollen Tod erlitt, erschien das zagenden Herzen als ein böses Vorzeichen.

Der König berief für den 29. Juni einen Reichstag nach Mainz. Hatte schon der Wormser Reichstag darunter gelitten, daß sich die süddeutschen Herzöge versagten – sie, die doch alle drei ihr Herzogtum salischer Königsgunst verdankten –, so auch hier in Mainz. Ein ganz besonderer Verlust war, daß der königstreue Herzog Gottfried der Bucklige von Niederlothringen am 26. Februar auf bestialische Weise ermordet worden war. Während er in der Nacht seine Notdurft verrichtete, wurde ihm von hinten ein Schwert in den Leib gerammt.

Obwohl der König Otto von Northeim zu seinem obersten Verwalter in Sachsen bestellt hatte, zeigte sich, daß der Sachsenkrieg nur einen Sieg, nicht aber die wirkliche Befriedung des rebellischen Volkes gebracht hatte. Denn Otto von Northeim wechselte, als sich eine politische Klimaverschiebung andeutete, abermals das Lager. Lampert von Hersfeld stellt uns das so dar:

»Nur der ehemalige Baiernherzog Otto saß noch auf der Harzburg. Ihm hatte der König seine Stellvertretung in ganz Sachsen und die Verwaltung der Staatsgeschäfte übertragen ... Zu diesem schickten sie (die Sachsen) Abgesandte und ließen ihm sagen, er solle den Bau, den er, vergessend des Vaterlandes, vergessend der Freiheit, zur Vernichtung ihres Stammes begonnen habe, einstellen, vielmehr einen Plan zur Befreiung der Fürsten ausdenken, denen er selber aufs dringlichste zur Ergebung geraten habe; schon längst seien viele fest davon überzeugt, daß er den übrigen nur zu dem Zweck so dringend zur Übergabe geraten habe, um durch ihr Blut den Zorn des Königs gegen ihn zu besänftigen und durch die Vernichtung des Volkes seine eigene Rettung zu erkaufen. Das werde jetzt aus deutlichen Anzeichen ersichtlich, denn während jene in die entlegensten Teile der Länder verschickt worden seien, habe er zum Lohn für seinen Verrat die Herrschaft über ganz Sachsen erhalten und sei nun der Henkersknecht für seinen Blutdurst und bei allem, was der König Grausames ersinne, der noch grausamere Helfershelfer.«

Und nun versteht man die Logik des Lampert und seiner von ihm geschilderten Sachsen überhaupt nicht mehr, wenn sie in den nachfolgenden Sätzen diesen, in ihren Augen ehrlosen Vaterlandsverräter Otto, den sie bezichtigten, seine Mitfürsten an den König verraten zu haben, um sich selbst in ein leichteres Schicksal hineinstehlen zu können, drohend auffordern, die Führung einer neuen Verschwörung gegen den König zu übernehmen:

»Er werde daher für seinen Ruf und seine Ehre gut beraten sein, wenn er versuche, dieses böse Schandmal durch eine leuchtende Tat für sein Vaterland zu tilgen und seinem Stamm, der Heimat und Freiheit wiedergewinnen wolle, zu helfen. Schließlich erklärten sie, wenn er ihren Mahnungen nicht aus freien Stücken folge, würden sie, daran solle er nicht zweifeln, Gewalt anwenden und dem Vaterlandsverräter, dem Deserteur aus dem gemeinsamen Lager, wie er es verdiene, seinen gesamten Besitz zerstören und ihn aus Sachsen verjagen.«[27]

Tatsächlich trat eine Machterosion des Königs in Deutschland ein, die ihren klarsten Ausdruck darin fand, daß die im Frieden von Spier inhaftierten Sachsenführer von ihren Bewachern, teils mit, teils ohne Genehmigung des Königs, freigelassen wurden. Der Erfolg des Sachsenkriegs hatte sich in nichts aufgelöst.

Nunmehr begannen wieder die Konspirationen der sächsischen mit den süddeutschen Fürsten in Verbindung mit der gregorianischen Geistlichkeit. Als erster war Erzbischof Udo von Trier über die Alpen gewandert. Er hatte die goldene Brücke betreten, die der Papst in seiner Bannungssentenz den Bischöfen gebaut hatte, um seine »unter Gewaltandrohung geleistete Unterschrift« zurückzuziehen. Ihm folgte der lothringische Vertrauensmann der Großgräfin Mathilde von Tuszien, Bischof Dietrich von Verdun, und wenig später Bischof Adalbero von Würzburg. Die Einigkeit des deutschen Episkopats bestand nicht mehr. Tragisch, hatte doch diese Einigkeit Heinrich IV. den Mut gegeben, so entschieden gegen den Papst aufzutreten.

Die drei süddeutschen Herzöge, angeführt vom königlichen Schwager Herzog Rudolf von Schwaben, trafen sich in Hersfeld. Zu ihnen stießen der Erzbischof Gebhard von Salzburg und die Bischöfe von Worms, Würzburg, Metz und Passau. In Gemeinschaft mit ihnen handelten die sächsischen Fürsten und Bischöfe. Die Großzügigkeit Heinrichs IV. gegenüber Otto von Northeim hatte sich nicht ausgezahlt.

Bruno berichtet: »Unsere Fürsten kamen also zusammen, befestigten ihr Bündnis durch gegenseitige Eide und Geiseln und beschlossen, sich möglichst fest aneinander zu binden, einen König zu wählen, dem sich alle unterwerfen sollten.«[28]

Die Sachsen waren also bereit zum endgültigen Bruch mit dem salischen Königtum.

Und in dieser Stimmung von Verrat, Konspiration und Mißtrauen schreibt Gregor VII. an alle geistlichen und weltlichen Fürsten des Reichs:

»Denn Brüder, Ihr wißt sehr wohl, wie lange die heilige Kirche unerhörte Schlechtigkeit und verschiedenerlei Unrecht des Königs – o könnte man doch sagen, des christlichen und Eurigen – ertragen hat und weiterhin Ungemach und Unglück durch ihn, während der alte Feind voranging, ausgesetzt war ... So ermahnen wir Euch in der Vollmacht des heiligen Apostelfürsten Petrus und bitten Euch als unsere sehr geliebten Brüder: Sucht ihn in jeglicher Weise der Hand des Teufels zu entreißen und zu aufrichtiger Buße zu veranlassen, damit wir ihn mit Gottes Gunst an den Busen unserer gemeinsamen Mutter, die er zu zerfleischen suchte, in brüderlicher Liebe zurückrufen können; allerdings unter der Bedingung, daß er durch keinerlei Betrug an der christlichen Religion mit neuem Unheil verwirren und die heilige Kirche mit seinen Füßen niedertreten kann.«[29]

Man sieht, der Heilige Vater wollte nicht unbedingt den Fall der salischen Dynastie, was das Ziel der Sachsen war, sondern die Unterwerfung des Königs unter Papst und Kirche. Genau so, wie er dem König die Rückkehr zur Kirche leichtmachte, so ebnete er den gebannten Anhängern des Königs den Weg, falls sie durch Unterwerfung und Buße in den Schoß der Kirche zurückkehren wollten. An Bischof Hermann von Metz schrieb Gregor VII. unter dem 25. August 1076:

»Indessen sei Dir, Bruder, bekannt, daß wir Briefe von einigen unserer Brüder Bischöfe sowie Herzögen erhalten und diesen Bischöfen kraft der Vollmacht des Apostolischen Stuhles die Erlaubnis gegeben haben, die von uns Exkommunizierten loszusprechen, soweit sie sich nicht fürchten, sich der Gemeinschaft mit dem König zu enthalten. Hinsichtlich des Königs untersagen wir, daß jemand sich anmaße, ihn loszusprechen, bis uns durch geeignete Zeugen seine eindeutige Reue und ernsthafte Abbitte bekannt geworden sind, auf daß wir zugleich herausfinden, wie wir ihn, wenn die göttliche Barmherzigkeit auf ihn geschaut hat, zu Gottes Ehre und zu seinem Heil lossprechen. Es ist uns nämlich nicht verborgen, daß einige unter Euch sind, die bei einer – gewissermaßen von uns hingenommenen – Gelegenheit, aus Furcht oder Menschengunst veranlaßt, es wagen würden, ihn loszusprechen, wenn ich nicht widerspräche, und der Wunde statt Medizin eine weitere Wunde hinzuzufügen.«[30]

Während die Boten des Papstes diese Briefe nach Deutschland brachten, während Scharen von Wanderpredigern die päpstlichen Botschaften in den kleinsten Sprengel trugen, wurde die Basis des Königs immer schmaler. Bischof Otto von Konstanz fiel von ihm ab, und der Abfall Erzbischof Siegfrieds von Mainz, der Heinrich geradezu zum Kampf gegen den Papst getrieben hatte, übte Pilotfunktion aus: Es folgten die Bischöfe von Cambrai, Lüttich, Münster, Speyer und zahlreiche Äbte. Selbst der gerade ernannte Bischof Konrad von Utrecht unterwarf sich dem Papst und verließ den König.

Es ist anrührend, zu lesen, wie Heinrich in all dieser Wirrsal mit einem kleinen Heer in Eilmärschen durch Böhmen in die Meißener Mark zog, da der direkte Weg schon versperrt war. Er wollte gemeinsam mit Herzog Otto, der immer noch sein – schwankender – Statthalter in Sachsen war, in das rebellische Aufstandsgebiet einziehen. Herzog Otto erschien auch, aber er weigerte sich im Angesicht des Königs, an der Heerfahrt teilzunehmen. Um nicht den letzten Rest seiner Autorität zu verlieren, verzichtete der König auf den Feldzug. Dem Böhmenherzog übertrug er als Dank für erwiesene Treue die Mark Meißen als Königslehen. Dann zog Heinrich IV. nach Regensburg, um den Markgrafen von Österreich zu gewinnen. Der nahm zwar die königlichen Schenkungen an, dachte aber nicht an wirklichen Beistand.

Die Welt um Heinrich schien in Auflösung. Wo früher Getreue waren, waren jetzt Schatten; feste Bastionen lösten sich in Nebel auf. So beschloß er endlich, in die treue Stadt Worms zu ziehen und dort sein Hoflager aufzuschlagen.

Der Papst hatte sich auf Drängen der Sachsen, vielleicht auch des vorgesehenen Thronkandidaten Rudolf von Schwaben, dem Gedanken einer Königsneuwahl angenähert. Er schrieb am 3. September 1076 an alle Getreuen im Reich: »Damit wir aber Eure Wahl – wenn es sehr drängt, daß sie geschieht – mit apostolischer Autorität unantastbar machen und eine neue Einsetzung in unserer Zeit bekräftigen, wie es nach unserer Kenntnis von unseren heiligen Vätern getan worden ist, gebt uns möglichst bald Nachricht über seine Lage und Person sowie von seinem Lebenswandel, damit Ihr in heiliger und nützlicher Absicht vorgeht und durch die Gnade Gottes die Gunst des Apostolischen Stuhles und in allem den Segen des heiligen Apostelfürsten Petrus verdient, sowie uns der Sachverhalt bekannt geworden ist.«

Und nun schnitt der Papst einen ganz besonderen Aspekt an. Er erinnerte an den Eid, mit dem die deutschen Fürsten der Kaiserin Agnes geschworen hatten, ihr ein Designationsrecht einzuräumen: »Hinsichtlich des Eides aber, der unserer teuersten Tochter Agnes, der erhabenen Kaiserin, für den Fall geleistet worden ist, daß ihr Sohn vor ihr aus dem Leben scheide, ist bisher kein Zweifel nötig, da ihr selbst begreift, was zu tun ist, wenn sie aus übergroßer Barmherzigkeit gegenüber dem Sohne sich dem Recht widersetzt oder, das Recht unterstützend, zustimmt, daß er aus der Königsherrschaft entfernt wird. Dennoch scheint es uns lobenswert, ihren und unseren Rat einzuholen hinsichtlich der Person, die für die Leitung des Reiches ausfindig gemacht wurde, nachdem es bei Euch feststeht und allgemein bekräftigt ist, daß ihr Sohn aus dem Königtum entfernt werden soll.«[31]

Der sächsische Annalist zeigt aber auch die Schwierigkeiten zwischen Schwaben und Sachsen auf, wenn er schreibt: »Da sie (die Sachsen) aber vernommen hatten, die Schwaben bereuten es, das alte Bündnis so gefühllos gebrochen zu haben, schien es ihnen richtig, Boten zu ihnen zu senden, um den Bund zu erneuern: Sie wollten sich von neuem einigen, die Bitterkeit der Feindschaft durch um so größere Liebe zu überwinden, sich gegenseitig vergeben, einen aus ihrer Mitte zum König wählen und alle wie ein Mann gegen den gemeinsamen Feind zusammenstehen. Flehentlich baten sie auch den Papst in einem Schreiben, entweder selbst oder durch einen Gesandten das fast schon verlorene Volk zu trösten.

Die Sachsen sammelten nun ein ansehnliches Heer und gelangten an den Rhein gegenüber Oppenheim. Dorthin war auch der Patriarch Sigehart von Aquileja mit dem Bischof Altmann von Passau, dem Legaten des Papstes, gekommen, und zusammen mit ihnen wartete eine ziemliche Anzahl Schwaben auf die Ankunft des sächsischen Heeres.«[32]

Der Hersfelder Mönch Lampert beschreibt ähnlich: »Am festgesetzten Tag (16. Oktober 1076) versammelten sich der Verabredung gemäß die sächsischen und schwäbischen Fürsten in großer Zahl in Tribur, fest entschlossen, König Heinrich abzusetzen und einen anderen zu wählen (nur ein Teil war dazu bereit), auf den die gemeinsame Wahl fallen würde. Anwesend waren auch die Legaten des Apostolischen Stuhles, der Patriarch Sigehart von Aquileja und der Bischof Altmann von Passau, diese waren vom Papst gesendet, um allen Menschen in ganz Gallien zu bezeugen, daß König Heinrich aus gerechten Gründen exkommuniziert worden sei, und für die Wahl eines anderen die Zustimmung und Autorisation des Apostolischen Stuhles zu verheißen.«[33]

Hier wird die Parteilichkeit Lamperts wieder sichtbar. Denn der Papst hatte in seinem Schreiben vom 3. September 1076 an die geistlichen und weltlichen Fürsten Deutschlands geschrieben: »Seid, bitte ich, der Beschaffenheit des Menschen und der allgemeinen Gebrechlichkeit eingedenk und lasset nicht unbeachtet die anhängliche und vortreffliche Erinnerung an seinen Vater und seine Mutter; solche, die ihnen bei der Regierung des Imperiums vergleichbar wären, können in unserem Zeitalter nicht gefunden werden.

So gießet also dennoch das Öl der Barmherzigkeit in seine Wunden ... Man möge die schlechten Ratgeber von ihm entfernen (das heißt die seit 1073 gebannten Ratgeber), die wegen der Häresie der Simonie exkommuniziert wurden und sich nicht schämen, ihren Herrn mit ihrem eigenen Aussatz anzustecken, mittels verschiedener Verbrechen ihn zu verführen, so zur Spaltung der Kirche zu veranlassen und dem Zorn des heiligen Petrus entgegenzutreiben.«[34]

Der Papst riet also zur Gnade, falls Heinrich zu Umkehr und Unterwerfung entschlossen wäre. Die deutschen Fürsten waren es, die – gegen ihn verschworen – seinen Untergang und ein neues Königtum wollten.

Was hier in Tribur geschah, liegt in direkter Linie zu dem 1057 beschlossenen Mord an dem siebenjährigen Kindkönig, wie Lampert uns berichtet hat.

Es ist die gleiche Moral, mit der die Fürsten 1062 mit List und Verrat den jungen König bei Kaiserswerth, der Pfalzinsel im Rhein, in ihre Gewalt gebracht hatten, um das Reich in seinem Namen zu regieren und nach ihrem Willen auszuplündern.

Es ist die gleiche Haltung, mit der sie im Jahre 1066 den sechzehnjährigen König – wiederum zu Tribur – gezwungen hatten, sich von dem einzigen wohlmeinenden Freund, Erzbischof Adalbert von Bremen, zu trennen oder die Krone niederzulegen. Ein Eingriff in die Königsrechte, der einem Staatsstreich gleichkommt.

So war jetzt diese unheilige Versammlung, wiederum in Tribur, bereit, ihr eigenes Spiel um die Macht zu spielen.

Da waren die Sachsen, die immer nur ein sächsisches Königtum geachtet und unter Recht immer nur ihr eigenes verstanden hatten.

Da waren die geistlichen Fürsten, die noch vor einem Jahr den Papst vom Apostolischen Stuhl hatten stoßen wollen und die jetzt aus Schwäche und unter dem Einfluß der päpstlichen Legaten zur römischen Kurie und deren Machtanspruch zurückkehren wollten.

Da waren die süddeutschen Herzöge, die alle durch salische Gunst ihre Herzogtümer erlangt hatten, und ihr führender Kopf, Rudolf von Rheinfelden, Herzog von Schwaben, der schon von frühesten Zeiten her nach eigenem Königtum gestrebt hatte. Beweis: die doppelte Ansippung an die Königsfamilie, um so die blutsmäßige Voraussetzung zum Königtum zu erlangen, was ihm auch gelang.

So hatte sich diese ehrenwerte Gesellschaft nochmals zu Tribur versammelt, getrieben von Machtstreben die einen, die anderen aus bitterem Haß, bereit, den Spruch gegen den König zu fällen, das heißt, Hochverrat und Majestätsverbrechen zu begehen.

Die Unterwerfung Heinrichs IV. zu Tribur

Mitte Oktober 1076 lagen sich die Truppen des Königs bei Oppenheim und – getrennt durch den Rhein – die Aufständischen bei Tribur auf dem rechten Rheinufer gegenüber.

Warum kam es bei der Unvereinbarkeit der Standpunkte nicht zu einer Entscheidungsschlacht?

Ganz klärt sich die Frage nicht.

Heinrich IV. verfügte noch über nicht unbedeutende Streitkräfte.

Der vom König abgefallene Erzbischof Siegfried von Mainz hatte alle verfügbaren Schiffe am rechten Rheinufer konzentriert. So war für Heinrich ein Rheinübergang nicht möglich. Den Aufständischen jedoch wäre es möglich gewesen, mit den vom Erzbischof requirierten Schiffen über den Rhein zu setzen und dem König die entscheidende Schlacht aufzuzwingen. Andererseits war ein Flußübergang über einen so bedeutenden Strom ein unwägbares militärisches Abenteuer.

Und so einig, wie uns der sächsische Bruno es darstellt, waren sich die Sachsen und die süddeutschen Herzöge – Bruno nennt sie pauschal die Schwaben – in Wirklichkeit nicht. Es war erst ein Jahr her, daß die Schwaben im Heer des Königs die Sachsen an der Unstrut geschlagen hatten, und Bruno schreibt sehr richtig: »Noch waren ja die Schwerter naß von der letzten Schlacht ... Deshalb gingen der Patriarch (Sigehart von Aquileja) und die übrigen Großen den Sachsen entgegen, als diese nahten, und mahnten, die über so weite Entfernung erneuerte Freundschaft nun auch persönlich zu bekräftigen. Deshalb gaben von unserer Seite Herzog Otto (von Northeim), der mit Gewalt seines Amtes beraubt worden war, und von der anderen Seite Herzog Welf (von Baiern), der dasselbe Amt unrechtmäßig erhalten hatte, sich gegenseitig den Friedenskuß unter der Bedingung, daß nach der Wahl des neuen Königs, zu der man beiderseits zusammengekommen war, einer von ihnen das Amt zu Recht erhalten, der andere es aber diesem ohne Neid bereitwillig lassen sollte.«[35]

Dazu kam – sicherlich ein weiterer Sprengsatz gegen die Einigkeit der Aufständischen – der Anspruch Herzog Rudolfs von Schwaben auf das künftige Königsamt.

Aber da waren auch noch der Brief des Papstes vom 3. September, in dem er den Fürsten Barmherzigkeit gegen Heinrich IV. abverlangte, und der päpstliche Vorbehalt, daß ohne den Papst die deutsche Königsfrage nicht entschieden werden könne. Mit diesem Auftrag waren auch die beiden Legaten, Sigehart von Aquileja und Altmann von Passau, ausgestattet worden.

Die Lage war also wesentlich komplizierter, als unsere Chronisten zugestehen.

Heinrich IV. auf der linken Rheinseite bei Oppenheim mußte die tägliche Minderung seiner Macht erleben. Machten doch die beiden päpstlichen Legaten von der Ermächtigung, reuigen Sündern aus der Umgebung des Königs die Absolution zu erteilen, eifrig Gebrauch.

Die Zeichen standen auf Verhandlung und Kompromiß. Ein Kompromiß auf Kosten des Königs.

Nach Meyer von Knonau sieht die Substanz der Triburer Beschlüsse so aus: Aufgabe der königstreuen Stadt Worms und Rückkehr ihres königsfeindlichen Bischofs Adalbero. Das bedeutete, daß Königin Berta ihren Zufluchtsort Worms verlor und an die Seite Heinrichs IV. zurückkehrte.

Heinrich mußte sofort, darauf drangen die Legaten, seine exkommunizierten Räte entlassen. Der König sollte allen Regierungsgeschäften entsagen, keine Abzeichen königlicher Würde tragen und nur mit kleiner Gefolgschaft in Speyer verweilen. Nur durch die Standhaftigkeit der Legaten und dank der treuen Freunde des salischen Hauses, Abt Hugo von Cluny und Bischof Theoderich von Verdun, wurde ein Beschluß zum sofortigen Sturz des Königs verhindert.

Wohl aber gelang den Fürsten die Auflage, daß sich der König am Tag Mariä Reinigung, am 2. Februar 1077, in Augsburg der Versammlung aller Reichsfürsten stellen müsse, wo der Heilige Vater das Urteil über den König finden werde. Sollte sich aber Heinrich bis zum Jahrestag seiner Exkommunikation, das war der 15. Februar 1077, nicht vom Bann gereinigt haben, so sei sein Königtum automatisch verwirkt.

Dann mußte der König, der noch vor Wochen mit dem Beifall seiner Bischöfe dem Papst zugerufen hatte: »Aufgrund des Patriziats über die Stadt Rom, das mir als von Gott gewährt und infolge der beschworenen Zustimmung der Römer rechtmäßig zusteht, befehle ich Dir, vom Throne herabzusteigen«, dem Papst folgende Promissio schreiben:

»Da wir auf die Vorstellung unserer Getreuen hin erkannt haben, daß wir uns von einigen Leuten gegen den Apostolischen Stuhl und seinen verehrungswürdigen Bischof, den Herrn Papst Gregor, haben hinreißen lassen, haben wir es für gut befunden, das frühere Urteil aufgrund heilsamer Einsicht zu ändern und nach der Weise unserer Vorgänger und Vorfahren dem hochheiligen Stuhl und seinem Bischof in allem den schuldigen Gehorsam zu erweisen und, falls man sich etwas Schwerwiegendes gegen ihn herausgenommen hat, angemessene Genugtuung zu leisten.

Wir wünschen aber, daß auch Ihr nach dem Vorbild unserer Hoheit Euch nicht weigert, dem heiligen Petrus und seinem Stellvertreter feierlichen Gehorsam zu leisten, und wer sich in seinem Banne weiß, möge sich bemühen, sich von ihm selbst, nämlich dem Papst Gregor, feierlich lösen zu lassen.«[36]

Mit diesem Brief, an die deutschen Fürsten als erste Adressaten und an den Papst als Endadressat gerichtet, unterwarf sich Heinrich seinen eigenen Fürsten und dem päpstlichen Machtanspruch.

Es gibt einen Gelehrtenstreit darüber, ob Heinrich diesem Brief noch einen Schlußsatz hinzugefügt hat, in dem er den Papst aufforderte, »er möge auch seinerseits die über ihn (Gregor) verbreiteten ärgerniserregenden Behauptungen nicht ignorieren, damit alle Bedenken beseitigt wären und der Friede in der Kirche hergestellt würde.«

Ob dieser Zusatz eine Fälschung ist oder nicht, ändert nichts am Kern des Geschehens. Die Promissio ist eine Unterwerfung unter den Fürstenwillen und zugleich eine Garantie an den Papst, daß er ohne Gefahr von Heinrichs Seite am 2. Februar 1077 in Augsburg erscheinen kann, um den Fürstenspruch über Heinrich durch päpstliche Vollmacht zu bestätigen.

Wie kam es zu dieser schnellen und weitreichenden Unterwerfung? Heinrichs Lage war zwar prekär, aber nicht hoffnungslos. Er hatte noch Männer, Truppen, die zum Kampf bereit waren. Und hätte der Feind einen Rheinübergang gewagt, dann hätte er ihm sehr wohl eine Niederlage bereiten können. Wir werden die Lösung dieser Frage nicht im politischen Bereich finden, sondern im Charakter des Königs.

Seit seiner Entführung in Kaiserswerth und unter der harten Hand des Erzbischofs Anno hatte er gelernt, sich unter großem Druck zu beugen. Ließ der Druck nach, so schnellte er – wie eine gebogene Weidengerte – in seine aufrechte Ursprungslage zurück. Seine Jugend hatte ihn gelehrt, sich zu beugen und sich dennoch zu behaupten.

Auch war er sicher ein emotionaler Charakter. Er ließ sich von einem dem Papst zürnenden Episkopat dazu bewegen, Papst Gregor VII. abzusetzen.

Das war nicht so sensationell, wie es sich anhört. Das war oftmals geübte Praxis deutscher Kaiser und Könige. Sein Vater, Kaiser Heinrich III., hatte zu Sutri im Jahr 1046 gleich drei korrumpierte Päpste abgesetzt. Aber der Vater stand mit seinem Heer vor Rom und konnte seinen Urteilsspruch exekutieren.

Heinrich IV. verfügte die Absetzung Papst Gregors VII., aber es fehlte ihm die Präsenz und die militärische Macht, seinen Urteilsspruch durchzusetzen.

Als er jetzt mit wenigen Getreuen in Speyer weilte, ließ der Druck, den man auf ihn ausgeübt hatte, nach.

Denn »die Sachsen und Schwaben zogen frohlockend und jubelnd heim (im November 1076), nachdem die Wormser sich unterworfen und die völlig friedliche Stadt dem Bischof übergeben hatten; sie schickten dann sofort Gesandte nach Rom, die dem Papst vom Hergang der Unterhandlungen unterrichteten und ihn dringend auffordern sollten, er möchte es nicht ablehnen, ihnen zur Beschwichtigung der schweren Stürme des Bürgerkrieges in Gallien am festgesetzten Tag seine persönliche Gegenwart zu schenken.«[37]

Allzusehr werden Sachsen und Schwaben aber nicht gejubelt haben. Man mißtraute sich so sehr, daß Bruno aussagt: »Die Unsrigen dagegen leisteten jeder für sich einen Eid, daß Heinrich IV., der Sohn Kaiser Heinrichs, künftig auf keinen Fall mehr König genannt werden und sein sollte, wenn der Papst ihn nicht bis Anfang Februar (1077) vom Banne gelöst habe.«[38]

Die Einigkeit der Fürsten und Königsgegner hatte ihre Bruchstelle. Die radikalen Sachsen wollten zu Tribur die Absetzung Heinrichs IV. und die Wahl eines neuen Königs erreichen. Dies war ihnen nicht gelungen.

Durchgesetzt hatten sich die päpstlichen Legaten mit ihrem Auftrag, nichts Endgültiges zu beschließen und die Entscheidung dem Papst auf dem kommenden Reichstag zu Augsburg anheimzustellen. Die süddeutschen Fürsten hatten sich dieser Auffassung angeschlossen, so daß der eigentliche Gewinner von Tribur Papst Gregor VII. war.

Der Papst als Schiedsrichter in der deutschen Königsfrage – ein Traumziel Gregorianischer Politik schien erreicht.

Canossa und seine Überwindung

Canossa – Sturz, Triumph oder Wende des deutschen Königtums?

Wenn vorhin gesagt wurde, Heinrich beugte sich dem Druck der Macht gleich einer Weidenrute, schnellte aber wie diese beim Nachlassen des Druckes wieder empor, so findet dieser Satz jetzt seine Bestätigung.

Schon in den letzten Novembertagen des Jahres 1076 in Speyer war Heinrich zu der Erkenntnis gekommen, daß er um fast jeden Preis den Reichstag zu Augsburg am 2. Februar mit Fürstenanklage und päpstlichem Spruch verhindern müsse. So bat er den Papst, ihn in Rom zu empfangen, um ihm nach Buße und Genugtuung die Absolution zu erteilen. Der Papst lehnte ab. Er wollte auf den Triumph der Schiedsrichterrolle in Deutschland nicht verzichten.

Auch das Ziel der Fürsten war klar. Sie wollten den König des Thrones entheben, einen neuen König von ihren Gnaden wählen und dies alles vom Papst absegnen und für rechtens erklären lassen.

So ein Verfahren, von der Reichsfürstenschaft vor den Augen der Welt durchgeführt, wäre eine solche Demütigung gewesen, daß der Salier den Thron nie mehr hätte zurückerobern können.

Darum faßte der König den Plan, den künftigen Reichstag in Augsburg zu überspielen und aus der Angelegenheit einen Fall zu machen, in dem es ausschließlich um ihn und den Papst ging. Vor dem Papst, dem höchsten Priester der Christenheit, konnte sich der König demütigen, ohne seine Würde zu verlieren. Denn dies war eine Demütigung vor Gott und verletzte nicht seine weltliche Würde, sondern stellte sie wieder her – vor einem Fürstengericht seiner Vasallen war dies nicht möglich.

So faßte Heinrich einen kühnen Entschluß.

Einige Tage vor Weihnachten verließ er Speyer in Begleitung seiner Frau Berta und seines Sohnes Konrad. Bewunderung für die Königin entsteht, wenn man diese Frau, deren Ehe zu Beginn von menschlichen Krisen geschüttelt war, getreu an der Seite ihres Gatten sieht, ein leuchtendes Beispiel menschlicher und dynastischer Loyalität und Pflichterfüllung.

Da die süddeutschen Herzöge die Alpenübergänge kontrollierten, zog der König mit seiner kleinen Gefolgschaft durch Burgund. In Besançon wurde Weihnachten gefeiert. Graf Wilhelm von Burgund, ein Verwandter des Königs – er und Heinrichs Mutter, Kaiserin Agnes, waren Enkelkinder Graf Otto Wilhelms von Burgund –, bot dem Königspaar Herberge. Ein gewichtiges Zeichen des mächtigen Burgunders und eine wertvolle Stütze für die angeschlagene Autorität des Königs.

Papst Gregor VII., der sich geweigert hatte, König Heinrich in Rom zu empfangen, überschritt Anfang des Jahres 1077 den Apennin, um am 8. Januar in Mantua, der Stadt seiner Bundesgenossin, der Markgräfin Mathilde, zu erscheinen. Dort wohl erreichte ihn die Botschaft, daß König Heinrich über den Mont Cenis Oberitalien erreicht hatte. Sicher wurde ihm auch bekannt, daß König Heinrich IV. von den lombardischen Bischöfen und Fürsten mit großem Jubel begrüßt worden war.

Heinrich war von Burgund nach Gex, nahe Genf, gezogen. Dort gelang ihm ein weiterer Teilerfolg. Er traf dort seine Schwiegermutter Adelheid, Markgräfin von Turin, die ihm gegen reiche Gunstbezeigungen den Durchzug durch ihr Land erlaubte und sich sogar dem Zug ihres Schwiegersohnes anschloß. Eine einflußreiche Mittlerin sowohl zu den lombardischen Fürsten wie zum Papst.

Der Winter 1076/77 muß von unvorstellbarer Härte gewesen sein. Der Rhein war von Basel bis zur Mündung zugefroren. Ebenfalls war der Po mit seinen zahlreichen Windungen und Ausuferungen zu einer Eiswüste erstarrt.

Die Alpenüberquerung Heinrichs und seiner Getreuen wurde zu einem lebensgefährlichen, halsbrecherischen Unternehmen.

Lampert schildert uns dieses Abenteuer:

»Der Winter war äußerst streng, und die sich ungeheuer weit hinziehenden und mit ihren Gipfeln fast bis in die Wolken ragenden Berge, über die der Weg führte, starrten von so ungeheuren Schneemassen und Eis, daß beim Abstieg auf den glatten, steilen Hängen weder Reiter noch Fußgänger ohne Gefahr einen Schritt tun konnten. Aber die Nähe des Jahrestages (15. Februar), an dem der König in den Bann getan worden war, duldete keine Verzögerung der Reise, denn er kannte ja den gemeinsamen Beschluß der

Fürsten, daß er, wenn er bis zu diesem Tage nicht vom Bann losgesprochen war, verurteilt werde und den Thron ohne jede Möglichkeit einer künftigen Wiedereinsetzung verloren habe. Daher mietete er um Lohn einige Ortskundige, mit den schroffen Alpengipfeln vertraute Eingeborene, die vor seinem Gefolge über das steile Gebirge und die Schneemassen hergehen und den Nachfolgenden auf jede mögliche Weise die Unebenheiten des Weges glätten sollten. Als sie unter deren Führung mit größter Schwierigkeit bis auf die Scheitelhöhe des Berges (Mont Cenis) vorgedrungen waren, da gab es keine andere Möglichkeit weiterzukommen, denn der schroffe Abhang des Berges war, wie gesagt, so glatt geworden, daß ein Abstieg hier völlig unmöglich schien. Da versuchten die Männer, alle Gefahren durch die Kraft ihrer Körper zu überwinden: Sie krochen bald auf Händen und Füßen vorwärts, bald stützten sie sich auf die Schultern ihrer Führer, manchmal auch, wenn ihr Fuß auf dem glatten Boden ausglitt, fielen sie hin und rutschten ein ganzes Stück hinunter, schließlich aber langten sie doch unter großer Lebensgefahr endlich in der Ebene an. Die Königin und die anderen Frauen ihres Gefolges setzte man auf Rinderhäute, und die dem Zug vorausgehenden Führer zogen sie darauf hinab. Die Pferde ließen sie teils mit Hilfe gewisser Vorrichtungen hinunter, teils schleiften sie sie mit zusammengebundenen Beinen hinab, von diesen aber krepierten viele beim Hinunterschleifen, viele wurden schwer verletzt, und nur ganz wenige konnten heil und unverletzt der Gefahr entrinnen.«[1]

Die Ebene war erreicht, und der Weg zum Papst war frei. Der hatte sich, als er von Heinrichs Anrücken hörte, auf die Trutzburg seiner treuen Anhängerin Mathilde, Canossa, zurückgezogen.

Achtzehn Kilometer südwestlich von Reggio nell'Emilia steigt aus der lombardischen Ebene der fünfhundert Meter hohe Felsklotz von Canossa auf. Aufgrund seiner Lage und seiner Ausstattung durch die canunisischen Herren – mit dreifachem Mauerring, mit Pallas, Burgkapelle, Wohn- und Wirtschaftsgebäuden – eines der am schwersten zu überwindenden Kastelle Oberitaliens.

Die Burg ist heute zerfallen. Nur wenige Grundmauern geben Kunde von der Macht der Großgräfin Mathilde, die von hier aus bis Mantua, nördlich des Po, bis hinunter zum Südrand der Toskana herrschte.

Nur die Vorburg Rosanna gibt heute noch Ahnung von einstiger Größe und Macht.

Dem Autor, der an einem brühendheißen Augusttag des Jahres 1995 den Bergkegel besuchte, auf dem sich damals Schicksalsstunden der abendländischen Geschichte vollzogen, wurde ein einzigartiges Naturschauspiel geboten.

In die sengende Hitze hinein prasselte mit schüttenden Wasserkaskaden ein wütender Hagelschauer. Als das Gewitter abgezogen war, lag der Bergklotz von Canossa in weißen, wallenden Nebeln. Und trotz der Augusthitze zwang sich die Empfindung auf, daß dieser den Bergfelsen umwogende Dampfnebel die Schnee- und Eislandschaft des Winters 1077 widerspiegelte.

In der Eiswüste stand Heinrich, der König, und neben ihm seine Frau Berta.

In der Burg verhandelten die Vermittler für die Sache des Königs: seine Schwiegermutter Adelheid von Turin, des Königs Taufpate Abt Hugo von Cluny und auch die Markgräfin Mathilde, Heinrichs Lehnsträgerin und Verwandte. Ihr konnte ein Frieden zwischen König und Papst nur nützlich erscheinen.

Wirklichen Einfluß auf den Papst besaß keiner dieser Würdenträger. Der Papst lebte in seiner Welt, in seinem Rechtskonzept, und die Würde des Papstes war durch den König tief verletzt worden.

Gregor VII. konnte auch gar keinen Frieden und keine Ergebung wünschen. Er wollte ein für allemal den Primat des Papstes festschreiben und sichtbar machen. Auch war er den deutschen Fürsten verpflichtet und wollte in Augsburg seine päpstliche Richterstellung als Weltenherr ausspielen.

Auf der anderen Seite war der Papst Priester, höchster Priester der Christenheit. Auf die Dauer mußte christliche Liebe dem reumütigen, büßenden Sünder verzeihen, ihn wieder aufnehmen in den Schoß der Gemeinschaft der Kirche.

Denn Gregor VII. war nicht der Priester des alttestamentarischen, des rächenden Gottes. Er war der Hohepriester des Gottes der Liebe, des verzeihenden Gottes. Des Gottes, der den reuigen Sünder aufnimmt in das große Haus des Vaters, in dem so viele Wohnungen sind.

In Wirklichkeit war der büßende König auf den Eisfeldern von Canossa der Freiere, freier als der Papst, der auf Dauer einem Verhaltensmuster folgen mußte, das man von ihm zwingend erwartete.

Drei Tage hat der Papst diesen Kampf mit sich, dem Staatsmann und Weltenherrscher und dem Priester des liebenden und verzeihenden Christus, geführt.

Um ihn die adeligen Frauen Mathilde und Adelheid und der große Abt von Cluny, die Gnade und Erbarmen für den König erflehten.

Der König selbst stand vom 25. bis zum 28. Januar 1077 in der klirrenden Eiseskälte vor den Mauern der Felsenburg, bekundete im Büßerhemd und mit bloßen Füßen die Größe seiner Reue. Heinrich hatte seinen Weg erkannt und ist ihn entschlossen gegangen.

Er ist nicht der Versuchung erlegen, den Bitten der lombardischen Großen zu folgen und mit kriegerischer Hand zu nehmen, was ihm der Papst verweigerte. Selbst wenn er in Italien siegreich gewesen wäre, in Deutschland konnte er nicht König sein, wenn er sich nicht vom Bannfluch reinigte. So tat er dann entschlossen, was er tun mußte. Die Bußtage vor der Felsenburg Canossa sind – trotz aller Demütigung – die größten Tage im Leben Heinrichs IV.

Auch der Papst wuchs über sich hinaus. Er überwand den Staatsmann und alle seine hohen Ansprüche an die Welt und wurde zum verzeihenden Priester.

Die unlösbare Frage wurde übergangen, in den Hintergrund gedrückt. Die Frage nämlich: War Heinrich nach der Lösung vom Bann wieder König, oder mußte über die Wiedereinsetzung ins Amt neu verhandelt werden?

Nach Heinrichs Auffassung kam das Königtum aus der Hand Gottes. Der Papst konnte bannen, sakramentale Strafen verhängen und wieder aufheben, konnte binden und lösen, aber die Krone kam von Gott. An dieser Auffassung hat der Salier sein Leben lang festgehalten, auch in den dunkelsten Stunden. Das beweist sein Sicherheitseid, den er dem Papst schwören wird. Doch überlassen wir jetzt Papst Gregor VII. Platz und Raum, das Geschehen von Canossa aus seiner Sicht zu schildern; er schreibt an die deutschen Fürsten, bei denen er sich durch die Aufhebung der Exkommunikation in der Schuld fühlt, folgendes:

»Dort (in Canossa) harrte er (Heinrich) während dreier Tage vor dem Tor der Burg ohne jedes königliche Gepränge auf mitleiderregende Weise aus, nämlich unbeschuht und in wollener Kleidung, und ließ nicht eher ab, unter zahlreichen Tränen Hilfe und Trost des apostolischen Erbarmens zu erflehen, als bis er alle, die dort anwesend waren und zu denen diese Kunde gelangte, zu solcher Barmherzigkeit und solchem barmherzigen Mitleid bewog, daß sich alle unter vielen Bitten und Tränen für ihn verwandten und sich fürwahr über die ungewohnte Härte unserer Gesinnung wunderten; einige aber klagten, in uns sei nicht die Festigkeit apostolischer Strenge, sondern gewissermaßen die Grausamkeit tyrannischer Wildheit.«

Man sieht, Papst Gregor war sich durchaus der Schwierigkeit seiner Haltung gegenüber Heinrich bewußt.

Er fährt weiter fort: »Schließlich wurden wir durch seine ständige Zerknirschung und solches Bitten aller Anwesenden besiegt, lösten endlich die Fessel des Anathems und nahmen ihn wieder in die Gnade der Gemeinschaft und den Schoß der heiligen Mutter Kirche auf, nachdem wir von ihm die Sicherheiten erhalten hatten, die unten aufgeführt sind. Auch erhielten wir deren Bestätigung durch die Hände des Abtes Hugo von Cluny und unserer Töchter Mathilde und Gräfin Adelheid sowie anderer Fürsten, Bischöfe und Laien, die uns von Nutzen schienen.«[2]

Liest man jetzt den Sicherheitseid, den Heinrich geleistet hat, so erkennt man sofort, daß Heinrich seine königliche Position trotz aller Schwierigkeiten behauptete. Der Eid beginnt mit den Worten »Ego Heinricus rex«. »Ich, König Heinrich, werde hinsichtlich der Unzufriedenheit und der Meinungsverschiedenheit, die zur Zeit mir gegenüber bestehen bei Erzbischöfen und Bischöfen, Herzögen und Grafen und sonstigen Fürsten des Reiches der Deutschen sowie bei anderen, die ihnen ebendieser Meinungsverschiedenheiten halber folgen, innerhalb des Zeitraumes, den der Herr Papst Gregor bestimmt, entweder Gerechtigkeit gemäß seinem Urteil oder Einvernehmen entsprechend seinem Rat schaffen, sofern nicht ein eindeutiges Hindernis mir oder ihm entgegensteht; wenn dies nicht mehr besteht, bin ich bereit, dasselbe durchzuführen.

Desgleichen wird der Herr Papst Gregor, wenn er über das Gebirge oder in andere Länder gehen möchte – soweit es mich angeht und diejenigen, die ich zwingen kann –, sicher sein vor jeder Schädigung an Leib und Leben sowie vor Gefangennahme; das gilt für ihn selbst, für sein Geleit und seine Begleitung sowie für diejenigen, die von ihm gesandt werden oder ganz gleich aus welchem Land zu ihm kommen; auf dem Hinweg, bei dem dortigen Aufenthalt und auf dem Rückweg …«[3]

Das für Heinrich entscheidende Wort steht am Anfang des Dokuments: »Ich, König Heinrich«.

Der Papst hat den Eid, in dem Heinrich sein Königtum klar herausstellt, in dieser Form angenommen und ihm nicht widersprochen.

Damit hatte Heinrich IV. seine politische Handlungsfähigkeit wiedererlangt.

Sieger und Besiegte

Viele kluge Federn haben über Canossa geschrieben. Den einen gelingt es, Canossa als Sieg Heinrichs über den Papst zu feiern, die anderen sehen darin einen Sieg des Papstes und die tiefste Demütigung, die die deutsche Krone jemals erfahren hat. Wie man auch argumentieren mag, Canossa wurde zu einer sich nie mehr schließenden Wunde, zum geschichtlichen Trauma der Deutschen.

Fast achthundert Jahre später sagte der deutsche Reichskanzler Fürst Bismarck in seiner berühmten Reichstagsrede vom 14. Mai 1872 den Satz, der dies verinnerlicht und deutlich macht: »Nach Canossa gehen wir nicht – weder geistig noch körperlich!«

So lange hat diese im Jahre 1077 aufgerissene traumatische Wunde der Deutschen geschwärt, und erst heute – in einer Zeit der Überwindung des Nationalen – schließt sie sich.

Dabei ist Canossa weder Sieg noch Niederlage. Es zeigt vielmehr alle Kennzeichen des Kompromisses. Heinrich hatte sich einer tiefen Demütigung unterworfen. Allerdings müssen wir eine Demütigung nicht mit den Augen unserer Zeit sehen. Eine Demütigung vor Gott stand einem christlichen König wohl an. Heinrichs Vater, Kaiser Heinrich III., hatte sich nach gewonnenen Schlachten öffentlich gedemütigt. Aber diese Demütigungen waren Ergebnis freien kaiserlichen Willens. Heinrichs IV. Demütigung war das Ergebnis politischen Zwanges. Aber auch Heinrich II., König von England, unterwarf sich aus politischer Opportunität oder eigenen Schuldgefühlen einer öffentlichen Geißelung am Grabe Thomas Beckets, an dessen Ermordung er sich mitschuldig fühlen konnte.

Der Papst mußte sich von seinen deutschen Bundesgenossen, vor allem von den Sachsen, die bittersten Vorwürfe machen lassen, und seine Position in Deutschland war geschwächt. Die Sachsen schrieben ihm, nachdem sie von Heinrichs Lossprechung erfahren hatten: »Und als jene Lossprechung vom Banne uns durch Euer Schreiben bekannt wurde, da verstanden wir es doch nicht so, daß auch an dem Spruche, welcher der Herrschaft wegen gegen ihn erlassen war, etwas geändert wäre, und auch jetzt noch verstehen wir nicht, wie dieser könnte geändert werden.«[4]

Auch der Augsburger Reichstag, an dem der Papst als Richter über Könige und Fürsten auftreten wollte, fand nie statt. Die Position des Papstes nach den Wintertagen von Canossa ist wohl nicht mehr so stark, wie es den Anschein hat.

Canossa jedoch war für Papst und Kirche ein Langzeiterfolg. König Heinrich IV., der von sich behauptet hatte, daß er durch keine irdische Macht zu richten sei, daß er sein Königtum allein Gott verdanke, hatte die Grenzen seines Königsanspruches überschritten.

Aller Welt war sichtbar geworden: Der sakrale Schein des Königtums – gespendet alleine aus der Gnade Gottes – war im Verblassen. Damit wurde der gekrönte und gesalbte König zum Laien. Das stolze Wort Kaiser Justinians: »Ich bin der dreizehnte Apostel«, hatte seine Gültigkeit verloren. Der König war Teil der laikalen und nicht mehr der sakralen Welt.

Mochten Könige und Fürsten auch weiterhin die stolze Behauptung aufstellen, Könige von Gottes Gnade zu sein, und sollte sich auch der Begriff des Gottesgnadentums bis zu den Duodezfürsten des neunzehnten Jahrhunderts erhalten, er war seit Canossa ein hohles Attribut. Und so schreibt Helmut Beumann in analytischer Klarheit: »Die herrschaftstheologische Legitimation der Königsherrschaft, vor allem über die Reichskirchen, die Grundlage des bisherigen Systems, war in Frage gestellt. Wenn der König dem Laien gleichgestellt wurde, ließ sich die Einsetzung der Reichsprälaten durch ihn als ›Laieninvestitur‹ und als Schmälerung der ›libertas ecclesiae‹ anfechten. Für das Reformpapsttum bedeutete Canossa – ungeachtet des unmittelbaren Dilemmas – einen Meilenstein auf seinem Wege zur Errichtung des hierarchischen Primats, ja zur Führungsmacht der lateinischen Welt, auf dem es auch außerhalb des Reichs unaufhaltsam fortschritt.«[5]

König Heinrich IV. hatte lediglich seine Krone gerettet, die er dann in schweren Kämpfen behaupten mußte.

Canossa war ein historisches Ereignis. Man darf definieren: Nach einem historischen Ereignis ist die Welt anders und wird nie mehr so sein, wie sie war.

Der Tag von Forchheim

Hatten die Legaten des Papstes bei Tribur die Wahl eines Gegenkönigs noch verhindern können, so war jetzt, nach der Absolution Heinrichs IV., bei den Sachsen und den süddeutschen Fürsten kein Halten mehr.

Am 13. März 1077 traten sie in Forchheim unter Anführung Erzbischof Siegfrieds von Mainz – des gleichen Mannes, unter dessen Führung sich die deutschen Bischöfe von Papst Gregor VII. losgesagt hatten – zu einer Reichsversammlung zusammen.

Auch der Papst und Kaiserin Agnes, der die Reichsfürsten einst durch Schwur das Designationsrecht zugestanden hatten, waren eingeladen. Als Heinrich IV. davon erfuhr, versagte er dem Papst das Geleit. Der Papst entsandte zwei Legaten. Ihr Auftrag lautete, die Neuwahl eines Königs zu verhindern. Zu sehr lag dem Papst daran, als Schiedsrichter und Königsmacher in Deutschland aufzutreten. Was den päpstlichen Legaten zu Tribur gelang, konnten sie in Forchheim nicht erreichen. Die Sachsen und die süddeutschen Herzöge waren wild entschlossen, dem Salier die Krone zu nehmen.

Schon die Wahl des Ortes Forchheim war ein Programm. Hatten doch dort die deutschen Fürsten im Jahre 911 den ersten Nichtkarolinger, Konrad I., in freier Wahl zum König erhoben und waren aus der alten karolingischen Erbfolge ausgebrochen. Nach karolingischem Erbrecht hätte Deutschland, besser: das ostfränkische Reich, an den regierenden Karolinger in Paris fallen müssen. An diese Wahl des Jahres 911, in der sich Ostfranken durch Fürstenwahl ein eigenes Königtum setzte, schlossen die deutschen Fürsten zu Forchheim an.

Otto von Northeim stellte seine Ansprüche zurück zugunsten Rudolfs von Rheinfelden, forderte aber von ihm die Wiedereinsetzung in sein ehemaliges Herzogtum Baiern. Hier geboten die päpstlichen Legaten Einhalt und bezeichneten einen solchen Vorgang als Simonie, als Ämterschacher und Ämterkauf. So wurde Rudolf von Rheinfelden zum Gegenkönig gewählt. In kirchlichen Kreisen galt er als Verfechter der Klosterreform von St. Blasien, die nach dem Vorbild von Cluny durchgeführt worden war.

Bei dieser Wahl, in der die Fürsten ihr Selbstbewußtsein demonstrierten, war Rudolf durch seine Ehen der nächste Kognat des salischen Hauses. Hier klingt unterschwellig die germanische Idee der Geblütsheiligkeit durch.

Rudolf von Rheinfelden war einen weiten Weg gegangen. Nun am Ziel, mußte er schwere Einschnitte in die deutschen Königsrechte hinnehmen. Die päpstlichen Legaten setzten durch, daß Rudolf feierlich auf das Investiturrecht der deutschen Könige verzichtete. Die weltlichen Herren engten das Rudolfinische Königsrecht weiter ein. Dem König wurde ausdrücklich versagt, seinen Sohn als Nachfolger zu designieren oder einzusetzen. Die bisherige Erbfolge, jetzt als Gewohnheitsrecht deklariert und abgewertet, wurde außer Kraft gesetzt. Die Kronvergabe sollte ausschließlich den Reichsfürsten vorbehalten bleiben. Damit war dem Königtum jeglicher Sakralcharakter genommen: nicht nur ein Sieg der Fürsten, sondern auch ein Sieg des Papstes.

Auf welch schwankendem Grund sich Rudolfs Königtum bewegte, zeigt eine Begebenheit zu Mainz anläßlich der Königskrönung am 26. März 1077. Bruno hat aufgezeichnet:

»Als nun das Königsmahl des neuen Königs beendet war, kamen die jungen Leute zum gemeinsamen Spiel ... Als aber die Bürger dieses Spiel sahen, entflammten sie zu hemmungslosem Zorn, und da sie dem Exkönig mehr anhingen als dem König (gemeint ist Rudolf), gedachten sie das Spiel zu stören, einen Keim der Zwietracht zu legen, auf daß Streit entstände und der König, wenn er heraus träte, um Ruhe zu stiften, auf irgendeine Weise umkäme ...[6]

Der Kampf um Krone und Reich

Im ausbrechenden Thronstreit in Deutschland hielt der Papst eine gewisse Neutralität. Als der Kardinaldiakon Bernhard am 12. November 1077 zu Goslar Heinrich IV. erneut exkommunizierte, bestätigte der Papst dies nicht einmal. Es scheint, daß er für den Augenblick zwei Könige in Deutschland tolerierte.

Heinrich IV. ergriff jetzt die Initiative und hielt zu Pfingsten 1077 einen Hoftag in Ulm ab. Die süddeutschen Herzöge ließ er durch Fürstengericht absetzen. Das Herzogtum Kärnten hatte er – noch von Italien aus – mit Luitpold von Eppenstein neu besetzt. In Schwaben, dem Herzogtum des Gegenkönigs Rudolf, bewies Heinrich eine besonders glückliche Hand, als er 1079 Friedrich I. von Staufen das Herzogtum zu Lehen gab und dazu seine Tochter Agnes zur Frau. Damit war das künftige staufische Herrscherhaus, das dem deutschen Kaisertum noch einmal Glanz verleihen sollte, an die salische Königsfamilie angesippt. Herzog Friedrich setzte sich in Schwaben gegen Zähringer und Welfen durch, vor allem erfüllte er die wichtige Aufgabe, die Vereinigung der süddeutschen und der sächsischen Saliergegner zu verhindern.

Bischof Otto von Freising, der Geschichtsschreiber und Biograph Kaiser Friedrichs I., übermittelte uns eine Rede, mit der Heinrich IV. den Staufer Friedrich zum Herzog berief. Wenn diese Rede vielleicht auch so nicht gehalten wurde, so sagt sie doch viel aus über die innere Verfassung des Reichs und über die Gemütslage König Heinrichs IV. in dieser Zeit:

»Bester der Männer, den ich unter allen im Frieden als den treuesten und im Kriege als den tapfersten erkannt habe, sieh, wie das römische Reich, von Finsternis eingehüllt ..., sich zu niederträchtigen Anschlägen und verabscheuungswürdigen Taten verleiten läßt; nicht den Eltern wird Ehrfurcht, nicht dem Herrn der schuldige Gehorsam gezollt. Die heiligen Eide, die nach göttlichem wie nach menschlichem Recht den Fürsten von ihren Vasallen öffentlich geleistet zu werden pflegen, werden für nichts geachtet, und eidliche Parteiverpflichtungen, die gegen göttliches und menschliches Recht in Schlupfwinkeln erfolgen, werden unter der Hetzpeitsche des Teufels für heilig gehalten. Keine Achtung wird den Gesetzen, keine Achtung den göttlichen Geboten gezollt. Denn da alle Obrigkeit von Gott stammt, widersteht Gottes Verordnung, wer der Obrigkeit widersteht. (Rom. 13, 1 f.)

So erhebe dich wider die schreckliche Seuche und gürte mannhaft dein Schwert zur Niederwerfung der Feinde des Reiches. Denn ich bin deiner bisherigen Verdienste nicht uneingedenk und werde deiner künftigen nicht uneingedenk sein. Ich werde dir also meine einzige Tochter (Agnes) zur Ehefrau geben und dir das Herzogtum Schwaben, das Berthold an sich gerissen hat, übertragen.«[7]

Natürlich schrieb Bischof Otto von Freising als Onkel Friedrich Barbarossas diese Rede nieder zur höheren Ehre des staufischen Hauses. Dennoch wurde ein richtiges Bild der Zeit erstellt, die geprägt war von Verrat, Zwietracht, Zerstörung der Familienbande, wie Heinrich IV. es bei seinen Söhnen Konrad und Heinrich V. erleben wird. Und die Treue des Staufers, die Bischof Otto von Freising Heinrich in bewegten Worten schildern läßt, sie hat es wirklich gegeben.

Friedrich I. hat in allen Stürmen dieser bewegten Zeit treu zum salischen Haus gestanden und als Dank das Herzogtum Schwaben erhalten und durch die Heirat mit der Königstochter Agnes Aufnahme in die salische Königsfamilie gefunden. Die Kernelemente dieser Rede sind also richtig wiedergegeben.

Die große Irritation des Jahres 1078 ist, daß Papst Gregor VII. an seiner Neutralitätspolitik festhielt und nicht eindeutig gegen den einen oder den anderen König Stellung nahm. Fast scheint es so, daß er sich lieber mit dem Salier einigen mochte, falls dieser sich zum Investiturverbot und den Zielen der Reformkirche bekennen würde.

Diese Haltung des Papstes, aber auch Heinrichs wachsende militärische Kraft führten zu einer Aufweichung des Widerstandes gegen König Heinrich IV.

Für die Kämpfe der Jahre 1078 bis 1080 ist es charakteristisch, daß neben die Stammesgegensätze jetzt auch ständische traten. Den niedrigen Adel Baierns finden wir immer mehr an der Seite des Königs. In Schwaben bekennt sich die Hälfte des Adels zu Heinrich IV. Die immer wieder erhobene Forderung der Reformkirche nach Ehelosigkeit der Priester treibt die niedrige Geistlichkeit in die Partei des Saliers.

Die Schlacht bei Mellrichstadt im August 1078 war zwar kein glänzender Sieg Heinrichs, dennoch ein strategischer Erfolg, da die Vereinigung der Sachsen mit den Schwaben des Gegenkönigs Rudolf verhindert wurde. Hier fielen die Bauern über die fliehenden Gregorianischen Bischöfe her. Erzbischof Werner von Magdeburg wurde von ihnen erschlagen, Bischof Werner von Merseburg ausgeplündert, Erzbischof Siegfried von Mainz und Bischof Albert von Worms wurden gefangengenommen.

Zur gleichen Zeit – die Waage des Krieges schwankte – wurde ein königliches Bauernheer durch die Herzöge Berthold von Zähringen und Welf IV. vernichtend geschlagen. Das lag nicht am mangelnden Mut der Bauern, sondern an fehlender Ausbildung und mangelhafter Bewaffnung. Die Zeit des freien, bewaffneten Bauern, das Idealbild germanischen Kriegertums, war vorbei, der gepanzerte Ritter beherrschte das Feld.

Gestützt auf den Böhmenherzog Vratislaw, suchte der König in Flarcheim bei Mühlhausen am 27. Februar 1080 die Schlacht. Von einem Sieg des Königs oder des Gegenkönigs kann nicht gesprochen werden. Schmerzlich war, daß Heinrich IV. sein Lager verlor mit Vorräten, Waffen, Geld und Gold. Der Gegenkönig mußte hinnehmen, daß sich sächsische Große von ihm abwandten, darunter Markgraf Ekbert von Meißen. Nichtsdestotrotz schrieben die Sachsen in gewohnter Übertreibung an den Papst: »Denn unser König Rudolf, stark in dem, der den Königen Heil gewährt, triumphierte machtvoll über die Feinde des Herrn.«[8] (Gemeint ist wohl die Schlacht bei Mellrichstadt.)

Dann forderten die Sachsen beim Papst dringlich die Exkommunikation und die Absetzung Heinrichs IV.

Aber der Papst entschied sich nicht. Ergebnis seines Taktierens war, daß seine deutschen Verbündeten das Vertrauen in ihn verloren.

War Gregor VII. in den politischen Fragen des deutschen Königreiches auch zögerlich, so war er in den reformerischen Belangen und in der Ausweitung des päpstlichen Primats von fieberhafter Energie.

Schon auf der Ostersynode 1078 suspendierte und exkommunizierte er die Erzbischöfe und Bischöfe Tebald von Mailand, Wibert von Ravenna, Arnulf von Cremona und Roland von Treviso, den Kardinal Hugo von St. Clemente (Hugo Candidus, der Weiße) und Bischof Guido von Narbonne.[9]

Eine päpstliche Synode vom November 1078 hatte schon ein absolutes Verbot jeglicher Laieninvestitur verkündet, wiederum ein Schlag gegen Heinrich IV., der unbekümmert weiter von seinem jahrhundertealten Investiturrecht Gebrauch machte.

Dennoch fühlte sich Heinrich IV. durch die Entwicklung der Jahre 1078 bis zum Frühjahr 1080 so gestärkt, daß er dem Papst den gebührenden Gehorsam anbot mit der Maßgabe der Bannung des Gegenkönigs Rudolf; er drohte sogar mit der Erhebung eines Gegenpapstes.

In der Person Erzbischof Wiberts von Ravenna, des ehemaligen Kanzlers der Kaiserin Agnes, stand ihm ein hochgebildeter und in seiner Integrität auch von seinen Gegnern anerkannter Mann zur Verfügung.

Hatte König Heinrich den Papst zu einer Stellungnahme zwingen wollen, so hatte er jetzt sein Ziel erreicht. Gregor VII., der so lange schwankend zwischen den beiden Königen gestanden hatte, bezog nun Stellung. Er tat dies auf seine ihm eigene, dramatische Art.

Am letzten Tag der Fastensynode 1080 faßte er die Bannsentenz – genau wie die Bannung des Jahres 1076 – in Form eines Gebets:

»Heiliger Petrus, Fürst der Apostel, und Du, heiliger Paulus, Lehrer der Heiden, wollet – so bitte ich – mir Euer Ohr leihen … Die Könige der Erde erhoben sich, und die weltlichen und geistlichen Fürsten, die Höflinge und das gemeine Volk haben sich versammelt wider den Herrn … (Ps. 2, 2).

Unter ihnen hat besonders Heinrich, den sie einen König nennen, der Sohn Kaiser Heinrichs, die Ferse gegen Eure Kirche erhoben und mit zahlreichen Bischöfen jenseits der Alpen und aus Italien sich verschworen, um mich zu stürzen und sich zu unterwerfen. Gegen seinen Hochmut hat sich Eure Autorität gestellt, und Eure Macht hat ihn zerstört. Verwirrt und gedemütigt kam er zu mir in die Lombardei und erbat Lossprechung von der Exkommunikation. Als ich ihn so erniedrigt sah und zahlreiche Versprechen von ihm erhalten hatte, sein Leben zu bessern, gab ich ihn lediglich der Gemeinschaft wieder, dagegen habe ich ihn nicht wieder in sein Königtum, dessen ich ihn in Eurer Synode zu Rom entsetzt hatte, eingesetzt, noch befohlen, daß alle diejenigen, die ihm Treue geschworen hatten oder ihm noch schwören würden, sie halten sollten; davon habe ich alle auf derselben Synode freigesprochen …

Als die genannten Bischöfe jenseits der Alpen indessen bemerkten, daß er seine Versprechen mir gegenüber nicht hielt, verzweifelten sie gleichsam an ihm und erwählten sich – Ihr seid Zeuge – ohne meinen Rat den Herzog Rudolf zum König. Der König Rudolf sandte sofort einen Boten an mich und zeigte mir an, man habe ihn gezwungen, die Zügel der Königsherrschaft aufzunehmen, doch sei er bereit, mir in jeglicher Weise zu gehorchen …

Unterdessen begann Heinrich mich zu bitten, ich möchte ihm gegen den genannten Rudolf beistehen. Ihm antwortete ich, dies gerne zu tun, nachdem ich beider Seiten Gründe gehört hätte, um zu wissen, wen das Recht mehr begünstige. Er aber glaubte, ihn mit Truppen besiegen zu können, und verschmähte meine Antwort. Als er indessen erkannte, nicht erreichen zu können, was er erhoffte, kamen zwei Bischöfe, der von Verdun (Dietrich) und der von Osnabrück (Benno), die zu seinen Gesinnungsgenossen zählten, nach Rom und baten mich im Namen Heinrichs auf einer Synode (Fastensynode 1078), ihm Recht zu schaffen. Dem stimmten auch die Gesandten Rudolfs zu. Schließlich setzte ich, wie ich glaube, auf Eingebung Gottes, während derselben Synode eine Unterredung im Gebiet jenseits der Alpen an, auf daß dort Frieden geschlossen und festgestellt würde, wem das Recht mehr zuneige. Bis heute habe ich nämlich – und Ihr Väter und Herren seid mir Zeuge – nur der Seite helfen wollen, der das Recht günstiger ist.

Und da ich glaubte, daß die weniger im Recht befindliche Seite das Kolloquium nicht wolle, wo das Recht seinen Platz behaupten würde, habe ich alle Personen, ob die eines Königs, Herzogs, Bischofs oder sonst eines Menschen, die das Kolloquium durch irgendeine Erfindung am Zustandekommen hinderten, exkommuniziert und in die Bande des Anathems geschlagen. Der genannte Heinrich mit seinen Begünstigern fürchtete nicht die Gefahr des Ungehorsams, der dem Verbrechen des Götzendienstes gleich ist, und verhinderte das Kolloquium, so rannte er in die Exkommunikation, verstrickte sich selbst in das Anathem …

Dagegen gewähre und gestatte ich, daß Rudolf, den die Deutschen zum König in Treue gegenüber Euch erkoren, das Deutsche Reich regiere und verteidige, und allen, die ihm in Treue anhängen, schenke ich, gestützt auf das, was Ihr uns anvertrautet, Befreiung von allen Sünden und Euren Segen in diesem Leben und in Zukunft.

Wie Heinrich nämlich für seinen Hochmut und Ungehorsam sowie seine Falschheit zu Recht der Königswürde verlustig geht, so wird Rudolf wegen seiner Demut, seines Gehorsams und seiner Aufrichtigkeit Gewalt und Würde des Königtums gewährt …

Handelt nun, bitte ich, Väter und heiligste Fürsten, so, daß alle Welt sieht und erkennet, daß Ihr, wenn Ihr im Himmel binden und lösen könnt, auf Erden Reiche, König-, Fürsten- und Herzogtümer, Markgrafschaften und Grafschaften und aller Menschen Besitzungen einem jedem nach Verdienst nehmen und geben könnt …

Alle Könige und Fürsten mögen nun lernen, wie groß Ihr seid, was Ihr vermögt, und sie mögen fürchten, den Befehl Eurer Kirche gering zu achten. Und vollstreckt möglichst bald Euer Urteil an dem genannten Heinrich, damit alle wissen, daß er nicht zufällig, sondern durch Eure Macht stürzen und zuschanden werden wird; hoffentlich zur Buße, damit seine Seele gerettet werde am Tage des Herrn. Rom, am 7. März in der dritten Indikation (1080).«[10]

Wenn man nach Gründen für den Kampf zwischen Königtum und Papsttum sucht, hier, in dieser Bannsentenz, werden sie offen genannt. Gregor VII. war kein ausgesprochener und persönlicher Feind Heinrichs IV. Im Gegenteil, ein gewisser Konservativismus in ihm hätte lieber den Salier, den Sohn eines Herrscherhauses, das in der dritten Generation das Schicksal des Reiches lenkte und in der Machtausübung erprobt war, auf dem Königsthron gesehen als Rudolf, dem doch das Odium des Thronräubers anhaften mußte. Aber der entscheidende Punkt war, daß der König, wie er auch hieße, sich dem Heiligen Stuhl als Lehnsmann unterwerfe.

Das war das hohe Ziel. Und Gregor VII. warf sich nun mit aller ihm innewohnenden Leidenschaft gegen Heinrich. Am 13. April 1080, dem zweiten Ostertag, verstieg sich Gregor VII. dazu, den bevorstehenden Untergang Heinrichs zu verkünden, und wenn seine Weissagung nicht eintreffe, möge ihm nicht mehr Glauben geschenkt werden.[11]

Wäre das deutsche Königreich, das mächtigste der Zeit, in die römisch-päpstliche Vasallität eingetreten, welcher andere König hätte dann noch widerstehen können?

Zwar wäre dann auch der Traum vom Augustinischen Gottesstaat nicht erfüllt gewesen, denn der Gottesstaat wollte über die Welt hinauswachsen, aber das Abendland wäre, zumindest für eine gewisse Zeit, unter dem päpstlichen Zepter vereint gewesen. Vielleicht wollte Gregor VII. in seinen Visionen die Macht über die Welt noch nicht einmal für sich. Viele Quellen berichten, daß er ein bescheidener und in gewisser Form auch demütiger Mensch war. Aber daß er sich als ein Werkzeug göttlichen Willens sah, das verlieh ihm die vehemente, explosive Stoßkraft seines Wesens. Was er wollte, war die absolute Macht der Kirche über die Welt, und er sah sich und die folgenden Päpste als Erfüller göttlichen Willens.

Und dabei stand König Heinrich IV. im Weg. Seine menschlichen Schwächen und Fehler waren nicht sein Verhängnis – er entsprach sicherlich dem moralischen Niveau der Fürsten seiner Zeit. Nein, sein Schicksal war, daß er sich dem päpstlichen Machtstreben entgegenstellen mußte. Von Großvater und Vater her, eingebunden in den Gedanken eines von Gott gespendeten Königtums, war es ihm unmöglich, sich als König von Papstes Gnaden, als obersten Vasallen des Papstes zu sehen.

Heinrichs Tragik war, daß ihm in Papst Gregor VII. ein glühender, entflammter Prediger des Reformpapsttums entgegenstand und daß sich das Wort von der »Freiheit der Kirche« wie ein Steppenbrand fortfraß und eskalierte in »Alle Macht der Kirche«. Das Ziel – Papst Gregor sprach es in seiner Bannsentenz klar aus – war, »auf Erden Reiche, König-, Fürsten- und Herzogtümer, Markgrafschaften und aller Menschen Besitzungen, einem jeden nach seinem Verdienst, nehmen und geben zu können«.

Dies war der Herrschaftstraum einer Tyrannis, die alle Vorstellungen römischer Cäsaren übertraf.

Der Papst wurde zwar nicht mit Gott gleichgesetzt, aber als der unbedingte Erfüller göttlichen Willens gesehen. Der Lebenskampf König Heinrichs IV. galt dem Ziel, daß sich dies nicht vollziehe. Das läßt diesen Fürsten in einem anderen Licht erscheinen, als ihn der verehrte Ferdinand Gregorovius sah, der urteilt: »Dieser charakterlose König warf sich von einem Extrem in das andere; sich verlassen findend, schleuderte er seine Waffen von sich und stürzte sich von der Höhe königlichen Stolzes wie ein Selbstmörder in die tiefste Schmach, an die Knie des Feindes, der ihm staunend seinen Fuß in den Nacken setzte.«[12]

Der Gegenschlag von Brixen

Die zweite Bannung Heinrichs IV. hatte nicht mehr die gleiche Wirkung wie die erste. Die Waffe der Bannung war ein empfindliches Instrument. Je weniger man sie gebrauchte, desto schärfer, je öfter man zuschlug, um so stumpfer wurde sie. Gregor hatte Heinrich IV., den französischen König, zahlreiche Prälaten, alles, was sich ihm nicht beugte, gebannt. Nun hatte sein Bannstrahl an Härte verloren. Heinrich IV. holte zum Gegenschlag aus. So stark war seine Stellung in Deutschland geworden, daß er am 31. Mai in Mainz neunzehn Bischöfe zu einem Konzil versammeln konnte, die im Gegenzug die Absetzung Papst Gregors VII. – wie zuvor in Worms – beschlossen. Jetzt aber ging Heinrich IV. einen entscheidenden Schritt weiter. Er eilte nach Brixen, ideal gelegen für lombardische, burgundische und deutsche Bischöfe, und eröffnete am 25. Juni 1080 unter seinem Vorsitz eine Synode.

Gestützt auf den Entschluß der neunzehn deutschen Bischöfe zu Mainz, setzte die Synode – bestehend aus zwanzig italienischen, sechs deutschen und einem burgundischen Bischof – Papst Gregor VII. ab. Unterschrieben wurde der Absetzungsbeschluß von Kardinal Hugo dem Weißen für alle römischen Kardinäle. Grollend verkündet das Dekret:

»Die Ordnung der Kirche hat er (Gregor VII.) umgestürzt, die Leitung des christlichen Imperiums verwirrt, er will für den katholischen und friedliebenden König leiblichen und geistlichen Tod …

Deshalb, und gestützt auf die Briefe und Boten der neunzehn Bischöfe, die sich am letzten Pfingsttag zu Mainz versammelt hatten, fällen wir, die wir im Namen Gottes vereint sind, das Urteil, daß dieser maßlos unverschämte Hildebrand, der Gottesraub und Brand predigt, der Meineid und Mord verteidigt, der den katholischen und apostolischen Glauben über Leib und Blut des Herrn als alter Schüler des Ketzers Berengar (von Tours) in Zweifel zieht, der offenkundige Anhänger von Phantastereien und Träumen, der Zauberer und Wahrsager und darum vom wahren Glauben Abtrünnige, den kirchlichen Satzungen gemäß abzusetzen und auszutreiben ist und daß er, wenn er nach unserem Richterspruch nicht selbst seinen Sitz verläßt, für immer zu verdammen ist. Ich, Hugo Candidus, Kardinalpriester der heiligen römischen Kirche für die Region des heiligen Clemens im dritten Bezirk der Stadt, habe zugestimmt, daß dieses Dekret von uns verbreitet werde, und habe unterschrieben im Namen aller römischen Kardinäle.«[13] Es folgen siebenundzwanzig Unterschriften von Erzbischöfen und Bischöfen sowie die Unterschrift des Königs.

Aus dieser Unterschriftenliste ergibt sich, daß fast alle Bischöfe der Lombardei und der Mark Verona-Aquileja unter Führung ihrer Erzbischöfe auf der Seite des Königs standen. Reichsitalien stellte sich gegen den Papst und votierte für das Reich.

Man sieht, Papst Gregor VII. war in seiner Kirche nicht so unangefochten, und König Heinrich war nicht so schwach, wie es manchmal scheint oder dargestellt wird.

Gestützt auf das Votum der neunzehn deutschen Bischöfe in Mainz und auf die eindrucksvolle Versammlung von Brixen, holte Heinrich zum vernichtenden Schlag aus. Er ließ Erzbischof Wibert von Ravenna am 25. Juni 1080 von der Brixener Synode zum Gegenpapst wählen. Der neue Papst Clemens III. brachte neben seiner hervorragenden Bedeutung als Erzbischof von Ravenna und besonderen persönlichen Gaben auch ein eigenes politisches Gewicht ins Zeitgeschehen ein.

Die Erzbischöfe von Ravenna hatten als geschworene Widersacher der Päpste seit dem zehnten Jahrhundert eine fürstengleiche Macht erlangt. Der Exarchat, die älteste Provinz des karolingischen Kirchenstaates, konnte sich im Laufe der Zeit der päpstlichen Hegemonie entziehen und ein Besitz, sogar ein eigenes Staatsgebilde unter der Herrschaft der ravennatischen Erzbischöfe werden. Souverän verliehen sie Grafenrechte an ihre erblichen Vasallen, und sie selbst erhielten ihren alten Besitz nicht von den Päpsten, sondern aus der Hand des Kaisers. So war auch Wibert im Jahre 1072 von König Heinrich IV. mit dem Erzbistum Ravenna belehnt worden und hatte sogar durch Papst Alexander II. die Konsekration erhalten.

So war in der Person Wiberts dem Papst Gregor ein Gegenspieler aufgebaut, der sich aufs beste bewähren sollte: Am 31. März 1084 wird er seinen König Heinrich IV. in Rom zum Kaiser krönen.

Die Versuche Gregors VII., Wibert von Ravenna anzugreifen,

scheiterten vor allem daran, daß die von den Normannen versprochenen Hilfstruppen nicht eintrafen.

Gleich schwer traf den Papst, daß die Aufgebote seiner Verbündeten, der Markgräfin Mathilde, von königstreuen Lombarden bei Castell Volta geschlagen wurden, so daß sich die Markgräfin auf ihre festen Burgen und Plätze zurückziehen mußte.

Eine verlorene Schlacht wird zum Sieg

Um seine Brixener Beschlüsse ausführen zu können, brauchte Heinrich Rückenfreiheit. Das heißt: einen Sieg über die deutschen Rebellen und ihren Gegenkönig Rudolf. Er muß überzeugt gewesen sein, daß diese Schlacht über sein Schicksal und das der salischen Dynastie entscheiden werde.

Diese Überzeugung spiegelt sich darin, daß er am Vortag der Schlacht, am 14. Oktober 1080, der Kirche von Speyer eine bedeutende Schenkung machte. Er selbst stellte sich unter den Schutz der Gottesmutter, der diese Kirche geweiht war und die die Schutzpatronin seiner Vorfahren war.

Am 15. Oktober trafen die feindlichen Heere an der Elster aufeinander. Das Heer des Gegenkönigs Rudolf wurde von dem kriegserfahrenen Otto von Northeim geführt, dem einzigen wirklichen Feldherrn in diesen Jahren. Und was nicht sein durfte, trat ein. König Heinrich IV. verlor die Schlacht und mußte von der Walstatt fliehen. In den Jubel der Sachsen und der mit ihnen Verbündeten fiel die Nachricht vom Tod des Gegenkönigs Rudolf. Zum Lanzenstich in den Leib kam eine andere Verwundung von tiefer symbolischer Bedeutung hinzu. Ihm war die rechte Hand abgeschlagen. Für die Menschen jener Zeit ein sicheres Zeichen, daß dies ein Gottesurteil war: der Verlust der Schwurhand, mit der er einmal seinem König Heinrich IV. die Treue geschworen hatte, dem König, den er später durch sein Gegenkönigtum verraten hatte.

Auch Papst Gregor VII. traf der Schwertstreich an der Elster; er, der den nahen Untergang des verfluchten Königs Heinrich IV. und den Sieg des von ihm gesegneten Königs Rudolf prophezeit hatte, sah sich als ein Betrogener seiner Worte. Mit dem Tod Rudolfs sank der Stern Papst Gregors VII.

Die Anhänger König Rudolfs gaben dem Manne, auf dem ihre

Hoffnungen geruht hatten, im Dom von Merseburg ein ehrendes Grab. Das Bildnis des Toten auf der bronzenen Grabplatte ist von bezwingender Kraft und ein fast beispielloses Kunstwerk seiner Zeit.

Man widmete ihm die rühmenden Worte: »Hier liegt König Rudolf im Grabe, der für das Gesetz der Väter starb. Beweint ihn, denn hätte er in Zeiten des Friedens geherrscht, kein König seit Karl käme im Rat und im Kampfe ihm gleich. Als die Seinen siegten, starb er als heiliges Opfer des Krieges. Der Tod war ihm Leben, denn er fiel für die Kirche.«

Die Legende erzählt, als Heinrich IV. das Grab besuchte, habe man ihn gefragt, ob er an dem Prunkgrab seines Gegners nicht Anstoß nehme.

Heinrich IV. soll geantwortet haben: »Nein, ich wünschte, alle meine Feinde lägen in solch prächtigen Gräbern.«

Mit dem Tod Rudolfs von Rheinfelden verlor das Gegenkönigtum seine Bedeutung. Kein hervorragender Fürst trat die Nachfolge an. Erst am 6. August 1081, fast zehn Monate nach Rudolfs Tod, einigte man sich auf einen recht unbedeutenden Fürsten, Hermann von Salm, den Sohn Graf Giselberts von Lützelburg. Am 28. September 1088 fiel Hermann bei einem lokalen Gefecht vor den Mauern der Burg Cochem.

Der Kampf um die Kaiserkrone

Seit dem Menetekel an der Elster war es in Deutschland zu einem Stimmungsumschwung zugunsten Heinrichs IV. gekommen. So konnte er es wagen, nach Italien zu ziehen und mit kriegerischer Hand seinen Papst, Wibert, auf den Heiligen Stuhl zu setzen.

Der Papst schätzte seine Position realistisch ein. In einem Brief an den Gregorianischen Bischof Altmann von Passau schreibt er im März 1081: »Wir teilen Euch Lieben mit, daß fast alle unsere Getreuen auf die Kunde vom Tod König Rudolfs (am 16. Oktober 1080) seligen Angedenkens hin sich bemühen, uns mit ständigen Mahnungen dazu zu bewegen, Heinrich, der – wie Ihr wißt – schon früher bereit war, einiges für unseren Vorteil zu tun, *und dem fast alle in Italien ihre Gunst zuwenden,* in Gnaden bei uns aufzunehmen; sie fügen hinzu, daß, falls er nicht entsprechend seinem Wunsch und Bemühen Frieden mit uns haben könne und nach Italien gegen die heilige Kirche ziehen werde, vergeblich auf Eure Hilfe zu hoffen sei. Nun scheint es nicht so schlimm, wenn diese uns fehlen sollte, da wir seinen hochfahrenden Stolz nur wenig achten. Wenn aber unserer Tochter Mathilde – Ihr kennt den Geist Ihrer Vasallen – keine Unterstützung von Eurer Seite zuteil wird, was bleibt dann übrig, als daß sie, falls ihre Leute Widerstand verweigern – *zumal diese sie in dieser Angelegenheit für wahnsinnig halten* –, gezwungenermaßen seinem Frieden zustimmt oder alles verliert, was sie zu besitzen scheint? Darum bedarf es Eurer größten Anstrengung, ihr Gewißheit zu geben, ob sie sicher auf Eure Hilfe rechnen kann.«[14]

Trotz dieser Erkenntnis war Gregor VII. nicht bereit, seine Politik zu ändern und den politischen Verhältnissen anzupassen. Vielmehr schreibt er dem neu zu wählenden deutschen König, dem Nachfolger Rudolfs, folgenden Eid vor:

»Von nun an und fürderhin werde ich dem heiligen Apostel Petrus und seinem Stellvertreter Gregor, dem derzeitigen Papst, treu sein in aufrichtiger Treue. Und alles, was mir der Papst mit den Worten: ›bei wahrem Gehorsam‹ vorschreibt, werde ich getreulich beachten, wie es eines Christen Pflicht ist. Hinsichtlich der Regelung über Kirchen, Grundbesitz und Zins, die Kaiser Konstantin und Karl dem heiligen Petrus gaben, sowie aller Kirchen und Güter, die dem apostolischen Stuhl von Männern und Frauen irgendwann übertragen und gewährt wurden oder in meiner Gewalt sind oder sein werden, werde ich mich so mit dem Papst einigen, daß ich nicht in die Gefahr des Gottesfrevels und Verderbens für meine Seele gerate.

Auch werde ich Gott und dem heiligen Petrus mit Christi Hilfe gebührende Ehre entgegenbringen und zu Nutze sein. Und an dem Tag, an dem ich ihn zuerst sehe, werde ich in Treue durch meine Hände des heiligen Petrus Vasall werden.«[15]

Diese Überspitzung päpstlicher Allgewalt – die Forderung nach bedingungslosem Gehorsam des deutschen Königs und schließlich die Degradierung des deutschen Königtums in die päpstliche Vasallität – brachte die Gregorianischen Bischöfe in Deutschland in eine ebenso schwierige wie peinliche Lage. Sie war dem Volk kaum vermittelbar.

Waren doch zu viele Unternehmungen des Papstes in letzter Zeit gescheitert. Sein König Rudolf war glücklos untergegangen, und der Versuch, mit einem normannischen Heer Ravenna zu erobern und Wibert, den Gegenpapst Clemens III., zu züchtigen, war fehlgeschlagen. Papst Gregors VII. Verbündeter, der Normannenherzog Robert Guiscard, war in byzantinische Eroberungen verstrickt und konnte – trotz päpstlicher Bitten – seinem Lehnsherrn nicht zu Hilfe kommen. Wir hören Gregors Hilfeschrei, der unerhört verhallt: »Denn Du weißt genau, welcher Sturm durch den sogenannten König Heinrich gegen sie (die Kirche) heraufgezogen ist und wie sehr sie der Hilfe durch Dich, ihren Sohn, bedarf. Sieh also zu, daß die Mutter Kirche sich nicht weniger über Deine ergebene Hilfe freuen darf, als der Sohn der Sünde sich zu widersetzen bemüht ist.«[16]

Im April 1081 überschritt Heinrich IV. die Alpen und zog in die Lombardei ein. Hier wurde er von seinen Anhängern umjubelt. Heinrichs Stärke in der Lombardei und der Mark Verona-Aquileja war schon in der Bischofsliste des Brixener Konzils zum Ausdruck gekommen. Jetzt setzte sie sich um in militärische Macht. Die reichstreuen Lombarden hatten die Truppen der Markgräfin Mathilde ein Jahr zuvor geschlagen, so daß sich ihm hier geringer Widerstand entgegenstellte. Einzig die ansonsten wankelmütigen Römer standen treu zum Papst.

Heinrich sandte von seinem Feldlager aus einen Brief an die Römer. Er wollte ihre Vorbehalte zerstreuen und schrieb:

»Nun aber, da wir nicht durch unsere, sondern durch Gottes Kraft Leben und Übermut der wildesten Feinde völlig vernichtet haben und die Glieder des in Aufruhr versetzten und in sich zerrissenen Reiches zum größten Teil wieder zusammengefügt haben, wollen wir zu Euch kommen, um die uns zustehende erbliche Würde (die Kaiserwürde) mit Eurer gemeinsamen Zustimmung und Gunst von Euch zu empfangen und Euch den verdienten Dank auf jede nur ehrenhafte Art abzustatten.«[17]

Pfingsten 1081 schlug Heinrich IV. auf den neronischen Wiesen vor Rom ein befestigtes Lager auf. Aber Heinrich, der auf die Gunst der Römer gebaut hatte, sah sich getäuscht. Die Römer standen zum Papst.

Ende Juni 1081 brach Heinrich die Belagerung Roms ab. Seine Kräfte waren zu schwach, die Ewige Stadt zu nehmen. Auch hatte er wohl die Geldmittel unterschätzt, über die Gregor VII. verfügte, um die Treue der Römer zu festigen.

Er blieb aber in Italien aktiv. Ob es eine Prestigetat oder gerechter Zorn des deutschen Königs gegen die Markgrafen von Tuszien war, die durch Kaisergunst in ihre beherrschende Stellung in Italien – von Mantua bis in die Toskana – gekommen waren, jedenfalls berief er zu Lucca ein Fürstengericht ein, das die Markgräfin Mathilde als Hochverräterin ächtete.

Diplomatie und Kampf

Auf beiden Seiten wurden phantastische Pläne gesponnen. Heinrich IV. warb beim Normannenherzog Robert Guiscard für seinen Sohn um die Hand von Roberts Tochter. Darüber hinaus sollte der kriegerische Normanne Heinrichs IV. Stellvertreter in Italien werden. Seine persönliche Macht sollte um die Herzogtümer Spoleto und Fermo erweitert werden, die das Papsttum nach dem Tod Kaiser Heinrichs III. widerrechtlich okkupiert hatte. Robert Guiscard winkte höflich ab, seine Interessen zielten nach Byzanz.

Auch dem Papst schwebte eine neue Machtkonstellation vor, ein päpstlich-byzantinisch-normannisches Weltreich.

Heinrich schlug sein Hoflager in Albano auf, nahe dem normannischen Capua. Was ihm bei Robert Guiscard mißlungen war, erreichte er hier: In Capua herrschte ein Verwandter Robert Guiscards, der Normannenherzog Jordan. Dieser trat in die Vasallität des Reiches und beugte das Knie vor Heinrich IV. als Lehnsherrn. Dem Papst, in dessen Vasallität er bisher gestanden hatte, kündigte er die Treue auf. Damit war der Einfluß des Papstes in Süditalien aufgesplittert und auch die Einigkeit der Normannenfürsten zerschlagen.

Ein weiterer Erfolg war Heinrich beschieden. Er forderte Abt Desiderius von Monte Cassino, einen Vertrauten Papst Gregors VII., auf, sich in seinem Hoflager einzufinden. Eine schwere Zumutung für den Kardinalabt. Durfte er doch als Anhänger Papst Gregors VII. nicht mit einem Gebannten verkehren. Der Abt war in einer schlimmen Lage. So bot er sich an, eine Versöhnung zwischen Papst und König zu vermitteln.

Heinrich gab nicht nach. Er forderte seinen neuen Vasallen, Herzog Jordan, auf, das ehrwürdige Kloster des heiligen Benedikt auf dem Monte Cassino zu zerstören, falls der Abt nicht erscheine, um die königliche Investitur seiner Ämter entgegenzunehmen.

Der Abt erklärte unter Gewissensqualen, er wolle lieber sein eigenes Seelenheil aufs Spiel setzen, als das Erbe des heiligen Benedikt untergehen zu lassen. So ritt er mit normannischer Begleitung zum Königslager, weigerte sich aber noch tagelang, dem König den Treueid zu leisten oder sich von ihm investieren zu lassen.

Die Glückssträhne Heinrichs setzte sich fort: Im Hoflager von Albano erschien eine Gesandtschaft des byzantinischen Kaisers und überbrachte große Hilfsgelder, um den König zum Kampf gegen den Normannenherzog Robert Guiscard zu veranlassen. Die Zeit der knappen Kassen war jetzt vorbei, und byzantinisches Gold half, die Einstellung der Römer zu ändern.

All dies änderte nicht die Unbeugsamkeit des Papstes. Heinrich sandte Bischof Benno von Osnabrück zur Kurie nach Rom. Dieser war der einzige seiner Vertrauten, der sich einer Unterschrift des Brixener Absetzungsdekrets entzogen hatte, um, so die Begründung, mit beiden Seiten Frieden zu bewahren.

Aber auch dieser geschickte Mann versagte. Unerbittlich bestand der Papst auf Unterwerfung und vollkommenem Investiturverzicht.

Zum drittenmal rückte Heinrich gegen Rom vor. In mehreren Sturmläufen wurde er abgewiesen. Dann wird von einem Gotteswunder berichtet. Ein Knappe sammelte vor den Mauern Roms Pfeile ein und stellte fest, daß sich die Besatzung wegen der brütenden Mittagshitze zurückgezogen hatte. Die rasch verständigten Männer des Königs, Vasallen Erzbischof Tebalds von Mailand und Sachsen unter der Führung Wigberts von Thüringen, erstiegen die Mauern und eroberten einen Turm. Wie eine Flutwelle ergossen sich die Truppen Heinrichs in die Stadt. Man sagt, daß Gottfried von Bouillon sie am 2. Juni 1083 als erster betreten habe.

Die Nennung dieser Namen macht die Kompliziertheit und die innere Zerrissenheit der Verhältnisse klar. Gottfried von Bouillon aus dem Hause Lothringen – das der Klosterreform nahe- und dem König immer ferngestanden hatte, bis auf die Zeit Gottfrieds des Buckligen –, mailändische Vasallen des Erzbischofs Tebald und schließlich Sachsen unter der Führung Wigberts von Thüringen, alle diese Gegensätze waren im königlichen Heer vereint.

Rom wurde erobert. Aber die Erfüllung war es nicht. Denn es gelang dem Papst, unter dem Schutz der mächtigen Familie der Pierleone, sich in der Engelsburg zu verschanzen.

Heinrich hatte schon im Vorjahr versucht, die römische Kurie vom Papst abzuspalten, indem er einen Brief an die römischen Kardinäle schrieb, in welchem folgende Passagen hervorstechen:

»Sagt ihm (dem Papst), er möge kommen und der Kirche geben, was ihr zusteht, niemanden außer Gott habe er zu fürchten. Er soll eidliche Zusicherungen erhalten und Geiseln von uns empfangen, daß er in Sicherheit zu uns kommen und in Sicherheit zu Euch zurückkehren kann, ganz gleich, ob er nun auf dem Apostolischen Stuhl bleiben darf oder abzusetzen ist …

Seht, wir werden, so Gott will, zur festgesetzten Zeit nach Rom kommen, wenn er will, soll es dort geschehen; wenn es ihm aber mehr zusagt, uns mit unseren Boten entgegenzukommen, so sind wir auch damit einverstanden. Ihr aber, so viele ihr wollt, kommt mit ihm, höret und urteilt. Wenn er Papst sein soll und kann, werden wir ihm gehorchen; wenn aber nicht, soll nach unserem und Eurem Spruch der Kirche ein anderer bestellt werden, einer, der der Kirche nottut … Er (der Papst) sei versichert, daß keine Gefahr für sein Leben besteht, selbst wenn er nach Eurem Urteil und dem kanonischen Recht die Würde verlieren muß, die er zu Unrecht besaß. Wir sind bereit, nichts ohne Euch, sondern alles mit Euch zu tun, wenn wir nur sehen, daß Ihr unseren Wohltaten keinen Widerstand leistet.«[18]

Heinrich IV. verlangte von den Kardinälen eine Synode, entweder in Rom oder in seinem Feldlager, und ein Urteil über Papst Gregor VII.

Im Grunde konnten weder Papst noch König eine Synode wollen. Papst Gregor konnte nur seine Gregorianischen Bischöfe laden und nicht die gebannten Bischöfe an Heinrichs Seite. Daß Heinrich sich keinem Konzil Gregorianischer Bischöfe stellen wollte, war offensichtlich.

So brach Heinrich sein Versprechen und hinderte die Gregorianischen Bischöfe daran, nach Rom zu reisen, namentlich Gregors treueste Anhänger, Hugo von Lyon und Anselm von Lucca. Die Gesandten des deutschen Gegenkönigs Hermann von Salm nahm er gefangen, ebenso den päpstlichen Legaten Kardinal Otto von Ostia, der auf dem Weg zum Gegenkönig war. Das dadurch notwendigerweise schlechtbesuchte Novemberkonzil konnte keine Ergebnisse erzielen. Heinrich IV. zog sich enttäuscht nach Kampanien zurück und bekämpfte dort die Anhänger des Papstes.

Der Sieg

In Rom zersetzte sich die päpstliche Macht. Als Gregor VII. Kirchengut und goldene Geräte einziehen wollte, um den Kampf gegen Heinrich weiter zu finanzieren, widersetzte sich der Klerus. Dreizehn Kardinäle kündigten dem Papst die Treue auf. Dies war ein harter Schlag. Trotzdem beugte sich der Greis in der Engelsburg nicht.

Da riefen die Römer Heinrich IV. Sie teilten ihm mit, Rom sei seine Stadt.

In Eilmärschen kehrte Heinrich IV. nach Rom zurück. Am 31. März 1084 rückte er durch das Tor St. Johann, wie einstmals der Gotenkönig Totila, in Rom ein. An seiner Seite waren seine Gemahlin Berta, deutsche und italienische Bischöfe und Herren und der Gegenpapst, Clemens III.

Residenz wurde im Lateran bezogen.

Wie überraschend für ihn dieser Sieg und der Umschwung der Gefühle gekommen waren, schrieb er in einem Brief an Bischof Dietrich von Verdun:

»Am Fest des heiligen Benedikt (21. März 1084) sind wir in Rom eingezogen … Unglaublich scheint nämlich, was sich doch als volle Wahrheit erweist: Wenn das, was in Rom geschehen ist und der Herr sozusagen mit zehn Menschen an uns getan hat, unsere Vorgänger mit zehntausend getan hätten, wäre es für alle ein Wunder. *Als wir schon alle Hoffnung, Rom zu gewinnen, aufgeben und nach Deutschland zurückkehren wollten,* da schickten die Römer Gesandte, baten, wir möchten in Rom einrücken, und versprachen, uns in allem gehorsam zu sein … Bei Gott! Bei solchem Stand der Dinge können wir wahrhaftig sagen, daß ganz Rom in unserer Hand ist, mit Ausnahme jenes Kastells, in dem Hildebrand eingeschlossen ist …

Wisse, dieser Hildebrand ist nach dem rechtmäßigen Urteil aller Kardinäle und des ganzen römischen Volkes verworfen worden; unser erwählter Papst Clemens wurde durch Zuruf aller Römer auf den Apostolischen Stuhl erhöht, und wir wurden von Papst Clemens unter dem Jubel des ganzen römischen Volkes zum Kaiser gekrönt und geweiht (31. März 1084).[19]

Der jetzt vierunddreißigjährige König war am Ziel. Er trug die Kaiserkrone, wie vor ihm sein Vater und sein Großvater. Das salische Haus triumphierte.

Aber schon kam, wie immer im bewegten Herrscherdasein Kaiser Heinrichs IV., der Gegenschlag.

Robert Guiscard hatte die Aufstände in seinem Machtbereich niedergeschlagen und konnte jetzt dem bedrängten Papst in der Engelsburg zu Hilfe eilen. Er brach Anfang Mai 1084 mit sechstausend Reitern und dreißigtausend Mann Fußvolk, Normannen, Kalabriern und den gefürchteten Sarazenen Siziliens, auf. Bedrohliche Scharen, gefürchtet wegen ihrer Kampfkraft wie ihrer barbarischen Grausamkeit.

Der Kaiser erkannte schnell, daß er diesem Heer mit seinen geringen Truppen nicht standhalten konnte. Am 21. Mai 1084 nahm er im Gefolge Papst Clemens III. die Flaminische Straße nach Civitè Castellana und zog von dort weiter nach Norden.

Das Ende Papst Gregors VII.

Und Rom, das sich ihm ergeben hatte, Rom ließ der Kaiser, schrecklichen Feinden preisgegeben, zurück. Aber hätte er sich mit seiner geringen Truppenmacht dem normannischen Feldherrn entgegenwerfen können und sollen und alles Erreichte aufs Spiel setzen?

Während Heinrich IV. abzog, umschwärmten schon die ersten Streifscharen der Normannen die Stadt. Am 24. Mai 1084 stand der Normannenherzog vor Rom. Er bezog Lager und wartete drei Tage, vorsichtig, ob Heinrich ihn nicht in einen Hinterhalt gelockt hatte. Dann erstiegen seine Ritter das Tor San Lorenzo, brachen die Porta Flaminia, und der siegreiche Herzog drang in die Stadt ein und befreite den Papst in der Engelsburg.

Robert Guiscard war wohl der gewaltigste Kriegsfürst seiner Zeit. Er hatte in Albanien die Heere des oströmischen Kaisers geschlagen, jetzt den Kaiser des Westens vertrieben, Rom erobert und Papst Gregor VII. befreit. Ein seltsames Paar, diese beiden: der blutige, grausame Normanne, der sich den Namen »terror mundi«, Schrecken der Welt, erworben hatte, der Mann, der jeden Widerstand brach, und der Papst, der durch keinen Widerstand zu brechen war.

Was sie verband, war der Wille zur Macht. Von dem Normannen nie geleugnet, vom Papst mit der Lebenslüge drapiert, alles für Gott und seine Kirche – im Auftrag des Apostels – zu tun.

Nun brannte zu ihren Füßen Rom, das Herzog Guiscard seinen Normannen zur Plünderung freigegeben hatte.

Entfesselte Horden erschlugen Frauen, Männer und Kinder. Tempel und Altäre stürzten ein, eine Woge von Haß und Wut überflutete die Stadt.

Das brennende Rom war der Preis, den Papst Gregor VII. für seine Freiheit, seine Idee von einer Welt, die durch die Kirche regiert würde, zahlte.

Keiner der Zeitgenossen hat berichtet, daß Gregor VII. bei den Normannen Gnade für seine Stadt erflehte, die so lange für ihn gekämpft und zu ihm gestanden hatte. Kein Wort der Trauer wurde von ihm vernommen. Hatte dieser Papst, besessen von der Unbedingtheit seiner Ideen, den Bezug zur Wirklichkeit und zur Menschlichkeit verloren?

Nachdem sie ihre Verwüstungsarbeit beendet hatten, zogen die Normannen ab. In ihrer Begleitung Papst Gregor VII., der in Rom nicht mehr bleiben konnte, weil ihn die Wut der Römer als Mittäter an der Zerstörung Roms hinweggefegt hätte.

Erste Aufnahme fand er im Kloster Monte Cassino bei Abt Desiderius, dem ehemaligen Freund, den er mit dem Bann geschlagen hatte. Desiderius, Sohn langobardischer Herzöge, war großmütig zu Gregor, dem Sohn eines Grobschmieds zu Soana in der Toskana. Auch als Gregor weiterzog, zahlte Desiderius dessen Unterhalt in Salerno, wo der Papst am 25. Mai 1085 starb.

Leben und Tod Gregors VII., von den einen verehrt und bewundert, von den andern gehaßt und verkannt, können melancholisch stimmen. So bewundernswert seine Ziele und Träume erscheinen, liegt doch über all seinem Tun, seiner Größe, seiner Unbedingtheit der Schleier der Vergeblichkeit. »Das Unmögliche wollen, um das Mögliche zu erreichen«, scheint eine gängige Formel. Gregor aber hat das Mögliche nicht erreicht, weil er sich von den wirklichen Zielen der Reformkirche entfernte. Freiheit der Kirche von weltlicher Gewalt, das war der Ruf, der die Herzen erreichte. Aber Herrschaft der Kirche, nein, Herrschaft eines Mannes über Kirche und Welt, eine absolute geistliche und weltliche Tyrannis eines sakrosankten Priesterkönigs, dem alle Fürsten der Welt die Füße küssen sollten, das hat Europa nicht hingenommen. Es gehört zum Genius Europas, dieses oftmals so zerrissenen Kontinents, daß es den Weltherrschaftsplänen der charismatischen Machtmenschen entgegengetreten ist. Alle, die sich dazu versuchen ließen, scheiterten. Von Alexander über Cäsar und in neuester Zeit von Napoleon bis Hitler und Stalin. Europa gab sich nie in die Hand eines einzigen. Und der, dem es für eine Weltenstunde durch Erbschaft und Schicksal zufiel, ein Reich zu erlangen, in dem die Sonne nicht unterging, Karl V., er hatte in König Franz von Frankreich einen ständigen Widersacher. Karl V. fiel in keiner Schlacht und auch nicht durch Mörderhand, sondern zog sich, gebrochen vom ewigen Kampf um die Macht, ins Kloster Gerónimo de Yuste zum Sterben zurück.

Sind die sogenannten Großen der Menschheitsgeschichte auch die Starken? Sind sie nicht, wenn man nachdenklich in ihre Viten schaut, in Wahrheit die Schwachen? Im Bewußtsein ihrer menschlichen Inferiorität können sie es sich nicht erlauben, auch nur einen Zentimeter zurückzuweichen. Ihr Charakter erlaubt keinen Zweifel am eigenen Ich. Sie müssen ihre Ziele so hoch ansetzen, damit sie von ihrer eigenen Nichtigkeit nicht erschlagen werden.

Beugt sich die Umwelt ihrem Willen nicht, dann werfen sie sich in zuckendem Toben zu Boden. Sie scheuen sich nicht, solch schamlose Mittel einzusetzen, um ihre Ziele zu erreichen, denn ein Nachgeben, ein Einlenken ist diesen zerbrechlichen Naturen nicht möglich.

Sie behaupten alle, nichts für sich selbst zu wollen. Was sie tun, geschieht entweder zum Ruhme Frankreichs oder im Auftrag der Vorsehung für das deutsche Volk oder – im Falle Gregors VII. – in Erfüllung des göttlichen Willens. Im Drama des Lebens braucht die Geschichte Darsteller, die über die Grenzen des Möglichen hinwegschreiten, damit die Welt erkenne, wie weit der Mensch sich selbst erheben kann. Zu diesen Menschen gehörte Papst Gregor VII. ohne Zweifel.

Als er einsam und verbittert in Salerno starb, waren seine letzten überlieferten Worte: »Ich habe die Gerechtigkeit geliebt und gottloses Wesen gehaßt, deshalb sterbe ich in der Verbannung.«[20]

Hatte er die Gerechtigkeit geliebt? Ja, so wie er sie verstand. Seine Idee vom Priesterkönig, der nur Gott untersteht und über alle Menschen erhaben ist, der lösen und binden kann im Himmel wie auf Erden, der allein weiß, was gut und böse ist, und durch den Gott unmittelbar spricht. Damit, und das ist das wirkliche Erbe dieses Papstes, war der Keim der Reformation gesetzt, und wer still in die Zeiten hineinhorcht, der hört schon von ferne die Hammerschläge des Mönches am Tor der Schloßkirche zu Wittenberg.

Heinrich IV. und sein Weg bis zum bitteren Ende

Die geistige Auseinandersetzung mit den Fragen der Kirchenreform und das Verhältnis zwischen Papst und Kaiser

Während Papst und Kaiser um die Herrschaft der Welt rangen, entspann sich ein geistiger Kampf, welche denn die Grundlagen von Kirche und Staat seien.

Auf Anregung Papst Leos IX. war das Kloster Hirsau durch seinen Neffen, Graf Adalbert II. von Calw, neu gegründet worden. Unter seinem großen Abt Wilhelm war das Kloster aufgeblüht, hatte von Papst Gregor VII. Immunität erhalten, die von Kaiser Heinrich IV. bestätigt worden war. Abt Wilhelm hatte das Kloster in Anlehnung an die »Consuetudines« – an die Gewohnheiten von Cluny – reformiert. Diese neuen Hirsauer Gewohnheiten waren wesentlich strenger als die Regeln der Benediktiner.

Die Hirsauer Reform breitete sich aus, teils durch Neugründungen, teils durch freiwilligen Anschluß in Schwaben, Baiern, Hessen, Franken, Thüringen, Österreich und im Elsaß. Neu war, daß die Hirsauer Mönche sich nicht nur auf das Klosterleben beschränkten, sondern als Wanderprediger durch die Lande zogen, Propagandisten des Papsttums, der Kirchenreform und damit Gegner Heinrichs IV.

Das geistige Ringen um die Grundlagen der Kirchenreform hatte seit Papst Leo IX. literarische Grundlagen. Petrus Damiani und Humbert von Moyenmoutier, letzterer ein weit entschlossenerer Verfechter des päpstlichen Primats als der versöhnlichere Petrus, hatten in ihren Schriften die Fundamente der Reformphilosophie geschaffen. Erst das Pontifikat Papst Gregors VII. entwickelte die gregorianische Streitschriftenkultur und findet wiederum ihre entschlossenen Gegner in den Verteidigern von Krone und Reich. Die Autoren dieser Streitschriften sind fast ausschließlich Geistliche.

Über die Unverbrüchlichkeit des Eides schreibt um 1080/81 der Scholasticus Wenrich von Trier:

»Aber die heilige und in allen verflossenen Jahrhunderten bei allen Völkern unverletztliche Weihe des Eides hebt der Herr Papst durch höchst leichtfertig gewährte Absolution auf, und das, was so bedeutend ist, daß der Apostel es das Ende allen Streitens nennt, soll man jetzt brechen, wenn irgendein Bote ein Briefchen vorzeigt, das man ganz oberflächlich liest! Der Papst sagt: ›Alle Menschen löse ich von dem Eide, den sie Heinrich geschworen haben!‹ O welch angenehme Zeit! Wie führt er die Gebundenen kräftig in die Freiheit. Ob wir wollen oder nicht, wir werden gelöst …

Aber da sagt der Herr Papst: ›Er, dem du geschworen hast, er ist verworfen! Er ist gottlos, er ist meineidig, er ist ein Verbrecher; ihm schuldest du keine Treue.‹ Ja, Herr Papst, das lesen wir freilich in deinem Schreiben, und wir hören, daß deine Evangelisten das in ihren Predigten in der ganzen Welt herumreden …

Wir aber wissen nichts davon, und wir glauben es auch nicht; wir sehen mit unseren eigenen Augen den Rudolf in seiner Verkommenheit, und wir hören mit unseren eigenen Ohren von seiner Fahnenflucht und seinem Verrat. Von seinen Meineiden können wir uns leicht überzeugen, aber nicht leicht können wir sie zählen; seine Mordtaten können wir noch ungefähr an den Fingern abzählen, seine drei Frauen, die er ganz öffentlich und feierlich sich anvermählte, kennen wir mit Namen, und wir wissen, daß sie alle zur gleichen Zeit noch lebten. Diese glänzenden Taten haben ihm den Königstitel verschafft, das sind die Tugenden, die ihn so jäh auf solche Höhe erhoben haben, und diese Taten und Tugenden werden ihn, um es ganz wahrhaftig zu sagen, von seiner augenblicklichen Höhe und seinem behaglichen Thronsessel in dauernde Schande stürzen, ihn und alle seine Nachkommen.

So also sieht ein Mann aus, der wert ist der kaiserlichen Würde, wert auch, Sohn des heiligen Petrus zu heißen, das ist ein Freund des Papstes und ein siegreicher Fürst!«[1]

Manegold von Lautenbach, späterer Propst von Marbach, antwortet in seiner Schrift »Über die Absetzung der Könige«: »Im Jahre der Fleischwerdung des Herrn 830 mußte Kaiser Ludwig nach dem Spruch der Bischöfe die Waffen niederlegen und wurde, um zu büßen, eingeschlossen. Der selige Papst Nikolaus I. hat den König Lothar wegen der Walthrada, seiner Konkubine, exkommuniziert, und er hat zwei Bischöfe, nämlich Thietgard von Trier und

Gunter von Köln, weil sie diesem Verbrechen zugestimmt hatten, ohne Hoffnung, ihre Würde wiederzuerlangen, verdammt ... Auch liest man, daß Kaiser Karl, nicht Karl der Große, sondern der Dritte seines Namens und dieser Würde, im Jahre 880 (887) von den deutschen Fürsten abgesetzt wurde. Denn wohl war er ein milder und guter Herr, aber da die Fürsten sahen, daß er körperlich krank zu werden und geistig zu versagen begann, beraubten sie ihn der Herrschaft und erhoben Arnulf, einen kräftigen Mann, zum Fürsten ...« Und nun hebt Manegold zu einem herkulischen Schlag aus. Er ist sich dessen bewußt, denn er sagt:

»Um ein ganz banales Beispiel zu wählen: Wenn ein Mann einem anderen gegen entsprechenden Lohn seine Schweine zu hüten anvertraut und wenn er dann feststellen muß, daß dieser Mann sie nicht hütet, sondern stiehlt, abschlachtet und verschwinden läßt, soll er ihn dann nicht, anstatt ihm den bedungenen Lohn nur vorzuenthalten, von der Herde, die zu hüten ist, schimpflich davonjagen?

... Ein ander Ding ist herrschen, ein ander die Macht zu mißbrauchen. So sicher Kaisern und Königen für den Schutz und die Leitung des Reiches Treue und Ergebenheit zu erweisen ist, so sicher und gerecht ist es, ihnen Treue und Ergebenheit zu entziehen, wenn sie in tyrannische Gelüste verfallen, und das geschieht dann ohne Verletzung von Treue und Pietät.«[2]

Manegold kämpft mit schwerem Säbel. Seine Beispiele sind derb und kräftig. Wenn er den König mit einem ungetreuen Schweinehirten vergleicht, muß man bedenken, daß er vor seinem Eintritt ins Kloster Wanderlehrer gewesen ist, der sich in der Sprache des Volkes verständlich machen mußte. Vor allem klingen bei ihm Ansätze des alten germanischen Widerstandsrechtes durch, daß nur dem Treuen die Treue gebührt. Auch das germanische Volkskönigtum bricht auf, dem gemäß der König nur auf Zeit, für einen bestimmten Auftrag (zum Beispiel Heerkönigtum) gewählt ist. Hier wird der Gedanke der alten germanischen Volkssouveränität sichtbar, die sofort einsetzt, wenn der Herrscher seine Pflichten nicht erfüllt oder gegen die Rechte und das Wohl des Volkes regiert.

Die Rechte des Königs verteidigt Peter Crassus aus dem Kreise Wiberts von Ravenna, einer der wenigen Laien, die im Streit der Parteien hervortreten. Er ist einer der ersten Vertreter der wieder aufblühenden Rechtswissenschaft und auch der Verfasser des Absetzungsdekrets der Brixener Synode. Er argumentiert:

»Ihr wißt also, daß unser Herr Christus selbst diesen Frieden gegeben hat, und ihr habt gehört und wißt, daß die Apostel immer den Frieden gepredigt haben, und ihr wißt, daß mit den Aposteln und den anderen hochheiligen Männern die allerchristlichsten Kaiser immer diese Gabe des Friedens mit aller Sorgfalt gehütet haben, um ihn zu erhöhen und zu schützen. Und nun ist König Heinrich auf Gottes Geheiß im Reiche nachgefolgt, auf daß er dieses Friedens Hüter sei und ohne Widerspruch eures Hirten das Reich regiere. Denn daß ihm sein Reich von Gott gegeben ist, bezeugt eindeutig der Prophet Daniel: ›Gottes ist das Reich, und er gibt es, wem er will.‹ Und nun beschwöre ich euch, achtet darauf, daß der Prophet nicht gesagt hat, *das Reich gehöre eurem Papst,* sondern es sei Gottes, und von ihm ist es ganz ohne Zweifel König Heinrich gegeben. Und alle Menschen stimmen in der Meinung überein, daß der Friedenskönig, die Prediger des Friedens und die Schützer des Friedens alle beleidigt worden sind durch die Überheblichkeit eures Papstes, als König Heinrich gekränkt worden ist …

Und nun? Besitzt nicht König Heinrich das Königtum dem Recht und der Sache nach? Sein völlig legitimer Besitz hat den allergerechtesten Ursprung, wie der tiefe und ungestörte Reichsfrieden unter seinem Großvater, dem Kaiser Konrad seligen Angedenkens, bezeugt. Dieser hat mit demselben apostolischen Segen, mit dem er selbst das Reich empfangen hatte, seinem Sohne Heinrich seligen Angedenkens die Nachfolge hinterlassen, und endlich kam das Reich durch gesetzliche Erbfolge vom Vater auf den Sohn an den König Heinrich, und zwar mit demselben apostolischen Segen …

Erkennt ihr nun, wie furchtbar der Betrug ist, mit dem in seiner entfesselten Raserei dieser Mönch (Papst Gregor VII.) euch gegen die Gesetze, die doch gerade für euch gegeben sind, zu einem heftigen Kampf hingerissen hat? Denn allerdings, da ihr vor Gericht den lange andauernden Besitz des Reiches überhaupt nicht bestreiten könnt, habt ihr ihn mit den Waffen seinem rechtmäßigen Besitzer anfechten wollen.«[3]

Erzbischof Gebhard von Salzburg, ein Gregorianer nobelster Gesinnung, sagt über die Lösbarkeit des Eides: »Wir wollen untersuchen, ob es priesterlichem Rang und priesterlicher Pflicht zukomme, mit Rat und Tat dazu beizutragen, daß der christliche Fürst die Menschen zwingt, vom christlichen Gesetz abzufallen, daß er alle, die nicht von diesem Gesetz ablassen wollen, öffentlich mit Strafen verfolgt, daß er die Priester vertreibt und Gottes Heiligtümer in Besitz hält, als ob er sie geerbt hätte, daß er die Gaben des Kirchenvolkes und die Güter, die für die Unterhaltung der Armen bestimmt sind, in beispielloser Weise in Besitz nimmt, um sie selbst zu gebrauchen oder sie seinen Anhängern zu schenken.

... Aber all das fassen die neuen Lehrer unter dem Begriff der Treue zusammen, und sie behaupten, sie seien dem heiligen Petrus und dem apostolischen Sitze ergeben, daß man aber dem, der diesen Stuhl in Besitz habe, alles ungewöhnliche Unrecht antun müsse, wie er es verdiene, da er gegen Menschen, die das gar nicht verdient hätten, gegen den König und seine Bischöfe, einen so unerhörten Urteilsspruch erlassen habe ...

Denn als sie sich zuerst in Worms versammelten, um diese ganze Sache einzurühren, von der alles Unheil, das wir jetzt erdulden, seinen Ausgang genommen hat, da hatte der Herr Papst über sie weder die Exkommunikation noch das Anathem verhängt, sie selbst haben den Streit begonnen.«[4]

Wido, Bischof von Ferrara, Anhänger Wiberts von Ravenna, des Gegenpapstes Clemens III. also, beginnt seine Streitschrift gegen Gregor VII. in scheinbarer Objektivität: »... daß Gregor, von Gott gerufen wie Aaron, die römische Kirche erhalten hat, und zwar nicht wie sie schreien, für Geld, sondern durch Christi Gnade, um sie zu leiten.«

Dann untersucht er die Wahl Gregors und kommt zum gegenteiligen Urteil:

»Bei seiner Wahl kommen zwei Dinge zusammen, die nicht ohne Grund von den Autoren getadelt werden. Das eine ist sicher, das andere ungewiß. Sie berichten nämlich, daß Nikolaus, der Bischof des römischen Stuhles, eine große Zahl von Bischöfen versammelte, nämlich 123, und aus gutem Grund anordnete und bestimmte, daß jeder, der in Zukunft seinen Blick zum Apostolischen Stuhl erhöbe oder der zur Wahl eines Papstes seine Stimme in Aussicht stellte oder seine guten Dienste, ohne Zustimmung und Beistimmung des christlichen Fürsten, also des Kaisers Heinrich und seiner Nachfolger, mit dauerndem Banne belegt werden solle. Und das wurde deshalb als dringend notwendig beschlossen, weil alle römischen Adeligen, wie das immer im Geiz der Römer lag, gewohnt waren, beim Tode des römischen Bischofs einzeln für sich, wie gerade die Laune einen jeden führte, einzelne Päpste zu wählen, so daß indessen der römische Bischofssitz vier bis fünf Bischöfe hatte. Daraus entstand unzähliger Streit, Totschlag, Kriege, Aufruhr und Zänkereien …

Endlich gefiel es Gott, daß Gerhard, der Bischof von Florenz, ein Burgunder, auf aller Wunsch und Zustimmung auf den Stuhl des Apostels berufen wurde, wobei der ganze Klerus und alle Kardinäle das bestätigten, und er wurde mit anderem Namen Nikolaus genannt. Der nun seufzte über das Elend der römischen Kirche und entsetzte sich über die Gefahr der simonistischen Häresie, wollte eine so verderbte Sitte aus dem Dienste Gottes austilgen, berief eine Synode und verhängte auf ihr unter allgemeinem Beifall in der oben kurz zusammengefaßten Weise den Fluch. Und die Urkunde dieses Beispiels haben wir zu Rom gelesen, und wir haben unter ihr die Namen aller Bischöfe erblickt, die dabei waren. Hildebrand hat nun das in dieser Urkunde enthaltene Dekret nicht beachtet, er hat die Gefahr des Fluches hintangesetzt, den königlichen Konsens nicht abgewartet und dennoch seinen Sinn auf das Apostolat gerichtet, und so hat er sich in den Fesseln des Fluches gefangen und alle seine Anhänger zu Mitschuldigen gemacht.

Daher erheben seine Gegner gegen seine Wahl Vorwürfe, tadeln sie und verurteilen sie, und darum sagen sie, es handle sich nicht um eine »electio«, sondern um eine »delectio«. Denn entweder muß das Gesetz der Synode des Papstes Nikolaus Unrecht enthalten, was zu sagen schon Sünde ist, weil der römische Stuhl nichts Ungerechtes je erlassen und nichts Gottloses unter Gottes Namen verordnet hat, oder, wenn also dieser Erlaß Recht ist – und der römischen Kirche ist es immer erlaubt und wird ihr immer erlaubt sein, etwas Neues zu bestimmen, ohne daß dem Glauben Schaden geschieht –, dann freilich steht es fest, daß Hildebrand nicht dem Rechte entsprechend gewählt und damit der Gefahr des Fluches jenes Papstes erlegen ist.«

Die Interpretation des Papstwahldekrets vom April 1059, die Bischof Wido hier vornimmt, ist falsch. Das Papstwahlgesetz belegt keineswegs irgendeinen Anwärter auf das Papstdiadem mit dem Fluch, der nicht die Genehmigung des deutschen Kaisers und Königs einholt. Unzweideutig heißt es da, daß die Wahl durch die Kardinäle geschehen solle, und sehr vieldeutig heißt es dann, »unbeschadet der schuldigen und schon gesagten Ehrfurcht gegen unseren geliebten Sohn Heinrich, den gegenwärtigen König und, so Gott will, künftigen Kaiser, wie gegen seine Nachfolger, die vom päpstlichen Stuhle dieses Recht persönlich würden erhalten haben«.

Das war eine starke Deminuierung der patrizischen und kaiserlichen Rechte. Und der Autor dieses Textes – oder zumindest der Mitautor – war Hildebrand, der spätere Papst Gregor VII. So hat Gregor, der das Papstwahldekret genau kannte, nach seiner Erhebung am 22. April 1073 sofort Boten an den deutschen König gesandt und »nachträglich« die Zustimmung des deutschen Königs eingeholt.

Ein anderer, geschickt verpackter Vorwurf von Bischof Wido gegen Papst Gregor VII., wenn er denn wahr wäre, wöge viel schwerer:

»Wir hatten nun gesagt, bei seiner Wahl seien zwei Umstände zusammengetroffen, von denen der eine ganz sicher, der andere aber unsicher sei. Es gibt nämlich Augenzeugen dafür, daß er in der Nacht nach dem Tode Alexanders seinen Schatz genommen und viel Geld unter die Römer gestreut habe, um sich Parteigänger zu schaffen, und daß er alles so vorbereitet habe, daß er noch vor der Beisetzung Alexanders geradezu gewaltsam von allen gewählt werden mußte. Was dann auch geschah. Denn in aller Frühe, als Alexanders noch warmer Leib nicht einmal bestattet war, kam es, wie es in der Nacht vorgesehen und verabredet war, zu Aufläufen der Masse: Hildebrand wird ergriffen, Hildebrand wird zerrissen, Hildebrand wird auseinandergezerrt, Hildebrand wird gewählt. Wenn das mit seinem Willen geschah, dann ist das ein Vergehen, wenn es gegen seinen Willen so kam, dann ist hier kein Raum für einen Vorwurf.«[5]

Aus dem Kreis der Gregorianer treten vor allem Bischof Anselm von Lucca, Kardinal Deusdedit und Bischof Bonizo von Sutri hervor. Größer als ihre Streitschriften sind die Kanonessammlungen, die sie anlegten. Damit schufen sie für das Reformprogramm die Fundamente für den Primat des Papstes. Die Sammlung von vierundsiebzig Titeln (Diversorum sententiae patrum) wird das erste Rechtsbuch der sich nunmehr entfaltenden Kanonistik.

Der größte und leidenschaftlichste Autor der Reformstreitschriften war, wie könnte es anders sein, Papst Gregor VII. selbst. Vernehmen wir aus seinem, wohl 1084 geschriebenen Brief an seine Getreuen:

»Die Fürsten der Völker und die Fürsten der Priester ratschlagen in großer Zahl gemeinsam gegen Christus, den Sohn des allmächtigen Gottes, und seinen Apostel Petrus, um die christliche Religion auszulöschen und üble Irrlehren zu verbreiten ... Aus keinem anderen Grund sannen sie Böses und erhoben die Hände, als wir die Gefahr für die heilige Kirche nicht schweigend übergehen wollten und ihnen (entgegentraten) ... die dieselbe Braut Christi in Knechtschaft zu versetzen sich nicht schämten. In allen Ländern ist es selbst den niedrigsten Frauen erlaubt, nach dem Gesetz ihrer Heimat und ihrem eigenen Willen rechtmäßig einen Mann zu nehmen, doch der heiligen Kirche, der Braut Christi und unserer Mutter, ist es nach dem Willen der Frevler und einer verabscheuungswürdigen Gewohnheit nicht erlaubt, nach dem Gesetz Gottes und ihrem eigenen Willen rechtmäßig ihrem Bräutigam anzuhangen.

... Die christliche Religion und der wahre Glaube, den der Sohn Gottes, der vom Himmel kam, uns durch unsere Väter lehrte, sind verdreht zu einer üblen Gewohnheit und – o Schmerz – fast zunichte geworden; ihre alte Schönheit ins Gegenteil verwandelt, und sie wurden zum Gelächter, und nicht nur dem Teufel, sondern auch den Juden, Sarazenen und Heiden ...

Seitdem nämlich auf göttliche Anordnung hin die Mutter Kirche mich durchaus Unwürdigen – Gott ist mein Zeuge – gegen meinen Willen auf den Apostolischen Stuhl gesetzt hat, habe ich mit aller Kraft dafür Sorge getragen, daß die heilige Kirche, die Braut Gottes, unsere Herrin und Mutter, zu der ihr eigenen Herrlichkeit zurückkehre und frei, rein und allgemein bleibe. Doch da dies alles dem alten Feind mißfiel, bewaffnete er seine Glieder gegen uns, um alles ins Gegenteil zu verkehren ...

Nun aber, meine teuersten Brüder, hört sorgfältig, was ich Euch sage. Alle, denen im ganzen Erdkreis der christliche Name beigelegt wird und die den ehrlichen Glauben in Wahrheit kennen, wissen und glauben, daß der heilige Petrus, der Fürst der Apostel, der Vater aller Christen und der oberste Hirte nach Christus ist und die heilige römische Kirche die Mutter und Lehrerin aller Kirchen. Wenn Ihr dies glaubt und unzweifelhaft festhaltet, dann bitte ich Euch und befehle ich Euch als Euer Bruder, wie ich auch sein mag, und als Euer unwürdiger Lehrer beim allmächtigen Gott: ›Helft und steht bei Eurem erwähnten Vater und Eurer Mutter, falls Ihr durch sie Befreiung von allen Sünden, Segen und Gnade in dieser Welt und der zukünftigen zu besitzen begehrt.‹ ...«[6]

Mit einem Feueratem, einem Flammenstoß hat Gregor seine Botschaft in die Welt geschleudert, seinen unbeugsamen Glauben an den Primat der Päpste über alle Herrschaft der Welt. Selten ist aus der Kurie ein so bewegendes, leidenschaftliches Papier, das zugleich Bitte, Befehl und Aufruf war, in die Welt entsandt worden.

Um in diesem Streit der Ideen und Mächte in aller Schärfe die Gegenposition klarzumachen, den scheinbar unüberbrückbaren Gegensatz darzustellen, ist es notwendig, die Auffassung Bischof Benzos von Alba aufzuzeigen. Albert Hauck schreibt in seiner Kirchengeschichte über ihn: »Dieser Italiener war der treueste Interpret der Anschauungen, die in der Zeit der Merowinger und Karls am deutschen Hofe in bezug auf die Stellung des Königs in der Kirche herrschten. Er hielt fest daran, daß die Bischöfe Beamte des Königs seien, von ihm in ihre Stellung erhoben, müssen sie sich ihm unterordnen. Denn auch der Papst ist dem deutschen König unterworfen; der letztere hat das gleiche Recht auf die Papstwahl wie auf die Bischofswahlen; er erwählt, wen er will. Das Recht des Königs in der Kirche ist unauflöslich; denn weil er der Stellvertreter Gottes auf Erden ist, so beruht das Heil der Kirche auf ihm.«[7]

Benzo nennt Heinrich IV. »vom Himmel gesandt, kein Mensch von Fleisch«. Immer neue Wendungen findet er, um das Verhältnis Heinrichs zur Kirche zu formulieren: »Der heiligen römischen Kirche Schützer und Freund, der Verteidiger der Wahrheit, der Bannerträger der christlichen Religion, der gerechte Richter unter dem König der Könige, Hoffnung der Kirchen, gewisse Hoffnung des Reiches, Kaiser der Kaiser, Statthalter des Schöpfers.«[8]

Besieht man diesen Gegensatz, in den Kirche und Reich sich hineingesteigert hatten, so ist kaum zu denken, daß die Gesellschaft zur Lösung der geschaffenen Probleme befähigt war.

Auf dem schwankenden Gipfel der Macht

Als Heinrich IV. in der Mitte des Jahres 1084 nach Deutschland zurückkehrte, konnte er glauben, den Gipfel der Macht erlangt zu haben.

Papst Gregor VII. im fernen Salerno, der Gunst der Normannen überlassen und an die Peripherie des Reiches gedrängt, war kein Machtfaktor mehr. Papst Clemens III. (Wibert von Ravenna) herrschte in Rom und konnte seine Obedienz über das Reich ausdehnen.

Obwohl der Kardinallegat Odo von Ostia auf der Ostersynode

zu Quedlinburg am 20. April 1085 den Bann gegen den Kaiser erneuert hatte, lichteten sich die Reihen der Gregorianer. Einer der wichtigsten Gegner des Kaisers, Otto von Northeim, war schon 1083 ins kaiserliche Lager übergetreten und bald darauf verstorben. Auch der wankelmütige Erzbischof Siegfried von Mainz war 1084 gestorben, und Heinrich IV. hatte den hochgebildeten Aachener Dompropst Wezilo auf den Mainzer Stuhl berufen, einen Mann, dessen hohe Bildung und glänzende Beredsamkeit auch von den Gegnern anerkannt wurden.

Bald nach Ostern 1085 berief Heinrich IV. eine Reichssynode nach Mainz. Hier belohnte er den Böhmenherzog Wratislaw, den treuen Bundesgenossen, mit der persönlichen Königswürde für Böhmen und Polen. Wratislaws Bruder Gebhard war schon 1077 zum Bischof von Prag ernannt worden und hatte bis 1084 als Kanzler am Hofe Heinrichs IV. gedient.

Gleichfalls wurde auf der Mainzer Synode ein Gottesfrieden nach dem französischen Vorbild der Pax Dei geschlossen. Er erstreckte sich über das ganze Reich; ob Sachsen mit eingeschlossen war, ist nicht gesichert. Der Mainzer Gottesfrieden dokumentiert die tiefe Friedenssehnsucht der Menschen, die seit Jahrzehnten von großen und kleinen Kriegen und von fürstlichen Räubereien geplagt wurden.

Mitten in all seinen Kämpfen war es Heinrich gelungen, einen königs- und kaisertreuen Reichsepiskopat zu schaffen. Die Erzbistümer von Mainz, Köln, Trier und Hamburg standen auf Heinrichs Seite. In Köln hatte Heinrich – durch königliche Ernennung – Dekan Siegwin auf den erzbischöflichen Stuhl erhoben, und Trier hatte seit 1079 in dem Passauer Propst Egilbert einen neuen Erzbischof.

Heinrich erhob und investierte, als habe es die päpstlichen Investiturverbote nie gegeben. Allerdings fällt auf, daß Heinrich bei der Auswahl der neuen Prälaten viel vorsichtiger verfuhr und ausschließlich tadelsfreie und gebildete Männer in die Führung der Bistümer und Erzbistümer berief.

Auf der Gegenseite standen lediglich der hochangesehene Erzbischof Gebhard von Salzburg, Gregors VII. Vikar Altmann von Passau und die Bischöfe Adalbero von Würzburg, Albert von Worms und Hermann von Metz. Vergebens hatte Heinrich IV. versucht, den Erzbischof von Salzburg auf seine Seite zu ziehen, der aber ertrug lieber die Verbannung in Schwaben und Sachsen, als seinen Grundsätzen untreu zu werden. Insgesamt konnte sich Kaiser Heinrich jetzt auf fünfundsiebzig Prozent des Reichsepiskopats stützen.

Anders die Situation in Sachsen. Dort standen Erzbischof Hartwig von Magdeburg und die Bischöfe Burchard von Halberstadt, Werner von Merseburg, Gunter von Naumburg, Benno von Meißen, Hartwig von Verden, Poppo von Paderborn und Reinhard von Minden in geschlossener Gegnerschaft zum Kaiser.

Erzbischof Liemar von Bremen/Hamburg, Benno von Osnabrück, Friedrich von Münster und sein Nachfolger Erp sowie Diedo von Brandenburg waren nach wie vor auf der kaiserlichen Seite.

Aber unter der Decke scheinbaren Friedens schwelte weiter die Glut des Aufstands. Im Herbst 1085 ergriff Ekbert von Meißen die Waffen gegen den Kaiser. Unterstützt von Bischof Burchard von Halberstadt, dem »stahlharten Schwaben«, der in seinem Haß wider Heinrich IV. noch stärker war als sein verstorbener Onkel, der Erzbischof Anno von Köln.

Im Jahre 1086 brach der Aufstand in Baiern los. Unter dem unmittelbaren Eindruck dieser Tatsache trennte sich Meginward, der Bischof von Freising, vom Kaiser.

Der gregorianische Gebhard von Salzburg konnte wieder in sein Erzbistum zurückkehren, ebenso Altmann von Passau, das anerkannte Haupt der gregorianischen Partei in Süddeutschland.

Im Sommer verlagerte sich der Kampf nach Franken. Vor Würzburg sollte die Entscheidung fallen. Jedoch: Heinrich IV. verlor die Schlacht bei Pleichfeld am 11. August 1086. Die große Befriedung Deutschlands, die Heinrich auf dem Reichstag zu Mainz erhofft hatte, blieb Stückwerk.

Vier Jahre loderten die Kämpfe in Deutschland. Dreimal ächtete und dreimal begnadigte der Kaiser Markgraf Ekbert von Meißen, der Königsträume träumte. Schließlich wurde Ekbert in einer Mühle, in der er rastete, von Kriegsleuten der Äbtissin Adelheid von Quedlinburg, der Schwester Heinrichs IV., die er angeblich hatte schänden lassen, erschlagen. Die Treue, mit der Adelheid zeit ihres Lebens zu ihrem Bruder stand, fegt die schändlichen Unterstellungen der kaiserfeindlichen Chronisten hinweg.

Am 6. April 1088 verlor die gregorianische Partei in Bischof Burchard von Halberstadt die Seele des Widerstands gegen Heinrich IV. Die Zerrissenheit der Zeit erweist sich daran, daß Burchard im sächsischen Goslar von seinen eigenen Diözesanen erschlagen wurde.

Am 15. Juni 1088 nahm der Tod Heinrichs überzeugungstreuen Gegner, Erzbischof Gebhard von Salzburg, aus den Reihen der Feinde.

Endlich legten die sächsischen Großen die Waffen nieder, mit ihnen der sächsische Episkopat.

Nach der Unterwerfung der Sachsen, die immer die Speerspitze der Verschwörung gegen Heinrich waren, erlosch der Widerstand im Reich. Auch Bischof Heinrich von Metz folgte dem Beispiel der Sachsen und unterwarf sich.

Das Jahr 1087 schenkte Heinrich den großen dynastischen Erfolg. Am 30. Mai wurde sein Sohn Konrad zum Mitkönig erhoben, und die Fürsten, auch die sächsischen, stimmten zu. Damit war die salische Erbfolge gesichert und anerkannt. Die Verbindung von Wahl-, Erb- und Geblütsrecht, die der Gegenkönig Rudolf von Rheinfelden zu Forchheim preisgegeben hatte, war wiederhergestellt. Heinrich hatte das deutsche Königtum wieder in seine alten Rechte gestellt.

Zugleich widerfuhr dem Kaiser in diesem Jahr auch großes persönliches Leid. Am 23. Dezember starb seine Frau, Kaiserin Berta. Trotz der Schwere der ersten Ehejahre mit Heinrichs Scheidungsverlangen hatte sie treu an seiner Seite gestanden.

Sie hatte mit ihm alle Höhen und Tiefen seines Lebens, die Eisfelder von Canossa ebenso wie die Kaiserkrönung in Rom, erlebt. Eine Frau und Fürstin von beispielhafter Loyalität gegenüber der Ehe und dem dynastischen Auftrag.

Die Jahre zwischen 1080 und 1088 waren – trotz aller Kämpfe – der Lebensgipfel Kaiser Heinrichs IV. Er hatte eine zweimalige Bannung und Verfluchung überstanden, ebenso den Abfall und Verrat von Bischöfen und Fürsten. Man muß sich wundern, daß dieser Mann Menschen noch glauben und vertrauen konnte. Alles böse Geschehen hatte ihn nicht zum Zyniker und Menschenverächter gemacht.

Papst Urban II.

Die Tragik im Leben des Kaisers war, daß ihm der dauerhafte Friede nicht gelingen wollte. Trotz seines diplomatischen Talents, seiner Kampfbereitschaft, deutsche Königsrechte zu erhalten, lebte er politisch auf einem Vulkan, der schwieg, grollte und immer wieder zum Ausbruch kam.

Man kann auch nicht sagen, daß er, außer in seiner Jugend, schwerwiegende politische Fehler gemacht hätte.

Den Frieden mit dem Reichsepiskopat erkaufte er sich, indem er die abgesetzten gregorianischen Bischöfe wieder in ihre Bistümer einsetzte und viele kaiserliche Bischöfe fallenließ. Das Ergebnis war, daß die gregorianischen Bischöfe ihn zwar nicht mehr offen bekämpften, aber an ihren alten Vorstellungen vom Verhältnis zwischen Papst und Königtum festhielten. Es war zwar kein Krieg mehr, aber der Bruch der Auffassungen bestand fort, wie die Betrachtung der Streitschriftenliteratur zeigte.

Ein ganzes Jahr lang brauchte es, bis sich die gregorianischen Kardinäle auf einen Nachfolger für Papst Gregor VII. einigen konnten. Dann erhoben sie den Kardinalabt Desiderius von Monte Cassino, aus der Familie der Herzöge von Capua, zum Papst. Er nannte sich Viktor III. Diese Namengebung war Bekenntnis. Denn Papst Viktor II. war einer jener deutschen Päpste, die gemeinsam mit Kaiser Heinrich III. die Einheit von Krone und Kirche erstrebt hatten. Mit dieser Wahl bauten die Vertreter des gemäßigten Reformpapsttums dem Kaiser eine goldene Brücke.

Aber er konnte sie nicht betreten, ohne seinen Papst Clemens III. (Wibert von Ravenna), der ihn zum Kaiser gekrönt hatte, fallenzulassen und damit sein Kaisertum unglaubwürdig zu machen. Im übrigen war der Pontifikat Papst Viktors III. zu kurz, um für Heinrich politisch wirksam zu werden.

Viktor folgte nach einer Sedisvakanz von sechs Monaten am 13. März 1088 wiederum ein Mann fürstlichen Geblüts, der Franzose Odo (Otto) von Ostia, verwandt dem Haus Châtillon. Odo kannte die deutschen Verhältnisse aus seiner Zeit als päpstlicher Legat in Deutschland. Als französischer Kardinal kannte er Frankreich, und bald wird er dort seine große Wirkung entfalten.

Er war Mönch in Cluny gewesen. Unter dem großen Abt Hugo, der noch immer Messen für seinen Patensohn, den Kaiser, lesen ließ, war er Prior geworden. Ein Mann, nicht erfüllt von den glühenden Machtträumen eines Gregor VII. und frei von dessen fanatischer Starrheit. Der neue Papst Urban II. brauchte, trotz seiner taktischen und diplomatischen Begabung, bis zum Jahre 1093, bis er den Stuhl Petri in Rom in Besitz nehmen konnte.

Obwohl Anhänger einer geschmeidigeren Politik, gab er die

gregorianisch-reformerischen Grundsätze nicht auf. Sehr klar schrieb er an die gregorianischen Bischöfe und Fürsten in Deutschland, er sei gewillt, in Papst Gregors VII. Bahnen zu bleiben:

»Was er verworfen hat, verwerfe ich, was er verdammt hat, verdamme ich, was er geliebt hat, ergreife ich, was er für recht und katholisch erachtet hat, bestätige und billige ich, wie er dachte, so denke ich auch in allen Stücken.«[9]

Am 18. April 1089 ernannte Papst Urban II. den Konstanzer Bischof Gebhard zu seinem Vikar, neben ihm Bischof Altmann von Passau. In einem Schreiben an Bischof Gebhard wird die neue Linie der Politik Urbans II. sichtbar. Der von Gregor VII. aufgestellte Grundsatz, daß jeder Verkehr mit Exkommunizierten zur eigenen Exkommunikation führe, wurde ersetzt durch die Formel, daß solcher Verkehr nur beflecke. Jedoch schloß Urban II. den »Ketzerführer« Wibert von Ravenna, den Okkupanten des römischen Stuhls, sowie König Heinrich IV. als Exkommunizierte von jeder Verbindung mit allen Gliedern der Kirche neuerlich aus. Alle, die mit diesen beiden verkehrten und sie mit Rat und Tat unterstützten, waren unter Fluch und Bann gestellt.

Mit den kleinen Sündern ging Urban II. großzügig um. Er erkannte die Weihen exkommunizierter Bischöfe an, wenn es sich nicht um Simonisten handelte. Dies wurde in das Ermessen des päpstlichen Vikars, Bischof Gebhardts von Konstanz, gestellt. Ein Heer von Geistlichen – Diakone und Subdiakone, die um ihre Stellen bangten – wurde entlastet und konnte beruhigt ihr Priestertum ausüben, was identisch war mit wirtschaftlicher Versorgung und Sicherheit. Sie konnten, und auch das lag im Ermessen des päpstlichen Vikars, wenn es der Nutzen der Kirche erforderte, sogar in höhere Positionen befördert werden.

Urban II. ging sogar so weit, daß er auf seinem ersten Konzil die Zölibatsgesetze Gregors VII. lockerte und dem niedrigen Klerus bis zur Würde eines Subdiakons die Ehe gestattete. Er berief sich dabei auf den Schöpfer des römischen Papsttums, Gregor den Großen, der erklärt hatte: »... es erscheint mir hart und unbillig, daß einer, der sich nicht vorher zur Enthaltsamkeit verpflichtete, gezwungen werde, sich von seinem Weibe zu trennen.« Damit hatte sich Urban II. die Sympathie des niedrigen Klerus gesichert.

Einen wichtigen Zug auf politischem Terrain machte Papst Urban II., als es ihm gelang, die Ehe des siebzehnjährigen Welf V. von

Baiern mit der vierundvierzigjährigen Mathilde von Tuszien zu stiften. Die kaiserfeindlichen Welfen waren an dieser fast »widernatürlichen« Heirat interessiert. Ihre Hoffnung, in Lothringen durch Mathilde als Tochter Herzog Gottfrieds II. von Niederlothringen und Witwe Herzog Gottfrieds III. von Niederlothringen Macht und Einfluß zu erlangen, bestätigte sich. Sehen wir doch in den lothringischen Herzogslisten Mathildens zweiten Mann, eben jenen Herzog Welf von Baiern, für die Jahre 1089 bis 1095 aufgeführt.

Rechnet man zu Niederlothringen noch den Besitz der Markgräfin Mathilde von Mantua in Oberitalien bis hin zur Toskana, so war ein gewaltiger kaiserfeindlicher und Rom höriger Machtkomplex entstanden.

Dem mußte Heinrich IV. entgegentreten. Es galt jetzt die Reichsacht, die gegen die Markgräfin Mathilde verhängt war, durchzuführen.

Der dritte Italienzug

Mit starken Kräften rückte der Kaiser gegen die Markgräfin Mathilde vor und eroberte Mantua. Beeindruckt durch die Erfolge des Kaisers, zog sein Papst Clemens III. nach Rom. Papst Urban II. floh aus der heiligen Stadt.

Nach einem weiteren Sieg über Mathildische Truppen begannen in der Burg Capinata Friedensverhandlungen. Der Markgräfin sollte eine ehrenvolle Unterwerfung zugestanden werden. Doch es siegte die doktrinäre Verblendung. Ihre geistlichen Berater beschworen die Markgräfin, nicht mit dem Exkommunizierten zu verhandeln. Sie würde vielleicht irdischen Vorteil, aber ganz bestimmt himmlischen Nachteil erleiden.

Die fromme Markgräfin, Papst Urban II. genauso ergeben wie einstmals Papst Gregor VII., brach daraufhin die Verhandlungen ab.

Heinrich IV., den nahen Sieg vor Augen, war tief enttäuscht. Er hob die schon begonnene Belagerung des toskanischen Monteveglio auf. In planlosen Aktionen sich verzettelnd, stand er plötzlich vor dem Felsenklotz von Canossa.

Dieses Kastell, Symbol seiner Demütigung, reizte ihn zum schnellen und unüberlegten Angriff. Die canunisische Besatzung machte einen Ausfall, trieb Heinrichs IV. Truppen zurück und eroberte das kaiserliche Banner.

Dieses Canossa blieb für den Kaiser eine sich nie schließende Wunde. Nach der Niederlage vor dieser Mathildischen Festung verließ Heinrich das Kriegsglück. Bei genauer Betrachtung seiner Lage mußte er sich eingestehen, daß er sich in der Situation eines Gefangenen befand.

Die Alpenübergänge, die ihm eine Rückkehr nach Deutschland ermöglichen sollten, waren in den Händen der süddeutschen Herzöge, seiner Gegner. Der Weg nach Rom wurde ihm von den Truppen und Kastellen der Markgräfin Mathilde versperrt. So überschritt er den Po in nördlicher Richtung und zog sich nach Verona zurück. Im folgenden Jahr bildete sich zum erstenmal ein lombardischer Städtebund zwischen Mailand, Cremona, Piacenza und Lodi. Ein Städtebund, der den deutschen Kaisern noch lange Widerstand leisten sollte.

Der Einbruch in die Familie

Heinrich IV. hatte allen Stürmen der Zeit standgehalten. Früh hatte er den Vater verloren, war von habgierigen Prälaten und Fürsten erzogen worden, hatte eine schwache Mutter, die zwar für ihn beten, ihm aber nie politisch helfen konnte, es sei denn, beim Papst Fürbitte für ihn zu leisten; Heinrich IV. war stets von Untreue und Verrat umgeben, jetzt hielt das Schicksal für ihn eine besondere Prüfung bereit.

Heinrich sandte seinen Sohn Konrad, der mit ihm in Italien weilte, nach Turin. Des Kaisers Schwiegermutter, Markgräfin Adelheid von Susa, Erbin von Piemont, war im Jahre 1091 gestorben. Ihr Enkel Konrad sollte dort seine Erbansprüche geltend machen.

Die Besitzungen der Markgräfin Adelheid waren für den Kaiser und den jungen König von besonderer Bedeutung. Stadt und Bistum Asti sicherten die Straße nach Genua. Von Turin und Susa, von Ivrea, Saluzzo und Pinerolo aus waren die Alpenpässe zu beherrschen: Die Sperrung der Alpenübergänge durch die süddeutschen Herzöge wäre wirkungslos geworden, und der Kaiser hätte seine Bewegungsfähigkeit zurückgewonnen.

Während der junge König in den Landen seiner Großmutter

Die Burg von Canossa, wo sich im Jahre 1077 abendländische Geschichte vollzog, liegt heute in Trümmern. Die Vorburg Rossena läßt die Macht der Markgrafen von Canossa-Tuszien ahnen. (4)

Heinrich IV. bittet in Canossa Markgräfin Mathilde von Tuszien und seinen Taufpaten Abt Hugo von Cluny um Vermittlung bei Papst Gregor VII. Die Miniatur zeigt die politische Gewichtung der dargestellten Personen. Gegenüber dem einflußreichen Abt und der mächtigen Markgräfin erscheint der deutsche König als Bittsteller reduziert auf Knabengröße. Miniatur aus der Vita Mathildis. (5)

weilte, gelang es der Markgräfin Mathilde, ihn umzustimmen und in das Lager des Papstes zu ziehen.

Konrad wird uns als ein schöner, schwermütiger Jüngling geschildert, der in seinem Naturell der frommen Kaiserinmutter Agnes nachkam.

Der Hintergrund des Verrats vom Sohn am Vater hellt sich nicht auf. Ihn als törichtes Opfer der Weiberlist der Markgräfin Mathilde hinzustellen, wie es der anonyme Verfasser der »Vita Heinrici IV. Imperatoris« tut, reicht wohl nicht aus. Es können durchaus realpolitische Überlegungen den jungen König zu dieser Tat getrieben haben. Sah er doch überall die Politik Papst Urbans II. auf dem Vormarsch. Sein Vater, der Kaiser, hatte sich in einer Art Selbstfesselung an seinen Papst Clemens III. gebunden. Und der tückische, verschlagene und gewissenlose Politiker, als den man Heinrich IV. darstellen will, war er nicht. Er hielt seinem Papst die Treue.

Es hätte durchaus die Möglichkeit bestanden, Wibert fallenzulassen und sich von Papst Urban II. erneut die Kaiserkrone aufs Haupt setzen zu lassen. Aber dieser Weg war für Heinrichs Charakter nicht gangbar.

Im Jahre 1095 eilte Papst Urban nach Cremona. Der junge König Konrad beugte das Knie vor dem Feind seines Vaters und leistete, ein Zeichen der Unterwerfung, den Stratordienst. Das heißt, er führte das Pferd des Papstes eine gewisse Strecke am Zügel und half dem Papst in die Steigbügel.

In Mailand wurde der junge König vom Erzbischof von Mailand zum König von Italien gekrönt, aber wirkliche politische Macht erlangte der junge Salier nicht. Im Juli 1101 wird der tragische Jüngling in Florenz sterben. Avianus, der Leibarzt der Markgräfin Mathilde, soll ihm einen vergifteten Trank gereicht haben.

Den Schmerz, den der Kaiser durch den Verrat und Tod seines Sohnes erlitt, faßt der anonyme Verfasser der Vita in die Worte: »Was werden erst die Feinde tun, wenn selbst die eigenen Kinder gegen die Eltern aufstehen?

Wo kann man sich Sicherheit versprechen, wenn man selbst vor dem nicht sicher ist, den man erzeugt hat? Man lasse ab von der Ehe, niemand möge sich einen Erben wünschen! Dein Erbe wird dein Feind sein, denn er entreißt dir nicht nur Haus und Gut, er trachtet dir auch nach dem Leben. Der Sohn des Kaisers, den der Vater in Italien zurückgelassen hatte, aus Gründen, die wir genannt haben, ließ sich von Mathilde gewinnen – denn wen könnte Weiberlist nicht verführen und betören? –, verband sich mit den Feinden seines Vaters, ließ sich die Krone aufsetzen, riß die Regierung an sich, versündigte sich gegen das Recht, verwirrte die Ordnung, stritt wider die Natur und lechzte nach dem Blut des Vaters, weil er nur hätte herrschen können, wenn er das Blut des Vaters vergoß.«[10] Die emotionale Klage des Anonymus der »Vita Heinrici« spiegelt die Seelenqual des Kaisers beim Verrat des Sohnes wider.

Der Chronist Bernold von Konstanz weiß sogar von Selbstmordabsichten des Kaisers zu berichten. Inwieweit Bernold als Gegner Heinrichs IV. Tatsachen vermittelt, weiß man nicht. Vielleicht wollte der mittelalterliche Autor auch nur den Schmerz des Kaisers sichtbar machen.

Noch ein zweiter Schlag aus dem Dunkel, ein Schlag voller Tücke hatte auf den schwer geprüften Mann getroffen.

Am 14. März 1089 hatte Heinrich IV., zwanzig Monate nach dem Tod seiner Frau Berta, die Tochter des russischen Großfürsten Vsevolods, Praxedis (Adelheid), geheiratet. Sie war die Witwe des Markgrafen Heinrich von der Nordmark. Der Kaiser verliebte sich in die zwanzigjährige russische Schönheit. Daß diese Heirat aufgrund einer großen körperlichen Affinität zustande kam, ist glaubhafter als die These, Heinrichs Absicht sei es gewesen, ein salisch-russisches Bündnis gegen die Annäherungsversuche Papst Urbans gegenüber Byzanz zu schaffen. Alles ist möglich, aber nichts ist beweisbar. Tatsache ist, daß die junge Kaiserin Praxedis – sie hatte den deutschen Namen Adelheid angenommen – in dieser Ehe nicht die Erfüllung und den Glanz fand, die sie zu finden gehofft hatte.

Als Streifscharen der Markgräfin Mathilde im Jahre 1094 gegen Verona vorstießen, gelang es der Kaiserin, mit ihnen Verbindung aufzunehmen. In der Nacht flüchtete sie aus der Stadt. Im Triumphzug wurde sie zu Markgräfin Mathilde gebracht. Dort fand sie Zuflucht, Verständnis und mehr.

Betrachtet man das Verhältnis Heinrichs zu seinen Gegnern, so wird offenbar, daß diese sich nie scheuten, zu den niedrigsten und obszönsten Verleumdungen zu greifen. So auch hier. Die junge Kaiserin gestand der Markgräfin, zu welch schändlichen Handlungen, so hieß es, der Kaiser sie genötigt habe. Immer wieder, wie schon in seiner Jugend, griff die päpstlich-gegnerische Seite zum Instrumentarium der sexuellen Verleumdung.

Die Gründe der Praxedis/Adelheid für den Verrat am Kaiser liegen nicht offen. Nach Meyer von Knonau ist es in hohem Maße wahrscheinlich, daß der Kaiser an der ehelichen Treue seiner jungen Gemahlin zweifeln mußte. Jedenfalls hielt er sie in Verona wie eine Gefangene. »Die allerschändlichsten Dinge brachte das schamlose Weib, das über sich selbst das Allerekelhafteste, wenn es Heinrich IV. zu schaden vermochte, zu erzählen nicht errötete, mit frecher Stirne über ihr Eheleben vor, um ihre Flucht zu rechtfertigen, und die sittlich so unendlich hoch über ihr stehende Bundesgenossin Papst Urbans II. scheute sich nicht, auf alle diese Schilderungen die Hand zu legen und sie zur Verunglimpfung des Kaisers möglichst zu verbreiten.«[11]

Um den Triumph der kaiserfeindlichen Seite zu erhöhen, warf sich die Kaiserin dem Papst zu Füßen und berichtete die »schrecklichen sexuellen Sünden«, die sie unter Heinrichs Zwang und Befehl begangen hatte. Der erschütterte Urban nahm ihre Beichte an und sprach sie frei.

Danach wurde es still um die merkwürdige Frau, die sich der Selbsterniedrigung hingab, nur um ihrem Manne zu schaden. Ihre Spuren verschwinden in der Geschichte. Sie soll nach Rußland zurückgekehrt sein und ihr Leben als Nonne beendet haben.

Auch um Heinrich IV. wurde es still. Verflucht und gebannt, vom Sohn verraten, von der eigenen Frau in den Schmutz gezerrt, legt sich über Heinrich IV. für sechs Jahre ein Schleier des Schweigens. Er hielt sich in Oberitalien auf, denn die Rückkehr nach Deutschland war ihm durch die süddeutschen Herzöge, die die Alpenpässe beherrschten, versperrt. Dagegen stieg der Stern Papst Urbans II., bedingt durch die Paralysierung Heinrichs, aber auch durch Urbans großes diplomatisches Geschick.

Ende 1093 konnte Papst Urban wieder in Rom residieren. Im März 1094 hielt er in Piacenza, mitten im Wibertinischen Einflußbereich, eine glanzvolle Synode ab. Hier hatte auch die Kaiserin Praxedis ihren großen Auftritt. Die Synode wurde besucht von Bischöfen Italiens, Burgunds, Frankreichs, Schwabens und Baierns. Nach Bernold von Konstanz sollen viertausend Geistliche und dreißigtausend Laien an der Synode teilgenommen haben. Papst Urban II. erneuerte den Fluch gegen den Ketzerpapst Wibert und den Kaiser als den Zerstörer des christlichen Friedens und Verderber des römischen Reiches. Dann wurden die Gesetze über die Simonisten bestätigt. Doch jetzt wurden feine Unterscheidungen gemacht.

Seit Humbert von Moyenmoutier seine Bücher gegen die Simonisten geschrieben hatte, hatte man in Rom Simonie und Laieninvestitur gleichgestellt. Papst Urban brach in Piacenza mit dieser Form, indem man zwischen Häretikern, das sind Simonisten, und Schismatikern, das sind die vom Kaiser ohne Simonie investierten Bischöfe, unterschied. Nur die Weihen von Simonisten wurden, aber auch nicht in jedem Fall, verworfen, die Weihen von Schismatikern hingegen anerkannt.

Es ist klar, daß es so den kaiserlichen Bischöfen leichtgemacht wurde, ins päpstliche Lager überzutreten. Die Kirche, oder besser: der Papst, forderte jetzt auch nicht mehr die Weltherrschaft, sondern kehrte zurück zu der Freiheit, nach ihren, den kirchlichen Gesetzen zu leben.

Als Frucht dieser Politik traten die Bischöfe Eginhard von Würzburg, Otto von Straßburg, Rudhard von Mainz, Hermann von Augsburg und später auch Rupert von Bamberg ins päpstliche Lager über.

Als besonderes Ereignis der Synode von Piacenza ist zu verzeichnen, daß eine Gesandtschaft Kaiser Alexios' von Konstantinopel bei Papst Urban erschien mit der Bitte, der Papst und alle Christen seiner Kirche möchten zur Verteidigung der heiligen Kirche nach Konstantinopel eilen, da die Ungläubigen schon bis zu den Mauern dieser Stadt vorgedrungen seien. Der Papst ermunterte nun die ihm anhängenden Fürsten und Ritter zur Hilfeleistung für die bedrohte Stadt.

Gott will es

Von Piacenza reiste Papst Urban nach Cremona, um dort, wie erwähnt, Huldigung und Stratordienst des jungen Königs Konrad entgegenzunehmen. Und während er von dort über die Alpenpässe nach Frankreich zog, wuchs in ihm ein größerer, gewaltiger Plan, der weit über das Hilfeersuchen Kaiser Alexios' hinausging. Der große Traum, den Papst Gregor VII. geträumt hatte, die heiligen Stätten, dort, wo Jesu Fuß gewandert war, von den Ungläubigen zu befreien, nahm in ihm Gestalt an. Vor seinen Augen stand der »heilige Krieg«.

Am 5. August erreichte Urban II. Valence, und am 11. August traf er in Le Puy ein. Von dort gingen Sendschreiben an alle Bischöfe Frankreichs und der umliegenden Länder mit der Forderung, im November bei ihm in Clermont einzutreffen. Er bereiste den Süden Frankreichs, war in Avignon und St. Gilles, und es ist anzunehmen, daß er hier mit Raimund von St. Gilles, dem Grafen von Toulouse und Marquis de Provence, zusammentraf. Raimund hatte sich als Heerführer im heiligen Krieg in Spanien einen großen Namen gemacht. In Cluny traf der Papst mit Pilgern zusammen, die ihm über ihre Erfahrung auf der Pilgerschaft nach Santiago de Compostela und nach Jerusalem berichten konnten.

Groß waren die Plagen der Palästinapilger, die sie während des Zerfalls der türkischen Herrschaft im Heiligen Land erdulden mußten.

Vom 18. bis zum 28. November 1095 tagte das Konzil von Clermont unter der Beteiligung von dreihundert Geistlichen. Das Verbot der Laieninvestitur und der Simonie und die Forderung nach Ehelosigkeit der Priester wurden bestätigt, und Urban schleuderte einen Bann gegen König Philipp I. von Frankreich wegen Ehebruchs und gegen den Bischof von Cambrai wegen Simonie. Der Primat des Erzbischofs von Lyon über die Bistümer Sens und Reims wurde festgeschrieben. Der Papst verkündete, daß er am 27. November eine öffentliche Sitzung zu Clermont halten werde, um eine wichtige Botschaft zu verkünden.

Der Andrang von Klerikern und Laien war so groß, daß die Menge nicht in der Kathedrale, in der bisher das Konzil getagt hatte, untergebracht werden konnte.

So wurde der päpstliche Thronsessel am Osttor der Stadt im freien Feld aufgestellt, und hier sprach Papst Urban inmitten der um ihn versammelten Menschenmassen.

Es war eine der großen Reden der Menschheit. Eine Rede, die das Bewußtsein veränderte und deren Ergebnis die Kreuzzüge waren. Diese befreiten zwar zeitweise das Heilige Land, forderten aber unbeschreibliche Blutopfer. Ein »unheiliger Krieg«, der einhundertsiebzig Jahre lang Menschenleben verschlang und endlich im Jahre 1365 mit der Brandschatzung Alexandrias sein schreckliches Ende fand.

Guibert von Nogent, der Chronist des ersten Kreuzzuges, berichtet vermutlich aus zweiter Hand.

So ist diese große, die Welt verändernde Rede nicht im Wortlaut überliefert, und wir müssen uns mit den persönlichen Darstellungen unserer Chronisten begnügen.

Der Papst schilderte der lauschenden Gemeinde, daß die Christen des Ostens durch den Ansturm der Türken aufs äußerste gefährdet seien. Denn die Türken stießen vor in das Herz christlicher Länder, schändeten Kirchen und Altäre, mißhandelten und erschlugen Menschen. Aber nicht nur Byzanz sei gefährdet und müsse diese Übel erleiden. Er machte den Zuhörern nicht nur die besondere Heiligkeit Jerusalems deutlich, sondern auch die Leiden der Pilger, die zu diesen heiligen Stätten wollten. Er malte ein gewaltiges Panorama der christlichen Welt, die drohte, in die Hände der Heiden zu fallen. Dann erließ er einen großen Aufruf, mehr noch, eine Forderung, einen Appell: Die Christenheit müsse aufbrechen, die Brüder im Osten, die heilige Kirche, die heiligen Stätten zu retten vor heidnischer Unterjochung. Er mahnte, von den inneren Kriegen im Abendland abzulassen, sich zu vereinen, arm und reich, und gemeinsam das Werk Gottes zu tun, Gott selbst werde sie dann anführen. Er versprach allen, die auf dem Zuge oder in der Schlacht das Leben ließen, volle Absolution und Vergebung der Sünden. Er befahl, mit dem Beginn des folgenden Sommers auszuziehen und den heiligen Krieg zu führen.

Immer wieder wurde die päpstliche Rede unterbrochen durch den Jubelruf: »Deus le volt!« »Gott will es!«

Als erster kniete der Bischof von Le Puy, Adhemar de Monteil, aus der Grafenfamilie der Valentinos, vor dem päpstlichen Thron nieder und bat, an dem heiligen Feldzug teilnehmen zu dürfen. Die Begeisterung übertraf alle Vorstellungen des Papstes. Die Menge heftete sich unter dem dauernden Jubelruf »Gott will es« Kreuzeszeichen an ihre Kleider, um ihre Bereitschaft zum heiligen Krieg sichtbar zu machen. Waren in Clermont zunächst meist niedrige Leute zugegen, so stellte sich jetzt als erster großer Graf Raimund von Toulouse mit seinen Vasallen zur Verfügung. Als Anführer des Kreuzzuges – der Papst wollte keinen Zweifel lassen, daß dies eine Sache der Kirche war – wurde der Bischof von Le Puy bestellt und als sein Schwertarm Raimund von Toulouse. Papst Urban verteilte den Aufruf in alle Länder seiner Obedienz, und sein Ruf wurde erhört, auch von den Großen. Im Juli 1096 weilte der Papst in Nîmes, wo ihn die Botschaft König Philipps von Frankreich erreichte, der sich in der Frage seines Ehebruchs unterwarf und weiter mitteilte, daß sein Bruder, Graf Hugo von Vermandois, am Kreuzzug teilnehmen werde. Dieser erste Kreuzzug wurde getragen vom französischen Adel und Hochadel.

Aus der deutschen Hocharistokratie beteiligte sich einzig Herzog Gottfried IV. von Niederlothringen, besser bekannt als Gottfried von Bouillon, der auch der erste König von Jerusalem werden sollte. In Italien herrschte die gleiche Begeisterung, vor allem in Süditalien, wo die Normannen unter der Führung Bohemunds, des Sohnes Robert Guiscards, zu den Waffen griffen, weil sie die politischen Möglichkeiten bei einem Feldzug unter dem Kreuz erkannten.

Weihnachten 1096 kehrte Papst Urban II. nach Rom zurück. Er hatte einer Bewegung Schubkraft verliehen, die seine eigene Person hinter sich ließ, gleich wie man sie bewertet, ob als überragendes christlich-ritterliches Abenteuer oder den grenzenlosen Rückfall in die Barbarei.

Für sich selbst hatte Urban II. erreicht, daß sein Papsttum unanfechtbar geworden war, obwohl sein Erzfeind, der Gegenpapst Clemens III. (Wibert), sich noch immer in Rom behauptete, bis er im Jahre 1098 von den Pierleoni vertrieben wurde.

Das Ende der Isolation

Anfang 1097 kehrte Heinrich IV. nach Deutschland zurück. Die oberitalienische Isolation um Verona konnte durchbrochen werden. Dies war aber kein Ergebnis der Diplomatie oder kriegerischer Erfolge.

Der widernatürliche Ehebund zwischen dem jungen Welf V. und Markgräfin Mathilde zerbrach. Zerbrach er, weil er seinen politischen Zweck, den Italienzug Heinrichs IV. in eine Niederlage zu verwandeln, erfüllt hatte? Zerbrach er, weil die welfischen Träume, das Machtgefüge Mathildes in Oberitalien und in der Toskana sowie ihre Rechte in Lothringen der eigenen Macht zu unterstellen, nicht in gewünschtem Maß in Erfüllung gingen? Oder zerbrach er, weil die Ehe eines Siebzehnjährigen mit einer vierundvierzigjährigen Frau nicht von Dauer sein konnte?

Heinrich IV. erkannte des alten Welf IV. Herzogsrechte auf Baiern an, und sogleich öffneten sich die gesperrten Paßwege nach Deutschland.

Es war ein nachdenklich gewordener Kaiser, der – nunmehr in

seinem siebenundvierzigsten Lebensjahr – in Deutschland einzog. Den Verrat seiner Frau, auch ihre schmutzigen Anwürfe, wird er noch ertragen haben. Aber daß der eigene Sohn Konrad sich gegen den Vater gestellt hatte, nein, nicht nur gegen den Vater, sondern auch gegen die salische Dynastie, daß er die Würde der Salier als von Gott eingesetzte Könige mißachtet hatte, das war ein Schlag, der ins Mark des königlichen Selbstbewußtseins getroffen hatte.

Überraschend schnell gelang es Heinrich IV., die königlichen Machtpositionen in Deutschland wieder aufzubauen.

Die Eintracht mit Baiern war, wie berichtet, erreicht. Der Ausgleich mit den Zähringern wurde gesucht und gefunden. Berthold von Zähringen gab seinen Anspruch auf das schwäbische Herzogtum auf, dafür erhielt er den erblichen Titel eines Herzogs von Zähringen, dazu die Reichsvogtei Zürich. So war er mit seinen reichen Eigengütern im Schwarzwald noch immer ein bedeutender Herr im Reich.

Das schwäbische Amtsherzogtum verblieb dem Staufer und Schwiegersohn des Kaisers, Friedrich I., aber es war unübersehbar, daß das alte schwäbische Herzogtum reduziert war. Im Südwesten standen nun die Zähringer Herzöge, und die Welfen waren im oberschwäbischen Raum um Ravensburg-Weingarten mit ihren reichen Eigengütern ein weiterer Pfahl im Körper Schwabens.

Der Widerstand in Sachsen war erloschen. Magnus Billung, Herzog von Sachsen, hatte sich schon seit geraumer Zeit aus den Reichsangelegenheiten zurückgezogen.

So konnte Heinrich IV. es wagen, im Mai 1098 einen Reichstag nach Worms zu berufen, um einem dynastischen Übelstand abzuhelfen. Es wird dem Vater nicht leichtgefallen sein, von einem Hofgericht das Absetzungsdekret für seinen Sohn Konrad aussprechen zu lassen. Der Kaiser bestimmte seinen zweiten Sohn, Heinrich, der im Jahre 1086 geboren war, zu seinem Nachfolger. Die Fürsten stimmten dem zu. Ein unerhörter Triumph für den Salier. Der Tag von Forchheim, an dem der Gegenkönig Rudolf von Rheinfelden den Fürsten schwören mußte, auf die Erbfolge für sein Geschlecht zu verzichten, war ausgelöscht. Nur durch Fürstenwahl könne Königtum erwachsen, so hieß damals der Spruch, dem der Rheinfeldener zustimmen mußte.

Am 6. Januar 1099 wurde der jüngere Heinrich in Aachen zum Mitkönig erhoben, gesalbt und gekrönt.

Was in Heinrich vorging, können wir daran ersehen, daß er dem eigenen Sohn einen Schwur abforderte, wie die »Vita Heinrici« berichtet:

»Damit nicht aber auch er (der Sohn) auf die Abwege seines Bruders geriete, ließ er (der Vater) ihn schwören, sich niemals bei Lebzeiten des Vaters des Reiches oder der väterlichen Güter zu bemächtigen, es sei denn mit dessen ausdrücklicher Zustimmung.«[12]

Für die Richtigkeit der Eidesleistung des Sohnes haben wir einen Kronzeugen, den Kaiser selbst. Er schrieb im Jahre 1106 an Abt Hugo von Cluny, seinen Taufpaten, anläßlich des dann doch stattgefundenen Verrats seines Sohnes Heinrich: »Bei seiner Wahl in Mainz (Mai 1098) sicherte er uns eidlich Leben und Sicherheit für unsere Person zu und schwor, daß er sich betreffs unserer Herrschaft, aller Rechte und alles dessen, was wir besaßen oder noch besitzen würden, zu unseren Lebzeiten in keiner Weise einmischen würde. Dasselbe schwor er uns auch auf das Kreuz und den Nagel des Herrn in der Lanze vor allen Fürsten, als er in Aachen inthronisiert wurde.«[13]

Zugleich befaßte sich im Jahre 1098 ein Hofgericht in Mainz mit dem Bischof der Stadt. Dem Metropoliten, der das größte deutsche Erzbistum regierte und darüber hinaus Primas von Deutschland war, wurde vorgeworfen, bei den Judenverfolgungen des Jahres 1096, die anläßlich der Kreuzzüge ausgebrochen waren, die Juden nicht ausreichend geschützt, sondern sich sogar an ihrem Eigentum bereichert zu haben. Erzbischof Routhardt floh aus der Stadt und stellte sich auf die kaiserfeindliche Seite, vor allem auch weil Papst Clemens III. (Wibert) ihn exkommuniziert hatte.

Der Wille zum Frieden

Am 29. Juli 1099 wurde Papst Urban II. vom Tod hingerafft. Sein Pontifikat war derart erfolgreich gewesen, daß viele in Deutschland und Italien glaubten, Kaiser Heinrich IV. müsse sich jetzt der päpstlichen Allgewalt unterwerfen.

Am 8. September 1100 starb in Cività Castellana Papst Clemens III. Zwar kürten seine Anhänger noch dreimal einen Papst, die Unterstützung des Kaisers fanden sie jedoch nicht. Heinrich IV. hoffte nun, durch den Nachfolger Urbans vom Bann befreit zu werden. Seine Hoffnungen trogen.

Der neue Papst war wiederum ein Mönch, der Abt Rainer von S. Lorenzo. Er wählte den Papstnamen Paschalis II. Heinrich IV. suchte Annäherung an diesen Papst, doch da er auf seinem königlichen Investiturrecht beharrte, fand er nur schroffe Ablehnung. Papst Paschalis II. erneuerte das Investiturverbot und verhängte auf der römischen Fastensynode von 1102 wiederum den Bann gegen den Kaiser. Er ging über Urban II. hinaus und nannte Heinrich mit Namen: » ... er warf ihm vor, daß er nicht aufhöre, die Kirche durch Raub zu verwüsten und durch Üppigkeit, Meineid und Mord zu beflecken.«[14]

Er rief erneut die Baiern und Schwaben zum Kampf gegen den Ketzer Heinrich auf. Graf Robert von Flandern schrieb er, »kein lieberes Opfer könne er Gott darbringen, als wenn er den Kaiser, diesen Feind Gottes, bestreite, der der Kirche die Herrschaft zu entreißen wage. Er verhieß als Lohn des Kampfes Vergebung der Sünden, Eintritt in das himmlische Jerusalem.«[15]

Sein eifernder Zorn ist von der politischen Lage her nicht zu erklären, denn Heinrich war nie friedensbereiter als in diesen Tagen. Aber: Paschalis II. war ganz von seinen kirchlichen Überzeugungen erfüllt. Er war kein Gregor VII., der die Weltherrschaft wollte, und auch kein Urban II., der für die Anerkennung seiner päpstlichen Würde streiten mußte. Er wollte die Freiheit der Kirche, und dem standen die königlichen Investiturrechte entgegen, an denen Heinrich als Königserbe unerschütterlich festhielt.

Heinrichs IV. Demut und sein Friedenswille werden sichtbar in einem Schreiben des Jahres 1102 an seinen Paten, den von ihm verehrten Abt Hugo von Cluny. Dort heißt es:

»Durch dieses Beispiel ermutigt, geben wir Euch bekannt, daß wir um der Wiederherstellung alles Kirchlichen, das zu unserer Zeit infolge unserer Sünden leider zugrunde ging, auf jede Weise, soweit Gott die Kräfte leiht, arbeiten und den heilsamen Ratschlägen aller Rechtschaffenen beipflichten wollen, ob wir irgendwie das Zerstreute zu sammeln, das durch den Keil des Schismas Auseinanderklaffende durch das Band der Einheit zusammenfügen vermöchten und ob wir den durch uns verursachten Ruin der Kirche durch die Wiederherstellung von Frieden und Gerechtigkeit wiedergutmachen könnten. Außerdem zeigen wir Euch an, daß wir – so Gott will – weltliche und geistliche Gewalt wieder zusammenführen könnten, nach Sicherung des Friedens nach Jerusalem gehen wollen und innigst wünschen – so Gott will – das Heilige Land zu sehen, wo unser Herr im Fleisch erschien und unter den Menschen weilte. Wir möchten ihn dort inbrünstig anbeten, wo er, wie wir wissen, Backenstreiche, Anspeien, Geißelhiebe, Kreuz, Tod und Begräbnis für uns erlitten hat.«[16]

Es ist schwer vorstellbar, daß ein Ketzer solch einen Brief geschrieben hat. Das sind die Worte eines Mannes, der sich mit seiner Kirche versöhnen will, der nun endlich das Ende der Verleumdungen, der charakterlichen Verzeichnungen, mit denen mönchischer Haß ihn entstellt hat, herbeiführen will. Und es bleibt auch nicht bei Worten und Beteuerungen. Auf dem Reichstag zu Mainz im Jahre 1103 erklärte er, daß er einen Kreuzzug nach Jerusalem antreten wolle, wenn er vom Banne gelöst sei (der Kreuzzug kam jedoch nicht zustande). Als geistige Bereitschaft dazu stiftete er eine allgemeine Amnestie und einen Reichsfrieden.

Der Mainzer Reichsfrieden

Der Mainzer Reichsfrieden ist eine der großen Taten Kaiser Heinrichs IV. Er stellte sich der uralten Aufgabe der Kaiser und Könige, Friedensbringer zu sein. Dieses Friedensgesetz ging über die bislang gekannten Gottesfriedensgesetze hinaus.

Die wichtigsten Neuerungen waren: Der Frieden wurde über das ganze Reich ausgedehnt, sollte für vier Jahre Geltung haben und sich nicht – wie bisher – auf wenige Tage beschränken.

Aus heutiger Sicht könnte man von einer sozialen Großtat sprechen, doch der Reichslandfrieden war mehr. Er war die Essenz der Bergpredigt, der Kern der Botschaft Jesu Christi. Die vorgesehenen Strafen galten ausnahmslos für Freie und Unfreie, für Arme und Reiche, für Herren und Knechte. Die Gleichstellung von Freien und Unfreien kam den ärmeren Schichten zugute. Das sogenannte Wergeld, Bußzahlungen für Freie und Unfreie in gestaffelter Form, wurde abgeschafft. Nun konnte sich der Reiche nicht mehr mit Geld von Mord- und Totschlag freikaufen. Hier wie auf anderen Gebieten erkennt man, daß es kaiserlicher Wille war, die unteren Schichten zu stützen.

Das liegt auf der gleichen Linie wie die Schaffung einer Reichsministerialität, die sich in den Anfängen auf Unfreie stützte. Diese dienten Krone und Reich treuer als der egoistische, nur auf den eigenen Vorteil bedachte Hochadel. Diese Komponente wird bei vielen Handlungen Heinrichs IV. sichtbar. So sicherte er sich durch die Verkündung von Stadtfreiheiten die Gefolgschaft der Städte. Er erwies sich als Staatsmann, der soziale Entwicklungen erkannte und förderte. Wie ein solcher Mann, der schon vor einem knappen Jahrtausend gleiches Recht für alle schaffen wollte, in bekannter Form verketzert werden konnte, bleibt ein Rätsel der Zeit.

Der Mainzer Reichsfrieden darf zu Recht als einer der Glanzpunkte von Heinrichs Herrschaft angesehen werden. Daß dieses Friedenswerk zerfiel, daß es noch Jahrhunderte dauern sollte, bis die Gleichheit vor dem Gesetz gelebte Wirklichkeit wurde, ändert nichts an der Größe von Heinrichs IV. Rechtsvision.

In der »Vita Heinrici« hat der anonyme Autor die Vorstellungen darüber, was dieser Reichslandfrieden dem Land und den Menschen bringen sollte, eindringlich gefeiert:

»Dieses Gesetz brachte den Armen und Gutgesinnten ebenso großen Nutzen, wie es den Böswilligen und Gewalthabern schadete ... Wer noch vor kurzem auf schäumendem Rosse dahingaloppierte, begnügte sich nun mit einem Bauerngaul. Wer eben noch kein anderes Gewand tragen wollte als ein brennend scharlachrot gefärbtes, der muß sich nun glücklich schätzen, konnte er ein ungefärbtes Gewand sein eigen nennen ...

Ungefährdet fuhr der Schiffer an den Städtchen, die am Ufer lagen und vom Raub der Schiffe gelebt hatten, vorbei, während der Gebieter des Fleckens hungerte. Wie merkwürdig und doch nicht ohne Komik: Die einen rächen Unrecht durch Unrecht, der Kaiser rächte das ihm angetane Unrecht mit Friedensbestimmungen. Als die Herren mit ihren Helfershelfern einige Jahre durch dieses Gesetz in Schranken gehalten wurden, begannen sie, mißvergnügt darüber, daß sie nicht frei ihre Verbrechen verüben durften, wiederum gegen den Kaiser zu murren, und wiederum streuten sie Verleumdungen über seine Handlungen aus.

Was hat der Kaiser nun eigentlich verbrochen? Doch nur dies, daß er Verbrechen verhinderte, Frieden und Gerechtigkeit zurückrief, daß nicht der Räuber Herr der Straße war ... Warum, so beschwöre ich euch, könnt ihr nur vom Raub leben? Gebt dem Acker die Menschen wieder, die ihr ihm des Waffendienstes wegen entzogen habt; richtet die Zahl eurer Gefolgschaft nach dem Maß eurer Mittel, kauft eure Güter wieder zurück, die ihr töricht verschleudert habt, um viele Krieger zu haben, und eure Scheunen und Keller werden Überfluß haben an allem Guten; dann wird es nicht mehr nötig sein, fremdes Gut wegzunehmen, da jeder aus eigenem Überfluß haben kann. Dann braucht ihr auch den Kaiser nicht mehr zu verleumden, und es wird keinen Krieg mehr geben im Reich.«[17]

Das visionäre Gemälde, das der Anonymus malt, ist trotz aller Euphorie nicht unrealistisch. So hätte die Welt in Deutschland sein können, wenn man Heinrichs Reichsfrieden geachtet hätte.

Aber gerade dieser Reichsfrieden schuf dem Kaiser neue Gegner und ließ die alten sich wieder formieren. Denn der fehdelustige Adel war an einem allgemeinen Frieden nicht interessiert. Zu lange hatte man sich daran gewöhnt, seine Händel mit dem Schwert auszutragen und die friedlichen Menschen auszurauben. Der Anonymus schildert die Verhältnisse trotz allen Überschwangs schon richtig.

Genauso schwer wie die Gegnerschaft des Adels wog die permanente Hetze des Papstes, der mit Heinrich keinen Frieden wollte. Paschalis II. war mindestens ebenso kompromißlos wie Gregor VII., vielleicht war seine Entschlossenheit, den Kaiser zu vernichten, noch größer. Zudem hegte er ganz allgemein eine tiefe Abneigung gegen die Deutschen, die er als »natio prava et perversa« bezeichnete.[18]

Die letzte Verschwörung

Sächsische und süddeutsche Adelskreise, verärgert über die Friedenspolitik, die Gleichstellung Freier und Unfreier vor dem Gesetz, aber auch über die Förderung der Ministerialen, der Dienstmannen, suchten nach einem Anlaß und nach einem Kopf für einen Aufstand.

Der Anlaß fand sich schnell. Im Februar 1104 befand sich der bairische Graf Sigehard von Burghausen beim Kaiser. Zwischen den gräflichen Mannen und den kaiserlichen Ministerialen, denen sich auch Regensburger Bürger anschlossen, kam es zum Streit. Warum, weshalb und wieso ist nicht überliefert. Verhängnisvolle Tatsache aber war, daß bei dieser Gelegenheit Graf Sigehard von den Kaiserlichen erschlagen wurde. Die Empörung in Baiern war groß. Der Kaiser habe den Gottesfrieden gebrochen, hieß es. Man warf ihm vor, daß er nichts zur Rettung des Grafen getan habe, vor allem aber, daß er die Mörder nicht bestrafe. Da kam wieder das böse Wort vom Gotteskrieg auf.

Der junge König Heinrich begab sich zur Grafenfamilie, um zu vermitteln, vielleicht sogar, um sich zu entschuldigen. Nun war der Anführer der großen Verschwörung und Rebellion gegen den Kaiser gefunden: der Sohn, König Heinrich V.

Dazu kamen die ununterbrochenen Appelle Papst Paschalis' an die Fürsten in Deutschland, sich von Heinrich IV., dem bösen Haupte (»perverso capiti«), zu trennen, ihn zu bekämpfen und zur römischen Kirche zurückzukehren. Diese päpstlichen Sendschreiben blieben nicht ohne Wirkung. Zumindest lieferten sie ein Alibi für den Hochverrat am Kaiser.

Auch einige bairische Adelige standen der Kloster- und Kirchenreform nahe. Bei ihnen darf eine starke Motivation zur Abkehr von Heinrich IV. vermutet werden. Da waren Markgraf Diepold von Cham-Voburg-Nabburg, Graf Berengar von Sulzbach und Graf Otto von Habsberg Kastl – eine Adelssippe, die zu den Gründern des hiersauischen Reformklosters Kastl im bairischen Nordgau gehörte. Ebenso wird ihr der Aufbau der Reformstifte Berchtesgaden und Baumberg in Baiern zugerechnet. An ihrer Spitze stand als Legat des Papstes Bischof Gebhard III. von Konstanz, Zähringer Herzog durch Geburt und Bruder Herzog Bechtholds II., der den Verlust Schwabens im Jahre 1096 sicher noch nicht verwunden hatte.

Eine Vermengung religiöser und weltlicher Motive, wobei die materiell-weltlichen Gründe sicher im Vordergrund standen, denn innerhalb des Adels in Deutschland hielt sich die religiöse Hingabe in Grenzen: Dem Kreuzzugsaufruf Papst Urbans II. im Jahre 1095 war nur ein einziger Reichsfürst, Gottfried von Bouillon, gefolgt.

Am 30. November 1104 unternahm der Kaiser einen bewaffneten Zug nach Sachsen gegen Graf Dietrich von Katlenburg. Dieser hatte eine magdeburgische Gesandtschaft, die wegen der Neubesetzung des Magdeburger Erzbistums zum Kaiser unterwegs war, gefangengesetzt.

In Fritzlar war es, wo die für den Kaiser kaum faßbare Tat des Sohnes geschah. In der Nacht verließ der junge König das Feldlager. Der Vater konnte den Verrat des Sohnes nicht begreifen. Er sandte ihm Boten hinterher. Eine hochrangige Gesandtschaft jagte Heinrich V. nach, ihn zur Umkehr, zur Rückkehr in die väterliche Gnade zu bewegen: Kanzler Erlung, die Erzbischöfe von Köln und Trier und der allzeit getreue Schwiegersohn Friedrich von Staufen, der Herzog von Schwaben.

Doch der Sinn des jungen Königs war nicht zu bewegen, nicht zu ändern. Was Heinrich V. zu dieser Tat getrieben hatte, war keine Emotion, sondern kühl kalkulierte Überlegung. Er muß zu der Überzeugung gekommen sein, daß sein Vater nicht mehr in der Lage war, der salischen Dynastie den Thron zu erhalten. Der Vorwurf der Hinnahme des noch dazu ungesühnten Mordes an Graf Sigehard von Burghausen, daß der Kaiser es geschehen ließ, daß sein eigener Reichslandfrieden durch kaiserliche Dienstmannen gebrochen wurde, wog schwer. Im Adel brachen alle Vorbehalte gegen den Kaiser wieder auf. Die Feindschaft des Papstes und des Reformklerus versperrte jeden Gedanken an Frieden, nach dem das Volk im Reich sich so sehnte. Um der salischen Dynastie und sich selbst den Thron zu erhalten, mußte der Vater gestürzt werden. Unmoralisch war die Tat des Sohnes in jedem Fall, politisch unklug war sie nicht. Heinrich V. handelte nach der Moral des Wolfsrudels, in dem der stärkste Wolf die Pflicht hat, den alt und schwach gewordenen Leitwolf totzubeißen, damit das Rudel immer vom Stärksten geführt werde. Dem Florentiner Niccolò Machiavelli hätte das gefallen als Audruck reiner Machtpolitik. Dem Sittenkodex eines christlichen Königs oder gar der Kindespflicht eines liebenden Sohnes, der den alt und schwach gewordenen Vater stützt, entsprach der Verrat von Fritzlar nicht.

Papst und Kirche waren auf der Seite des jungen Königs. Der Eid, den er dem Vater geschworen hatte, sich nie gegen den Vater und Kaiser zu wenden, wurde durch den päpstlichen Legaten Bischof Gebhard von Konstanz feierlich aufgehoben. Man pries den Verrat sogar als Pflicht eines christlichen Fürsten. Noch nie wurde Treuebruch mit edleren Worten bedacht.

Heinrich V. baute die Schutzbehauptung auf, er könne nicht mit dem gebannten Vater leben und verkehren. Das wurde in Rom freundlich zur Kenntnis genommen, und Papst Paschalis schrieb dem jungen König, »wie sehr er sich über die Vorgänge im deutschen Reich freue. Er dankt Gott, daß er die Augen des Herzens des Königs erleuchtet habe, so daß er die Nichtswürdigkeit seines Vaters, die schon überall bekannt sei, nun auch selbst erkannt habe und ernsthaft verabscheue. Wolle Heinrich V., wie er es in seinem Brief an den Apostolischen Stuhl versprochen habe, mit ganzer Hingabe seiner Gesinnung dem Papst und seinen Nachfolgern jenen Gehorsam leisten, den die rechtgläubigen Könige und Kaiser den Vorgängern bewiesen, so will die römische Kirche den zu dem

Innersten des ewigen Vaters Zuflucht nehmenden König mit väterlicher Güte empfangen.«[19]

Weiter erklärte Paschalis II. seine Bereitschaft, den jungen König zum Kaiser zu erheben.

Wie betroffen Kaiser Heinrich IV. vom Verrat seines Sohnes war, zeigt sich daran, daß er seinen Kriegszug gegen Graf Dietrich von Katlenburg abbrach und nach Mainz zurückkehrte.

Ein weiteres Zeichen seiner Irritation war, daß er ebendiesem Papst, der den Aufstand geschürt und sich auf die Seite des abtrünnigen Sohnes gestellt hatte, um Frieden bat.

»Und nun ist auch unser Sohn, den wir so zärtlich liebten, daß wir ihn auf den Thron unseres Reiches erhoben, von demselben Gift angesteckt und erhebt sich nach dem Rat wortbrüchiger und meineidiger Anhänger gegen uns, sich über alle Eide hinwegsetzend, mit denen er sich uns verpflichtet hatte, alle Treue und Gerechtigkeit beiseite schiebend, damit sie nun Kirchen- und Reichsgut hemmungslos verschleudern, rauben und unter sich teilen können.

... Da wir außerdem hörten, Du seiest ein kluger, gottesfürchtiger Mann, der nicht nach menschlichem Blute dürste, nicht an Raub und Brandschatzung Freude habe, sondern die Einheit der Kirche über alles liebe, schicken wir Dir auf Rat und Vorschlag unserer Fürsten – fromme Männer, die uns lieben – diesen Gesandten mit unserem Auftrag. Durch ihn wollen wir erfahren, ob es Dein Wille ist, daß Du mit uns und wir uns mit Dir in Liebe und Freundschaft vereinigen, ohne daß dabei die Würde des Königtums, des Kaisertums und unsere ganze Stellung angetastet wird, so wie es unser Großvater, Vater und unsere Vorgänger hielten; und auch Dir gegenüber wollen wir das Ansehen der apostolischen Würde nicht verletzen, wie es unsere Vorgänger Deinen Vorgängern und wir den genannten Päpsten gegenüber gehütet haben.«[20]

Liest man diesen Brief und vergegenwärtigt man sich, was inzwischen geschehen war, so ist man geneigt zu glauben, der Kaiser habe durch den Treuebruch des Sohnes einen Realitätsverlust erlitten.

Der Friedenswille des Kaisers wird auch an anderer Stelle in einem Brief des inzwischen zum Bischof von Würzburg erhobenen Erlung an Bischof Otto von Bamberg bestätigt, in dem es heißt: »Unser Herr hat Gehorsam gegenüber dem Papste und die Rückkehr des Erzbischofs von Mainz gelobt, und daß er hinsichtlich des Sohnes tun werde, was immer die Fürsten raten werden.«[21]

Ununterbrochen demonstrierte der Kaiser seinen Friedenswillen; sogar noch nachdem Papst Paschalis durch seinen Legaten Alberich das Bistum Lund aus der Kirchenprovinz Hamburg, und damit aus der Reichskirche, herausgelöst und zu einem nordischen Erzbistum erhoben hatte, so daß jetzt auch Schweden und Norwegen dem dänischen Erzbischof Ansgar unterstellt waren.

Sohn Heinrich V. war inzwischen von den bereits genannten bairischen Großen freudig begrüßt und nach der alten Königsstadt Regensburg geleitet worden, in der er das Weihnachtsfest des Jahres 1104 feierte. In Baiern hatte er den festen Punkt, von dem aus er den Kampf gegen den Kaiser bestreiten konnte.

Auch die sächsischen Fürsten gaben gute Nachricht an den jungen König in Baiern: »Damit Ihr also, was Ihr tatkräftig begonnen habt, ruhmvoll vollendet, bieten wir uns und das Unsrige Euch dar, und in höchster Treue laden wir Euch zu uns ein. Bei uns sind gewisse Bistümer und Abteien unbesetzt, gewisse übel besetzt, die durch Euch in besseren Stand werden verwandelt werden. Und es sind da viele Dinge zu der Verwendung durch den König schon offen, viele rasch aufzuschließen. Kommt als der Ersehnte, sieget mannhaft, herrschet glücklich.«[22]

König Heinrich V. sandte Markgraf Diepold und Graf Berengar voraus nach Sachsen. In Quedlinburg versammelte sich ein Großteil der sächsischen Fürsten Mitte März 1105 und sicherte dem König seine Treue zu. Sie luden ihn ein, das Osterfest mit ihnen zu feiern. Heinrich V. kam in Begleitung des päpstlichen Legaten Bischof Gebhard von Konstanz. Sofort begann man mit der Reinigung des sächsischen Episkopats von Anhängern des Kaisers. Dieser Prozeß wurde auf der am 21. Mai 1105 folgenden Synode zu Nordhausen fortgesetzt. Über den materiellen Inhalt der Synode hinaus sind Rede und Auftritt Heinrichs V. ein Meisterwerk psychologischer Menschenführung. Ein Bamberger Mönch erzählt:

»Wir haben dabei, was wir nicht mit Stillschweigen übergehen können, gesehen, wie der König Heinrich von allen die nicht geringe Hoffnung, die auf seine gute Eigenart gesetzt worden war, zugleich mit großer Demut und mit Würde erfüllte. Denn weil er der Versammlung der Knechte Gottes nicht anders als gerufen beiwohnen wollte, ließ er sich endlich, in schlichtem Gewande vorführen und stand auf einer erhöhten Stelle; da erneuerte er allen nach den Beschlüssen der Fürsten in verständiger Weise ihre Gesetze und Rechte. Wenn aber etwa unvernünftige Dinge gefragt wurden, wies er sie mit einer bemerkenswerten und über seine Jahre hinaus klugen Antwort und mit der ererbten Hochherzigkeit zurück, wobei er bei allen diesen Gelegenheiten sowohl für sich die Scheu des Jugendalters in wunderbarer Weise bewahrte, als er den Priestern Christi die würdige Ehrfurcht darbrachte. Dazwischen rief er, mit hervorstürzenden Tränen, den König des Himmels selbst und die gesamte Kriegsschar des Himmels zu Zeugen an, daß er nicht in einer Herrschbegierde die Regierung des Vaters an sich reiße und nicht wünsche, daß sein Herr und Vater vom römischen Kaisertum abgesetzt werde, daß er vielmehr immer das geschuldete Mitleid der Hartnäckigkeit und des Ungehorsams entgegentrage, und er versprach, wenn der Vater sich dem heiligen Petrus und seinen Nachfolgern nach dem christlichen Gesetz unterwerfen wolle, selbst entweder von der Herrschaft zu weichen oder ihm nach der Weise eines Knechts unterworfen zu sein. Als die ganze Menge das vernahm, spendete sie lautes Lob und begann Tränen zu vergießen und zugleich damit Gebete teils für die Umkehr des Vaters, teils für das Glück des Sohnes von sich zu geben, indem sie mit lauter Stimme das Kyrie eleison hersagte.«[23]

Ein großartiges Schauspiel, der Auftritt des jungen Königs auf der Nordhausener Synode. Aber trotz aller Tränen, trotz aller dramatischen Bekenntnisse war das Handeln des Königs ohne Emotionen, kühl, wie die Berechnungen eines Mathematikers.

Zuerst wurde unter der Autorität des päpstlichen Legaten Gebhard von Konstanz und des Erzbischofs Routhardt von Mainz, der vor dem Hofgericht des Jahres 1098 aus Mainz geflohen war, der Episkopat gleichgeschaltet. Die Bischöfe Udo von Hildesheim, Heinrich von Paderborn und Friedrich von Halberstadt warfen sich ihrem Erzbischof Routhardt zu Füßen und kehrten in den Gehorsam Papst Paschalis' II. zurück.

Am 11. Juli 1105 erfolgte die Einsetzung Erzbischof Heinrichs zu Magdeburg, dem ein von Paschalis geweihtes Pallium übergeben wurde. Die sächsische Kirche war jetzt überwiegend kaiserfeindlich.

Nun glaubte sich der junge König stark genug, gegen den kaiserlichen Vater, der seit dem Osterfest in Mainz residierte, zu Felde ziehen zu können. Hauptanliegen war die Rückkehr Erzbischof Routhardts auf den Mainzer Erzstuhl. Doch Heinrich V. erkannte bald, daß seine Kräfte nicht ausreichten, den Rhein zu überschreiten, den Kaiser zu besiegen und die Stadt Mainz zu erobern.

So wurden Verhandlungen angeknüpft. Der Kaiser bot an, neben einer Teilung des Reiches dem Sohn die Erbnachfolge zu verbürgen. Angesichts dessen, was dieser dem Vater angetan hatte, ein hochherziges Angebot.

Der König, der nicht die Hälfte haben wollte, sondern das Ganze, erklärte, die Unterwerfung des Kaisers unter den Apostolischen Stuhl und die Herstellung der Einheit der Kirche seien der Preis für eine Lösung. So zerschlug sich die Möglichkeit einer Verständigung.

Dann zog der König nach Würzburg, um diese kaisertreue und wichtige Stadt zu nehmen und den kaisertreuen Bischof Erlung zu verjagen. Erlung floh aus der Stadt, und der König konnte mit Erzbischof Routhardt einziehen. Der ihnen genehme Propst Routpert wurde auf den Würzburger Bischofsstuhl erhoben.

Das nächste Ziel war Nürnberg, das Heinrich V. belagerte. Der Kaiser wollte Nürnberg zu Hilfe kommen. Das bezeugen Briefe, die der Kaiser an Bischof Otto von Bamberg schrieb. In einem bittet der Kaiser um Waffenhilfe mit folgenden Worten: »Wisse also, daß wir mit vielen Vasallen nach Würzburg gekommen sind (August 1105) und dort noch mehr erwarten, um mit Gottes Kraft unsere Feinde anzugreifen und die Burg Nürnberg, die sie belagern, zu befreien. Deshalb bitten und beauftragen wir Dich, als einen besonders hervorragenden Getreuen, eilends mit allen Leuten, die Du bekommen kannst, zu uns zu stoßen, wie wir es von Dir erwarten.«[24]

Der Kaiser war zu diesem Zeitpunkt noch hoffnungsvoll und kampfbereit. Auch der Fall Nürnbergs entmutigte ihn nicht. Als er Kenntnis erhielt, der rebellische Sohn habe sein Heer aufgelöst, um in Regensburg Weihnachten zu feiern, zog er selbst mit einem Heer nach Baiern. Der Anonymus der Kaiservita schreibt, der Kaiser sei nur gekommen, um den Frieden herzustellen, und nicht, um den Sohn zu verderben. Das erscheint wenig glaubhaft. Denn der Kaiser nahm mit seinen Truppen Regensburg ein, und auch in Regensburg selbst gab es Kräfte in der Bürgerschaft, die zum Kaiser hielten. König Heinrich V. floh voller Schrecken aus der Stadt, bis über die Donau, wo er sich auf Markgraf Diepold stützen konnte.

Aber die Erfolge in Baiern waren schwankend. In Schwaben war durch den Tod des Schwiegersohnes, Herzog Friedrichs von Schwaben, die kaiserliche Position erschüttert. In glänzender Diplomatie schwang sich König Heinrich V. als Beschützer seiner

Schwester, Agnes von Waiblingen, auf: Die beiden Söhne Herzog Friedrichs und der Kaisertochter Agnes, Friedrich und Konrad, waren noch zu jung, um sich politisch zur Geltung zu bringen.

Heinrich V. hatte inzwischen, durch Baiern und Schwaben verstärkt, eine ansehnliche Truppenmacht um sich versammelt. Zehntausend Mann sollen es gewesen sein.

Der Kaiser stützte sich besonders auf den bairischen Markgrafen Luitpold und dessen Schwager, Herzog Boriwoi von Böhmen.

Am Fluß Regen, nahe Regensburg, standen sich die beiden Heere gegenüber. Der Kaiser wollte den Kampf, mußte endlich eine Entscheidung erzwingen. König Heinrich V. wollte Zeit gewinnen. Wollte ohne Blutvergießen seine Ziele erreichen und so viele Fürsten wie möglich von des Kaisers Seite zu sich herüberziehen, wollte darstellen, daß er für das väterliche Reich kämpfe und nicht gegen den Vater, daß er, wenn nur der Vater sich dem Apostolischen Stuhl unterwerfen wolle, sich mit dem benügen werde, was dessen Gnade ihm gewähre.

Das Vokabular, mit dem er auf der Nordhausener Synode so erfolgreich gewesen war, wandte er auch hier wieder – noch verfeinert – an.

Er versprach Markgraf Luitpold die Hand seiner nunmehr verwitweten Schwester Agnes. Und tatsächlich, der große diplomatische Coup glückte. Der König zog mit diesem Versprechen Markgraf Luitpold auf seine Seite wie auch den Herzog Boriwoi von Böhmen. Ein Akt unerhörter Dreistigkeit, denn es war die Aufgabe des Vaters und Kaisers, die Hand der Tochter zu vergeben, und nicht die des Bruders.

Schmählich war der Kaiser verraten und seiner Vasallen beraubt worden. Er war zur schnellen Flucht gezwungen, nahm den Weg über Böhmen, wurde von Graf Wiprecht von Groitsch sicher durch das feindliche Sachsen geleitet und war im Oktober 1105 wieder in Mainz.

So mußte denn König Heinrich V., nachdem er in Regensburg einen kaiserfreundlichen Bischof abgesetzt und in Würzburg Bischof Erlung, der mit des Kaisers Hilfe zurückgekehrt war, erneut durch Routpert ersetzt hatte, den Weg zum Rhein nehmen. Am 31. Oktober glückte ihm der Rheinübergang bei Speyer, und er nahm von dieser salischen Hochburg Besitz. Der hier verwaltete Geldschatz seines Vaters fiel in seine Hand.

Der Kaiser entsandte Dietrich, den Abt des Klosters St. Alban in Mainz, zum Sohn. »Dieser beschwor im Namen des Vaters den König, daß er daran denken möge, daß es der Vater sei, der sich an ihn wende, und daß er davon ablasse, ihn so hartnäckig vom Reiche vertreiben zu wollen. Allein der König wies es ab, darauf zu hören, und ließ dem Kaiser sagen, er möge rasch von Mainz hinwegweichen, damit er nicht da von den Feinden ergriffen werde.«[25]

Der Kaiser war unsicher geworden. So zog er von Mainz nach Köln, wo er am 24. November dem Kloster St. Pantaleon und am 3. Dezember der Abtei Siegburg, der Klostergründung des ihm einstmals so verhaßten Erzbischofs Anno II. von Köln, Schenkungen machte.

Von den geistlichen Fürsten waren bei ihm Erzbischof Friedrich von Köln, die Bischöfe Burchard von Münster und der für abgesetzt erklärte Widelo von Minden, und die Äbte der beschenkten Klöster, Kuno und Hermann. Unter den weltlichen Großen können wir nur noch die Grafen Gerhard von Geldern und Adolf von Berg ausmachen, ferner die Reichsministerialen von Boppard.

Über das weitere Geschick Heinrichs IV. wollen wir den Kaiser selbst als Zeugen bemühen, der von Köln aus an seinen Taufpaten Abt Hugo und die Mönche von Cluny, wohl Mitte des Jahres 1106 schrieb:

»Diesen Verrat hat, was kaum zu begreifen ist, nicht etwa die Hand eines Freundes oder Feindes ... sondern vielmehr unser leiblicher, einzig geliebter Sohn in pflichtvergessener Weise an uns begangen ...

Wie wir glauben, weißt Du – denn wir zweifeln nicht, daß Du davon gehört hast –, daß wir mit großer Zuneigung und herzlicher Liebe ebendiesen Sohn gegen den Willen vieler auf den Thron des Reiches gehoben haben. Bei seiner Wahl in Mainz (Mai 1098) sicherte er uns eidlich Leben und Sicherheit für unsere Person zu und schwor, daß er sich betreffs unserer Herrschaft, aller Rechte und alles dessen, was wir besaßen und noch besitzen würden, zu unseren Lebzeiten in keiner Weise einmischen würde. Dasselbe schwor er uns auch auf das Kreuz und den Nagel des Herrn in der Lanze (Reichslanze) vor allen Fürsten, als er in Aachen inthronisiert wurde (6. Januar 1099). Aber alles das hat er beiseite geschoben und vergessen und auf den Rat wortbrüchiger und meineidiger Männer, die unsere Todfeinde sind, sich von uns getrennt und sucht nun uns auf jede Weise zu schädigen, sowohl hinsichtlich unseres Besitzes wie der Person; von jener Stunde an sucht er uns Herrschaft und Leben zu rauben. Er schickte sich an, unsere Burgen zu belagern und maßt sich unser Gut an …

So gelangten wir nach Köln. Als er daraufhin für das nächste Weihnachtsfest eine Unterredung in Mainz angekündigt hatte (andere Quellen sprechen von einem Reichstag; Heinrich vermeidet diese Bezeichnung, weil er diese Versammlung nicht als verbindlichen Reichstag anerkennen wollte), sammelten wir unsere Getreuen und begannen dorthin zu ziehen. Sobald er das vernahm, eilte er uns bis Koblenz entgegen. Da er dort mit Gewalt nichts gegen uns ausrichten konnte, verlegte er sich auf Täuschung, Betrug und jegliche List. Er sandte uns nämlich seine Boten, wir möchten mit ihm verhandeln, wir aber sagten auf den Rat unserer Getreuen hin zu. Nachdem wir uns dort getroffen hatten, warfen wir uns ihm sogleich zu Füßen und baten einzig um Gottes und seiner Seele (willen) aufs innigste, er möge doch von der unmenschlichen Verfolgung seines Vaters ablassen. Er aber warf sich seinerseits unter dem Anschein und Deckmantel des Friedens und Einverständnisses uns zu Füßen und bat unter Tränen und beschwor uns, wir möchten uns ihm bei seiner Seele und seiner Treue anvertrauen und, da er von unserem Bein und Fleisch sei, nicht zögern, mit ihm zu dem genannten Tag nach Mainz zu gehen. Er selbst wolle uns unter Garantie unserer Sicherheit dorthin geleiten, in größtmöglicher Treue und Sorgfalt mit den Fürsten über unsere Würde verhandeln und uns danach bestimmt – ganz gleich wie die Sache ausgehe – zu jedem gewünschten Ort zurückführen.

Nachdem wir uns das alles angehört und überlegt hatten und da die Unsrigen zustimmten, vertrauten wir uns ihm bei seiner Treue und seiner Seele mit den Worten an: Wir verlassen uns auf dich und bauen auf die Treue, mit der nach Gottes Willen der Sohn den Vater lieben soll. Er aber gab uns unter ebendiesem Treueversprechen die Hand und sicherte uns die Wahrung unseres Lebens und unserer Würde zu. Auf diese Bürgschaft hin entließen wir ohne Argwohn unsere Leute und trugen auch unseren übrigen Getreuen auf, dort zu uns zu stoßen, und so brachen wir mit ihm auf.

Mitten auf dem Weg aber wurde uns heimlich hinterbracht, daß wir verraten werden sollten. Als er indessen erfuhr, daß uns das mitgeteilt worden war, begann er zu schwören und zu fluchen, das sei auf keinen Fall wahr, und er nahm uns wieder unter jenes Treueversprechen. Am folgenden Tag (Freitag, den 22. Dezember 1105) kamen wir gegen Nacht nach Bingen. Am Morgen aber umzingelte er uns unter Waffenlärm und jeglicher Bedrohung und sagte, er wolle uns nicht nach Mainz bringen, sondern auf eine Burg (Böckelheim an der Nahe). Wir warfen uns daraufhin ihm und den anderen zu Füßen, er möge uns gemäß dem gegebenen Treueversprechen nach Mainz führen oder uns frei ziehen lassen, wir würden ganz bestimmt zu jedem von ihm festgesetzten Termin zurückkehren; uns aber wurde zur Antwort gegeben, es sei uns nichts anderes erlaubt, als zur genannten Burg zu gehen.

Kurz und gut, sie führten uns als Gefangene gegen unseren Willen ab, schlossen uns dort in die strengste Haft und übergaben uns unseren Todfeinden. Außer drei Laien wurden alle unsere Leute entfernt, und nicht einmal ein Priester wurde uns gelassen, von dem wir – da wir doch an unserem Leben verzweifelten –, den Leib und das Blut unseres Herrn als Wegzehrung hätten empfangen und dem wir unsere Sünden hätten beichten können. Wir wurden von Hunger und Durst und jeder nur möglichen Art von Schmach und Schrecken bis zur Todesnot gequält, und wir wurden uns gewiß, daß wir nicht lange leben könnten – soweit es an ihm lag –, wenn wir uns nicht seinem Willen fügten.

Indessen wurde uns ausgerichtet, es gebe für uns keinen Gedanken an Befreiung, wenn ihm nicht alsbald Kreuz, Lanze und die übrigen Herrschaftszeichen ausgeliefert würden. Als wir uns völlig klar darüber geworden waren, daß es für uns keinen anderen Weg zur Freiheit gab, erteilten wir den Leuten auf der Burg (Hammerstein), in der die Herrschaftszeichen aufbewahrt wurden, den Auftrag, uns auf diese Weise wenigstens das Leben zu erkaufen. Sie erkannten die Gefahr für unser Leben und lieferten Kreuz und Lanze und die übrigen Zeichen aus, wenn auch widerstrebend.

Nach diesen unmenschlichen Handlungen, bei denen sie sich über Gott und jedes Recht und jede Gerechtigkeit hinwegsetzten, führten sie uns aus diesem schrecklichen Gefängnis nach Ingelheim bei Mainz. Dorthin kam unser Sohn mit unseren Todfeinden und deren Anhang, während unsere Getreuen alle in Mainz geblieben waren in der Annahme, daß er uns dorthin bringen müsse. Sie alle wurden in dieser Hoffnung getäuscht, da wir dort wiederum peinlichsten Befragungen unterworfen wurden in Gegenwart des päpstlichen Legaten (Kardinalbischof Richard von Albano). Nicht aus eifernder Gewissenhaftigkeit, sondern aus dem Bemühen, uns zu verdammen, wurde uns dort von unseren Feinden so viel an Unverschämtheiten vorgeworfen, wie unserem Wohl und unserer Würde nur zuwider sein konnte …

Wir sahen also, daß uns doch nur Gewalt und ein längst gefälltes Urteil würde, und warfen uns deshalb ihnen zu Füßen und baten um Gott und ihrer Ehre willen, derartige Verhöre und Vorwürfe dem Apostolischen Stuhl zu überlassen und uns bis dahin die Würde der persönlichen Freiheit zu belassen; es möge uns erlaubt sein, vor dem Heiligen Stuhl in Gegenwart des römischen Klerus und Volkes ohne Haß und Neid und was sonst der Gerechtigkeit zuwider ist uns von den Vorwürfen zu reinigen oder demütig Genugtuung zu leisten. Aber auch das wurde uns entgegen aller Menschlichkeit verweigert. Wir erfragten daraufhin eindringlich, ob es für uns noch irgendeine Hoffnung auf Leben oder Rettung gebe oder eine Möglichkeit freizukommen; man gab uns zur Antwort, wir könnten der drückenden Gefangenschaft nur entrinnen, wenn wir das ausführten, was sie uns gegen Recht und Würde abverlangten, nämlich, daß wir nach ihrem Willen die Krone des Reiches herausgäben.

Kurzum, nachdem sie alles von uns nach ihrem Willen und Befehl erpreßt hatten, gingen sie nach Mainz und ließen uns entehrt zurück. Dann befahl man uns, schleunigst wegzugehen, wenn wir nicht in lebenslängliche Gefangenschaft kommen wollten. Wir verfluchten den Ort und bestiegen ein Schiff, kamen bald nach Köln (Ende Januar) und entgingen so durch Gottes gnädiges Erbarmen noch eben den Händen der grausamen Feinde.

Aber nun ist es an der Zeit, unserem langen Leiden ein Ende zu setzen. Darum haben wir es mit Deiner Güte, geliebter Vater, geklagt, denn auf Gott und Dich setzen wir große, ja alleinige Hoffnung auf Rat und Hilfe, auf Heil und Befreiung. Deshalb vertrauen wir Dir – was wir bisher zu tun aufgeschoben haben – mit aller Kraft und allem Verlangen unserer Seele unsere ganze Sache an.

Was Du auch immer hinsichtlich unserer Versöhnung mit dem Papst und was Du auch immer in bezug auf Frieden und Einheit der römischen Kirche bei Wahrung unserer Würde zu tun gebietest, das versprechen wir vor Gott und vor Dir ohne Schwanken zu tun. Eile also, liebster Vater, uns einen Rat zu geben, und lasse es Dich bitte nicht gereuen, wenn nicht für die Befreiung des Sohnes – denn wir haben gegen den Himmel und vor Dir gesündigt –, so doch wenigstens für das Heil Deines Knechtes zu wirken.«[26]

Ein ungeheuerliches Geschehen, vom Erleidenden selbst geschildert. Dieser Mann, so oft als Ketzer verschrien, leidet darunter, daß ihm zu Weihnachten die Kommunion verweigert wird. Dieser Mann, vom Sohn mehrfach getäuscht und verraten, spricht von ihm nicht als einem Feind (»Dorthin kam unser Sohn mit unseren Todfeinden ...). Trotz allem, was ihm von diesem Sohn widerfahren ist: Er entläßt ihn nicht aus seinem Herzen. Er schreit sein Leid in die Welt. Er schreibt an den französischen König, an seine bittersten Feinde, die sächsischen Fürsten, und wiederum an Abt Hugo und die Mönche von Cluny.

Er kann die Endgültigkeit des Verrats, er kann dies kalte Machtstreben ohne Menschlichkeit nicht begreifen. Das zeigt, daß er von seiner inneren Einstellung her ein reiner Mensch war, der sich nicht einmal in die Ungeheuerlichkeiten, die man ihm vorwarf, hineindenken konnte.

Er schreibt, noch ganz unter dem Eindruck der verräterischen Erpressung, dem Sohn, in der Hoffnung auf Einsicht und Rückkehr:

»Wenn Du uns mit der schuldigen und dem Vater zukommenden Liebe Deiner Pflicht gemäß behandelt hättest, würden wir gerne mit Dir als Vater sprechen und schreiben. Weil Du aber eine ganz andere Gesinnung als die der Liebe zum Vater und der Menschlichkeit uns gegenüber hegtest und hegst, können wir nicht anders mit Dir sprechen und Dir nichts schreiben als die volle Wahrheit der Tatsachen ...

Bereits vor unserer Gefangennahme stahlest Du uns die Bischofssitze und schmälertest unsere Stellung im Reich nach Kräften und nahmst uns Gut und Leute. In der Gefangenschaft erpreßtest Du von uns auch noch unter Gewalt und Todesandrohung das Letzte, wie Du sehr wohl selbst und bereits fast die ganze Christenheit wissen, nämlich Lanze, Kreuz und alle Herrschaftszeichen; uns blieb kaum das nackte Leben. Doch auch das genügte Dir noch nicht, denn stets und überall, ganz gleich ließest Du nicht ab, uns auf jede Dir mögliche Art zu verfolgen, um uns zu vernichten oder aus dem Reich zu vertreiben ...

Wahrlich, wir können kaum fassen, aus welchem Grund und Anlaß Du so hartnäckig bist, denn hinsichtlich des Papstes und der römischen Kirche bleibt Dir kein Vorwand mehr. Wir waren ja bereit, dem Legaten des Papstes und der römischen Kirche in Deiner Gegenwart zu gehorchen, und sind auch heute noch willens, ihm jeden schuldigen Gehorsam und jede schuldige Ehrerbietung jetzt und immerdar zu erweisen, und wir wollen gern nach dem Rat der Fürsten, unseres geistlichen Vaters, des Abtes Hugo von Cluny, und anderer Geistlicher über die Lage der Kirche und die Ehre des Reiches verhandeln.

Wir bitten Dich also um der Würde des Reiches und auch um Deiner Würde willen, wegen der dem Vater gebührenden Ergebenheit und bei der Autorität des Papstes und der römischen Kirche, hinsichtlich des uns angetanen Unrechts und all dessen, was Du uns mit Gewalt und widerrechtlich abgenommen hast, Gerechtigkeit walten zu lassen. Erst recht bitten wir Dich, daß Du unsere Getreuen nicht länger anfeindest, denn Du hast keinen Grund, uns irgendwie zu verfolgen; laß uns vielmehr in Frieden und Ruhe leben, damit wir leidenschaftslos und in Ruhe über alle erwähnten Punkte verhandeln können. Erkenne und bedenke, daß Gott, dem wir unsere Sache anvertrauen, ein gerechter Richter ist, und denke an die Strafe dessen, dessen Richtsprüche verborgen sind und unermeßlich tief.«[27]

Es ist ein Phänomen ersten Ranges und zugleich Aussage über die moralische Welt Heinrichs IV., daß er von dem treulosen Sohn noch Gerechtigkeit erhofft. Heinrich IV. kann nicht akzeptieren, daß sein Sohn sich gänzlich von ihm losgesagt hat.

In diesem Sohn lebt nur der eiskalte Wille, sich und der salischen Dynastie den Thron zu retten und zu erhalten. Für Gerechtigkeit, für Barmherzigkeit, für Liebe ist in der Seele Heinrichs V. kein Raum.

Der Brief Heinrichs IV. an seinen Sohn ist bedeutungsvoll, weil der Vater alle Tatbestände, die er dem Abt von Cluny, dem König von Frankreich und den sächsischen Fürsten schilderte, dem Sohn gegenüber aufrechterhält. Er hätte das wohl nie tun können, wenn der Ereignisablauf nicht so gewesen wäre, wie er ihn erzählte. Hätte er den Sohn mit Unwahrheiten konfrontiert, so hätte ihn dieser leicht widerlegen können. Der Brief des Kaisers an Heinrich V. ist der Beweis für die Richtigkeit dessen, was in den traurigen Dezembertagen des Jahres 1105 in Mainz, auf Schloß Böckelheim und in Ingelheim geschah.

Der letzte Kampf

Heinrich IV. war sicher nicht der größte der deutschen Kaiser. Aber im Erleiden, in der Hinnahme von Schicksalsschlägen, die die Fundamente des innersten Selbst trafen, war er eine der eindrucksvollsten Kaisergestalten. So gab er auch jetzt nicht auf.

Er zog von Ingelheim, das man ihm als Alterssitz zugewiesen hatte, ins kaisertreue Köln.

So umfassend der Sieg um Macht und Krone für Heinrich V. war, die Herzen der Menschen in den großen Rheinstädten waren beim kaiserlichen Vater.

Es wird in der »Vita Heinrici« IV. berichtet, daß es im Elsaß, in Rouffach südlich von Colmar, zu einer offenen Rebellion gegen König Heinrich V. kam.

»Als er das Elsaß betrat, geriet sein Glück ein wenig ins Wanken. Er ließ sich dort auf einen Kampf ein, der ebenso unglücklich endete, wie er unklug begonnen war. Als nämlich seine Mannen in Rouffach, einer stark bevölkerten und wehrhaften Ortschaft, sehr hart und bedenkenlos vorgingen, suchte eine Anzahl von Bürgern den Frevel zu verhindern, denn da das Unrecht das Maß überschritten hatte, war es unerträglich geworden. Der König hörte den Tumult und eilte herbei, nicht etwa um das Unrecht zu verhindern, sondern um es zu unterstützen, nicht um den Streit beizulegen, sondern um ihn noch mehr anzufachen. Das störte die ganze Bevölkerung auf, die Menge war nicht mehr zu halten und stürzte herbei, Männer und Frauen, Herren und Knechte, Tapfere und Feige, und das Unrecht entflammte, wie es oft geschieht, ihren Mut. Mit dem Kampf begann auch sogleich die Flucht. Denn als die Krieger des Königs die wütende Volksmenge heranstürmen sahen und bemerkten, daß sie in die Enge getrieben waren, überlegten sie, daß Tapferkeit ihnen den Untergang, Flucht allein dagegen Rettung bringe; da retteten alle, die noch konnten, ihr Leben durch die Flucht. Welch übler Ausgang, welche Schande für das Reich! Auch der König floh, und die königlichen Insignien wurden eine Beute der Menge …

Später schloß der König Frieden mit der Stadt, gewährte ihr Verzeihung und erhielt die Reichsinsignien zurück, doch die tiefe Schmach wurmte ihn und bestimmte ihn dazu, sein Wort zu brechen. Er sammelte ein noch größeres Heer, brannte die Ortschaft nieder und gab sie der Plünderung preis, und unter ihren Bewohnern richtete er ein unbarmherziges Blutbad an.«[28]

Während dies am Oberrhein geschah, zog der Kaiser über Aachen nach Lüttich. Bischof Otbert von Lüttich und Herzog Heinrich von Lothringen boten ihm Aufnahme an, vor allem um in der Bischofskathedrale in Lüttich gemeinsam das Osterfest zu feiern.

Es gelang, Graf Gottfried von Namur in den Kreis der Kaisertreuen aufzunehmen. Heinrichs IV. alte Tatkraft war wieder voll erwacht. Er machte sich selbst auf den Weg, wohl im März 1106, um den Grafen von Flandern für sich zu gewinnen. Die ihm prinzipiell feindlich gesinnte Bamberger Chronik erzählt, »daß er gleich einem Kriegsmann von Jugend auf tätig sei, Kriegsvolk zu sammeln und die Abwehr gegen einen zu erwartenden Angriff zu rüsten«.[29]

König Heinrich V., ob der kaiserlichen Rüstungen beunruhigt, schrieb für die Ostertage 1106 einen Reichstag in Lüttich aus, um so die Erfolge des Vaters zunichte zu machen. Zunächst zog er mit starker Heeresmacht rheinabwärts nach Köln. Vom Kölner Erzbischof Friedrich aufgefordert, feierte er dort am 18. März den Palmsonntag. Die Kölner Bürger, Heinrich IV. zugetan, wehrten sich nicht. Dann zog der König weiter nach Aachen in der festen Überzeugung, das Osterfest in Lüttich zu feiern.

Die Kaiserlichen hatten sich vorsorglich gegen einen Angriff des Königs gewappnet und die Maasübergänge blockiert, mit Ausnahme einer Brücke, die schon außerhalb der Stadt bei dem Ort Visé lag. In den heiligen Tagen der Karwoche kam es zum Kampf, den auch die auf der Seite König Heinrichs V. stehenden Chronisten als eine Anstiftung des Teufels ansahen.

Heinrich V. hatte von Aachen aus ein Vorkommando von dreihundert gepanzerten Reitern in Marsch gesetzt, die im Handstreich Visé und die Maasbrücke genommen hatten. Sofort wurden durch Herzog Heinrich von Lothringen und Graf von Namur Truppen in Richtung Visé geworfen, mit denen auch Lütticher Bürger marschierten. Durch eine Kriegslist der Kaiserlichen gelang ein entscheidender Sieg. Die auf der Brücke in Kämpfe verwickelten lothringischen Truppen machten eine Scheinflucht, die Königlichen folgten ihnen im Siegestaumel auf das linke Maasufer. Dort hatte der Sohn des Herzogs von Lothringen, ein Graf Walram, in verdeckter Stellung in Bereitschaft gestanden und fiel nun mit seiner Reiterei über die entgeisterten Truppen des Königs her.

Die Chronisten stellen das überlegene reiterliche Geschick der lothringischen Panzerreiter, die den Sieg errangen und dem Feind eine blutige Niederlage bereiteten, besonders heraus. Der Anonymus der »Vita Heinrici« berichtet sogar, allerdings als einziger der Zeitzeugen, daß bei der rasenden Flucht der Königlichen die Maasbrücke zusammengebrochen sei: »Da gab es kein Entrinnen mehr, keinen rettete seine Schwimmkunst, denn jeden zog das Gewicht seiner Rüstung oder andere, die sich an ihn hängten, in die Tiefe. Dieses Blutbad war um so frevelhafter, als es sich an einem Karfreitag (es war Gründonnerstag, der 22. März 1106) ereignete, und die Heiligkeit dieses Tages erhöhte noch die Größe des Verbrechens.«[30]

Der Sieg der kaisertreuen Truppen beeindruckte König Heinrich V. so sehr, daß er den sofortigen Abmarsch nach Köln befahl. Hier erwartete ihn eine weitere Überraschung. Die Kölner, die noch geduldet hatten, daß er mit ihrem Erzbischof den Palmsonntag gefeiert hatte, verschlossen die Tore der Stadt. Der ergrimmte König zog weiter rheinaufwärts, wo er im Cassiusstift in Bonn die Osterfesttage verbrachte.

Der Kaiser aber feierte Ostern mit seinen Getreuen in Lüttich, glücklich, wieder auf der Bahn des Sieges zu sein.

Heinrich V. zog von Bonn nach Mainz und betrieb von hier aus Rüstungen, um einen allgemeinen Reichsfeldzug gegen Lothringen auszurufen. Den Herzog von Lothringen hatte er als Hochverräter abgesetzt und dafür den Grafen von Löwen eingesetzt. In Koblenz sammelte der König sein Heer und zog gegen das kaisertreue Köln, das ihn abgewiesen hatte. Im Juli belagerte er die Stadt, die sich mit Hilfe ihrer Bürger und Herzog Heinrichs von Lothringen in Verteidigungszustand gebracht hatte. Tore, Türme und Wälle waren befestigt, neue Festungswerke angelegt und Kriegsmaschinen erbaut worden. Vor allem der entschlossene Verteidigungswille der Bürger wird in den Quellen hervorgehoben. Auch der Kaiser soll an diesen Vorbereitungen teilgenommen haben. Die »Vita Heinrici« berichtet über diesen Kampf um Köln:

»Schon hatte der König mit einer starken Streitmacht den Rhein überschritten und führte zunächst einen heftigen Angriff gegen Köln, das gleichsam als Haupt unter den anderen Städten hervorragte; er glaubte, er könne sich die Glieder leichter unterwerfen, wenn er dies mächtige Haupt zerschmettert habe. Aber es kam anders, als er gehofft hatte; er wurde blutig zurückgeschlagen. Fern von der Stadt schlug er sein Lager auf und begann mit der Belagerung. Richtiger allerdings könnte man sagen, die Belagerer seien von den Belagerten belagert worden, denn die Kölner fingen die

Schiffe ab, die mit Lebensmitteln für das Heer den Rhein herabfuhren, und so hatte es mit drückendem Hunger zu kämpfen.«[31]

Die Belagerer litten nicht nur unter Hunger, sondern auch unter der Sommerhitze, so daß Seuchen ausbrachen.

Der Mönch Ekkehard von Aura, Bearbeiter und Weiterführer der Weltchronik Frutolfs von Michelsberg, schildert die Ereignisse so:

»Inzwischen hörte man, daß der Exkaiser und der Exherzog Heinrich ein Heer aus allen Himmelsrichtungen sammelten und sich auf jede Weise vorbereiteten, ihr Glück noch einmal zu versuchen. Daher erwog die ganze Heerschar des Königs, ja Christi, wenigstens mit dem Schwert den Dingen ein Ende zu bereiten, und damit die Städter (die Kölner) nicht den Kaiserlichen gegen sich selbst zu Hilfe kämen, was ziemlich sicher war, brachen sie die Belagerung ab und zogen nach Lothringen, auf dem Wege zerstörten sie alle Festungen und Besitzungen der Rebellen, an den älteren Heinrich schickten sie zum zweiten Mal Boten, die ihm zu erwägen gaben, entweder zum Zwecke eines Friedensschlusses aufgrund des schon beschriebenen Vertrages seinem Sohn nach Aachen entgegenzugehen oder unzweifelhaft mit einem Kriege zu rechnen. Nachdem auch diese Abgeordneten in Haft genommen worden waren, begann man, wenn auch heimlich, sich auf jede Weise zum Widerstand zu rüsten. Doch nach einigen Tagen wurden die Gesandten entlassen, und ihnen folgte die unerwartete Kunde vom Tode Kaiser Heinrichs (7. August 1106), und nichts Angenehmeres hätte diesem Lager überbracht werden können.«[32]

Ekkehard entlarvt sich zu diesem Zeitpunkt noch als bedingungsloser Parteigänger König Heinrichs V. Später wird er sich, enttäuscht von dessen Kirchenpolitik, ebenso energisch dem Papst zuwenden.

Hier, in diesem Bericht, unterschlägt er König Heinrichs Niederlage gänzlich. So ist auch sein Epilog auf Kaiser Heinrich IV. von parteiischer Härte und Haß geprägt:

»Dies war das Ende, dies der Untergang, dies das letzte Geschick Heinrichs, von seinen Anhängern als vierter römischer Kaiser dieses Namens bezeichnet; von den Rechtgläubigen aber ... wurde er treffend Erzpirat, Fürst der Häretiker, Abtrünniger und Verfolger, mehr noch der Seelen als der Leiber, genannt; er wurde verdächtigt, ein Mensch zu sein, der sich nicht mit natürlichen Verbrechen zufriedengab, sondern neue und unerhörte und deshalb unglaubliche Verbrechen ersann und ausführte.«[33]

Die Julitage des Jahres 1106 waren für den Kaiser Tage des Sieges und neuer Hoffnung. Eine neue Kraft schien ihn zu erfüllen.

Er macht aller Welt klar, daß seine Abdankung erzwungen, erpreßt und damit widerrechtlich war. Er ist König und Kaiser. Er fleht den Sohn an, das Unrecht wiedergutzumachen, das verletzte Recht zu heilen, die Einheit der Kirche wiederherzustellen. Er ist zur Unterwerfung unter den Papst bereit, wenn die Würde, die Ehre des Reiches gewahrt bleibt.

Das Königtum ist ihm überkommen durch Geburt und göttliche Gnade. Indem er die Würde und Ehre des Reiches verteidigt, verteidigt er auch die Gnade der göttlichen Entscheidung, die ihn auf den Thron gehoben hat.

In vielen manifestartigen Briefen hatte er das Unrecht aufgezeichnet, das ihm widerfahren war, aber er mußte erkennen, daß es für ihn keine Gerechtigkeit, kein Erbarmen, weder vom Papst noch vom Sohn, geben werde, und so fand der Mann, den mönchischer Haß zum Erzpiraten, zum Fürsten der Häretiker gemacht hatte, zur Demut des wahren Christen. In seinem letzten Brief an die deutschen Fürsten, es ist ein Abschied von Krone und Macht, schreibt er:

»Sollte uns aber alles dies nicht nützen, so vertrauen wir uns Gott, dem allmächtigen Vater und dem Sohn und dem Heiligen Tröster Geist an sowie der seligen, allzeit reinen Jungfrau Maria, dem heiligen Petrus und Paulus, dem heiligen Lambert (Patron der Lütticher Kirche) und allen Heiligen; Gottes Erbarmen und die Fürsprache aller Heiligen schaue gnädig auf unsere Niedrigkeit herab und schütze uns vor so heftigem und ungerechtem Angriff.«[34]

Auf dem Sterbelager zeigte Kaiser Heinrich IV. nochmals seine wahre, seine menschliche Größe. Er sandte Bischof Burkhard von Münster und seinen Kämmerer Erkembald zu seinem Sohn. Er bat ihn, allen zu verzeihen, die in der Not zu ihm gestanden hatten, und darum, ihn in seinem Dom zu Speyer an der Seite seiner Vorfahren beizusetzen. Dann ließ er dem Sohn, als Zeichen der Versöhnung, sein Schwert und seinen Ring überreichen. Er, der Sechsundfünfzigjährige, starb nicht als ein Besiegter. Die letzten fünf Monate hatten ihn nach tiefem Sturz durch die Siege bei Visé und Köln wieder auf die Bahnen des Sieges gelenkt. So konnte der Unbesiegte dem Sohn, der ihn um Reich und Krone gebracht hatte, die letzten ihm verbliebenen Königszeichen, Schwert und Ring, senden und damit dessen Königtum durch väterlichen Segen legitimieren.

Sein Verehrer, der Anonymus gibt uns die Nachricht: »Während sie (der König und seine Fürsten) noch heftig bewegt in ihren Entschlüssen hin und her schwankten, kam plötzlich eine Nachricht, die den trüben Himmel ihrer Verwirrung in heiteres Blau verwandelte. Es hieß nämlich, der Kaiser habe das Zeitliche gesegnet. Zunächst nahmen sie die Kunde noch zweifelnd auf, aber als ein Bote gekommen war, der dem Sohn das letzte Geschenk des Vaters, nämlich Schwert und Ring, mit seinen letzten Weisungen brachte, da brach ein solcher Jubel aus, daß die Rufe der Glückwünschenden kaum mehr enden wollten. Aber nicht minder heftig war die Trauer an der Bahre des Kaisers. Fürsten trauerten, das Volk wehklagte, überall hörte man Seufzen und Klagen, überall die Stimmen der Trauernden. Zu seiner Bestattung strömten Witwen und Waisen und alle Armen des ganzen Landes herbei, sie weinten, weil sie den Vater verloren, ihre Tränen fließen über seinen Leichnam, sie küssen seine freigebigen Hände … Doch sein Tod ist nicht zu beklagen, denn es ging ihm ein gutes Leben voraus, den rechten Glauben, zuversichtliche Hoffnung und bittere Herzenszerknirschung tat er in seiner letzten Stunde kund, und er schämte sich nicht, seine beschämenden Sünden in öffentlicher Beichte zu bekennen, und mit der größten Inbrunst seines Herzens empfing er den Leib des Herrn als Wegzehrung.

Glückselig bist Du, Kaiser Heinrich, der Du Dir solche Wachen und solche Fürbitter erworben hast, vielfältig erhältst Du aus der Hand des Herrn nun zurück, was Du im verborgenen den Armen gabst. Das Reich der Unruhe hast Du mit dem Reich der Ruhe, das endliche mit dem unendlichen, das irdische mit dem himmlischen vertauscht. Jetzt herrschest Du in der Tat, jetzt trägst Du ein Diadem, das Dir Dein Erbe nicht entreißt und kein Widersacher neidet. Man müßte den Tränenstrom hemmen, wenn es möglich wäre. Freude gebührt Deiner Glückseligkeit und nicht Trauer, Frohlocken und nicht Klagen, Laute des Jubels und nicht des Schmerzes.«[35]

So endet der Anonymus, der vielleicht der vertraute Freund Bischof Erlung von Würzburg war.

HEINRICH V. UND DIE NEUE ZEIT

Heinrich V. und der Weg zum Wormser Konkordat

Mit dem Tode Kaiser Heinrichs IV. am 7. August 1106 hatte Heinrich V. das Ziel seiner Empörung und seines Verrats erreicht. Er konnte von sich behaupten, der salischen Dynastie die Krone gerettet zu haben. Durch die generöse Zusendung von Ring und Schwert durch den Vater stand er als legitimer, vom sterbenden Vater akzeptierter Nachfolger in der ungebrochenen Tradition des salischen Hauses.

Bischof Otbert von Lüttich hatte in treuer Fürsorge dem Leichnam des Kaisers vor dem Marienaltar in der St.-Lamberts-Domkirche mit allen Ehren eine vorläufige Ruhestätte gegeben. Als das in der Umgebung König Heinrichs V. in Aachen bekannt wurde, befanden die geistlichen Fürsten des Königs, allen voran Erzbischof Heinrich von Magdeburg in seiner Eigenschaft als päpstlicher Legat, die Lütticher Domkirche sei ein entweihtes Gotteshaus, in dem die Abhaltung von Gottesdiensten untersagt sei, solange der Leichnam des Gebannten sich darin befinde.

Bischof Otbert und die übrigen Bischöfe erkannten, daß sie nie wieder in die Gemeinschaft der Kirche aufgenommen werden würden, wenn sie sich diesem Befehl widersetzten.

So wurde der Steinsarg wieder ausgegraben und in einer Kapelle vor der Stadt ohne jede kirchliche Zeremonie abgestellt. Doch schon nach neun Tagen wurden die Überreste des Kaisers wieder nach Lüttich getragen, um von dort nach Speyer gebracht zu werden. War in Heinrich V. plötzlich die Sohnesliebe erwacht? Nein! Es waren dynastische Überlegungen, die ihn dazu veranlaßten.

Während der Sarg noch in Lüttich war, entlud sich die Liebe des Volkes zu dem Toten in emotionalen Explosionen. Man erzwang, daß der Leichnam wieder in die Domkirche getragen wurde, bestach arme Priester mit Geld, daß sie die Totengebete für den Verstorbenen verrichteten, während Bewaffnete mit blanken Schwertern Wache hielten. Die Menschen glaubten, wenn sie die kaiserliche Bahre berührten, in besonderer Weise gesegnet zu sein. Bauern scharrten Erde vom ehemaligen Grab ihres Kaisers, um sie auf ihre Äcker zu streuen, in festem Glauben an gesegnete Saaten.[1]

Wenn der Anonymus in seiner Vita die Liebe des Volkes zum Kaiser rühmt, hat man oft das Gefühl peinlicher Übertreibung. Aber die lothringische Quelle, auf die Meyer von Knonau sich stützt, bestätigt die liebevolle und herzliche Hingabe des Volkes an den Kaiser, so daß die scheinbaren Übertreibungen des Anonymus verblassen.

Am 3. September 1106 kam der Leichenzug in Speyer an. Auch hier hingebende Verehrung des Toten, den man in seinen Dom trug, für dessen Errichtung der Kaiser so viel getan hatte. Der päpstliche Legat, Bischof Gebhard von Konstanz, verbot die Ausübung irgendwelcher gottesdienstlicher Handlungen und ließ, unter dem Unwillen des Volkes, den Sarg in eine ungeweihte Seitenkapelle des Domes bringen. Auch Bischof Otbert, der Getreue Heinrichs IV., beugte sich den gegebenen Realitäten. Er kam zu König Heinrich V. und unterwarf sich.

Auch die Kölner, die nicht mehr wußten, wofür sie kämpfen sollten, strebten in die Gnade des Königs und zahlten fünftausend kölnische Mark Buße.

Wie Bischof Otbert und die Stadt Köln unterwarfen sich alle kaisertreuen Kräfte. Heinrich V. hatte das Schisma in Deutschland beendet, und Rom konnte stolz auf die Siege dieses erfolgreichen königlichen Rebellen sein.

Heinrich V. bewies zunächst auf vielen Feldern seine Kirchentreue. Den Erwartungen Roms zum Beispiel entsprach er, indem er die schismatischen Bischöfe, das heißt die Wibertinischen, verjagte oder zur Unterwerfung zwang.

Aber die grundsätzlichen Fragen, die zur Kirchenspaltung geführt hatten, waren nicht ausgeräumt.

In einem langen Brief an Erzbischof Routhardt von Mainz legte Papst Paschalis ganz klar seine Auffassungen dar. »Der lange Streit«, so erklärte er hier, »habe seine Ursache in den Übergriffen der Fürsten, durch welche die Kirche ihrer Freiheit beraubt sei. Die Wurzel allen Unheils liege in der Anmaßung der Investitur. Ebenso wie es seine Absicht sei, alle fürstlichen Rechte uneingeschränkt zu lassen, so fordere er auch volle Freiheit für die Kirche. Nicht einmal der königliche Primat in der Kirche solle aufhören:

aber er bestehe darin, daß die Fürsten sich als Schützer der Kirche bewiesen, daß sie den priesterlichen Ring und den bischöflichen Stab erteilten.«[2]

Wie seit Gregors VII. Zeiten standen sich Papst und König konträr gegenüber. Heinrich V. hatte seit seiner Erhebung ungeniert Bischöfe investiert. Der päpstliche Legat, Bischof Gebhard von Konstanz, hatte daneben gestanden und dieses Handeln gebilligt, zumindest hingenommen.

Im Erzbistum Salzburg hatte Heinrich V. im Jahre 1106 Konrad, Graf von Abensberg, zum Erzbischof investiert, ohne Widerspruch zu finden.

Für den Papst hatten sich die Probleme nicht verändert. Anstatt eines Heinrich IV., eines Mannes, der nach den moralischen Wertvorstellungen seiner Zeit lebte, hatte er nun Heinrich V., einen Mann, wie der Papst wußte, von erwiesener und erprobter Untreue, mit keinerlei moralischen Skrupeln belastet und frei von jeglichen Sentimentalitäten. War es seine letzte Rache an Papst Paschalis II., daß der sterbende Kaiser dem Sohn Schwert und Ring gesandt hatte, um ihn mit väterlicher Autorität im Kampf gegen den Papst auszustatten? Wenn ja, dann hatte der sterbende Kaiser richtig gedacht.

Die Entfremdung zwischen König Heinrich V. und dem Papst war so weit fortgeschritten, daß Paschalis II. nicht, wie geplant, zu einer Synode nach Deutschland kam. Er berief statt dessen eine Synode nach Guastalla in Oberitalien. Der wichtigste Beschluß war, »daß die in der Kirchenspaltung ordinierten Bischöfe, außer wenn sie entweder als Eindringlinge, als Simonisten oder als Verbrecher empfunden wurden, wieder in das Bischofsamt und in die Kirche aufgenommen wurden«.

In einem weiteren Dekret verkündete der Papst: »Indem wir also mit den Anordnungen unserer Väter (Kirchenväter) übereinstimmen, verbieten wir gänzlich, daß durch Laien Investituren von Kirchen vorgenommen werden. Wenn aber jemand als Verletzer dieser Vorschrift erschienen sein wird, soll er, gleichsam als der Beleidigung der Mutter angeklagt, ein Geistlicher von der Gemeinschaft ebendieser Würde zurückgestoßen, ein Laie aber von den Schwellen der Kirche ferngehalten werden.« Und weiter: »Kein Abt, kein Erzpriester, kein Propst einer Kirche soll es wagen, Besitzungen seiner Kirche zu verkaufen, zu vertauschen, auszuleihen oder zu Lehen zu geben, ohne gemeinsame Zustimmung der Brüder oder des Bischofs der eigenen Stadt; sonst soll er die Gefährdung seines Ranges erleiden.«[3]

Der Leiter der deutschen Gesandtschaft, Erzbischof Bruno von Trier, erklärte für seinen nicht anwesenden König, daß der Papst diesem die Gerechtsame seines Reiches zugestehen solle. Das konnte nichts anderes heißen, als daß der König auf seinem Investiturrecht beharrte. Dazu aber konnte Papst Paschalis II. sich nicht durchringen.

Diese Weigerung ist um so unverständlicher, da in Frankreich wie in England das Problem der Investitur auf rationale Weise beseitigt worden war. Die Lösung war die Trennung in Spiritualien und Temporalien, also die Trennung in geistliche und weltliche Funktionen des Bischofsamtes. Der Heinricianer Bischof Wido von Ferrara hatte schon 1086 auf die Möglichkeit hingewiesen, die Verleihung des weltlichen Teils des Bischofsgutes durch die Hand des Königs, der in der Tat den Bischof mit Königsgut belehnte, des geistlich-kirchlichen Bereiches des Bischofstums aber durch die Kirche nach ihrer Vorstellung von kanonischer Wahl vorzunehmen.

Bischof Ivor von Chartres hatte diesen Gedanken aufgegriffen und den Standpunkt vertreten, die Investitur als königliche Zeremonie der Übertragung von Temporalien (der Verleihung weltlicher Güter durch die königliche Hand) könne bestehen bleiben, wenn die kirchlichen Rechte und Grundsätze gewahrt blieben. Die hohe Anerkennung, die Bischof Ivo in allen Lagern gefunden hatte, hatte dieser Verfahrensform in Frankreich im Jahre 1104 und in England im Jahre 1105 zum Durchbruch verholfen.

Warum nun sperrte sich der Papst, beim deutschen König den gleichen Modus anzuerkennen?

Die Verfahrensweise mußte König Heinrich V. bekannt sein, auch wenn er nicht der zukünftige Schwiegersohn des englischen Königs gewesen wäre.

Aber der deutsche König mit seinen Reichsinteressen in Italien war ein Sonderfall. Hätte man ihm das Recht zur Verleihung weltlicher Güter in veränderter Form belassen, so wäre dies eine neuerliche Grundlage deutscher Herrschaft in Italien gewesen. Eine Schreckensvision für Papst und Kurie.

Mußte nicht jeder deutsche Herrscher danach streben, die römische Kirche und den Heiligen Stuhl kaiserlicher Herrschaft zu unterwerfen, wie es Kaiser Heinrich III. in Sutri getan hatte? Die

Investiturfrage war hier eng verbunden mit der Wiederbegründung deutscher Kaiserherrschaft in Italien und in Rom.

Mehrfach wurde dieses Thema verhandelt. Im Jahre 1107 in Châlons-sur-Marne anläßlich des Besuchs Papst Paschalis' in Frankreich. Verhandlungsführer des deutschen Königs war Erzbischof Bruno von Trier, der im Jahre 1109, wiederum als Verhandlungsführer der königlichen Delegation, die schwierige Frage tatsächlich lösen sollte. Aber vorerst wurden keine Erfolge erzielt, sondern nur Standpunkte ausgetauscht.

Erzbischof Bruno erklärte die unbedingte Beibehaltung der Investitur ebensosehr um des Reiches wie auch um der Kirche willen als erstrebenswert, wobei er sich auf die Investitur der Regalien beschränkte, wie in England und in Frankreich praktiziert. Hier zeigte auch Heinrich V. Realismus. Er ließ erklären, über die Form der Investitur könne verhandelt werden. In einer Lütticher Schrift »Über die Investitur der Bischöfe« vom Jahre 1109, die der königlichen Gesandtschaft nach Rom als Richtschnur mitgegeben wurde, heißt es:

»Es macht nichts aus, ob die Form der Übertragung der Güter und Besitztümer der Kirche an den Empfänger von seiten des Königs oder Kaisers durch mündlichen Befehl oder durch den Stab oder irgend etwas anderer Art geschehe; immerhin ist der Stab, der ja doppelter Geltung ist, der der weltlichen wie der geistlichen Gewalt als Sinnbild dient, die beste Form für die Belehnung. Jedenfalls aber schützt die Investitur die Kirche in ihrem Besitz gegen Gewaltherren und gegen Räuber und sichert ihr die Ruhe. Ohne allen Zweifel soll hierbei die Investitur der Weihe vorangehen, und angemessener ist es, wenn die Leistung von Lehenshuld und Eid an den König vor der Weihe geschehe. Am Tage der Weihe soll der Bischof Ring und Stab vom Altar, als von der Machtvollkommenheit des heiligen Petrus dargereicht, an sich nehmen: so kommt der bischöfliche zum königlichen Bann hinzu.«[4]

Man darf davon ausgehen, daß Heinrich V. hinter dieser Lütticher Schrift gestanden hat, die auf Ostern 1109 datiert ist. Die Form der Investitur ist dem Machtmenschen Heinrich V. im Prinzip gleichgültig. Sein Credo wird sichtbar in dem Satz: »Immerhin ist der Stab, der ja doppelter Geltung ist, der der weltlichen wie der geistlichen Gewalt als Sinnbild dient, die beste Form für die Belehnung.«

König Heinrich V. geht es nicht um Symbole, obwohl er deren

Wert und Sinn zu schätzen weiß, es geht ihm immer um die Gewalt, um die Macht!

Ein weiterer Satz steht in der Schrift »Über die Investitur der Bischöfe«, der sehr bald eine hochpolitische Rolle spielen wird: »... hätte die ursprüngliche Armut der Kirche fortgedauert, so wäre allerdings für die Könige kein Bedürfnis, Lehenshulde zu begehren.«

Das ist der Schlüsselsatz – der neue Gedanke, der sich im Jahre 1111 einer staunenden Welt darstellen wird und der beweist, daß der Gedanke, die Idee, immer vor der Tat steht.

Der Papst wird diesen Gedanken aufgreifen. Er wird sein Herz ganz weit nach vorne werfen. Seine Zeitgenossen waren zu klein, um ihm zu folgen.

Die Romfahrt

Anfang des Jahres 1110 berief König Heinrich V. einen Reichstag nach Regensburg. Vor den Fürsten des Reichs und der ganzen Versammlung erklärte der König seinen Willen, die Romfahrt anzutreten, um in Rom vom Papst, als dem Haupt der Kirche, die dem Kaiser zustehende Segnung zu empfangen. Dann versprach er, die kaiserliche Herrschaft in Italien in brüderlichem Frieden nach den alten Rechten und Gesetzen wiederherzustellen. Ekkehard von Aura spricht in starken Worten von der Einigkeit des Reichstags und dem gemeinschaftlichen Eid, den König auf der Romfahrt zu begleiten und, so Ekkehard, es »solle der nicht für einen Mann gehalten werden, der sich der Teilnahme an einem so männlichen Unternehmen entzöge«.

Dann eilte der König nach Lothringen. Anfang des Monats März traf Heinrich V. auf seine aus Rom zurückkehrende Gesandtschaft unter der Führung Erzbischof Brunos von Trier. Über Bruno ließ der Papst Heinrich V. die Botschaft zukommen, »daß er in voller väterlicher Gesinnung mit aller Milde Heinrich V. bei sich aufnehmen werde, wenn er sich als katholischer König, als Sohn und Verteidiger der Kirche, als Freund der Gerechtigkeit gegenüber dem heiligen römischen Stuhl erweisen wolle, und daß Paschalis II. bloß das, was kanonischen und kirchlichen Rechtes sei, fordere, daß er aber von dem, was königlichen Rechtes, dem Herrn König nichts abbrechen werde«.[5]

Das waren wohlklingende Worte, aber schwerer wogen die Taten des Papstes. Auf einem Laterankonzil am 7. März 1110 erneuerte er das Investiturverbot. Dann trieb es ihn nach Monte Cassino, wo er die normannischen Fürsten beschwor, ihrer Eide eingedenk zu sein und ihm gegen Heinrich V. zu Hilfe zu eilen, falls es die Situation erfordern sollte.

Heinrich V. betrieb seine Rüstungen mit Entschiedenheit, und es ist ein Wunder, wie entschlossen sich die weltlichen wie die geistlichen Fürsten hinter ihn stellten. Fast schien es, als sei das deutsche Königreich wirklich geeint.

Am 10. April 1110 fand die Verlobung des jetzt vierundzwanzigjährigen Königs Heinrich V. mit der achtjährigen englischen Königstochter Mathilde statt. Ihr Brautschatz, zehntausend Mark Silber, war ein wichtiger Beitrag zu den Rüstungen für den Romzug. Am 25. Juli fand die Krönung des englischen Königskindes in Mainz statt, zelebriert von Erzbischof Bruno von Trier, da der Mainzer Erzstuhl vakant war.

Die Kindkönigin wurde dem bewährten Erzbischof Bruno von Trier zur Obhut, Ausbildung und Erlernung deutscher Sprache und Sitten übergeben.

Im August trat Heinrich V. zu seinem Marsch auf Rom an. Erstaunt sahen die Lombarden das königliche Heer, dreißigtausend Ritter sollen es gewesen sein, die Alpen herabsteigen und nach Jahrzehnten der Kraftlosigkeit noch einmal die Stärke Deutschlands demonstrieren. Heinrich V. lagerte mit seinem furchtbaren Heer auf den ronkalischen Feldern. Keiner der italienischen Reichsvasallen wagte es, diesem deutschen König, der mit so großer Macht auftrat, die Huldigung zu verweigern.

Sogar die Großgräfin Mathilde, die bedingungslos Papst Gregor VII. gegen Kaiser Heinrich IV. beigestanden hatte, unterwarf sich und huldigte dem jungen Salier. Zwar erschien sie nicht persönlich vor ihrem jungen Verwandten, aber sie verhandelte mit dessen Boten auf einer ihrer Burgen um Canossa. Sie schwor Lehnspflicht gegen die Feinde des Reiches, mit Ausnahme des Papstes. Hier wurden sicher auch die Vorgespräche geführt, die Heinrich V. – zum Staunen der Welt – beim Tod der Markgräfin Mathilde im Jahre 1115 reibungslos das canunisische Erbe antreten ließen.

Der Marsch des Königs ging weiter. Einzig Novara trotzte dem König und, wie Ferdinand Gregorovius sagt, »büßte seinen Ungehorsam in der eigenen Asche«.

Im November mußte das Heer den rauhen Apennin überschreiten. Ein Leidensweg! Die Chronisten sprechen von siebenwöchigen Eis- und Regenstürmen, gegen die das Heer ankämpfen mußte. Die Verluste an Gepäck und Pferden waren erheblich. Doch der harte Wille des jungen Königs trieb die königlichen Truppen durch die in Eis und Schnee erstarrte Bergwelt.

Dennoch, Weihnachten feierten der König und die Seinen in Florenz.

Der Papst sah dem unaufhaltsamen Marsch von Heinrichs V. Ritterheer, das noch durch lombardische Vasallen verstärkt war, mit Bangen entgegen. Seine dringenden Rufe um Hilfe an die normannischen Fürsten blieben unerhört. Zum einen beeindruckt von Heinrichs gewaltiger Rüstung, zum anderen untereinander in Streit verfallen, konnten und wollten sie ihre dem Papst geschworenen Eide nicht erfüllen. Von Arezzo aus hatte Heinrich Botschaft an die Römer gesandt und seine Ankunft in Rom, »Hauptstadt seines Reiches«, angekündigt.

Von Acquapendente aus sandte er eine hochkarätige Gesandtschaft an den Papst: die Grafen Hermann von Winzenburg und Friedrich von Arnsberg, Pfalzgraf Gottfried von Calw und den Truchseß Volkmar. Der einzige Geistliche war Heinrichs Kanzler Adalbert, der spätere Erzbischof von Mainz und künftige Todfeind. Ihre Verhandlungsrichtlinie war die bereits genannte Lütticher Schrift »Über die Investitur der Bischöfe«, in der der folgenschwere Satz stand: »... hätte die ursprüngliche Armut der Kirche fortgedauert, so wäre allerdings für die Könige kein Bedürfnis, Lehenshulde zu begehren.«

Die königlichen Gesandten stellten dem Papst die Frage, wie sich denn, nachdem dreiundsechzig Papstregierungen, die von Karl dem Großen an die königliche Investitur gebilligt hatten, nach Wegfall der Investitur die Herrschaft im Reich gestalten solle. Sie wiesen darauf hin, welch riesige Latifundien und königlichen Rechte den Bistümern und Abteien von den Königen gegeben worden seien. Wie sollte der König herrschen, wenn er nicht mehr in den Besitz der Dienstleistungen käme, zu denen sich Bischöfe und Äbte dem König als Gegenleistung eidlich verpflichtet hätten?

Darauf habe Papst Paschalis II. geantwortet: »Die Kirchen sind mit dem Zehnten und ihren Darbringungen zufrieden; der König aber mag alle Güter und königlichen Rechte, die Karl und Ludwig, von Otto und Heinrich an und von seinen vielen Vorgängern den

Kirchen zusammengebracht worden sind, für sich und seine Nachfolger zurücknehmen und behalten.«[6]

Ein Donnerwort, eine Revolution innerhalb der Christenheit, die Rückkehr der Kirche zur apostolischen Armut.

Die Gesandten des Königs erkannten sehr wohl, welcher Sprengstoff in dieser machtpolitischen, wirtschaftlichen und kirchlichen Umstürzung enthalten war. Sie sagten vorsorglich, daß von Heinrichs Seite keine Absicht bestehe, Gewalt gegen die Kirchen auszuüben, indem er ihnen alle diese verliehenen Güter nehme. Auch wolle der König sich nicht dem Vorwurf der Heiligtumsverletzung aussetzen.

Doch der Papst blieb bei seinem Vorschlag und leistete sein Versprechen auf Treu und Glauben, er erklärte sogar, daß er gegen alle, die sich dem widersetzten, den Bannfluch schleudern werde. Daraufhin sagten die königlichen Gesandten, daß, wenn der Papst dieses Versprechen erfüllt habe, Heinrich V. alle Investituransprüche aufgeben werde. Es wurde noch verabredet, daß am dafür festgesetzten Tag, dem 12. Februar 1111, zuerst Papst Paschalis II. seinen Verzicht erklären, danach der König seinen Investiturverzicht bekanntgeben solle.

War es Schwäche des Papstes, diesen Verzicht leisten zu wollen, oder war die Hilfeverweigerung der normannischen Fürsten schuld, der ausbleibende Beistand der durch Jahrzehnte hindurch treuen Papsthelferin Markgräfin Mathilde oder die drohende Heeresmacht von dreißigtausend Rittern nahe den Toren Roms?

Keines dieser Motive kann man gelten lassen. Gelegentlich ist diesem Papst sogar Dummheit vorgeworfen worden, aber auch das ist nicht der Fall, im Gegenteil: Wäre es Paschalis II. gelungen, seine Entscheidung durchzusetzen, hätte er die Freiheit der Kirche vom Staat vollendet – ihm fehlte nur die Kraft dazu. Paschalis II. wäre der größte Reformer der Kirche geworden, hätte er sie doch aus der Welt und ihren Verstrickungen, aus Macht und Habgier, herausgelöst und sie wieder ganz dem Heiligen Geist geschenkt. Die Bischöfe und Prälaten, die einstmals friedliche Gottesverkünder gewesen waren, hatten sich zu Herren und Fürsten aufgeschwungen und wußten oftmals besser das Schwert zu führen, als mit segnender Hand den Frieden Christi zu verkünden. Aber Paschalis II. träumte nicht, wie Gregor VII., von der Kirche als der Herrin der Welt.

Es gilt zu bedenken, daß dieser Papst ein Mönch war und seit seinem achten Lebensjahr im Kloster gelebt hatte. Der Mönch in ihm hatte erkannt, daß die Kirche nicht durch den Staat, sondern durch die Gier ihrer Prälaten nach weltlicher Macht und weltlichem Besitz in die Abhängigkeit des Staates geraten war. Auch hatte er wohl erkannt, daß der Staat, der so viel Besitz an Gütern, Vorrechten und Rechten – Münz-, Wege-, Zoll-, Marktrechte – an die Kirchen des Reiches abgegeben hatte, Lehnsrechte und Gefolgschaft fordern mußte.

Er wollte die Verstrickung der Kirche mit dem Staat durch einen scharfen, operativen Schnitt trennen.

Diese Ideen waren keineswegs neu.

Kardinal Deusdedit, einer der treuesten Streiter des Reformpapsttums an der Seite Gregors VII., ebenfalls Mönch wie Paschalis II., hatte in seinen gegen die Laieninvestitur gerichteten Schriften scharf die schlimmen Folgen herausgestellt, die sich aus der engen Bindung der Bischöfe an das Reich und deren fürstlichem Stand ergaben: die Pflicht zur Heeresfolge, die Dienstleistungen für den königlichen Hof und vieles mehr. Deusdedit hatte formuliert, »daß niemand, der für Gott streite, sich in weltliche Geschäfte mische. Es gebe jetzt gewisse Bischöfe, die nicht nach den Kirchengesetzen eifrig sind, sondern der Jagd ihre Anstrengungen darbringen und andere Üppigkeit der Welt treiben.«[7]

Der Papst war seit vielen Jahren von solchen Gedanken bewegt und ergriffen. Im Jahre 1102 hatte er an Erzbischof Anselm von Canterbury, einen gebürtigen Piemontesen, der mit dem englischen König Wilhelm II., dem Sohn Wilhelms des Eroberers, im Kampf um die Laieninvestitur lag, geschrieben, »daß nach den Worten des Apostels Paulus die Kirche frei sein müsse, daß es für einen Geistlichen unwürdig sei, für weltliche Vorteile einem Laien Lehenshulde zu leisten«.[8]

Man sieht, das Angebot des Papstes zur Rückgabe der Kirchengüter an den König gegen völlige Investiturfreiheit war beileibe keine Kurzschlußhandlung, sondern gehörte zum Gedankengut der Zeit.

Was der Papst in seinem mönchischen Armutsdenken nicht erkannt hatte, war, wie sehr die Kirchen in den Staat integriert waren. Daß seit vielen Generationen aus Bischöfen Reichsfürsten geworden waren. Vor allem, daß ihre Frömmigkeit geringer war als ihr Wille zur Macht, ihr Streben nach eigener Territorialherrschaft, das dann unter dem Staufer Kaiser Friedrich II. sein Ziel fand.

Aber nicht nur die Kirchenfürsten waren betroffen. Barone,

Grafen und Herzöge, die Inhaber eines Kirchenlehens waren, mußten fürchten, dieses zu verlieren.

Von königlicher Seite hatte man natürlich das päpstliche Anerbieten angenommen, aber nie so recht an die Durchführbarkeit geglaubt.

Riesige Gebiete wären der deutschen Krone zugefallen, und der König hätte sie dazu benutzen können, seine Reichsministerialen damit zu belehnen, um so seine direkte Macht auszubauen. Dann aber hätten sich die hohen Reichsfürsten durch die neue, erweiterte Macht des Königtums bedroht gefühlt. Also auch von dieser Seite war Widerstand zu erwarten. Man sieht, die Zeit und die kleinen nach Macht und Besitz gierenden Menschen waren nicht reif für die großen Gedanken des Papstes. Überspitzt könnte man sagen, dieser Papst war zu fromm für seine Kirche.

Am 12. Februar 1111 war es dann so weit, daß der am 4. Februar ausgehandelte Vertrag von Sutri Wirklichkeit werden sollte. Geiseln waren gestellt worden, und die Fürsten hatten dem Papst einen Sicherheitseid geleistet.

Das große Schauspiel begann. Die römische Kirche entfaltete ihre ganze Pracht. Vor dem Tor, durch das Heinrich V. die Stadt betreten würde, hatte sich auf Befehl des Papstes die niedrige Geistlichkeit Roms versammelt. Sie begleitete den König, der vom Pferd gestiegen war, zu den Stufen von St. Peter. Dort stand Papst Paschalis II. in einer Wolke von Bischöfen, Kardinalpriestern und Kardinaldiakonen, dazu die päpstliche Sängerschule, und empfing den König. Der warf sich vor dem Papst nieder und küßte dessen Füße. Der Papst zog den König empor und küßte ihn auf den Mund. Dann folgte eine dreimalige Umarmung, wiederum mit dem Austausch des Kusses. Jetzt verlas Heinrich V. das Gelübde, den Papst in seinen kirchlichen Rechten und Besitzungen zu schützen. Darauf erklärte der Papst, der König sei der Kaiserkrone würdig. Der älteste Bischof sprach – der Krönungsordnung gemäß – über den König das erste Gebet. Jetzt gingen Papst und König, Hand in Hand, zu dem im Boden eingelassenen Porphyrkreis, wo sie sich auf ihren Sitzen niederließen. Hier sollte sich die Friedenstat vollziehen zwischen Kirche und Reich, der Frieden, auf den die Menschen und Völker seit Jahrzehnten warteten.

Der König erklärte, daß er gemäß dem am 4. Februar in der Kirche St. Maria in Turri zu Sutri abgeschlossenen Vertrag auf sein Investiturrecht verzichte.

Nun wurde die päpstliche Urkunde verlesen, die besagte, daß die Diener des Altars nicht Diener der Krone sein dürften, daß sie aber unabwendbar Höflinge sein müßten, wenn sie von der Krone Güter zu Lehen erhielten. Um diesen unheiligen Zwiespalt zu beseitigen, verordnete der Papst unter Strafe des Bannes, daß alle Kronlehen für immer und alle Zeit an König Heinrich zurückgegeben werden müßten.

Ein Aufschrei brandete auf an der heiligsten Stätte der Christenheit, am Grab des Apostels Petrus. Tumulte, Geschrei, Gewaltandrohung: ein empörtes Chaos im Dom St. Peter zu Rom.

Aus der weihevollen Friedensstiftung war ein brodelnder Hexenkessel geworden. Die weltlichen Fürsten, die um ihre Kirchenlehen zitterten, riefen, dieses päpstliche Privilegium sei Ketzerei. Die Bischöfe schrien, man dürfe nicht die Kaiserkrone mit der Beraubung der Kirchen erkaufen.

Die Zeremonie der Kaiserkrönung wurde abrupt unterbrochen. Der König zog sich mit seinen Fürsten und Bischöfen zu einer längeren Beratung zurück. Die Bischöfe im Rat des Königs sagten, der Vertrag sei nicht vollziehbar. Der König verlangte die Krönung. Davon wollte der Papst nichts wissen. In der dunklen Basilika konnte jederzeit der Kampf aufflammen. Ein Ritter bedrängte den Papst mit dem Schwert und rief: »Was bedarf es so vieler Reden, mein Herr will ohne Umschweif gekrönt sein wie Ludwig und Karl.«

Die Lage wurde bedrohlich. Der Papst sah sich von königlichen Rittern umstellt. Als das Erzbischof Konrad von Salzburg sah, der allerdings auch gegen die Rückgabe der Kirchengüter war, warf er sich dem Papst zu Füßen und zeigte offen seine Mißbilligung über das, was im Petersdom geschah. Voll Zorn zog einer der königlichen Ministerialen namens Heinrich Haupt das Schwert gegen den Erzbischof und nannte ihn einen Hochverräter.

Der König soll gerufen haben: »Nicht, nicht, Heinrich! Noch ist es nicht an der Zeit.«

Das Verhalten des Erzbischofs von Salzburg ist symptomatisch für das Geschehen der kommenden Jahre. Heinrich V., der jetzt den Papst und dessen Kardinäle gefangennahm und sie dem Patriarchen von Aquileja zur Bewachung übergab, trennte und spaltete damit die Reichsfürsten und den Episkopat. Es war eine Sache, gegen die Rückgabe der Kirchengüter zu sein, aber den Papst gefangenzusetzen – entgegen den geschworenen Sicherheitseiden –, das war eine ganz andere. Eine Tat, die als gottloser Frevel gesehen wurde.

Sie war der Anlaß für die Kämpfe und die erneute Zwietracht im Reich.

Im Morgengrauen des 13. Februar brachen die Römer in die Leostadt ein. Der Angriff kam so überraschend, daß Heinrich V., noch unangekleidet, mit nackten Füßen auf sein Pferd sprang. Fünf Römer starben durch seine Lanze, aber auch er sank verwundet vom Pferd. Vizegraf Otto von Mailand gab dem König sein eigenes Pferd, so daß Heinrich V. entfliehen konnte, um neue Truppen ins Treffen zu führen. Der hochherzige Vizegraf wurde von den rasenden Römern in Stücke gehauen. Die Verluste der Deutschen und der tapfer mit ihnen kämpfenden Lombarden waren erheblich.

Zwei Bischöfe, Leo von Ostia und Johannes von Tusculum, waren aus dem Petersdom entkommen. Nun heizten sie in der Stadt den Widerstand der Römer gegen die verhaßten Deutschen an. Und Rom, das sich so oft gegen die Päpste gestellt und sie vertrieben hatte, jetzt kämpfte dieses Rom für den Papst und die Kirche. Kardinal Johannes von Tusculum hielt eine flammende Rede:

»Römer, es gilt den Kampf für eure Freiheit, euer Leben und Euren Ruhm und die Verteidigung der Kirche zu führen. Der Heilige Vater, die Kardinäle, eure Brüder und Söhne schmachten in den Ketten des treulosen Feindes; tausend edle Bürger liegen tot hingestreckt im Portikus, die Basilika des Apostels, der ehrwürdigste Dom der Christenheit, starrt von Leichen und Blut; die geschändete Kirche liegt weinend vor euren Füßen und fleht mit aufgehobenen Armen zu ihrem einzigen Retter, dem römischen Volk, um Erbarmen und Schutz.« (Petrus von Monte Cassino stellt den Wortlaut der teilweise von Sallust übernommenen Rede in seinen Text.)

Heinrich, dem drohenden Kampf zuvorkommend, brach in der Nacht vom 15. auf den 16. Februar sein Lager ab und zog ins Sabinerland; den Papst und fünfzehn Kardinäle führte er mit sich. Fast schien es eine Flucht.

Paschalis II. und einige Kardinäle wurden im Kastell Trebicum, die anderen Gefangenen zu Kordicum in strenge Haft genommen.

Der Sohn Heinrichs IV. hatte das Unglaubliche getan. Er hatte den Papst gefangengesetzt wie einen besiegten Kriegsmann. Der so oft verdammte Heinrich IV. hatte diese Schmach der Kirche nie angetan. Es war sein Sohn, der die Kirche diese tiefste Demütigung erfahren ließ. Der Sohn, der von der gleichen Kirche so hoch gelobt worden war, als er dem Vater die Treue brach und die Macht an sich riß. Selten zeigte die Nemesis der Geschichte so unverhüllt ihr Haupt wie hier in Rom, als sie dem päpstlichen Triumph von Canossa die Schmach folgen ließ. Auch Heinrich V. wird ihr nicht entgehen.

Einundsechzig Tage hielt der König den Papst und die Kardinäle gefangen, zuerst in den genannten Burgen, dann in seinem Lager, unter seinem direkten Einfluß.

Heinrich verlangte vom Papst die Kaiserkrönung und die uneingeschränkte Anerkennung der königlichen Investitur.

Der Papst versagte sich. Er hatte aber auch nicht die Kraft, den Bannfluch über den König auszusprechen. Heinrich V. begegnete der Weigerung des Papstes mit der Drohung, alle Gefangenen töten zu lassen.

Währenddessen verwüsteten die Truppen des Königs die Umgebung von Rom, brannten Dörfer, Städte und die Vorratsscheuern nieder, so daß in Rom Mangel entstand. Zwar wollten sich die Römer nicht beugen, aber ihre Verhandlungsbereitschaft wurde größer.

So kam es, daß die Großen des Königs, die Gefangenen, die Römer aus der Stadt und die verhärmten Kardinäle sich dem Papst zu Füßen warfen und ihn anflehten, im Angesicht des Elends aller, der bedrängten Stadt, der verödeten Kirche und des drohenden Schismas nachzugeben.

Unter dem Eindruck dieser Großinszenierung brach die Widerstandskraft des Papstes zusammen. Er sagte unter Tränen:

»Ich bin gezwungen, für die Befreiung in diesem Frieden das zu dulden, das zu gestatten, worin ich für mein Leben ganz und gar nicht einwilligen möchte.«[9]

Außer dem Schrecken der verbrannten Erde, außer dem Leiden der sechzehn Kardinäle und der vielen Gefangenen in Heinrichs V. Hand, über denen die Todesdrohung schwebte, hatte der König ein weiteres raffiniertes Druckmittel.

In seinem Lager war Maginulf, der im Jahre 1105 gegen Paschalis II. aufgestellte Gegenpapst Sylvester.

Durch Anerkennung dieses Sylvester konnte der König ein Schisma (Kirchenspaltung) herbeiführen. Eine Drohung von ungeheurer Gewalt, was wir Heutigen nicht mehr ganz nachvollziehen können.

War Paschalis II. ein schwacher Papst? Betrachtet man sein Pontifikat bis zu diesem Zeitpunkt, dann kann man das nicht sagen. Er hatte Heinrich IV. widerstanden, er hatte auch nach dessen Tod den Bannfluch nicht gelöst. Er hatte Wibert von Ravenna (Papst Clemens III.) überdauert und die auf ihn folgenden Gegenpäpste Theoderich, Albert und jenen Maginulf (Sylvester IV.), den der König jetzt als erpresserisches Druckmittel mißbrauchte.

Nein, schwach war dieser Papst nicht. Nur nicht stark genug, den Druck auszuhalten, der durch den kalt rechnenden, mitleidlosen König Heinrich V. auf ihn ausgeübt wurde.

So kam es denn nach vielen gegenseitigen Eiden und Vorverträgen zu jenem Privilegium, das bald Pravilegium (Schandbrief) genannt werden sollte. Es führt – nach Gruß und apostolischem Segen für Heinrich V. – aus:

»Daß Euer Reich mit der heiligen römischen Kirche in einziger Weise in Zusammenhang stehe, hat die göttliche Anordnung festgestellt. So haben Eure Vorgänger wegen ihrer größeren Rechtschaffenheit und Klugheit die Krone und die kaiserliche Herrschaft über die Stadt Rom erlangt. Zu der Würde dieser Krone und der Kaiserherrschaft nun hat die göttliche Majestät auch Deine Person, mein teuerster Sohn Heinrich, durch den Dienst unseres priesterlichen Amtes emporgehoben. Jenes Vorrecht der Würde also, das unsere Vorgänger Euren Vorgängern, den katholischen Kaisern, zugestanden und durch die Blätter der Privilegien bestätigt haben, bewilligen auch wir Deiner Liebe und bestätigen es durch das Blatt des gegenwärtigen Privilegiums, daß Du den Bischöfen und Äbten Deines Reiches, mit Ausschluß von Gewalt und Simonie, nach ihrer Erwählung die Investitur mit Stab und Ring übertragest. Nach der Investitur aber müssen sie in kanonischer Weise die Weihe vom Bischof, zu dem sie gehören, empfangen. Wenn aber jemand ohne Deine Zustimmung von Geistlichkeit und Volk gewählt ist, soll er von niemand, wenn er nicht von Dir investiert ist, geweiht werden. Gewiß sollen die Erzbischöfe und Bischöfe die Freiheit haben, die von Dir investierten Bischöfe und Äbte kanonisch zu weihen. Denn Eure Vorgänger haben die Kirchen ihres Reiches mit so großen Benefizien ihrer königlichen Güter und Rechte bereichert, daß es notwendig ist, daß das Reich selbst zumeist durch die Hilfskräfte der Bischöfe und Äbte befestigt werde und daß die im Volke sich regenden Uneinigkeiten, die bei Wahlen oft sich zutragen, durch die königliche Majestät beruhigt werden.

Deswegen muß Deiner Klugheit und Macht die Sorge dafür um so angelegentlicher naheliegen, daß die Größe der römischen Kirche und das Heil der übrigen Kirchen mit Gottes Beistand durch Deine Benefizien und die ihnen entsprechenden Dienstverpflichtungen bewahrt werde. Wenn also irgendeine kirchliche oder weltliche Person, die dieses Zeugnis unserer Bewilligung kennt, gegen dasselbe in frechem Wagnis aufzukommen den Versuch macht, soll sie, wenn sie nicht zur Besinnung kommt, durch die Fesselung des Bannes verstrickt werden und für ihre Ehre und Würde Gefahr leiden. Die das jedoch bewahren, möge das göttliche Erbarmen bewachen, und dieses möge auch gestatten, daß Deine Person und Deine Macht zur Ehre und zum Ruhme Gottes glücklich die kaiserliche Herrschaft ausüben.«[10]

Außerdem hatte Paschalis II. geschworen, den Investiturstreit weder zu erneuern noch jemals den Bann über Heinrich V. auszusprechen. Bei dieser Gelegenheit wird Heinrich V. auch die Lösung seines Vaters vom Bann erreicht haben, so daß er ihm alsbald ein christliches Begräbnis im Dom zu Speyer geben konnte.

Dem Papst wurde als Gegenleistung die Freiheit der Seinen und die Entsagung des Gegenpapstes Sylvester IV. geboten, der auf den neronischen Wiesen den Schwur leistete: »Ich Mönogealdus (Maginulf) entsage allem Irrtum, vorzüglich dem, den ich auf den Apostolischen Stuhl mir angemaßt habe, und verspreche Treue und Gehorsam dem würdigen Gott und dem katholischen Papst Paschalis.«[11]

Als Heinrich die Bulle – den Vertrag von Ponte Mammolo – in Händen hielt, die alle Investiturverbote seit Papst Gregor VII. zunichte machte, stand er auf dem Gipfel seiner Macht. Er hatte den salischen Kaisertraum erfüllt und stand gleichberechtigt neben Karl und Otto dem Großen und auch gleichberechtigt neben seinem Großvater Heinrich III.

Er entließ sogleich den Papst und dessen Kardinäle in die Freiheit; sie hatten ihm gegeben, was sie zu geben vermochten.

Am 13. April 1111 zog Heinrich V. nochmals in die Leostadt ein. Die Zugänge zum St.-Peters-Dom waren von deutschen und lombardischen Rittern besetzt und die Tore der Stadt Rom geschlossen. Über der Stadt und dem Dom lag die freudlose, bleierne Dunstglocke der Macht. Der gedemütigte Papst setzte Heinrich V. die Kaiserkrone aufs Haupt und weihte ihn zum Kaiser; die gesamte Krönungszeremonie wurde vollzogen. Danach feierte man gemeinsam die heilige Messe.

Damit nicht genug. Zu der Verabredung gehörte, daß Heinrich dem Papst seine Urkunde, das Privilegium, zurückgab und dieser nunmehr, als sichtbares Zeichen, daß all dies aus päpstlichem freiem Willen und ohne Zwang geschehe, dem Kaiser erneut das Privilegium reichte. Dann kam der letzte Akt in diesem Requiem päpstlicher Erniedrigung, und der Papst brach mit dem Kaiser die Hostie unter den Worten:

»Diesen Körper des Herrn, den die geheiligte Kirche in sich schließt, geboren aus Maria der Jungfrau, erhöht am Kreuze zur Erlösung des Menschengeschlechts, geben wir dir, teuerster Sohn, zur Vergebung deiner Sünden und zur Bewahrung des zu befestigenden Friedens und der wahren Freundschaft zwischen mir und dir und zwischen dem Königtum und dem Priestertum, damit unser Herr Jesus Christus, dessen Körper und Blut dieses ist, zwischen mir und dir, dem Königtum und dem Priestertum, sein soll, als ein Bewahrer und Befestiger der wahren Eintracht und des Friedens.«[12]

Die römischen Großen überreichten dem Kaiser noch den Reif des römischen Patricius, damit war der Triumph vollkommen.

Das Pravilegium

Pravilegium – Schandbrief –, so werden wenig später die römischen Kardinäle das große Privilegium Heinrichs V. nennen, mit dem er alles erreichte, was seinem Vater in sechzig Schlachten nicht gelungen war.

Liest man den Text des Privilegiums genau, so stellt man fest, daß Heinrich V. sich nicht damit begnügte, die sachliche Forderung nach dem Investiturrecht des Königs mit Ring und Stab vor den kirchlichen Weihen durchzusetzen, nein, er zwang den Papst, die Argumentationskette des Saliers zu übernehmen. Daß nämlich Heinrichs Vorgänger im Königs- und Kaiseramt die Kirchen mit so großen Benefizien ihrer königlichen Güter und Rechte ausgestattet hätten, daß es notwendig sei, daß das Reich durch die Hilfskräfte der Bischöfe und Äbte gefestigt werde.

Das hieß also, daß das, was einst von Papst Gregor VII. bis hin zu Papst Paschalis II. selbst so verdammt worden war, daß nämlich

Geistliche den weltlichen Herren Dienste und Kriegsdienste zu leisten hatten, wieder als rechtens galt. Vierzig Jahre Papst- und Reformgeschichte, der Kampf um die Freiheit der Kirche schienen durch Heinrichs Staatsstreich, denn so darf man die Gefangennahme des Papstes und der Kardinäle wohl nennen, auf den Kopf gestellt, schienen vernichtet.

Es sah so aus, als ob auf politischem Feld sich nichts gegen den Kaiser rührte. Doch als er auf seiner Rückreise nach Deutschland mit Markgräfin Mathilde auf ihrer Burg Bianello das Abkommen aushandelte, wonach er ihr Erbe sein sollte, was einen unerhörten Machtzuwachs für Heinrich bedeutete, da ging durch die Kirche ein Aufschrei.

Die Kardinäle Johann von Tusculum und Leo von Ostia beriefen in Rom ein Konzil ein, das sich zu den Dekreten Papst Urbans II. und Papst Gregors VII. zur Frage der Investitur bekannte. Der erschütterte Papst Paschalis II. floh in die Einsamkeit von Terracina, den südlichsten Zipfel des Kirchenstaates, und auf die Insel Ponza. Bischof Bruno von Segni schrieb vier leidenschaftliche Briefe gegen den Vertrag von Ponte Mammolo und forderte die Bannung des Kaisers und den Widerruf des Privilegs.

Ekkehard von Aura schildert – zwar nicht immer präzise, aber doch sehr bewegend – das Geschehen von Rom:

»In dieser Zeit hatte der Herr Papst viele Ungerechtigkeiten von der römischen Kirche zu erdulden; man warf ihm vor, er habe – entgegen den Satzungen der ganzen kirchlichen Lehre – König Heinrich V., den tyrannischen Verwüster der Kirchen, durch die Kaiserweihe erhöht und ihn darüber hinaus mit einem gotteslästerlichen Privileg beschenkt. Daher legte er auf dem Laterankonzil, das am 18. März 1112 in der Konstantinbasilika abgehalten wurde, am letzten Tage des Konzils – gezwungenermaßen vor allen – das Bekenntnis seiner Rechtgläubigkeit ab und sagte: ›Ich bekenne die ganze Heilige Schrift des alten und des neuen Testamentes; und diejenigen, die das Gesetz des Moses und der heiligen Propheten aufgezeichnet haben; ich anerkenne die vier Evangelien, die sieben kanonischen Briefe des glorreichen Lehrers und Apostels, des heiligen Paulus‹ …«

Dann beruft der Papst die Glaubensinhalte der großen Konzilien und bekennt sich schließlich »zu den Dekreten meines Herrn, des Papstes Gregor VII. und des Papstes Urban seligen Angedenkens. Was sie gutgeheißen haben, heiße auch ich gut, was sie gehalten haben, halte auch ich, was sie verdammt haben, verdamme auch ich, was sie zurückgewiesen haben, weise auch ich zurück, was sie untersagt haben, untersage auch ich, was sie verboten haben, verbiete auch ich, in allem und durch alles; darin werde ich beharren.«

Hatte Kaiser Heinrich V. den Papst gedemütigt, so demütigte das Laterankonzil vom 18. März 1112 ihn nicht minder. Aber der Papst hatte den Kelch mit der Galle noch nicht geleert. Ekkehard fährt fort: »Als dies erfüllt war, erhob sich der Bischof Gerhard von Angoulême, Legat in Aquitanien, und las unter allgemeiner Zustimmung des Papstes und des ganzen Konzils vor: ›Jenes Pravileg (Schandbrief), das kein Privileg (Gnadenbrief) werden muß, das sich der Herr Papst Paschal um der Befreiung der Gefangenen der Kirche willen vom König Heinrich erpressen ließ, verdammen wir alle, die wir auf diesem heiligen Konzil versammelt sind, aufgrund des kanonischen Rechts und der kirchlichen Autorität, durch das Urteil des Heiligen Geistes und erklären es für null und nichtig. Und es wird aus dem Grunde verdammt, weil in diesem Privileg geschrieben steht, daß ein kanonisch Erwählter von niemandem geweiht werden soll, wenn er nicht zuvor vom König investiert worden ist. Und das ist wider den Heiligen Geist und die kanonische Satzung.‹ Nachdem das Schreiben verlesen war, riefen alle zustimmend: ›So sei es, so sei es.‹«[13]

Ein Papst, der nach den Aussagen vieler Konzilien und nach dem Dictatus papae von 1075 von niemandem richtbar ist und über den in Paragraph 18 des Dictatus gesagt ist: »Sein Entscheid kann von niemand aufgehoben werden, er selbst aber kann Urteile aller anderen Instanzen aufheben«, wurde von seiner eigenen Kirche auf einem Konzil in dieser Weise seiner Würde und Autorität beraubt.

Die Beisetzung Kaiser Heinrichs IV. im Dom zu Speyer

Während sich die politischen Wetterwolken über dem siegreichen Kaiser Heinrich V. zusammenballten, durfte er am 7. August 1111, es war der Todestag seines Vaters, Kaiser Heinrichs IV., einen großen Tag für sich und das Reich feiern. Im Königschor des Speyrer Doms ließ er den Vater, den er im Leben verraten hatte, nunmehr nach der in Rom erteilten Freisprechung feierlich bestatten. Den Bürgern Speyers erteilte er wertvolle Privilegien mit der Auflage, am Jahrestag des Todes Heinrichs IV. die Vigilien und die Seelenmesse zu feiern. In das ehrenvolle Andenken war auch seine Mutter, Kaiserin Berta, eingeschlossen. War dies plötzlich wiedererwachte Sohnesliebe, die hier aufbrach? Nein!

Die Entscheidungsinstanz Kaiser Heinrichs V. war nie das Herz, sondern der kühl wägende Verstand.

Indem er den Vater ehrte, ehrte er die salische Dynastie und sich selbst.

Das zeigt der Salierstammbaum in der Chronik des Ekkehard von Aura, in der die ungebrochene Weitergabe des salischen Königtums von Kaiser Konrad II. auf Heinrich III., Heinrich IV. und dessen Söhne Konrad und Heinrich dargestellt ist. Eindrucksvoll wird die rechtmäßige Insignienübertragung gezeigt. Ein liebevoller kaiserlicher Vater übergibt Krone und Reichsapfel an den jungen, edlen Königssohn. Nichts deutet den Verrat der beiden Söhne am Vater an. Hier wird nur die heile Königswelt gezeichnet, so wie Kaiser Heinrich V. sie im Sinne der Dynastie sehen wollte. Das gleiche tritt zutage im Evangeliar von St. Emmeran in Regensburg, in dem in der oberen Reihe in der Mitte Kaiser Heinrich IV. und seine beiden Söhne Konrad und Heinrich V. in königlicher Eintracht im Glanz der Krönungsinsignien zu sehen sind. Diese Darstellungen sind alle entstanden in den Jahren 1105 bis 1107. Wir sehen, Kaiser Heinrich V. hat sehr bald nach seinem Verrat am Vater damit begonnen, die Legende seiner legitimen Thronübernahme aufzubauen.

Der Dom zu Speyer mit seinen Kaisergräbern, von Urgroßvater, Großvater und Vater, war die steingewordene Manifestation gottgewollten salischen Kaiser- und Königtums.

Von Speyer aus zog Heinrich V. nach Mainz. In seiner Begleitung waren die Erzbischöfe Friedrich von Köln und Bruno von Trier, die Bischöfe Bruno von Speyer, Cuno von Straßburg, Udalrich von Konstanz, Otto von Bamberg, Burchard von Münster, Hermann von Augsburg, Otbert von Lüttich, Burchard von Utrecht, Eberhard von Eichstätt und der wieder in Gnaden aufgenommene Bischof Erlung von Würzburg, der vermutliche Chronist der »Vita Heinrici«.

An weltlichen Großen waren an des Kaisers Seite die Herzöge Friedrich II. von Schwaben – eine wirkliche Stütze des salischen Thrones – und Theoderich von Oberlothringen. Ferner die Grafen Gottfried von Calw, Friedrich von Zollern, Hartmann von Dillenburg, Berengar von Sulzbach, Gerhard von Geldern und einige

Grafen, die nicht recht einzuordnen sind: Heinrich, Duodo, Stephan, Gerung und Walter.

Ziel dieser stattlichen Reisegesellschaft war es, am 15. August Kanzler Adalbert auf den ältesten und edelsten Erzstuhl Deutschlands zu erheben. Adalbert war neben Bischof Burchard von Münster derjenige gewesen, der bedingungslos zum Kaiser gestanden hatte, und in den Augen der Kurie der geistige Urheber der Freveltat von Ponte Mammolo und Rom.

Nun sollte Adalbert als kaiserlichen Dank in Mainz den Stuhl des heiligen Bonifatius als Erzbischof erhalten.

Der Kaiser rechtfertigt und begründet sein Verhalten mit den Worten: »Damit aber die Kraft seiner Treue und die Verbindungen gegenseitiger Schätzung durch die Vermehrung der Würden hinzugefügt werden möchten und die erregtere Zuneigung zu uns und seine Liebe noch wüchse, haben wir ihm den Bischofssitz zu Mainz, den an Reichtümern mächtigsten, durch eine Fülle von Kriegern umringten, unterbreitet und, trotz des starken Grolles vieler, ihn inthronisiert.«[14]

Seltsam, daß gerade dieser als gefühlskalt geltende Kaiser gegenüber Adalbert eine solch warme Gefühlsregung zeigt und daß dieser Adalbert wiederum sich bald so gegen ihn stellen wird.

Ein merkwürdiger Vergleich drängt sich auf. Das Verhältnis König Heinrichs II. von England zu seinem Kanzler, Berater und Freund Thomas Becket. König Heinrich setzte ihn beim Tod des Amtsinhabers auf den erzbischöflichen Stuhl von Canterbury in der Hoffnung, daß Thomas ihm nunmehr bei der Durchsetzung seiner Kirchenpolitik gegenüber Rom helfen werde.

Das genaue Gegenteil trat ein. Der vorherige Kanzler und Freund trat jetzt als Erzbischof seinem König entgegen und wurde konsequenter Vertreter der römischen Kirchenpolitik, was für ihn mit dem »Mord im Dom« endete.

Eine ähnliche Verkehrung der Gefühle vollzog sich zwischen Erzbischof Adalbert von Mainz und seinem Kaiser.

Der Machtverfall

Machtverlust geschieht selten schlagartig. Meist ist es ein schleichender, erosiver Prozeß von Abschwemmungen und feinen Haarrissen im Gefüge der Macht. Ein solches Indiz zeigte sich bereits im August 1111 in Mainz, als Heinrich V. Adalbert zum Erzbischof investierte. Zu diesem Tag war auch Erzbischof Konrad von Salzburg geladen, der gleiche, der sich im Februar 1111 dem Papst zu Füßen geworfen hatte, um gegen die entehrende Behandlung des Papstes in der Peterskirche zu protestieren. Dieser Erzbischof Konrad sollte sich nun in Mainz für eine in Salzburg geschehene Gewalttat verantworten.

Der Erzbischof erschien nicht im Ornat, wie es sich bei einer Vorladung vor den Thron des Kaisers geziemte. Er trat in Reisekleidern, allerdings mit dem Bischofsstab in der Hand, vor den Kaiser und die Versammlung. Dann musterte er alle Anwesenden und erklärte dem Kaiser, er sehe keinen Menschen, von dem er Anklage oder Urteil über seine bischöfliche Amtsführung hinnehmen möchte. Zweifellos eine schwere Provokation, die der Kaiser ungeahndet geschehen ließ.

Als Heinrich V. nach dem Laterankonzil im März 1112, in dem sein Investiturprivileg als nichtig erklärt worden war, im September 1112 auf einer Synode Erzbischof Guidos von Vienne, des späteren Papstes Calixt, erneut verflucht und gebannt wurde, war dies ein weiterer Autoritätsverlust für den Kaiser.

Auch der neuernannte Erzbischof Adalbert von Mainz verließ Heinrich. Er konspirierte mit den immer zum Aufstand bereiten sächsischen Fürsten, so daß Heinrich V. seinen ehemaligen Günstling im November 1112 in Worms gefangen- und in Haft nahm.

Erzbischof Konrad von Salzburg, immer schon auf Abstand zu Heinrichs V. Politik, floh nach Italien zu Mathilde von Tuszien.

Immer wieder wurden in Schriften und auf Kirchenversammlungen Heinrich V. und sein überspitztes Investiturrecht, aber auch der Papst selbst angegriffen.

Was nutzte es, wenn einer der großen Polemiker gegen den Kaiser und das päpstliche Nachgeben, Bischof Bruno von Segni, dem Heiligen Vater schrieb: »Ich liebe Dich, wie ich meinen Vater und Herrn lieben muß, und ich wünsche, solange Du lebst, keinen anderen Papst zu haben.«[15]

In der Sache blieb Bischof Bruno von Segni hart. In vier Briefen, die weite Verbreitung fanden, verdammte er die Laieninvestitur und verlangte, zu den Beschlüssen von Guastalla zurückzukehren, die die Laieninvestitur schlicht als Häresie verdammt hatten. Grimmig schrieb Bruno von Segni: »Der Papst liebt weder mich noch meinen Rat; ich aber behaupte, was ich behauptet habe, und hoffe zu Gott, daß ich dabei bis ans Ende beharren werde.«[16]

Im Jahre 1112 ging die Einigkeit der deutschen Fürsten zu Bruch. Die süddeutschen Herzöge hielten sich noch zurück, aber die sächsische Aristokratie zog wider den Kaiser zu Felde wie eh und je. Burgenbau in Sachsen und in den Augen der Sachsen ungerechte Entscheidungen brachten das sächsische Blut in Wallung. Wenn man nach den Ursachen dieses Abfalls sucht, dann sieht man, daß jetzt die drei Erzbischöfe von Mainz, Köln und Salzburg und die Bischöfe von Würzburg, Worms, Speyer, Bamberg, Konstanz und Utrecht gegen den Kaiser standen. Er hatte verlernt, sich mit den Großen des Reiches zu solidarisieren. Damals, im Jahre 1106, als er die Niederlagen von Visé und Köln hatte hinnehmen müssen, hatte er den Fürsten geschrieben und sie mit in das Geschehen einbezogen:

»Welchem König wurde je solche Schmach angetan. Doch diese Schmach trifft mich nicht allein, auch Ihr seid verachtet worden. Jene Vermessenen wollen Eure Beschlüsse nicht anerkennen, nur ihre eigenen Satzungen sollen Geltung haben, kurz, sie wollen, daß der Schwerpunkt des Reiches bei ihnen liege. Den König, den Ihr eingesetzt habt, wollen sie absetzen, damit keiner Eurer Beschlüsse bestehenbleibe. Daher wurde dieses Unrecht mehr dem Reiche angetan als mir selbst: Denn der Sturz eines Hauptes, und sei es auch des höchsten, ist ein Schaden für das Reich, der wiedergutgemacht werden kann, die Mißachtung der Fürsten aber ist der Untergang.«[17]

Hätte Heinrich diese Worte befolgt, so wären die Fürsten ihm treu geblieben. Jeder deutsche König war auf einen dauernden Konsensus mit seinen Fürsten angewiesen. Denken wir an König Heinrich I., der bei seiner Königserhebung – als Erzbischof Heriger von Mainz ihm im Jahre 919 die Krone aufsetzen wollte – sagte: »Es genügt mir, vor meinen Ältesten (Mächtigen = Herzögen) das vorauszuhaben, daß ich König heiße und dazu ernannt bin, da es Gottes Gnade und Eure Huld so will.«[18]

Mit dieser geistigen Demut, die von politischer Klugheit geprägt war, hatte Heinrich I. das Reich geeint. König Heinrich V. hatte diese Geisteshaltung in seinem Brief vom März 1106 an seine Großen nur vorgetäuscht, nicht aber wirklich gelebt. Alles war bei diesem Mann berechnender Schachzug, Mittel zum Zweck. Menschlichkeit und Treue waren ihm wesensfremd. Und als er dann einmal einem Menschen vertraute, Erzbischof Adalbert von Mainz, wurde er verraten.

Zweimal gibt Ekkehard von Aura uns Auskunft über das Lebensgefühl seiner Zeit gegenüber Heinrich V. In seiner Chronik begrüßt er um 1006/07 den jungen König Heinrich V. mit den Worten: »Sich aus dem Staube erhebend wünscht Dir der ganze römische Erdkreis von Meer zu Meer, ja die ganze Welt vom Aufgang der Sonne bis zu ihrem Untergang unsagbares Glück.«

Die in ihn gesetzten Hoffnungen hat Heinrich V. nicht erfüllt. In seinem salisch-dynastischen Königsdenken übertraf er alle Salier vor ihm, sicher aber seinen Vater, Kaiser Heinrich IV.

So ist Ekkehard von Auras Schlußwort bekümmert, trifft aber ebenfalls den Nerv der Zeit: »Dieser (Heinrich V.) nahm, wie oben beschrieben wurde, zunächst unter dem Anschein der Frömmigkeit dem exkommunizierten Vater das Reich: Im festen Besitz der Würden änderte er sein Verhalten, nachdem er dem Apostolischen Stuhl zahlreiches Unrecht zugefügt hatte, blieb er stets hinter sich selbst zurück; auf die Gerechtsame des Reiches wandte er wenig Sorgfalt; er war von scharfem Verstand, tapfer und kühn, wenig glücklich im Kampf, versessen auf fremdes Gut. Wie man sagt, hatte er unendlich viel Geld zusammengetragen; doch da er ohne Kinder starb, wußte er – ach! ach! – nicht, für wen er es der Schrift gemäß angehäuft hatte.«[19]

Man fragt, warum sich die Abkehr der geistlichen Fürsten vom Kaiser so rasch vollzog.

Da war einmal die Inhaftierung des ehemaligen Erzkanzlers und jetzigen Erzbischofs Adalbert von Mainz zu einem Fanal der Allmachtsgefühle des Kaisers geworden. Auch war Adalbert, seitdem er die kaiserliche Partei verlassen hatte, zum Führer der gregorianischen Fürsten aufgestiegen. Diesem intelligenten und gefährlichen Mann war es sogar gelungen, seinen Frieden mit Kurie und Papst zu machen, obwohl er an Heinrichs V. Seite den Papst zu Ponte Mammolo und Rom gedemütigt und entmachtet hatte. Und nun arbeitete das Gehirn, das jahrelang für und mit dem Kaiser gedacht hatte, gegen ihn. Er war es, der schließlich eine weitverzweigte Verschwörung gegen den Kaiser anzettelte.

Die Klage des Kaisers über Adalbert ist groß. Der eiskalte Rechner scheint menschlich tief verletzt. Und es ist nicht ohne Ironie, wenn der treulose Kaiser seinen treulosen Kanzler und Erzbischof einen Verräter schilt.

»Die voraus ihm gegenüber gehegte innige und treue Freundschaft«, klagt der Kaiser, »unterwarf ihm nämlich das gesamte Reich, so daß unsere einzige und außerordentliche Würde ihm darüber hinaus bloß den Namen der königlich-kaiserlichen Herrschaft nicht zuließ. Denn das Ganze ordneten wir mit ihm, nicht ohne ihn; er war der Mitwisser der Geheimsachen des Reiches, bei keinem Ratschlag ohne Kunde, die ganze Hofhaltung, alle Kriegsmacht haben wir ihm unterworfen; nicht bloß zum Zweiten nach uns, sondern zum Halbscheid unseres Geistes haben wir ihn gemacht ... Gegen die göttlichen Festsetzungen der Unverletzlichkeit, gegen die gesetzlichen Rechte, gegen die apostolischen übergebenen und unter dem Anathem bestätigten Vorschriften redet er dem Burgunder von Vienne (Erzbischof Guido) zu einem Schisma zu, fällt in solcher Anstrengung beinahe die ganze Lombardei an. Seine Verrätereien, Meineide, Übeltaten im einzelnen aufzuführen, das ist zum Hören und für das menschliche Herz unanständig; aber das meiste ist offen und bekannt.«[20]

Erzbischof Adalbert hätte nicht so erfolgreich gegen den Kaiser konspirieren können, hätte nicht ein geistiger und politischer Wettersturz stattgefunden.

Das dem Papst abgepreßte Investiturprivileg des Jahres 1111 hatte dazu mit beigetragen. Vor allem hat es die geistlichen Herrn zum Nachdenken bewegt, welche politische und geistliche Übermacht der Kaiser an sich gerissen hatte. Die Kirche, und das konnte nicht im Interesse der hohen Prälaten sein, war ihm gänzlich ausgeliefert. Hätte Heinrich V. maßgehalten, hätte er auf die englische und französische Investiturregelung zurückgegriffen, also die Bischöfe mit den weltlichen Gütern belehnt, Weihe und bischöfliche Ordination aber in den Händen der Kirche gelassen, so wäre vielleicht das Abfallen des deutschen Episkopats verhindert worden.

Aber es war wohl in des Kaisers Person begründet, daß er sein Machtstreben nicht auf das rechte Maß zurückführen konnte.

Die Freiheit der Kirche war dahin, die Bischöfe waren wieder Beamte des Königs geworden. Eine Kettenreaktion der Abkehr setzte ein.

Noch einmal feierte Heinrich V. einen großen Tag, an dem er glauben konnte, nun allem zum Trotz das Reich geeinigt zu haben.

Zum 6. Januar 1114 hatte er einen offenen, die Fürsten bindenden Reichstag einberufen. In der Stadt, deren Bischof er eingekerkert hatte, wollte er Hochzeit halten mit der englischen Königstochter Mathilde.

Fünf Erzbischöfe, dreißig Bischöfe und fünf Herzöge waren erschienen. Die Menge der Äbte und Grafen war nicht zu zählen. Der salische Hof zeigte noch einmal seine Macht und Herrlichkeit.

Der Bischof Erlung von Würzburg überreichte dem kaiserlichen Paar ein Geschichtswerk, die Weltchronik des gelehrten Priors Frutolf von Michelsberg, die von Ekkehard, dem späteren Abt von Aura, weitergeführt worden war.

Ekkehard zeigte auch seine Verehrung für die kaiserliche Braut. Er rühmt »Mathildes adelige Sitten und Schönheit, ihr ausgezeichnetes Tun und Reden werden als der sichere Beweis für ihre hochedle Abstammung von Vater und Mutter her erkannt, so daß sie als Zierde und als Ruhm, wie des römischen Kaisertums wie des englischen Reiches, gelte. Mit hoffnungsvollem Blick in die Zukunft begrüßt Ekkehard in der Jungfrau die Mutter des kommenden Erben des kaiserlichen Thrones.«[21]

Aber der Mainzer Tag war nicht nur der Tag des Jubels, sondern auch der Demonstration härtester kaiserlicher Macht. Herzog Lothar von Sachsen, der sich gegen den Kaiser erhoben hatte, wohl unter Anstiftung Erzbischof Adalberts von Mainz, kam, bat um Gnade und unterwarf sich. Er kam barfuß, im Büßerkleid und warf sich dem Kaiser zu Füßen, und er wurde wieder in Gnaden aufgenommen. Anders erging es dem Grafen von Thüringen, Ludwig dem Springer. Er war in der sicheren Erwartung nach Mainz gekommen, wieder in der Gnade des Kaisers zu stehen. Er hatte sich getäuscht und wurde gefangen- und in Haft genommen.

Die Härte des Urteils, vor den Augen der großen Versammlung, vor den Augen derer, die das Reich darstellten, ließ die Vorbehalte gegen den Kaiser wachsen. Viele verließen erschreckt, aber auch voller Haß und Trauer den Reichstag. Dieses glänzende Fest, auf dem der Kaiser die Einheit des Reiches darstellen wollte, wurde zum Ausgangspunkt von Verschwörung und Aufstand.

Nicht nur in Sachsen hatten Fürsten und Bischöfe sich gegen den Kaiser verbunden. Zu diesen stießen die Erzbischöfe von Köln, Salzburg und Mainz. Die Bischöfe von Würzburg, Worms, Speyer, Straßburg, Konstanz und Utrecht, so wurde schon berichtet, waren mit im Bunde.

Der Kardinallegat Kuno, ein Deutscher und Gregorianer

strengster Observanz, verkündete im Jahre 1114 in Beauvais und im Jahre 1115 in Reims die Exkommunikation des Kaisers. Zu Ostern 1115 wiederholte er das Bannungsritual für Heinrich V. in der Kirche St. Gereon in Köln.

Die Schlacht am Welfesholz

Das Jahr 1115 brachte weitere Minderung der kaiserlichen Macht. In der Schlacht am Welfesholz wurde das kaiserliche Heer geschlagen. Heinrich V. hatte seine Streitmacht so angeordnet, daß der kaiserliche Feldherr Graf Hoier von Mansfeld das erste Treffen führte. Mit Heldenmut stürzte der sich in die Schlacht, in der er im Kampf Mann gegen Mann vom jungen Grafen Wiprecht den Todesstoß erhielt. Das zahlenmäßig überlegene Heer des Kaisers wurde von den Sachsen und ihren Verbündeten, unter der Führung Herzog Lothars von Supplinburg, geschlagen. Herzog Lothar hatte um sich geschart Bischof Reinhard von Halberstadt, Pfalzgraf Friedrich, Markgraf Rudolf, Graf Friedrich von Arnsberg und dessen Bruder Heinrich, Graf Hermann von Calverla und aus Lothringen Herzog Heinrich von Limburg.

Die Kaiserlichen erlitten hohe Verluste. Noch bis ins dreizehnte Jahrhundert hinein galt die Schlacht am Welfesholz als die berühmteste Schlacht der Zeit.

Ekkehard von Aura schildert das Ereignis so: »Während einige Tage lang beide Seiten einander bedrohten und schonten, griff ein Held namens Hoger (Graf Hoier von Mansfeld), der sich neben anderen kriegerischen Taten durch die Tötung des Pfalzgrafen Siegfried einen berühmten Namen am Hofe des Königs gemacht hatte, mit einer auserwählten Schar junger Leute, die wie er des Abwartens müde, die Sachsen, seine Landsleute, kühn an (11. Februar 1115 am Welfesholz). Er selber kämpfte mit Löwenkühnheit, seine brennende Ruhmsucht aber bezahlte er mit dem eigenen Tod. An dem Kampfe beteiligte sich auch Bischof Reinhard von Halberstadt, ja er war dem Vernehmen nach so etwas wie ein Anführer, denn er hatte unlängst vom Kaiser nicht geringes Unrecht erlitten, den Seinen verhieß er den großen Trost der Rechtfertigung, den Gefallenen auf der kaiserlichen Seite verwehrte er sogar das kirchliche Begräbnis. (Das beweist, daß das Schlachtfeld in der Hand der Sachsen war.) So kehrte der Herr Kaiser nicht wenig verbittert an den Rhein zurück, während der Entschluß der Sachsen zum Widerstand gegen ihn sich immer mehr verstärkte.«[22]

Aus Italien kamen Boten, die den Tod der Markgräfin Mathilde (am 24. Juli 1115) meldeten und den Kaiser aufforderten, das Erbe seiner Verwandten anzutreten.

Diesen wichtigen Schritt, der ihm das reichste italienische Fürstentum einbringen sollte, konnte er nur unternehmen, wenn es ihm gelang, einen gewissen Friedenszustand im Reich zu schaffen. Darum berief er einen allgemeinen Reichstag für den 1. November 1115 nach Mainz ein. Er sollte eine herbe Enttäuschung erleben.

Nur wenige Bischöfe fanden sich beim Kaiser ein, so daß der Reichstag nicht stattfinden konnte. Schlimmer als das war, daß sich die Mainzer Bürger spontan gegen den Kaiser erhoben. Aber nicht nur die Bürger probten den Aufstand, auch große Teile der Geistlichkeit nahmen daran teil. Geführt wurde die Rebellion vom Stadtgrafen von Mainz, Arnold von Los.

Der Druck dieses Geschehens war so groß, daß der Kaiser die Freilassung Erzbischof Adalberts binnen drei Tagen versprechen mußte. So kehrte Adalbert zurück auf den erzbischöflichen Stuhl von Mainz, bis auf die Knochen abgemagert, aber voll von loderndem Haß.

Zwar kam es zu einer zeitweiligen Versöhnung zwischen Kaiser und Erzbischof, die aber rasch zerbrach, da Adalbert zu keiner Zeit bereit war, diesen Frieden zu halten. Der Mann, der den Kaiser jahrelang von Erfolg zu Erfolg geführt hatte, arbeitete nun gegen ihn, eine Tatsache, die alles Folgende erklärt.

Nachdem der Reichstag zu Worms nicht zustande gekommen war, bat der Kaiser Abt Pontius von Cluny um Vermittlung beim Papst.

Kaiser Heinrich V., ein Mann ohne jegliche Prinzipien außer denen der eigenen Machterhaltung, scheute sich nicht, selbst an den Papst zu schreiben, so als habe nie ein Ärgernis zwischen ihnen gestanden:

»Wir haben in Erfahrung gebracht, verehrungswürdiger Vater, daß Du unseretwegen von schwerem Streit und sehr vielen Beschwerden angegriffen seiest.

Deswegen werden wir – Gott sei Zeuge! – aus Ehrfurcht vor Dir schwerer durch Deine als durch die eigenen Beschwerden geängstigt.«[23]

Abt Pontius von Cluny war ausersehen, alle Schwierigkeiten

mit dem Papst beizulegen. Als Mann von hoher Geburt, aus dem südfranzösischen Grafengeschlecht von Melgueil, verwandt mit dem Kaiser ebenso wie mit Erzbischof Guido von Vienne, der Heinrich V. mit dem Bann belegt hatte, von Papst Paschalis II. als Pate aus der Taufe gehoben, schien Abt Pontius alle Voraussetzungen für diese Vermittlerrolle mitzubringen.

Die Lateransynode des Jahres 1116

Das Verhalten von Papst Paschalis II. in den Jahren 1111 bis 1116 ist schwer zu beurteilen. Seit der Lateransynode im Frühjahr 1112 und der Synode von Vienne im September desselben Jahres, auf der Erzbischof Guido die erneute Bannung Heinrichs V. ausgesprochen hatte, wurde der Papst durch eine zunehmende feindliche Haltung seiner Kardinäle zur Verurteilung des Kaisers und seiner Taten gedrängt. Paschalis II. selbst, so schien es, wollte sich an seine Schwüre halten, Heinrich niemals zu bannen noch das ihm gegebene Privileg der absoluten Investitur zu widerrufen. Aber Mitglieder des hohen und mittleren Klerus, vor allem diejenigen, die nicht die Gefangenschaft mit ihm geteilt hatten, stellten sich gegen den Papst.

Im Oktober 1111 hatte er in einem Brief an Kaiser Heinrich V. noch gesagt:

»Was Du jedoch über die Bischöfe klagst, bedrängt heftig unser Herz. Denn seitdem wir mit Euch jenen Vertrag, den Ihr kennt, geschlossen, haben nicht nur die weiter Entfernten, sondern auch selbst die um uns sind den Nacken gegen uns erhoben, und sie zerfleischen in inneren Kriegen unsere Eingeweide und übergießen unser Antlitz mit Schamröte.«[24]

All die Jahre über hatte der Papst sich niemals persönlich feindselig über Heinrich V. geäußert, obwohl seine Legaten und Erzbischöfe den Kaiser verdammten.

So konnte sich Heinrich V. noch immer der Vorstellung hingeben, der Papst sei ihm nicht feindlich gesinnt, durfte hoffen, daß sein Vermittler, Abt Pontius von Cluny, erfolgreich sein werde.

Jetzt aber hatte Paschalis II. zum 6. März für den Montag der dritten Fastenwoche in der Laterankirche ein Konzil einberufen, das ihn in eine andere Richtung zwang. Am ersten Tag kamen innerkirchliche Streitigkeiten zur Sprache. Es schien, als wollten der Papst und das Konzil die brennendste Frage, um die es ging, vor sich herschieben. Ekkehard von Aura, der zweifellos die Konzilsakten studiert hat, berichtet:

»Da erhob sich einer der Bischöfe aus der Versammlung und begann folgendermaßen: Der Vater Papst möge daran denken, zu welchem Zweck diese heilige Versammlung dieses gegenwärtigen und allgemeinen Konzils hier zusammengekommen sei, damit man deutlicher erkenne, welche Meinung der Papst habe und was man nach der Rückkehr in den Kirchen verkündigen solle. Darauf erläuterte der Papst den Gegenstand des Konzils und seine Absicht in folgenden Worten: ›Nachdem der Herr mit seinem Knecht getan hatte, was er tun wollte, und mich und das römische Volk den Händen des Königs überliefert hatte, sah ich täglich überall Raub und Brand, Mord und Vergewaltigung. Diese und ähnliche Übel wollte ich von der Kirche und dem Volke Gottes abwenden; und was ich getan habe, ich habe es als Mensch getan, weil ich aus Staub und Asche bin. Ich bekenne, schlecht gehandelt zu haben, aber ich bitte euch alle, für mich zu Gott zu beten, daß er mir verzeihe. Jenes schlimme Schriftstück aber, das im Lager verfaßt wurde und wegen seiner Verkehrtheit Pravileg genannt wird, verdamme ich und belege ich mit ewigem Bann, damit es bei niemandem in gutem Angedenken sei, und ich bitte euch alle, das gleiche zu tun.‹ Da riefen alle: ›So geschehe es, so geschehe es.‹«[25]

Auf den Häresie-Vorwurf, der von Bischof Bruno von Segni dem Papst gemacht wurde, antwortete dieser mit hohem Pathos: »Meine Brüder und Herren, hört! Diese Kirche hat sich niemals eine Häresie zu eigen gemacht, im Gegenteil, alle Irrlehren sind hier zerschmettert worden … Für diese Kirche betete der Gottessohn in seinem Leiden, als er sprach: ›Ich habe für dich gebetet, Petrus, daß dein Glaube nicht wanke.‹«[26]

Aber die Gregorianer begnügten sich immer noch nicht. Sie wollten den Papst zu einer Verdammung Kaiser Heinrichs zwingen. Kardinal Kuno von Palestrina, der als Legat des Papstes Heinrich mehrfach verflucht hatte, sagte listig: »Herr Vater, wenn es deiner Hoheit gefällt, wenn ich in Wahrheit dein Legat gewesen bin und dir das, was ich getan habe, als richtig erscheint, so verkünde es mit deinem Munde vor den Ohren dieses heiligen Konzils hier und bestätige meine Legatentätigkeit durch Deine Autorität, damit alle wissen, daß du mich gesandt hast.«

Darauf antwortete der Papst: »Du bist wahrhaftig als unser ›Legat ex latere‹ (das ist ein mit umfassenden Vollmachten ausgestatteter Legat, der als unmittelbarer Stellvertreter des Papstes auftritt und dessen Rechtshandlungen sofortige Wirkung haben, allerdings zur dauernden Gültigkeit der päpstlichen Bestätigung bedürfen, wie sie hier von Kuno gefordert wird) geschickt worden; und was du und unsere übrigen Brüder, die Kardinalbischöfe, als Gesandte Gottes und der Apostel Petrus und Paulus mit der Vollmacht dieses Stuhles und der unseren getan, gebilligt und bestätigt haben, verdamme auch ich.«[27]

Kuno von Palestrina schilderte nochmals, wie er als Legat des Papstes den Bann über Heinrich ausgesprochen habe. Am 6. Dezember 1114 in Beauvais, am 28. März 1115 in Reims, am 19. April in Köln und am 12. Juli in Châlons. Dann wies er darauf hin, daß der Papst seine Legatur bestätigt habe. Damit sei die Bannung Heinrichs V. rechtlich. Er forderte vom Konzil, von den Bischöfen und Kardinälen, sie möchten einstimmig dem Bannspruch zustimmen. Und so geschah es; die Gregorianer triumphierten über den Papst und den Kaiser zugleich.

Papst Paschalis II.

Über dem Bildnis Paschalis' II. liegen die Schatten der Tragik. Wenn auch sein Pontifikat mit der Eroberung Jerusalems und dem frühen Tod des Gegenpapstes Wibert von Ravenna glänzend begann, so ist der Ausgang seiner Papstherrschaft nicht ohne Melancholie. Tapfer hatte er die Reformideen verteidigt. Im Jahre 1102 erneuerte er das Investiturverbot und den Bann über Kaiser Heinrich IV. Im Jahre 1105 begünstigte er den Aufstand Heinrichs V. gegen seinen Vater und löste ihn von dem Treueid, den dieser seinem Vater geleistet hatte. Als König Heinrich V. wie sein Vater auf vollem Investiturrecht beharrte, erneuerte Papst Paschalis das Investiturverbot auf den Synoden von Guastalla (1106), Troyes (1107), Benevent (1108) und auf dem Lateran (1110).

Als Heinrich V. mit einem bedrohlichen Heer zum Romzug antrat, rang sich der Mönch auf dem Papstthron zur wirklichen, konsequenten Lösung des Investiturproblems durch. Im Konkordat von Sutri leistete der Papst einen Verzicht für die deutsche Kirche auf die vom Reich stammenden Güter und Regalien. Im Gegenzug verzichtete König Heinrich V. auf die nun unnötig gewordene Investitur.

Dann hatte er nach zweimonatiger Gefangenschaft und Bedrohung, im Schmerz über die Leiden der Kardinäle und der gefangenen römischen Bürger, dem absoluten Investituranspruch Heinrichs V. zugestimmt und geschworen, dieses Privileg niemals aufzuheben und Heinrich niemals zu bannen. Im Grunde hatte er seine Eide auf der Lateransynode 1112 schon brechen müssen, als er in seinem Glaubensbekenntnis die Investiturverbote seiner Vorgänger, Papst Gregors VII. und Urbans II., wiederholte.

Im März 1116 saß ihm auf der Lateransynode ein Großteil derjenigen gegenüber, die gegen die wirkliche Lösung des Investiturstreits, den Weg der konsequenten Armut, rebelliert hatten, und sie zwangen ihn, die fünf Bannungen Heinrichs V. durch den Kardinallegaten Kuno ausdrücklich zu bestätigen.

Die zweite Romfahrt Kaiser Heinrichs V.

Heinrich V. zog am 2. Januar 1116 von Speyer nach Augsburg. Um diese Zeit war auch Abt Pontius von Cluny aufgebrochen, die Sache des Kaisers beim Papst zu vertreten, so daß Heinrich Hoffnung haben durfte, in Rom Entgegenkommen zu finden. Von Augsburg zog Heinrich über den Brenner nach Italien. Diesmal ohne dräuende Heeresmacht, aber mit einem stattlichen Gefolge. Mit ihm waren Kaiserin Mathilde, fünf Bischöfe, zwei Äbte und Prior Arnold von Aachen. An weltlichen Herren waren Herzog Heinrich von Kärnten und Graf Heinrich, der Bruder des Baiernherzogs Welf, vertreten. Aber es fehlten die sechs deutschen Erzbischöfe und die großen Herren aus Sachsen und Lothringen.

Herzog Friedrich II. von Schwaben und dem Pfalzgrafen bei Rhein, Gottfried, hatte Heinrich die Stellvertretung im Reich anvertraut.

War auch der offizielle Grund für den Zug über die Alpen der Erbschaftsantritt der mathildischen Güter, deren Macht und Besitz erst in der Toskana endeten, so meinen manche Chronisten, Heinrich V. sei auch wegen der unruhigen politischen Verhältnisse, der Aufstände und der Schwierigkeiten mit den Fürsten nach Italien ausgewichen. Vielleicht in der Hoffnung, hier durch außenpolitische Erfolge und Machtgewinn bei seiner Rückkehr in die Heimat bestimmter und entschlossener auftreten zu können.

Bischof Otto von Freising schildert in seiner »Gesta Federici I.

Rudolf von Rheinfelden, Gegenkönig Heinrichs IV. von 1077 bis 1080 (6)

Heinrich V., Sohn und Nachfolger Heinrichs IV. auf dem Kaiserthron (7)

c. 12« den Zustand des Reiches in dieser Zeit: »Der Zerfall war damals so schlimm, daß es außer dem Herzog Friedrich und seinem Bruder (Konrad, dem späteren König) sowie dem Pfalzgrafen bei Rhein, Gottfried, kaum Fürsten gab, die sich nicht gegen den Kaiser empörten.«

Das ist zwar sehr einseitig gesehen, um die schwäbisch-staufischen Herzöge herauszustellen, die damals das Reich zusammenhielten. Tatsache war aber, daß Heinrich V. ohne Einfluß in Sachsen war, vor allem hatte er durch die Aufstände der großen Reichsstädte und Erzbischofssitze Mainz und Köln, ehemals alte salische Machtzentren, an Einfluß verloren.

Dagegen erfüllten sich die Hoffnungen des Kaisers in Oberitalien. Die Vasallen der verstorbenen Markgräfin Mathilde begrüßten ihn als ihren Herrn. Die oberitalienischen Städte zog der Kaiser durch Vergabe von Privilegien an sich.

Während sich auf dem Laterankonzil in Rom die heilige Versammlung der Bannung Heinrichs V. durch Kuno von Palestrina anschloß, weilte Heinrich in Venedig.

Heinrichs Stellung in Italien in dieser Zeit zeigt ein Gedicht, das der Chronist Markgräfin Mathildes, Donizo, im Anschluß an seinen Nachruf hinzufügte.

Er sagte, nachdem er den Tod Mathildes beklagt hatte, tröstend, »daß die Burg von Canossa durch den Tod ihrer Herrin nicht verwaist sei: eine neue Mathilde – in der jungen Kaiserin – ist ihr jetzt gegeben, und der Kaiser, dessen Feinde ihm fernbleiben mögen, wird den früheren Sitz des erloschenen edlen Geschlechts ehren und schmücken«.[28]

Der Kaiser verbrachte das ganze Jahr in Italien, ohne nach Rom vorzurücken. Kaiserliche Gesandtschaften an den Papst sind bezeugt, aber von Ergebnissen erfahren wir nichts.

Heinrich V. berichtet nach Regensburg Bischof Hartwig, daß sich die italienischen Bischöfe Landulf von Asti, Azo von Acqui und Guido von Piacenza aus eigenem Willen nach Rom begeben hätten. Der Kaiser schreibt sogar: »Sie haben jedoch die Eintracht des Friedens zwischen uns und dem Papste, mit Beseitigung allen Zweifels, zurückgebracht.«[29]

Fast scheint es so, daß dies der Niederschlag kaiserlichen Wunschdenkens ist, denn in der politischen Wirklichkeit der Zeit findet sich kein realer Anlaß zu solchen Auffassungen.

Vielmehr hatte Anfang Januar 1117 Erzbischof Jordanus von

Mailand eine Kirchenversammlung einberufen, um wiederum den Bannstrahl gegen Kaiser Heinrich V. zu schleudern.[30]

Daß davon Papst Paschalis II. nichts gewußt haben solle, ist wenig wahrscheinlich.

Heinrich V. trat jetzt den Marsch nach Rom an. Er berichtet selbst über seinen Einzug:

»Wir aber, indem wir den Rat unserer Fürsten befolgten, sind, um alle Zweideutigkeiten abzuschneiden und den sehr schweren Zwiespalt, der zwischen den Römern und dem Papste besteht, zu beschwichtigen, in Rom unter prächtigen Freudenbezeigungen von Geistlichkeit und Volk eingezogen, haben die Schwellen der Apostel besucht, und weil wir den apostolischen Herrn, der aus Schrecken vor dem römischen Volk sich entfernt hatte, nicht gefunden haben, haben wir uns dem Urteil jener ganzen Kirche dargeboten. Und, Gott sei gedankt, es ist keiner gefunden worden, der geheim oder öffentlich uns das Brandmal des Verbrechens aufdrücken wollte; sondern die Stimme des Lobes und der Fröhlichkeit wurde gehört, die uns und unsere kaiserliche Herrschaft Gott und den seligen Aposteln Petrus und Paulus anempfiehlt.«[31]

Ein Aufstand der immer rebellischen Römer hatte den Papst aus den Mauern der Ewigen Stadt gefegt. Über die Nachfolge des verstorbenen Stadtpräfekten Petrus war es zu Rebellion und Aufruhr gekommen. Der flüchtende Papst nahm Aufenthalt in Sezze und Piperno am Fuß der Volskerberge.

Am Pfingstfest 1117, am 13. Mai, wurde in Rom Mathilde zur Kaiserin gekrönt. Da der Papst nicht verfügbar war und die römische Geistlichkeit sich weigerte, gewann Heinrich V. den in Rom anwesenden portugiesischen Erzbischof Mauritius von Braga für die Krönung. Über diesen verhängte daraufhin Papst Paschalis II. die Exkommunikation.

Man sieht, Papst Paschalis hatte den Kampf gegen den Kaiser durchaus noch nicht aufgegeben. Am 24. April 1117 schrieb er aus Benevent an den Kölner Erzbischof Friedrich, daß er an der Exkommunikation des Kaisers, die Friedrich verhängt hatte, festhalte und sie als Papst durchaus anerkenne. Der Papst wechselte wegen der Sommerhitze von Benevent nach Agnani und von dort nach Palestrina, wo er im Dezember und vor allem an den Weihnachtstagen 1117 bezeugt ist. Die Anwesenheit des Papstes in Palestrina, dem Bischofssitz seines Legaten Kuno, der ihn auf der Lateransynode so schwer bedrängt hatte, läßt den Schluß zu, daß das

Verhältnis des Papstes zu seinem Legaten sich wieder normalisiert hatte.

Auch gelang dem Papst noch einmal die Rückkehr nach Rom und der Einzug in die Engelsburg. Dann war seine Kraft aufgebraucht, erschöpft von einem achtzehnjährigen Pontifikat, vom Kampf gegen Heinrich IV. und dessen Sohn Heinrich V., aber auch, nach dem von Heinrich V. erpreßten Investiturprivileg des Jahres 1111, vom Kampf mit dem eigenen Klerus und dem Adel Roms.

Paschalis II. starb am 21. Januar 1118, konnte aber nicht im Petersdom beigesetzt werden, da dieser in der Hand seiner römischen Feinde war. So fand er die letzte Ruhe in der St.-Salvator-Kirche auf dem Lateran.

Am 24. Januar 1118 versammelten sich die Kardinäle und einigten sich auf den Kanzler des Papstes Paschalis II., Johannes von Gaeta, der auch die dunklen Tage von Sutri und Ponte Mammolo im Jahre 1111 mit ihm geteilt hatte und der sich auf der Lateransynode von 1116 tapfer an seine Seite gestellt hatte. Er nahm den Namen Gelasius II. an. Als Papst Gelasius II. verkündete, daß er sich niemals von der gregorianischen Kirchenpolitik trennen würde, ließ Heinrich V. Erzbischof Mauritius von Braga auf den päpstlichen Stuhl erheben. Dieser wählte den Papstnamen Gregor VIII., gelangte aber nie zu Bedeutung. Auch der Kaiser, der ihn erhoben hatte, ließ ihn bald fallen.

Am 1. März 1118 stand Kaiser Heinrich V. vor Rom. Gelasius floh vor ihm übers Meer in seine Heimatstadt Gaeta. Sein Pontifikat blieb Episode. Er versuchte noch eine Synode in Südfrankreich einzuberufen, starb aber am 29. Januar in Cluny. Dort fand er auch sein Grab.

Der neue Papst Calixtus II.

Am 2. Februar 1119 wurde Guido, der Erzbischof von Vienne, als Calixtus II. zum Papst erhoben. Seine Wähler waren die Bischöfe und Kardinäle, die mit dem verstorbenen Papst Gelasius II. nach Südfrankreich geflohen waren. Zu ihnen war der energische Kuno von Palestrina, der Legat Paschalis' II., gestoßen. Ob die Wahl den kanonischen Vorschriften entsprach, darüber mögen Zweifel bestanden haben. Aber die Persönlichkeit des neuen Papstes wuchs über diese Zweifel hinaus.

Das drückt sich auch in einer Nachricht aus, die bald aus Rom eintraf. Vorsorglich hatte man eine Benachrichtigung von Wahl und Weihe dorthin, zu Händen Bischof Petrus' von Porto, den Gelasius II. als seinen Stellvertreter bezeichnet hatte, entsandt. Bischof Petrus hatte eine Versammlung der römischen Geistlichkeit, aber auch von Abordnungen des römischen Volkes in der Kirche des heiligen Johannes auf der Tiberinsel einberufen, die zu folgender Erklärung kam: »Wir zweifeln nicht, daß nach dem Tode des Papstes Gelasius an Euch – an die Bischöfe und Kardinäle und Geistlichen und Laien, die mit dem Herrn Gelasius gewesen sind, richtet sich die Kundgebung – die Notwendigkeit vorlag, so daß es für Euch unvermeidlich war, sowohl für Euer Heil Vorsorge zu treffen als über den Stand der Kirche und die Wahl eines Papstes zu verhandeln, und deswegen, weil Ihr im höchsten Drang der Umstände, wie wir selbst wissen, gehandelt habt, halten wir das auch für gültig und feststehend und tragen unseren Brüdern, die anderswo sind, auf, eben hierin mit uns zu stimmen.«[32]

Auch der hohe französische Klerus stimmte der Wahl zu. Die Zustimmung der deutschen Kirchenfürsten zeigt sich daran, daß sowohl Erzbischof Friedrich von Köln, Erzbischof Adalbert von Mainz, Erzbischof Adelgoto von Magdeburg wie auch Erzbischof Bruno von Trier zu der großen Synode am 18. Oktober 1119 nach Reims eingeladen waren.

Wichtig war, daß dieser Papst Calixtus aus fränkisch-burgundischem Hochadel vielen europäischen Herrscherhäusern durch Verwandtschaft verbunden war, namentlich auch dem salischen Hause.

Im zehnten Jahrhundert trug ein Ahnherr des Papstes zwölf Jahre lang die Königskrone von Italien, Berengar II., der sie dann an Kaiser Otto I. verlor. Kaiserin Agnes, Heinrichs V. Großmutter, war die Tochter von Graf Otto Wilhelms Tochter Agnes, also dessen Enkelin. Dieser Graf Otto Wilhelm war aber auch der Urgroßvater Calixtus' II. Calixtus selbst war der Onkel der Adela, der Gattin des regierenden französischen Königs Ludwig VI. Außerdem hatte dieser Papst verwandtschaftliche Beziehungen zum Herzoghaus der Normandie und zum englischen Königshaus.

Die verwandtschaftlichen Linien führen zum König von Kastilien ebenso wie zu den Grafen von Savoyen, den Markgrafen von Montferrat und zu den Grafen von Flandern.

Ein Mann aus der Mitte des abendländischen Hochadels und kein weltfremder Mönch saß nunmehr auf dem Stuhle Petri zu Rom. Das mußte Auswirkungen auf die päpstliche Politik haben.

Die Rückkehr Kaiser Heinrichs V. nach Deutschland

Als Kaiser Heinrich V. Ende August, Anfang September 1118 nach Deutschland zog, demonstrierte er deutlich die Absicht, nach Italien zurückzukehren. Denn er ließ seine Gattin, Kaiserin Mathilde, als Statthalterin zurück.

Auf seinem Ritt in die Heimat hätte er erkennen müssen, daß er sich in der gleichen politischen Situation befand wie einstmals sein von ihm verratener Vater, Kaiser Heinrich IV.

Wie sein Vater war er mehrfach von der Kirche mit der Bestätigung des Papstes gebannt. Wie bei seinem Vater standen große Teile des Reichs gegen ihn im Aufstand. Die Erzbischöfe von Köln, Magdeburg und Salzburg unter der Führung seines ehemaligen Kanzlers, des jetzigen Erzbischofs von Mainz, waren von ihm abgefallen und in Gegnerschaft: So mußte seine Bilanz aussehen.

Stellte er sich die Gegenfrage, welche Kräfte ihn damals – als er im Jahre 1105 den Vater verraten hatte – emporgetragen hatten, so lautete die Antwort, daß – neben der eigenen Skrupellosigkeit – Papst und Kirche zu ihm gestanden hatten, denn er hatte sich als Vorkämpfer der Kirchenreform ausgegeben. Damals hatte er die kämpferischen, immer zur Rebellion gegen deutsche Königsmacht bereiten Sachsen auf seiner Seite.

Jetzt hatte er feste Positionen nur noch in Baiern, im staufischen Schwaben der Brüder Friedrich und Konrad, vielleicht noch in Kärnten, aber Kärnten war weit. Der schmerzlichste Verlust muß für ihn die Abkehr der großen Rheinstädte Köln und Mainz gewesen sein, früher feste Stützpunkte salischer Macht. Im übrigen läutete rund einhundertdreißig Jahre später der Verlust der rheinischen Positionen den Untergang des Stauferreiches ein.

Papst und Kirche hatte er sich durch die brutale Erpressung seines Investiturprivilegs im Jahre 1111 zu Feinden gemacht. Ebenso die hohen Reichsprälaten, die sehr wohl erkannt hatten, daß die unbeschränkte Investitur durch den König ihre eigene Macht beschränkte. Sie waren bereits auf dem Weg zu eigenem territorialem Fürstentum.

Auch die weltlichen Fürsten, die in Heinrich V. einmal einen Hoffnungsträger für eine konziliantere Ausübung der Königsmacht gesehen hatten, fühlten sich getäuscht. Ihrem Ziel des erblichen Territorialstaates waren sie nicht näher gekommen.

Der päpstliche Legat, der unerbittliche Bischof Kuno von Palestrina, hatte am 19. Mai 1118 in Köln, unter maßgeblicher Beteiligung des Mainzer Erzbischofs Adalbert, eine Kirchenversammlung einberufen und in Anwesenheit zahlreicher Bischöfe, namentlich der sächsischen, erneut den Bann über den Kaiser ausgesprochen. Einbezogen in die Exkommunikation waren Herzog Friedrich von Schwaben, sein Bruder Konrad und der Pfalzgraf bei Rhein, Gottfried. Die Bischöfe, die der Einladung des Legaten nach Köln nicht gefolgt waren, waren von ihrem Amt suspendiert worden.

Nach der Kölner Synode hatte der rührige Legat Kuno eine weitere Synode für den 28. Juli 1118 in Fritzlar einberufen. Ekkehard von Aura berichtet hier Entscheidendes: »Aus dem gleichen Grund sagte er (der Legat) eine zweite Synode in Fritzlar an, sie wurde auch gehalten und wie früher die Exkommunikation über den Kaiser verhängt. Als der Kaiser das vernahm und auch, daß ein Fürstenbeschluß vorsähe, wenig später einen allgemeinen Hoftag in Würzburg abzuhalten, auf dem er im Falle der Anwesenheit einem Verhör unterzogen, im Falle der Abwesenheit aber der Königsherrschaft entsetzt werden sollte, da ergrimmte er von ganzem Herzen, ließ seine Truppen mit der Königin in Italien zurück und zeigte sich völlig unerwartet in Deutschland.«[33]

Das Unerhörte war geschehen. Die Fürsten empfanden sich zwar noch nicht als eine verfassungsrechtlich verankerte Gemeinschaft, aber sie wagten es, den König zur Rechenschaft vorzuladen, ihn zu verhören und nach ihrem Urteil oder bei Nichterscheinen abzusetzen.

Dachte Heinrich V. an die Weihnachtstage des Jahres 1105, als er mit Hinterlist seinen Vater, Kaiser Heinrich IV., gefangengesetzt und durch Fürstenspruch, der nur von des Vaters Gegnern gefällt worden war, abgesetzt hatte?

Klangen ihm seine eigenen Worte im Ohr, als er den Fürsten nach der Niederlage von Visé schrieb, sie gleichsam in ihrer Gesamtheit einer Reichsinstitution gleichsetzend:

»Daher ist dieses mir zugefügte Unrecht eher ein solches für das Reich als für mich. Denn die Verdrängung eines einzigen Hauptes, auch wenn es das höchste ist, erscheint als ein herstellbarer Schaden für das Reich, aber die Vernichtung der Fürsten ist der Untergang des Reiches!«[34]

Mit diesen Worten hatte Heinrich V. aus dem Opportunismus der Tage um den Jahreswechsel 1105/06 die Fürsten zu einer Oberinstanz über das Königtum gesetzt. Was damals leere Worte waren, setzten nun die Fürsten in die politische Wirklichkeit um.

Es muß als ein Erfolg der kaiserlichen Politik angesehen werden, daß der ihn inkriminierende Reichstag zu Würzburg nicht stattfand. Ohne die einzelnen Tätigkeiten Heinrichs V. in Diplomatie und Kriegsführung darzulegen, legen wir als Kürzel für sein Verhalten in diesen Tagen das zugrunde, was Abt Anselm von Gembloux niederschrieb: »Nach dem Worte: Wer von vielen gefürchtet wird, der soll viele fürchten« lädt er die gegen ihn verschworenen Fürsten bald durch Drohungen, bald durch Schmeicheleien, bald durch Gewalt, bald durch Gewährung zum Frieden ein.[35]

Die Lage des Kaisers hatte sich durch sein Erscheinen in Deutschland verbessert, aber auch ihm muß klargeworden sein, daß er ein Herrscher über ein gespaltenes Reich war.

Auch bei den Fürsten war die Friedensbereitschaft gestiegen. Auf einer Reichsversammlung im Sommer 1119 bei Mainz forderten sie energisch den Ausgleich zwischen Papst und Kaiser, zwischen Kirche und Reich.

»Während dieser Zeit wurden alle Länder durch das Unglück ständiger Verwüstungen in einem Maße beunruhigt, daß nicht einmal die Eide eingehalten wurden, die man für die Beobachtung des Gottesfriedens abgelegt hatte. Daher stimmte Heinrich, gedrängt durch die Botschaften der Bischöfe des ganzen Reiches und der Fürsten, zu, einen allgemeinen Hoftag zu Tribur abzuhalten, und er gelobte, auf ihm für alles, was man ihm vorwarf, gemäß Fürstenbeschluß Genugtuung zu leisten. Als der Hoftag irgendwo am Rhein stattfand (24. Juni 1119 in der Nähe von Mainz), verfügte der Herr Kaiser in Übereinstimmung mit dem Rat sowohl seiner Gegner wie seiner Freunde, daß jedem im ganzen Reich, der seiner Habe beraubt sei, sein Eigentum zurückerstattet werde, er selbst nahm inzwischen die Rechte der alten Könige in seine Verfügungsgewalt zurück, ebenso stimmten alle zu, daß in allen Ländern von allen Frieden gehalten werden sollte, aber die Wirklichkeit erweist, daß das wenig nutzte«, bemerkt Ekkehard von Aura resignierend.[36]

Eines der wichtigsten unterschwelligen Ereignisse des Jahres 1119 war, daß sich der gelehrte Bischof Wilhelm von Champeaux, Anselm von Laon, der Mitbegründer der Scholastik, und Abt Pontius von Cluny beim Kaiser in Straßburg einstellten. Zwar nicht als offizielle päpstliche Delegation, sicher aber mit Wissen des Papstes. Dem klugen Bischof gelang es, dem Kaiser darzustellen, daß dieser, wenn er Frieden mit der Kirche haben wolle, auf die Investitur der Bischöfe und Äbte verzichten müsse. Er erklärte dem Kaiser, daß er, der doch ein erwählter französischer Bischof sei, weder vor noch nach der Weihe etwas aus der Hand seines Königs empfangen habe. Dennoch leiste er alle Abgaben, Kriegs- und Friedensdienste ebenso treu wie die Bischöfe im deutschen Reich, deren Investitur durch den Kaiser den Zwiespalt mit der Kirche begründet habe. Darauf soll Heinrich gesagt haben: »Wohlan! So geschehe es! Mehr erstrebe ich nicht.«

Mit dieser Zusicherung eilten Bischof Wilhelm und Abt Pontius nach Paris, wo der Papst weilte. Dieser beriet sich mit den ihn begleitenden Bischöfen und Kardinälen. Man kam zu dem Schluß, den beiden Unterhändlern Wilhelm und Pontius noch Kardinalbischof Lambert von Ostia und Kardinaldiakon Gregor von St. Angelo mitzugeben.

Zwischen Verdun und Metz traf sich diese Delegation um den 18. Oktober 1119 mit dem Kaiser und seinen Ratgebern. Als Ergebnis wurden zwei Versprechungen niedergelegt. Die des Kaisers lautete:

»Ich, Heinrich, von Gottes Gnaden Imperator Augustus der Römer, verzichte aus Liebe zu Gott und zum heiligen Petrus und zum Herrn Papste Calixtus auf jede Investitur in allen Kirchen, und ich gebe wirklichen Frieden all denen, die seit Beginn dieses Streites für die Kirche gekämpft haben oder kämpfen. Ich gebe die Besitzungen der Kirche und der Menschen, die im Dienste der Kirche stehen, zurück, soweit ich sie in Besitz genommen habe, soweit aber nicht ich sie habe, werde ich ihnen zur Rückerlangung verhelfen. Sollten sich daraus Streitfragen ergeben, dann sollten kirchliche Fragen von einem kirchlichen, weltliche von einem weltlichen Gericht entschieden werden.«[37]

Die schriftliche Versicherung, die die päpstliche Delegation im Namen Calixtus' II. abgab, lautete:

»Ich, Calixtus, von Gottes Gnaden katholischer Bischof der römischen Kirche, gebe wahren Frieden Heinrich, dem Imperator

Augustus der Römer, und allen Menschen, die um seinetwillen wider die Kirche gewesen waren oder sind. Ihre Besitzungen, die sie im Laufe des Kampfes verloren haben, gebe ich ihnen zurück, soweit ich sie habe, soweit aber nicht ich sie habe, werde ich ihnen zur Rückerlangung verhelfen. Sollten sich daraus Streitfragen ergeben, dann sollen kirchliche Fragen vor einem kirchlichen, weltliche Fragen vor einem weltlichen Gericht entschieden werden.«[38]

Der Kampf zwischen Kaiser und Papst, zwischen Kirche und Reich schien beendet!

Die päpstlichen Gesandten eilten nach Reims, wo der Papst am 18. Oktober das einberufene Konzil eröffnet hatte. Mit Genugtuung konnte er auf eine Versammlung von dreizehn Erzbischöfen und dreiundsechzig Bischöfen aus Frankreich, Italien, Spanien, England, Burgund und aus Deutschland schauen. Selbst König Ludwig VI. von Frankreich war erschienen, dem Papst Reverenz zu erweisen.

Der Papst bat in seiner Eröffnungsrede die Versammlung, das Ergebnis der Verhandlungen seiner Delegation mit dem deutschen König und Kaiser über die Frage der Investitur zu vernehmen und ihn zu beraten. Zunächst aber wurde die Frage aufgeschoben.

Am 22. Oktober unterbrach der Papst das Konzil, das kirchliche Fragen, aber auch Probleme fürstlicher Ehevergehen behandelt hatte, und zog Heinrich V. nach Mouzon an der Maas entgegen.

Bei nochmaliger Beratung der Vertragstexte kamen die Prälaten des Papstes zu der Ansicht, daß die Vertragstexte genauer definiert werden müßten. Seit dem Jahre 1111 war das Mißtrauen der Kurie gegen Heinrich V. gewachsen, waren Mauern errichtet, die unüberwindlich schienen.

So bearbeiteten die päpstlichen Prälaten die Texte in ihrem Sinne. Dann legten sie diese dem Kaiser vor. Der, von gleichem Mißtrauen beseelt, weigerte sich, die überarbeiteten Verträge anzuerkennen. Vor allem, so seine Schutzbehauptung, könne er auf solche Bedingungen nicht eingehen, ohne einen Reichstag zu diesen Fragen einberufen zu haben.

Der Papst und die Seinen eilten zurück nach Reims zum Konzil. Dort wurden alte, schon oftmals gefaßte Beschlüsse neu verabschiedet, das Verbot der Simonie, der Laieninvestitur und das die Kirche noch heute bewegende Gesetz der Ehelosigkeit der Priester.

Am 30. Oktober, dem letzten Tag des Konzils, wurden an die

vierhundertsiebenundzwanzig Teilnehmer ebenso viele Kerzen gegeben, angezündet und die Namen derjenigen verkündet, die dem Anathem verfallen waren, allen voran Kaiser Heinrich V. und der Eindringling auf dem römischen Stuhl, Mauritius, genannt Burdinus. Sie wurden förmlich aus der Kirche ausgeschlossen, dann löste der Papst alle Eide, bis zu dem Tage, daß diese Reue zeigten und der Kirche Genugtuung gäben. So war die Türe nicht ganz zugeschlagen, ein winziger Spalt war offen, ein Hoffnungslicht.

Friedenswille war auf beiden Seiten sichtbar geworden. Heinrich V. war bis an die äußerste Grenze seines Reiches dem Papst entgegengegangen, dieser hatte ein hochheiliges Konzil unterbrochen, um mit dem Kaiser zu verhandeln, und auch er war dem Kaiser bis nach Mouzon entgegengegangen.

Beide hatten aber den Schattenkreis von Verfluchungen, Bannungen und menschlichen Herabsetzungen nicht durchbrechen können. Dennoch, ein Weg war aufgezeigt, wie eine Aussöhnung aussehen könnte.

Am 30. Juni 1120 zog Calixtus II., der in der Ferne gewählte Papst, triumphal in Rom ein. Daß Heinrich mehr und mehr seine Hand von dem Gegenpapst Gregor VIII. (Mauritius) abzog, wurde in Rom registriert.

Wenn Heinrich V. auch innenpolitische Erfolge hatte, so blieb sein ehemaliger Kanzler, der jetzige Erzbischof Adalbert von Mainz, unversöhnlich. Dafür ein kleines, aber bezeichnendes Beispiel: Im Kloster Petershausen, gegenüber Konstanz, war ein Mitkämpfer Herzog Friedrichs I. von Schwaben im Kampf gegen Mainz begraben worden. Erzbischof Adalbert von Mainz erzwang von seinem Suffraganbischof Udalrich zu Konstanz, daß das Kloster keine gottesdienstlichen Handlungen mehr durchführen durfte, solange der Verstorbene dort sein Grab hatte.

Gegen Adalbert, den ehemaligen Freund und jetzigen Todfeind, beschloß der Kaiser energisch vorzugehen. Ekkehard von Aura weiß davon zu berichten:

»Kaiser Heinrich gedachte nach Beratung mit seinen Getreuen, die aufständischen Mainzer anzugreifen ... Sobald Erzbischof Adalbert das hörte, setzte er ganz Sachsen in Bewegung, wo er sich damals aufhielt, und da er vor einiger Zeit vom Papst zum päpstlichen Legaten ernannt worden war, rief er kraft dieser Vollmacht die Bischöfe und Fürsten dieses Landes für die Interessen der Mutter Kirche in großer Zahl zusammen; als beredter Mann und im

Besitz des Primats in den Gebieten diesseits der Alpen bewog er schließlich alle ... zur Verteidigung der Metropole von ganz Deutschland ... Um die Zeit der Sommersonnenwende, als infolge der Verwüstung aller Gebiete das Getreide schon teuer war, strömten um deinetwillen, o edles Mainz, zwei Heere zusammen, das eine im Elsaß (kaiserlich), das andere dagegen in Sachsen (kaiserfeindlich) ... während beide Heere bereits in geringer Entfernung voneinander lagerten, weil man die Schlachtreihen gegeneinander zu führen beschlossen hatte, wurden beiderseits einige besonders weise und fromme Große ausgesandt, und diese begannen über ihre brüderliche Einigung ehrenvoll zu verhandeln ...«[39]

Ekkehard verrät uns ferner, daß die Fürsten den König beschworen hatten, darin einzustimmen, daß nicht er mehr über die Dinge entscheide, sondern daß durch die Fürsten beider Parteien entschieden werde.

Diese Fürsten hatten sich im Jahre 1105 von Kaiser Heinrich IV. abgewandt, hin zu dem jungen König, damit dieser Frieden mit dem Papst und Frieden für das Reich schließe. Jedoch war der salische Hoffnungsträger, der junge König Heinrich V., anstatt die Wende zu bringen, in den Spuren seines Vaters gewandert. Wiederum war Deutschland im blutigen Bürgerkrieg, wiederum lag es im Kampf mit dem Papst, wiederum herrschte der Zwang, für einen gebannten König und Kaiser gegen die Kirche zu streiten oder sich von ihm abzuwenden.

So hatten die Fürsten das Gesetz des Handelns aus der Hand des Kaisers an sich genommen. Es war die Entscheidung der Fürsten, das Blut ihrer Krieger zu schonen und auf einem Hoftag zu Würzburg, der auf den 29. September angesetzt wurde, den Weg zum Frieden zu finden.

Auf dem Reichstag zu Würzburg mußte der Kaiser nochmals anerkennen, daß die Entscheidung der anstehenden Fragen nicht durch ihn, sondern durch Fürstenbeschluß stattfinden sollte. Konnte man in dieser Stunde überhaupt noch von einem souveränen deutschen Königtum sprechen?

Die Entscheidung der Fürsten lautete:

»Der Herr Kaiser soll dem Apostolischen Stuhl gehorchen. Wegen der Beschwerde, die die Kirche gegen ihn hat, soll mit dem Rat und der Hilfe der Fürsten zwischen ihm und dem Herrn Papst ein Vergleich gemacht werden, und es soll ein sicherer und dauerhafter Frieden sein, so, daß der Herr Kaiser, was sein und was des Reiches ist, habe, die Kirchen und ein jeglicher das Seine ruhig und in Frieden besitzen möge.«

Der zweite wichtige Punkt: »Auch sollen die in der Kirche kanonisch erwählten und geweihten Bischöfe in Frieden ihre Sitze innehaben bis zu dem in Aussicht genommenen Verhör in Gegenwart des Papstes.«

Der nächste Hauptpunkt ist die Investiturfrage. Hier heißt es: »Auch darin, daß die Kirche gegen den Kaiser und das Reich über die Investituren im Rechtsstreit liegt, denken die Fürsten darauf, daß in dieser Sache das Reich seine Ehre bewahre.«[40]

Die geistlichen und weltlichen Fürsten sind also nicht daran interessiert, dem König und Kaiser jeglichen Einfluß auf die Bischofsinvestituren zu nehmen.

Jetzt folgt eine Forderung, mit der der Kaiser sichtbar an die Kette gelegt und unter die Oberaufsicht der Fürsten gestellt wird. »Und wenn in Zukunft der Herr Kaiser nach irgend jemandes Rat oder Eingebung gegen irgend jemand eine Racheübung für die Feindschaft wird angestiftet haben, so sollen mit seiner eigenen Zustimmung und Erlaubnis die Fürsten unter sich das festsetzen, daß sie selbst zusammen verharren und mit aller Liebe und Ehrfurcht ihn ermahnen sollen, daß er nichts in dieser Art tun möge. Wenn aber der Herr Kaiser diesen Rat nicht beachtet haben wird, so sollen die Fürsten so, wie sie untereinander das gegeben haben, es auch beachten.«[41]

Damit hatten die Fürsten eine permanente Kontrollfunktion über den König geschaffen. Man wird erinnert an die künftige »Magna Charta Libertatum«, die die englischen Barone im Jahre 1215 erstritten, indem sie den Rat der fünfundzwanzig Barone schufen, der die Einhaltung der Pflichten des Königs überwachen und im Übertretungsfall Zwangsmaßnahmen ergreifen sollte. König Johann von England soll ausgerufen haben: »Man hat mir fünfundzwanzig Oberkönige zur Seite gestellt!« Von Kaiser Heinrich V. ist kein solcher Ausspruch verbürgt, aber gedacht haben wird er es schon.

Das Wormser Konkordat

Alles lag jetzt daran, wie Papst Calixtus das Würzburger Verhandlungsergebnis der Fürsten aufnehmen würde. Am 19. Februar 1122 sandte er an Heinrich V. einen Brief, der neue Horizonte eröffnete. Er begrüßt darin Heinrich V. als Verwandten:

»Sowohl Du für uns wie wir für Dich, wir sind uns ja weit mehr schuldig, als unsere Vorgänger es gegenseitig gewesen sind. Denn außer jener gemeinschaftlichen Verpflichtung der väterlichen Gesinnung, durch die wir infolge der Verwaltung des Apostolischen Stuhles gehalten sind, und jener Würde des Kaisertums, die die deutschen Könige durch den Dienst des römischen Papstes einzig und allein erlangen, bewegt uns die nächste Verwandtschaft des Fleisches, daß wir uns gegenseitig erhören und lieben müssen. Niemand hat gewiß sein Fleisch gehaßt; sondern er pflegt und nährt es. Dich ermahnen wir danach als unseren Verwandten, den wir in doppelter Liebe in Christus lieben, den wir über alle zu ehren und zu erhöhen wünschen …

Nichts, Heinrich, versucht die Kirche von Deinem Recht für sich in Anspruch zu nehmen, sie, die wie eine Mutter das Ihrige allen ohne Entgelt an die Hand gibt. Wir streben weder nach dem Ruhm der königlichen noch der kaiserlichen Herrschaft, sondern wünschen einzig Gott in der Gerechtigkeit seiner Kirche zu dienen … Gib auf, was Deines Amtes nicht ist, damit Du würdig zu besorgen vermagst, was das Deine ist.«[42]

Das waren Worte der Versöhnung, die von Rom nach Deutschland herüberklangen.

Den Worten folgte eine päpstliche Gesandtschaft. Kardinalbischof Lambert von Ostia, der spätere Papst Honorius II., Kardinalpriester Saxo von San Stefano Rotondo und Kardinaldiakon Gregor von San Angelo waren vom Papst mit umfassenden Vollmachten ausgestattet.

Vor Würzburg flackerten nochmals die Kriegsflammen auf. Es ging wiederum um die Besetzung des bischöflichen Stuhles, und Tote und Verwundete waren der Preis, der nichts entschied.

Auch Erzbischof Adalbert von Mainz wollte nicht vom Kampf gegen den Kaiser lassen. An der Stelle, an der das Flüßchen Aschaff in den Main mündet, baute er eine Burgruine wieder auf und belegte sie mit seinen Truppen. Der Kaiser sah darin eine gegen das Reich gerichtete Maßnahme und rüstete sich zur Belagerung. Auch aus dem Kölner Raum hörte man Waffengeklirr. Erzbischof Friedrich von Köln belagerte mit seinen Vasallen die kaiserliche Burg Kerpen.

Aber der päpstliche Legat, Kardinal Lambert von Ostia, hatte die Kraft, sich über alle diese Zündeleien hinwegzusetzen. In einem Rundbrief an die geistlichen und weltlichen Herren, unter

Einbeziehung des französischen Klerus, forderte er den Frieden und lud zu einem allgemeinen Konzil für den 8. September 1122 nach Mainz.

An Heinrich V. schrieb Lambert: »Der Kaiser soll wissen, daß die Legaten nicht gegen ihn sind, sondern alles für ihn, unter der Bewahrung der Gerechtigkeit allerdings, betreiben wollen, daß sie nicht die Absicht haben, die Ehre der kaiserlichen Herrschaft irgendeinen Schaden leiden zu lassen, sondern dafür zu sorgen, daß sie überall vermehrt werde.«[43]

Die Legaten kamen dem Kaiser sogar so weit entgegen, daß sie auf den Tagungsort Mainz, der dem Kaiser als Stadt des Erzbischofs Adalbert verhaßt war, verzichteten und das Konzil für den gleichen Tag ins kaiserliche Worms einberiefen.

Lassen wir nochmals Ekkehard von Aura zu Wort kommen: »Also wurde ein allgemeiner Hoftag abgehalten in der Stadt der Wangionen, die jetzt Worms heißt, es ist ebenso lang zu erzählen, wie es unglaublich klingt, unter welch klugem und drängendem und stets eifrig besorgtem Rat aller Großen eine Woche und länger für Frieden und Eintracht gekämpft wurde, bis er selbst, in dessen Hand das Herz dessen ist, der den schroffen Sinn des Kaisers um der Mutter Kirche willen und des Gehorsams gegenüber dem Papst beugte. Bald darauf wurden von den Legaten des Apostolischen Stuhles sowohl der Kaiser wie sein ganzes Heer wieder in die Gemeinschaft (der Kirche) aufgenommen, und allen, die sich mit diesem Schisma befleckt hatten, wurde kraft päpstlicher Vollmacht Generalabsolution erteilt. Wie sich der Kaiser um Christi willen vor einer beträchtlichen Menschenmenge demütigte; wie er auf die kirchlichen Investituren sowie die übrigen geistlichen Angelegenheiten verzichtete, über die die deutschen Könige so lange verfügt hatten und die er, damit das Recht des Königtums nicht gemindert werde, zeit seines Lebens niemals aufzugeben selbst sich vorgenommen hatte; wie er sie in die Hände des Herrn Bischofs von Ostia und durch diesen unserem Herrn Jesus Christus und seiner Kirche zum ewigen Recht entließ und was ihm wiederum der Herr Papst zur Wahrung der Rechte des Königtums gewährte, darüber vermögen besser die angeführten Schriftstücke der beiden Parteien zu unterrichten.«[44]

Liest man den Bericht des Ekkehard aufmerksam, so wird man immer noch berührt von dem großen Ringen, das sich auf der Lobwiesen bei Worms vollzog.

Ekkehard spricht vom schroffen Sinn des Kaisers, der die Rechte des Königtums aufgab, die er zeit seines Lebens niemals aufzugeben sich vorgenommen hatte. Um ihn geschart die geistlichen und weltlichen Fürsten, mit klugem, drängendem und stets eifrig besorgtem Rat.

In einem Brief an Papst Calixtus II. schreibt der große Widersacher Heinrichs V., der Mainzer Metropolit Adalbert: »Aber weil sowohl das Kaiserreich als der Kaiser Stab und Ring gleichsam als durch ein gewisses erbliches Recht im Besitz haben wollten – die gesamte Menge der Laien schrie uns an, daß wir in diesen Dingen Zerstörer der kaiserlichen Gewalt seien –, haben wir auf keine Weise den Kaiser dieser Dinge zu entledigen vermocht, so lange, bis, nach Vereinigung der Beratung mit den anwesenden Brüdern und Kardinälen – diese hatten einesteils einen Anteil an unserer Gefahr, und anderenteils fürchteten sie für die Kirche eine Schädigung und stimmten deswegen uns nur mit Mühe zu – wir alle es gleichmäßig auf uns nahmen, daß die Kirche in seiner Gegenwart die Wahl veranstalten solle.«[45]

Man spürt die Erregung der Versammlung auf der Lobwiesen. Und der Erzbischof spricht sogar von der Gefahr, die er mit den päpstlichen Legaten teilen mußte. Das war kein friedliches Fürstenparlament, das sich in Worms bemühte, fünfzig Jahre Geschichte, fünfzig Jahre Kämpfe, fünfzig Jahre Verleumdung und Verfluchung aufzuarbeiten und gleichsam eine neue Weltordnung zu schaffen.

Wenden wir uns nun den Dokumenten zu, um derentwillen so gestritten worden war, solche Leidenschaften sich entfacht hatten.

Das Wormser Privileg des Kaisers lautete:

»Im Namen der Heiligen und unteilbaren Dreifaltigkeit. Ich, Heinrich, von Gottes Gnaden Imperator Augustus der Römer, verzichte aus Liebe zu Gott und der heiligen römischen Kirche und zum Herrn Papst Calixtus und wegen meines Seelenheils zugunsten Gottes und der heiligen Apostel Petrus und Paulus und der heiligen römischen Kirche auf alle Investitur mit Ring und Stab, und ich gestatte in allen Kirchen, die in meinem Regnum und Imperium liegen, kanonische Wahl und freie Weihe.« Dies ist das Herzstück des kaiserlichen Privilegs. Es folgen in weiteren vier Artikeln Einzelheiten über Rückerstattung von Gütern und Rechten und die Versicherung gegenseitigen und wahren Friedens. Das Dokument schließt mit den Worten:

»Dies alles ist geschehen mit Zustimmung und nach Beratung mit den Fürsten, deren Namen unterschrieben sind.«

Es folgen die Unterschriften von zwei Erzbischöfen, sechs Bischöfen, vier Herzögen und fünf Markgrafen, Pfalzgrafen und Grafen. Und schließlich:

»Ich, Friedrich, Erzbischof von Köln und Erzkanzler, habe gegengezeichnet.«

Im Privileg des Papstes heißt es:

»Ich, Bischof Calixtus, servus servorum Dei, gestehe Dir, o mein geliebter Sohn Heinrich, von Gottes Gnaden Imperator Augustus der Römer, das Recht zu, daß die Wahlen von Bischöfen und Äbten im Deutschen Reich, die zum Regnum gehören, in Deiner Gegenwart geschehen sollen, frei von Simonie und Gewalttat; sollte zwischen den Parteien daher Streit entstehen, dann sollst Du mit dem Metropoliten und den Konprovinzialen gemeinsam beraten und entscheiden und dem Würdigsten Deine Zustimmung und Hilfe leihen. Der Erkorene aber soll von Dir mit dem Zepter die Regalien erhalten und Dir das dafür leisten, was er von Rechts wegen schuldig ist.

In den anderen Teilen Deines Imperiums soll der Gewählte binnen sechs Monaten mit dem Zepter von Dir die Regalien erhalten und Dir das dafür leisten, was er von Rechts wegen verpflichtet ist; ausgenommen davon seien alle die Leistungen an die römische Kirche.«[46] Die Urkunde endet mit der Versicherung gegenseitiger Hilfe und Gerechtigkeit, vor allem aber wird dem Kaiser und allen, die mit ihm gestritten haben, der wahre Friede, das heißt die Absolution, erteilt.

So endete am 23. September 1122 auf der Lobwiesen bei Worms der große Streit zwischen Kirche und Reich.

Worms – Sieger und Besiegte

Schon immer hat sich beim Lesen des Wormser Konkordats die Frage aufgedrängt, wer war nun Sieger, wer der Besiegte? Das ottonisch-salische Reichskirchensystem, an dessen Spitze die sakrale und gesalbte Gestalt des Königs stand, der Herr seiner Reichskirche war, ist in Worms untergegangen. Kein Erzbischof wird mehr, wie einst Aribo von Mainz, seinem König zurufen: »Zur höchsten Würde bist du aufgestiegen, ein Stellvertreter Christi bist du.«

Doch eines war dem König in Deutschland geblieben. Durch die Verleihung der Regalien – der wirtschaftlichen Fundamente – blieben die Bischöfe vom König abhängig. Durch seine Gegenwart beim Wahlakt konnte der König die Wähler wissen lassen, daß er bei diesem oder jenem Bischofskandidaten keine Belehnung vornehmen werde. Durch den Lehnseid blieben die Bischöfe Mitglieder der hohen Reichsvasallität. Genau wie bei den weltlichen Fürsten entwickelte sich daraus das Streben nach eigener Territorialherrschaft, wie das bei Erzbischof Adalbert von Mainz drastisch sichtbar wird.

Die deutschen Könige und Kaiser, bis hin zu Kaiser Heinrich III., hatten die Bischöfe im Reich bestellt. Kaiser Heinrich V. belehnte nach Worms die in seiner Gegenwart Gewählten mit den Regalien. Von der sakralen Erhebung des Bischofs war er ausgeschlossen. Der Machtverlust des Königs ist offensichtlich.

Noch deutlicher in Italien und Burgund. Hier trat der König erst nach der Bischofswahl durch die Verleihung der Regalien in Erscheinung. Er wurde mit feststehenden Tatsachen konfrontiert.

Der italienische und burgundische Episkopat war der Machtsphäre des deutschen Kaisers entrückt. Ob das durch die Mathildische Erbschaft, die Markgrafschaft Toskana, ausgeglichen werden konnte, mußte die Zeit erweisen.

War der Papst der Sieger?

Gemessen an den Weltherrschaftsplänen eines Papst Gregors VII. sicher nicht. Legt man aber das Jahr 1111 und das Privileg von Ponte Mammolo zugrunde, das Heinrich V. Papst Paschalis II. abgepreßt hatte, dann war das Wormser Konkordat ein großer Erfolg für das Papsttum.

Die wirklichen Sieger waren die Fürsten. Sie hatten den Tag von Würzburg erzwungen und ihrem König und Kaiser seine Grenzen aufgezeigt. Ihr Wort hatte auch in Worms den Ausschlag gegeben und Kaiser und Papst zum Kompromiß geführt. Die deutschen Fürsten hatten sich zu Häuptern des Staates aufgeschwungen, eine Vorstellung, die zu Zeiten Kaiser Heinrichs III. nicht denkbar gewesen wäre.

Hier kündigt sich Neues an. Bis zum Jahre 1198 sind alle Reichsfürsten an der Königswahl beteiligt, von diesem Zeitpunkt an zwingend die Erzbischöfe von Trier, Mainz und Köln und der Pfalzgraf bei Rhein. Ab der Königswahl von 1257 sind im Kreis der Wähler außerdem: der Herzog von Sachsen, der Markgraf von

Brandenburg und der König von Böhmen. Der Blick richtet sich auf das Jahr 1338, als sich unter Führung des Trierer Erzbischofs Balduin der Kurverein von Rhense bildet zur Wahrung des Reichsrechts und des eigenen, kurfürstlichen Wahlrechts. Selbstbewußt erklärt der Rhenser Kurverein, daß durch seine Wahl des römischen Königs allein schon dieser berechtigt sei, auch ohne Zustimmung des Papstes, den Titel und die Regierung des Reiches zu führen.

Das Selbständigkeitsstreben deutscher Fürsten ist durchgehender Bestandteil der deutschen Geschichte.

Selbst die alten Könige, auch die größten Gestalten wie Karl und Otto der Große, mußten sich oftmals und blutig mit den Stammesgewalten auseinandersetzen. Als die späten karolingischen Könige ihre Königsaufgabe bei den Normannenstürmen und den Angriffen der Ungarn nicht mehr erfüllten, übernahmen die Herzöge diese Schutzfunktionen in den gefährdeten Reichsteilen. Zwar waren die örtlichen Gewalten oftmals drückender als die königliche Macht, aber sie hatten auch eine größere Nähe zu den Menschen und den sie bedrängenden Problemen.

Was wir oftmals als deutsche Uneinigkeit abtun, kann auch positiv gesehen werden. Vielleicht liegen hier die föderativen Wurzeln, aus denen die Länder der Bundesrepublik ihre Kraft ziehen.

Wie schwer sich die Deutschen mit dem nationalen Großstaat tun, als ob sie Angst vor ihrer eigenen geballten Kraft hätten, wie gerne sie in überschaubaren Einheiten ihre Kräfte entfalten, das erleben wir nicht nur heute, sondern auch in der Rückschau auf den Einigungsprozeß, erzwungen durch die gewaltige Kraft Bismarcks.

Die Historiker Heinrich von Sybel und Heinrich Treitschke lehnten den Kaisertitel für das neue Staatsoberhaupt ab und wollten mit dem bescheideneren und wahrhaftigeren Titel eines Königs von Deutschland vorlieb nehmen. Der Kaisertitel hing zu eng mit dem antiken und dem katholischen Rom zusammen, da wollte ein protestantischer Hohenzoller nicht hineinpassen. Der König von Preußen hatte selbst zögernd beiseite gestanden. So wird auch König Ludwig II. von Bayern verständlich, der am 30. November 1871 in seinem Kaiserbrief sehr gewunden schreibt: »Ich habe mich daher an die deutschen Fürsten mit dem Vorschlag gewendet, gemeinschaftlich mit mir bei Ew. Majestät in Anregung zu bringen, daß die Ausübung der Präsidialrechte des Bundes mit dem Titel eines deutschen Kaisers verbunden werde.«[47]

Demnach war der Kaiser von Deutschland reduziert auf den Präsidenten des Deutschen Bundes?

Der Schweizer Jakob Burckhardt – er hatte an deutschen Universitäten studiert und bei Leopold von Ranke, dem Begründer der modernen Geschichtswissenschaft, promoviert – sagte seinen Landsleuten mit Nachdruck, daß sie Deutsche seien. Dem »Deutschen Reich«, das 1871 in den Sattel gehoben wurde, stand er skeptisch gegenüber. Seine Überzeugung war: »Macht an sich ist böse, gleichviel wer sie ausübt.« Er glaubte, daß Kleinstaaten in mancher Hinsicht förderlicher seien für die Kulturentwicklung als Großstaaten.[48]

So träumten die Deutschen ihren Traum vom Reich, vom Imperium, einem Reich als Heimat vieler Völker, und sehnten sich nach Kleinstaaten, in denen ein Herzog Karl August von Weimar den berühmtesten Dichter deutscher Zunge zum Minister hatte.

Sinnen und Trachten in uferlose Weiten und Sehnsucht nach überschaubaren Lebensformen, dieser Dualismus gehört zum Schicksal der Deutschen.

Neben alles Einigkeitsstreben stellt sich gleichzeitig der Wille zu föderalen Lebensordnungen, wie sie in den Ländern der Bundesrepublik Deutschland gelebt werden.

Heinrich IV. – Der Vater

Der Kirchenhistoriker Albert Hauck schreibt über Kaiser Heinrich IV.: »Kein deutscher König ist von einem großen Teil des deutschen Volkes so gehaßt worden wie Heinrich IV.«

Das kann man nicht glauben, wenn man sich anschaut, wie uns die Chronisten die Geschehnisse an seiner Totenbahre schildern.

»Aber nicht minder heftig war die Trauer an der Bahre des Kaisers. Fürsten trauerten, das Volk wehklagte, überall hörte man Seufzen und Klagen, überall die Stimmen der Trauernden. Zu seiner Bestattung strömten Witwen und Waisen und alle Armen des ganzen Landes herbei; sie weinen, weil sie den Vater verloren, ihre Tränen fließen über seinen Leichnam, sie küssen seine freigebigen Hände. Man konnte sie kaum davon abbringen, den entseelten Leib zu umarmen, ja, man konnte ihn kaum bestatten.«[49]

Es wird berichtet, daß die Bauern Erde auf den Sarg legten, um damit ihren Äckern Fruchtbarkeit zuzuführen. Und auch von

Speyer wird berichtet, daß, als Heinrichs IV. Sarg in einer ungeweihten Kapelle abgestellt wurde, Tumult und lautes Wehklagen im Volk entstanden.

Solche Liebesbeweise sind nicht vielen deutschen Königen und Kaisern erwiesen worden.

Der meistgehaßte deutsche König wird er nicht gewesen sein, wohl aber der am meisten verleumdete.

Er hatte die Zunft der Kleriker gegen sich, die praktisch über ein Schreibmonopol verfügte. Und mönchischer Haß mußte die unsagbaren Schandtaten ersinnen, um die Menschen gegen Heinrich IV. einzunehmen.

Sein Leben war immer bedroht. Lampert von Hersfeld erzählt uns, daß sich bereits gegen den siebenjährigen König ein sächsischer Mordanschlag richtete.

Für die einen war er der Unmensch. Ekkehard von Aura schilt ihn »Erzpirat, Fürst der Häretiker, Abtrünniger und Verfolger mehr noch der Seelen als der Leiber«. Wenige Zeilen später schreibt er: »Mit vielen Zeugen können wir bestätigen, daß in unseren Zeiten keiner durch Geburt, Verstand, Tapferkeit und Kühnheit, an Gestalt und vollendeter körperlicher Schönheit für die kaiserliche Herrschaft geeigneter schien als er, wenn nur im Kampf mit den Lastern der innere Mensch nicht entartet wäre.«[50]

Auch wenn man die Einschränkung im letzten Satz hinnimmt, so hat der Abt von Aura zwar widerwillig, aber dennoch ein großes Lob über den von ihm so kritisch bedachten Heinrich IV. ausgesprochen.

Und auch der Hersfelder Mönch Lampert muß zugeben: »Doch der König, als Herrscher geboren und aufgewachsen, trug, wie es so hoher Abkunft, so hoher Ehren und Würden seines Geschlechts geziemte, in allem Unglück stets königlichen Sinn und wollte lieber sterben als unterliegen.«[51]

Diese Bekundungen seiner Gegner sind nicht weit entfernt von den Persönlichkeitsschilderungen seines anonymen und ihn verehrenden Biographen:

»Bald erschien er voll kaiserlicher Majestät, bald wie ein einfacher Ritter und bekundete damit die Würde seines Amtes und zugleich seine Demut. Er war voll hoher Geisteskraft und großer Einsicht, und wenn das Urteil der Fürsten in einer Reichssache oder Reichsangelegenheit noch schwankte, löste er selbst rasch den Knoten und erklärte ihnen, gleichsam als schöpfe er aus dem Geheimnis selbst, was gerechter und nützlicher sei. Aufmerksam hörte er sich die Worte seiner Umgebung an, er selbst sagte wenig; er platzte nicht voreilig mit seiner Meinung heraus, sondern wartete, was die anderen meinten. Heftete er seine durchdringenden Augen auf das Antlitz eines Menschen, so durchschaute er dessen innerste Regungen und sah gleichsam wie mit Luchsaugen, ob einer im Herzen Haß oder Liebe zu ihm trug. Auch das erscheint mir rühmenswert, daß er im Kreise der Fürsten alle überragte und über sich selbst hinauszuwachsen schien, zuweilen strahlte dann sein Antlitz eine solche furchterregende Hoheit aus, daß, wer ihn anblickte, wie vom Blitz getroffen schien.«

Und über das Grab hinaus ruft der Anonymus seinem Kaiser zu: »Das Reich der Unruhe hast Du mit dem Reich der Ruhe, das endliche mit dem unendlichen, das irdische mit dem himmlischen vertauscht. Jetzt erst herrschest Du in der Tat, jetzt trägst Du ein Diadem, das Dir Dein Erbe nicht entreißt und kein Widersacher neidet.«[52]

Will man das herrscherliche Werk Heinrichs IV. beurteilen, so darf man sagen, daß er durch Verrat und zahllose Kriege ungebrochen die deutschen Königsrechte erhalten hat.

Nicht er war der Revolutionär, der Zerstörer eines jahrhundertealten Rechtssystems, des Rechts des Königs auf die Investitur der Bischöfe, auf Lehnseid und Treue.

Er war der Bewahrer der auf ihn überkommenen Rechte, und die Kirche war es, die in Aufstand und Rebellion gegen Staat und Krone stand.

Unter dem Einsatz ihrer sakralen Macht erklärte die Kirche das Vergangene für Unrecht und das Neue, von ihr Gewollte als Recht.

Ein genialer Papst von vulkanischer Kraft, Gregor VII., der den Ruf nach der »Freiheit der Kirche« umformte und überspitzte in die »Herrschaft der Kirche über die Welt«, war der Gegner Heinrichs IV. Ihm widerstanden zu haben, das ist der Ruhm Kaiser Heinrichs IV.

Aber auch seine eigenen Fürsten, unheilvoll den Freiheitsruf der Kirche verknüpfend mit dem eigenen Vorteil, das heißt mit dem Streben nach eigener, territorialer Staatlichkeit, standen gegen ihn.

Nach Verrat und Entmachtung schien er nach dem Sieg von Visé und dem Sieg der ihm treuen Stadt Köln über den verräterischen Sohn Heinrich V. wieder auf der Straße des Sieges zu sein. Da nahm ihm ein rascher Tod das Schwert aus der Hand. Was immer man gegen Heinrich IV. sagen will, noch in seiner letzten Stunde zeigte er den Adel seiner Gesinnung, als er dem Sohn, durch seinen Kämmerer Erkembald, Schwert und Ring überbringen ließ. Ein Symbol dafür, daß er den verletzten, vom Sohn verratenen Vater zurückstellen konnte, daß über seinem eigenen Leid das wichtigere Schicksal der salischen Dynastie den Vorrang hatte.

Dieser Dynastie dienend, sandte er dem Sohn die letzten Königszeichen, die noch in seinem Besitz waren, damit dieser, nun in der Sicherheit der völligen Legitimität seines Königtums, den Auftrag seines Schicksals erfüllen konnte.

Heinrich V. – Der Sohn

Heinrich V. kann Niccolò Machiavelli nicht gekannt haben. Aber sein Handeln ist von der Philosophie des großen Florentiners – die Rechtfertigung des Bösen durch die Staatsnotwendigkeit – durchdrungen.

Ohne Skrupel verriet Heinrich V. den Vater, mit dem er durch heilige Eide verbunden war. Er schob die Schutzbehauptung vor, daß er mit dem gebannten Vater und Kaiser als Christ nicht verkehren dürfe. Könne sich der Vater vom Banne lösen, so kehre er als gehorsamer Sohn wieder in die väterliche Gnade zurück. Seine wirkliche, mit kaltem Herzen gefaßte Überlegung war, daß er den Vater als unfähig ansah, die Einigkeit im Reich wiederherzustellen und einen erträglichen Frieden mit Kirche und Papst zu schaffen. Eine im machiavellistischen Sinne durchaus richtige Überlegung, nur eben nicht die Überlegung eines liebenden Sohnes. Es hätte schließlich auch die Möglichkeit bestanden, den alten, gebannten und schwach gewordenen Vater zu stützen und mit ihm gemeinsam in Reich und Kirche Frieden zu schaffen.

Aber der Vater war für ihn Ballast geworden, also warf er ihn ab. Die Mittel der peinlichsten Täuschung und List, so sahen wir, scheute er nicht.

Der Papst löste gerne den Eid, den Heinrich V. dem Vater geschworen hatte, so daß der junge König unangefochten handeln konnte. Die Ergebnisse sind bekannt. Der Papst aber tauschte sich mit Heinrich V. einen gefährlicheren Feind ein, als Heinrich IV. es jemals gewesen war.

Diese Erfahrung mußte Papst Paschalis II. machen, als sein

großer Befreiungsschlag für die Kirche, die Aufgabe des weltlichen Besitzes, am Widerstand der geistlichen wie der weltlichen Fürsten scheiterte. Der Papst, jetzt ein Gefangener in der unerbittlichen Faust Heinrichs V., seine Kardinäle hungernd, geschändet und teilweise gefoltert, hielt dem Druck zwei Monate stand. Dann, am 11. April 1111, brach er zusammen und willigte in den Vertrag von Ponte Mammolo ein, in dem er Heinrich V. die absoluten Investiturrechte für den König und das Reich erteilte. Dieses päpstliche Privileg, bald nannte man es Pravileg (Schandbrief), war der Gipfel, aber auch der beginnende Abstieg Heinrichs V.

Die Gefangennahme des Papstes, die Behandlung der Kardinäle, das erpreßte Investiturprivileg, all das paßte nicht mehr in das Bild eines christlichen Königs und Kaisers. Hätte Heinrich V. die Tugend der Mäßigung, der ritterlichen »mâze« beherrscht, sich mit einer Investitur zufriedengegeben, wie Rom sie dem englischen und dem französischen Monarchen schon vor Jahren gewährt hatte, nämlich mit einer Investitur nur der weltlichen Güter an die Bischöfe, dieses Weniger wäre ein Mehr gewesen.

Jetzt sah man in ihm nicht nur den Mann, der den Papst genötigt hatte, jetzt tauchte das Bild des Sohnes, der auch den eigenen Vater verraten hatte, in grellem Licht wieder auf.

Heinrich V. war sicher einer der talentiertesten deutschen Herrscher. Doch den Gipfel, den er erobert hatte, konnte er durch das Übermaß seiner Ziele nicht halten. Die Kräfte, die ihn emporgetragen hatten, holten ihn auch wieder herunter. Das Papsttum setzte unter Calixtus II. seinen Höhenflug fort, und die deutschen Fürsten zwangen Heinrich V., das Wormser Konkordat anzunehmen, das der Papst gewährte. Damit waren die eigentlichen Ziele des Reformpapsttums erreicht. Es muß nochmals gesagt werden: Eine klerikale Revolution gegen eine jahrhundertelang bestehende Rechtsordnung hatte gesiegt. Das geschichtlich gewachsene Investiturrecht der Krone war aus dem Sakralraum verdrängt und reduziert auf die weltliche Besitzvergabe der bischöflichen Güter. Eine neue, vom Staat befreite Kirche hatte sich durchgesetzt.

Lassen wir unserem Chronisten Ekkehard von Aura, der sich vom Bewunderer Heinrichs V. zu einem seiner schärfsten Kritiker wandelte, das letzte Wort:

»Er nahm zunächst unter dem Anschein der Frömmigkeit dem exkommunizierten Vater das Reich, im festen Besitz der Würden änderte er sein Verhalten; nachdem er dem Apostolischen Stuhl zahlreiches Unrecht zugefügt hatte, blieb er stets hinter sich selbst zurück; auf die Gerechtsame des Reiches nahm er wenig Sorgfalt, tapfer und kühn, wenig glücklich im Kampf, versessen auf fremdes Gut, wie man sagt, hatte er unendlich viel Geld zusammengetragen; doch da er ohne Kinder starb, wußte er – ach! ach! nicht, für wen er es gemäß der Schrift angehäuft hatte.«[53]

Kaiser Heinrich V. starb am 23. März 1125 zu Utrecht und wurde neben seinem Vater in Speyer begraben. Einhundertundein Jahre hatte die salische Dynastie über das Reich geherrscht. Ihre Zeit war zu Ende. Das Jahrhundert der Staufer stand vor der Tür.

Anhang

Zeitstenogramm

955 Konrad der Rote, Herzog von Lothringen und Stammvater der Salier, fällt am 10. August in der Schlacht auf dem Lechfeld.

1024 Erhebung Konrad des Älteren – auf einem Fürstentag zu Kamba – zum deutschen König. König Konrad II., der erste salische König, wird von Erzbischof Aribo von Mainz »Stellvertreter Christi« genannt.

1027 Kaiserkrönung Konrads in Rom.

1039 Tod Kaiser Konrads zu Utrecht, Bestattung zu Speyer. Sein Sohn, Heinrich III., bereits 1028 zum König ordiniert, folgt ihm auf dem Thron. Unter seiner Regentschaft höchster Gipfel salischer Königs- und Kaisermacht.

1046 Heinrich III. zum Kaiser geweiht. Auf der Synode von Sutri setzt er die korrumpierten Päpste Gregor VI., Sylvester III. und Benedikt IX. ab und erhebt Bischof Suitger von Bamberg als Clemens III. auf den päpstlichen Stuhl.

1049 Pontifikat Graf Brunos von Egisheim als Papst Leo IX. Erfolgreichste Zeit des Reformpapsttums unter kaiserlicher Förderung.

1050 Geburt Heinrichs IV., wahrscheinlich zu Goslar.

1054 Am 17. Juli Krönung Heinrichs IV. zu Aachen. Tod Papst Leos IX. »Der Papst aus dem Elsaß.«

1056 Tod Kaiser Heinrichs III. in seiner Pfalz Bodfeld. Bestattung zu Speyer. Beginn der Regentschaft der Kaiserinwitwe Agnes.

1062 Staatsstreich von Kaiserswerth. Heinrich IV. wird von Erzbischof Anno II. von Köln entführt. Ende der Regentschaft der Kaiserin Agnes. Beginn der Regentschaft Erzbischof Annos von Köln.

1063 Ende der Regentschaft Annos und Beginn der Regentschaft Erzbischof Adalberts von Bremen.

1065 Ende der Regentschaft Adalberts von Bremen. Schwertleite Heinrichs IV. und Beginn eigener Regierungstätigkeit. Adalbert von Bremen bleibt aber maßgeblicher Berater des jungen Königs.

1066 Erzbischof Adalbert auf Beschluß der Fürsten zu Tribur als Berater König Heinrichs IV. abgesetzt.

1070/71 Konflikt mit Otto von Northeim, dem Herzog von Baiern.

1073 Sachsenaufstand.

1074 Zerstörung der Harzburg durch die Sachsen. Geburt des Thronfolgers Konrad.

1075 Auf der Fastensynode auf dem Lateran Verkündung des »Dictatus papae« durch Papst Gregor VII. Im Sommer besiegt Heinrich IV. die Sachsen. Im Oktober Unterwerfung der Sachsen zu Oberspier. Spannungen mit Rom. Papst Gregor setzt den von Heinrich IV. investierten Erzbischof Tebald von Mainz ab.

1076 Auf einer Synode in Worms am 24. Januar wird Papst Gregor VII. – durch die deutschen Bischöfe und Heinrich IV. – für abgesetzt erklärt.

Auf einer Fastensynode in Rom wiederum wird Heinrich IV. durch Papst Gregor VII. gebannt und seine Absetzung verkündet.

Auf einem Fürstentag im Oktober zu Tribur Abfall der deutschen Bischöfe und Fürsten. Heinrich IV. unterwirft sich dem päpstlichen Legaten, Papst Gregor VII. wird zum Urteil über Heinrich IV. nach Deutschland geladen.

1077 Canossa. Durch seine Buße auf den Eisfeldern vor Canossa (25. bis 28. Januar) erzwingt Heinrich IV. die Lösung vom Bann durch Papst Gregor VII. Dadurch gewinnt er wieder politische Handlungsfreiheit.

Am 13. März wird Rudolf von Rheinfelden von den deutschen Fürsten zum Gegenkönig gekürt.

Kaiserin Agnes gestorben.

1078 Auf der Fastensynode in Rom verkündet Papst Gregor VII. das Verbot der Laieninvestitur. Für Heinrich IV. ist dies ein Eingriff in die deutschen Königsrechte.

1079 Friedrich von Staufen wird Herzog von Schwaben und Schwiegersohn König Heinrichs IV.

1080 Erneute Bannung Heinrichs IV. durch Papst Gregor VII. und wiederum Verbot der Laieninvestitur.

Im Oktober wird in Brixen durch Heinrich IV. und eine Großzahl deutscher und lombardischer Bischöfe Erzbischof Wibert von Ravenna zum Gegenpapst (Clemens III.) erhoben. Am 15. Oktober Schlacht an der Elster. Zwar siegen die Truppen des Gegenkönigs, aber Rudolf von Rheinfelden wird tödlich verletzt. Der Verlust der Schwurhand wird als Gottesurteil für Heinrich gewertet.

1081 Italienzug Heinrichs IV. Im August wird in Ochsenfurt Graf Hermann von Salm zum Gegenkönig ausgerufen.

1084 Heinrich IV. belagert Papst Gregor VII. in der Engelsburg. Wibert wird am 24. März in Rom als Papst Clemens III. inthronisiert. Am 30. März Kaiserkrönung Heinrichs IV. und seiner Frau Berta durch Papst Clemens III.

1085 Auf einer Synode zu Mainz verkündet Heinrich IV. Ende April, Anfang Mai einen Gottesfrieden.
Der Herzog von Böhmen wird von Kaiser Heinrich IV. zum König erhoben.
Im gleichen Jahr stirbt Papst Gregor VII. verbittert in Salerno in der Verbannung.

1086 Geburt des zweiten Sohnes, Heinrich (V.)

1087 Erhebung des ältesten Sohnes Konrad zum König in Aachen.

1088 Tod des Gegenkönigs Hermann von Salm.

1089 Vermählung Heinrichs IV. mit der russischen Prinzessin Praxedis/Adelheid.

1090/–97 Zweiter Italienzug Kaiser Heinrichs IV.
Der siebzehnjährige Welf V. von Baiern heiratet im Rahmen der kaiserfeindlichen Politik des Papstes die siebenundzwanzig Jahre ältere Mathilde von Tuszien. Bildung eines antikaiserlichen Städtebundes in der Lombardei.

1093 Verrat des Sohnes Konrad und dessen Krönung zum König von Italien in Mailand.

1094 Verrat der Praxedis/Adelheid, Heinrichs IV. zweiter Frau.

1095 Aufruf Papst Urbans II. in Clermont zum ersten Kreuzzug. Bannung König Philipps I. von Frankreich wegen verbotener Ehe.

1096–99 Erster Kreuzzug.
Unter dem Einfluß der Kreuzzugspropaganda finden in deutschen Städten schlimme Judenverfolgungen statt. Allein in Mainz werden über tausend Juden ermordet. Erzbischof

Routhardt von Mainz, der sie nicht zu schützen wußte und sich an ihrem Eigentum bereichert haben soll, floh vor der strengen Untersuchung des Kaisers nach Flandern.

1097 Auflösung der Ehe Welfs V. und Mathildes von Tuszien. Heinrich IV. bestätigt Herzog Welf IV. den Besitz Baierns. Dadurch öffnen sich dem Kaiser die Alpenpässe zur Rückkehr nach Deutschland.

1098 Absetzung König Konrads.

1099 Des Kaisers zweiter Sohn, Heinrich (V.), wird zum König gekrönt.

1100 Tod Wiberts von Ravenna, des Gegenpapstes Clemens III.

1101 Konrad, des Kaisers erster Sohn, stirbt machtlos in Florenz.

1103 Verkündung eines allgemeinen Reichsfriedens auf vier Jahre in Mainz durch den Kaiser. Anwendung eines gleichen Strafmaßes für Freie und Unfreie.

1104 König Heinrich V. fällt vom Vater ab und tritt, vom Papst anerkannt, an die Spitze einer Fürstenverschwörung.

1105 Er nimmt den Vater durch Täuschung und Verrat gefangen und setzt ihn auf Burg Böckelheim fest.

1106 Er erzwingt durch Erpressung die Abdankung des Kaisers. Der entflieht an den kaisertreuen Niederrhein. Nach siegreichen Kämpfen gegen den Sohn bei Visé und vor Köln stirbt der alte Kaiser in Lüttich.

1106–25 Kaiser Heinrich V.

1006 Das sächsische Herzogsgeschlecht der Billunger stirbt aus. Heinrich V. überträgt das Herzogtum Sachsen Graf Lothar von Supplinburg.

Heinrich V. besteht – wie sein Vater – auf dem königlichen Investiturrecht.

1100 Heinrich V. stellt in einem Feldzug gegen die Böhmen die Oberhoheit des Reiches wieder her.

1110/11 Heinrich V. tritt mit einem starken Reichsheer seinen ersten Italienzug an. Markgräfin Mathilde von Tuszien erklärt ihn zu ihrem Erben.

Im Vertrag von Sutri im Februar 1111 zwischen Heinrich V. und Papst Paschalis II. verzichtet der König auf das Investiturrecht. Dafür verpflichtet der Papst die Reichskirchen, alle von den Königen verliehenen Güter und Rechte an die Krone zurückzugeben. Der Plan scheitert am tumultuarischen Widerstand der Bischöfe und Fürsten. Daraufhin nimmt der König den Papst gefangen und erzwingt im April – im Vertrag von Ponte Mammolo – das absolute und uneingeschränkte Investiturrecht. Danach Kaiserkrönung in Rom.

1114 Vermählung Heinrichs V. mit Mathilde, Tochter König Heinrichs I. von England. Vom römischen Klerus wird der Vertrag von Ponte Mammolo als Erpressung des Papstes bezeichnet; der Kaiser wird von Legaten mehrfach gebannt. Fürstenopposition in Deutschland unter Anführung Erzbischof Adalberts von Mainz.

1115 Kaiser Heinrich V. wird von den Sachsen am Welfesholz geschlagen.

1116–18 Nach dem Tod der Markgräfin Mathilde († 1115) bricht Heinrich V. zum zweiten Italienzug auf und tritt das Erbe der mathildischen Güter an.

1117 Papst Paschalis II. wird aus Rom vertrieben.

1119 Erzbischof Guido von Vienne wird als Calixt II. durch die nach Frankreich geflohenen Kardinäle zum Papst gewählt.

Bürgerkrieg in Deutschland.

Konzil in Reims. Die Verhandlungen päpstlicher und kaiserlicher Unterhändler scheitern. Das Konzil endet mit erneuter feierlicher Verfluchung des Kaisers.

1122/23 Am 23. September kommt es nach langjährigen Verhandlungen durch Trennung zwischen dem geistlichen Amt und den Temporalien (den weltlichen Gütern und Rechten der Bischöfe) zur Einigung im Wormser Konkordat. Ende des Investiturstreites.

Das Laterankonzil von 1123 bestätigt das Konkordat. Die eigentlichen Sieger im Investiturstreit in Deutschland sind die Fürsten, die mit ihrer wachsenden Macht das Konkordat gegen den Willen des Königs durchgesetzt haben. Die Bischöfe werden zu Reichsfürsten. Auch ist ihre Abhängigkeit vom Königtum gelockert.

1124 Kaiser Heinrich V. zieht – als Verbündeter seines Schwiegervaters Heinrich I. von England – gegen Frankreich. König Ludwig VI. von Frankreich nimmt in St. Denis die Oriflamme, das Banner der französischen Könige, vom Altar und versammelt ein starkes Heer.

Das aufwallende französische Nationalgefühl, das dem Kaiser entgegenschlägt, veranlaßt ihn, sein Heer noch vor der französischen Grenze kehrtmachen zu lassen.

1125 Durch die Kinderlosigkeit der Kaiserin Mathilde realisiert sich deren Erbrecht auf England und Frankreich nicht.

Am 23. Mai erliegt Heinrich V. in Utrecht einem Krebsleiden. Er wird im Dom zu Speyer beigesetzt.

Anmerkungen

Die Salier

1 Widukindi res gestae Saxoniae I, c. 25, neu bearbeitet von R. Rau, Darmstadt 1977, nachf. Widuk
2 Widuk I. c. 26
3 Wies, Ernst. W., Kaiser Friedrich Barbarossa. Mythos und Wirklichkeit, München 1990, S. 255–268
4 Wiponis gesta Chuonradis Imperatoris, c. 5, nachf. Wipo
5 Wipo c. 3
6 Gregors Register ed. Caspar II, 55 a, S. 210 ff., auch Geschichte in Quellen, Bd. 2, 1970, S. 291, W. Lautemann, nachf. Lautemann
7 Innoc. III., Sermo II. in consecratione pontificis, PL. 217, S. 650–653; Hauck, Kirchengeschichte, Bd. 3, S. 717, nachf. Hauck
8 Chron. s. Laur. z. Jahre 1018, S. 296
9 Ann. Alteich z. Jahre 1041, S. 26
10 Lampert von Hersfeld, Annalen, neu übersetzt von A. Schmidt 1957; z. Jahre 1043–1044, S. 45, nachf. Lampert
11 Ann. Alteich z. Jahre 1044, S. 28
12 Hauck, Bd. 3, S. 575
13 Lib. grat. 38, S. 71 f.
14 Bonizo, V. S. 588, Hauck, Bd. 3, S. 602
15 Epist. Jo. Fiscam. Migne 143, S. 797
16 Hermann von Reichenau, Chronik z. Jahre 1053

Der innere Zustand des Reiches

1 Lexikon für Theologie und Kirche, Bd. 6; nachf. LThK
2 v. d. Steinen, Wolfram, Karl der Große. Leben und Briefe, 1929, an Papst Leo III., ib. S. 136
3 Haller, Franz, Das Papsttum. Idee und Wirklichkeit, Bd. 2, 1965, nachf. Haller
4 Colmarer Chronik der Dominikaner oder Predigermönche z. Jahre 1200: in: Jundt, Pierre, Die Hohenstaufen, 1969, S. 401
5 Hauck, Bd. 3, S. 32
6 Lampert z. Jahre 1057–1058

7 Brf. a. d. Mönche v. Fruttaria, Giesebrecht Bd. 3, S. 1226, Nr. 1
8 Hauck, Bd. 3, S. 675–676
9 Meyer von Knonau z. Jahre 1059, Bd. 1, S. 147, nachf. MvK.
10 Erdmann, Briefsammlungen Nr. 5
11 Lampert z. Jahre 1061–1062
12 Adam von Bremen, Bischofsgeschichte der Hamburger Kirche, Bd. 3, c. 34, 1978; nachf. Adam
13 MvK. z. Jahre 1061, Bd. 1, S. 222

Der junge Heinrich IV.

1 Lampert z. Jahre 1062, S. 75
2 Lampert z. Jahre 1063, S. 77–79
3 Lampert z. Jahre 1075, S. 329
4 Adam, Bd. 3, c. 34, 35
5 Lampert z. Jahre 1074, S. 237–249
6 Lampert z. Jahre 1074, S. 249
7 Adam Bd. 3, c. 73
8 Adam Bd. 3, c. 73–76
9 Adam Bd. 3, c. 1
10 Adam Bd. 3, c. 30, Zusatz 76
11 MvK. z. Jahre 1063, Bd. 1, S. 336
12 MvK. z. Jahre 1063, Bd. 1, S. 325
13 Lampert z. Jahre 1071, S. 132–145; Lib. II., Triumph. s. Remacli I. c. 449–461; sowie MvK. z. Jahre 1071, Bd. 2, S. 449–461
14 De octo vitiis principalibus, zit. n. Bumke, Höfische Kultur, Bd. 2, dtv 1986
15 Vita Ludovici, Kaplan Berthold, übers. v. F. Ködiz v. Salfeld, 1851
16 Bruno, c. 6–7
17 Bruno, c. 14
18 Lampert z. Jahre 1069
19 Lampert z. Jahre 1069
20 Hermann von Reichenau z. Jahre 1053
21 Lampert z. Jahre 1065
22 Lampert z. Jahre 1069, 1071; Ann. Alteich z. Jahre 1071
23 Lampert z. Jahre 1066
24 Lampert z. Jahre 1066
25 Adam Bd. 3, c. 47, 48
26 Adam Bd. 3, c. 62–65

27 Helmold v. Bosau, Slawenchronik c. 22, 24, WBD 1973; nachf. Helmold
28 MvK. z. Jahre 1067, Bd. 1, S. 556
29 P. Dam. 1. c
30 MvK. z. Jahre 1066, Anm. 87, Bd. 1, S. 541
31 Codex Udalrici, Nr. 33 an Hildebrand; MvK. z. Jahre 1066

Die sächsische Herausforderung

1 Bruno, c. 16–18
2 Lampert z. Jahre 1070
3 Lampert z. Jahre 1070
4 Lampert z. Jahre 1071
5 Lampert z. Jahre 1071
6 Lampert z. Jahre 1073
7 Lampert z. Jahre 1073
8 Bruno, c. 25
9 Lampert z. Jahre 1073
10 Vita Heinrici 1, c. 1
11 Nitzsch, II. S. 70
12 Lampert z. Jahre 1073
13 Bruno, c. 28
14 MvK. z. Jahre 1073
15 Quellen z. Geschichte Heinrichs IV., WBD 1963, übers. v. F. J. Schmale, Brf. 5 z. Jahre 1073; nachf. Quell. H. IV.
16 Quell. z. Inv.-Streit, Brf. 11 v. 27.9.1073
17 Quell. z. Inv.-Streit, Brf. 7 v. 1.9.1073
18 Lampert z. Jahre 1073
19 Lampert z. Jahre 1073
20 Quell. z. Inv.-Streit, Bd. 1, Brf. 17
21 Lampert z. Jahre 1074
22 Bruno, c. 31
23 Quell. H. IV., Carmen II., S. 164–197
24 Lampert z. Jahre 1074
25 Lampert z. Jahre 1074
26 Lampert z. Jahre 1074
27 Bruno, c. 37, 38
28 Bruno, c. 48
29 Bruno, c. 44

30 Lampert z. Jahre 1075
31 Lampert z. Jahre 1075
32 Bruno, c. 46
33 Bruno, c. 47
34 Lampert z. Jahre 1075
35 Lampert z. Jahre 1075
36 MvK. Bd. 2, z. Jahre 1075
37 Lampert z. Jahre 1075
38 Lampert z. Jahre 1075
39 Widuk. I. c. 26

König und Papst

1 Vita Heinr. 1
2 Ekkehard v. Aura III. z. Jahre 1106; nachf. Ekkeh.
3 Ebonis Vita Ottonis, Buch 1, c. 6
4 Johannes Ranke und Ferdinand Birkner bei Kuhbach/Haas, Textband, S. 1065
5 Quell. z. Inv.-Streit, Bd. 1. Brf. 2
6 Quell. z. Inv.-Streit, Brf. 7
7 Quell. z. Inv.-Streit, Brf. 12
8 Hauck, Bd. 3., S. 776
9 Quell. z. Inv.-Streit, Brf. 28
10 Quell. z. Inv.-Streit, Brf. 39
11 Quell. z. Inv.-Streit, Brf. 33
12 Quell. z. Inv.-Streit, Brf. 83
13 Gregors Reg. ed. Caspar VI, 29, S. 161, übers. von W. Lautemann
14 Quell. z. Inv.-Streit, Brf. 21
15 Hauck Bd. 4, S. 765
16 Hauck Bd. 3, S. 767
17 Quell. z. Inv.-Streit, Brf. 51
18 Quell. z. Inv.-Streit, Brf. 59
19 Quell. z. Inv.-Streit, Brf. 58
20 Quell. z. Inv.-Streit, Brf. 66
21 Lampert z. Jahre 1076
22 Goez, Anm. 17
23 Quell. H. IV., Brf. 11
24 Quell. H. IV., Brf. 12

25 Lautemann, Bd. 2, S. 299; auch Gregors Reg. ed. Caspar III, Nr. 10 a, S. 268 ff.
26 Quell. z. Inv.-Streit, Bd. 1, Brf. 63
27 Lampert z. Jahre 1076
28 Bruno, c. 86–88
29 Quell. z. Inv.-Streit, Bd. 1, Brf. 72
30 Quell. z. Inv.-Streit, Bd. 1, Brf. 73
31 Quell. z. Inv.-Streit, Bd. 1, Brf. 74
32 Bruno, c. 87–88
33 Lampert z. Jahre 1076
34 Quell. z. Inv.-Streit, Bd. 1, Brf. 74
35 Bruno, c. 87–88
36 Quell. H. IV., Brf. 14
37 Lampert z. Jahre 1076
38 Bruno, c. 88

Canossa und seine Überwindung

1 Lampert z. Jahre 1077
2 Quell. z. Inv.-Streit, Bd. 1, Brf. 77
3 Quell. z. Inv.-Streit, Bd. 1, Brf. 78
4 Bruno, c. 108
5 H. Beumann, Das Reich der späten Salier und Staufer, in: Handbuch der europäischen Geschichte, Bd. 2, S. 297, 1987
6 Bruno, c. 90–91
7 Otto v. Freising, Die Taten Friedrichs – oder richtiger CRONICA, I. c. 7–8
8 Bruno, c. 110
9 Quell. z. Inv.-Streit, Bd. 1, Brf. 86
10 Quell. z. Inv.-Streit, Bd. 1, Brf. 107
11 MvK. z. Jahre 1080 Bd. 3, S. 258
12 Gregorovius, Geschichte der Stadt Rom im Mittelalter, Bd. 2, 7. Buch, S. 90, dtv 1978
13 Lautemann, Bd. 2, S. 321; MG Constt. I, Nr. 70, S. 118 ff.
14 Quell. z. Inv.-Streit, Bd. 1, Brf. 116
15 Quell. z. Inv.-Streit, Bd. 1, Brf. 116
16 Quell. z. Inv.-Streit, Bd. 1, Brf. 119
17 Quell. H. IV., Brf. 16
18 Quell. H. IV., Brf. 17

19 Quell. H. IV., Brf. 18
20 G. B. Borini, Storicità delle ultimo parole di Gregorio VII., in: Studi Gregoriani 5 (1956)

Heinrich IV. und sein Weg bis zum bitteren Ende

1 Lautemann, Bd. 2, S. 326 ff.; MG Libelli de lite I., S. 293 ff.
2 Lautemann, Bd. 2, S. 329/332; Manegold v. Lautenbach, Liber ad Gebehardum, c. 29, 30, 33, 41, 47; MG Libelli de lite I, S. 362 ff.
3 Lautemann, Bd. 2, S. 332/334, Peter Crassus, Defensio Heinrici IV., MG Libelli de lite I, S. 432
4 Lautemann, Bd. 2, S. 334/336; Gebhard von Salzburg, Epistola ad Herimannum Mettensem episcopum, c. 31; MG Libelli de lite I, S. 261 ff.
5 Lautemann, Bd. 2, S. 336/339; Wido episcopus Ferrarensis de scismate Hildebrandi. MG Libelli de lite I, S. 551
6 Quell. z. Inv.-Streit, Bd. 1, Brf. 143
7 Hauck, Bd. 3, S. 854/855
8 Schramm, Kaiser – Rom und Renovatio, S. 272 (1984)
9 Hauck, Bd. 3, S. 859
10 Vita c. 7
11 MvK. z. Jahre 1094, Bd. 4, S. 423
12 Vita, c. 7
13 Quell. H. IV., Brf. 35
14 Ekkeh. z. Jahre 1102
15 Hauck, Bd. 3, S. 882/83; J. W. 5889 v. 21. Jan. 1102
16 Quell. H. IV., Brf. 31
17 Vita, c. 8
18 Hauck, Bd. 3, S. 883, J. W. 5971
19 MvK. z. Jahre 1105, Bd. 5, S. 215
20 Quell. H. IV., Brf. 34
21 MvK. z. Jahre 1105, Bd. 5, S. 213
22 MvK. z. Jahre 1105, Bd. 5, S. 219
23 MvK. z. Jahre 1105, Bd. 5, S. 226
24 Quell. H. IV., Brf. 34
25 MvK. z. Jahre 1105, Bd. 5, S. 251
26 Quell. H. IV., Brf. 37
27 Quell. H. IV., Brf. 40

28 Vita, c. 11
29 MvK. z. Jahre 1106, Bd. 5, S. 298
30 Vita, c. 12
31 Vita, c. 13
32 Ekkeh. III. z. Jahre 1106
33 Ekkeh. III. z. Jahre 1106
34 Quell. H. IV., Brf. 42
35 Vita, c. 13

Heinrich V. und die neue Zeit

1 MvK. z. Jahre 1106, Bd. 6, S. 9/10
2 Hauck, Bd. 3, S. 890; J. W. 6050 v. 11. Nov. 1105
3 MvK. z. Jahre 1106, Bd. 6, S. 29
4 MvK. z. Jahre 1109, Bd. 6, S. 109
5 MvK. z. Jahre 1110, Bd. 6, S. 113
6 MvK. z. Jahre 1111, Bd. 6, S. 141
7 MvK. z. Jahre 1111, Bd. 6, S. 142
8 MvK. z. Jahre 1111, Bd. 6, S. 142
9 MvK. z. Jahre 1111, Bd. 6, S. 167
10 MvK. z. Jahre 1111, Bd. 6, S. 171–172
11 MvK. z. Jahre 1111, Bd. 6, S. 172–173
12 MvK. z. Jahre 1111, Bd. 6, S. 173–174
13 Ekkeh. III. z. Jahre 1112, MG Constt. 1, S. 571–572
14 MvK. z. Jahre 1111, Bd. 6, S. 210
15 Hauck, Bd. 3, S. 903
16 Ep. 3, S. 565; vgl. J. W. 6202–6304
17 Vita, c. 13
18 Widuk. I. c. 25
19 Ekkeh. III. z. Jahre 1125
20 MvK. z. Jahre 1111, Bd. 6, S. 260–261
21 MvK. z. Jahre 1114, Bd. 6, S. 289
22 Ekkeh. III. z. Jahre 1115
23 MvK. z. Jahre 1115, Bd. 6, S. 346
24 MvK. z. Jahre 1111, Bd. 6, S. 225
25 Ekkeh. III. z. Jahre 1116
26 Ekkeh. III. z. Jahre 1116
27 Ekkeh. III. z. Jahre 1116
28 MvK. z. Jahre 1116, Bd. 7, S. 4

29 MvK. z. Jahre 1116, Bd. 7, S. 11
30 MvK. z. Jahre 1117, Bd. 7, S. 29
31 MvK. z. Jahre 1117, Bd. 7, S. 31/32
32 MvK. z. Jahre 1119, Bd. 7, S. 112
33 Ekkeh. IV. z. Jahre 1119
34 Vita, c. 13; MvK. z. Jahre 1106, Bd. 5, S. 300
35 MvK. z. Jahre 1118, Bd. 7, S. 88
36 Ekkeh. IV. z. Jahre 1119
37 MG Constt. I, Nr. 104, S. 157
38 MG Constt. I, Nr. 105, S. 158
39 Ekkeh. IV. z. Jahre 1121
40 MvK. z. Jahre 1121, Bd. 7, S. 172–174
41 MvK. z. Jahre 1121, Bd. 7, S. 172–174
42 MvK. z. Jahre 1122, Bd. 7, S. 198/98
43 MvK. z. Jahre 1122, Bd. 7, S. 204
44 Ekkeh. IV. z. Jahre 1122; MvK. z. Jahre 1122, Bd. 7, S. 235–237
45 MvK. z. Jahre 1122, Bd. 7, S. 209
46 Lautemann, Bd. 2, S. 353–354; MG Constt. I, Nr. 107, S. 159 f. MG Constt. I, Nr. 108, S. 160 f.
47 Böhler, Deutsche Geschichte, Bd. 5, Berlin 1960, S. 411
48 Böhler, Deutsche Geschichte, Bd. 6, Berlin 1960, S. 3
49 Vita, c. 13
50 Ekkeh. III. z. Jahre 1106
51 Lampert z. Jahre 1076
52 Vita, c. 13
53 Ekkeh. IV. z. Jahre 1125

Quellen- und Literaturhinweise

Wer tieferen Einblick in die Salierzeit und das bedrängende Schicksal Kaiser Heinrichs IV. sucht, wer Canossa als geistesgeschichtliche Gravur einer Epoche noch tiefer nachspüren will, dem sei empfohlen: Wilhelm Kämpf (Hrsg.), Canossa als Wende. Vierzehn Fachgelehrte untersuchen – von verschiedenen Standpunkten aus – diese tiefe Zäsur im Schicksal des deutschen König- und Kaisertums.

Unentbehrlich für eine genauere Wissensvertiefung ist nach wie vor das opulente siebenbändige Werk von Gerold Meyer von Knonau: Jahrbücher des Deutschen Reiches unter Heinrich IV. und Heinrich V.

Der 1992 erschienene Katalog zur Ausstellung des Landes Rheinland-Pfalz: Das Reich der Salier, gibt Einsicht in Siedlungsräume, Herrschaftsverbindungen, Kunst, Architektur, Alltag sowie Lebens- und Glaubensgefühl der Zeit und ihrer Menschen.

Dem eiligen Leser, der aber dennoch kompetent informiert sein will, sei Egon Boshof: Kaiser Heinrich IV., Herrscher an einer Zeitenwende, empfohlen.

Freude und Erfolg bei der eigenen Spurensuche nach Schicksal und Geschick der Deutschen wünscht seinen Lesern

Ernst Wilhelm Wies

Quellen

Anselm von Lüttich, Lütticher Bischofsgeschichte (Gestae episcoporum Leodiensium), hg. v. Rudolf Köpke, MGH SS 7, S. 210–234

Anonyme Kaiserchronik für Heinrich V. Übersetzt von Franz-Josef Schmale und Irene Schmale-Ott, WBD 1972

Annalen von Niederalteich, hg. von Edmund L. B. von Öefele, MGH SS rer. Germ. (4), Hannover 1891

Frutolfs und Ekkehards Chroniken und die anonyme Kaiserchronik. Übersetzt von Franz-Josef Schmale und Irene Schmale-Ott, WBD 1972

Ausgewählte Quellen zur Geschichte des deutschen Mittelalters – Lebensbeschreibungen einiger Bischöfe des zehnten bis zwölften Jahrhunderts:

Leben des hl. Ulrich von Augsburg, verfaßt von Gerhard
Leben des hl. Bruno, Erzbischof von Köln, verfaßt von Routger
Leben des hl. Bernward, Bischof von Hildesheim, verfaßt von Thangmar (?)
Leben Bischof Bennos II. von Osnabrück, verfaßt von Norbert
Leben des hl. Norbert, Erzbischof von Magdeburg
Taten des Erzbischofs Alberos von Trier, verfaßt von Balderich
Übersetzt von Hatto Kallfelz
Freiherr-vom-Stein-Gedächtnisausgabe, nachf. F.-v.-St.-G.-Ausgabe, Bd. XXII, WBD 1986

Quellen des neunten und elften Jahrhunderts zur Geschichte der hamburgischen Kirche und des Reiches
Rimbert: Leben Ansgars
Adam von Bremen: Bischofsgeschichte der Hamburger Kirche
Wipo: Taten Kaiser Konrads II.
Neu übertragen von Werner Trillmich
Hermann von Reichenau Chronik
Neu bearbeitet von Rudolf Buchner
(F.-v.-St.-G.-Ausgabe) Bd. XI, WBD 1978

Lampert von Hersfeld, Annalen
Neu übersetzt von Adolf Schmidt, erläutert von Wolf Dietrich Fritz
(F.-v.-St.-G.-Ausgabe) Bd. XIII
WBD 1957

Quellen zur Geschichte der sächsischen Kaiserzeit
Widukinds Sachsengeschichte
Adalberts Fortsetzung der Chronik Reginos
Liudprands Werke
Neu bearbeitet von Albert Bauer und Reinhold Rau
(F.-v.-St.-G.-Ausgabe) Bd. VIII
WBD 1977

Quellen zur Geschichte Kaiser Heinrichs IV.
Die Briefe Heinrichs IV.
Das Lied vom Sachsenkrieg
Brunos Sachsenkrieg
Neu übersetzt von Franz-Josef Schmale
Das Leben Kaiser Heinrichs IV.
Neu übersetzt von Irene Schmale Ott
(F.-v.-St.-G.-Ausgabe) Bd. XII
WBD 1963

Quellen zum Investiturstreit
Erster Teil, Ausgewählte Briefe Papst Gregors VII.
Übersetzt von Franz-Josef Schmale
(F.-v.-St.-G.-Ausgabe) Bd. XII a
WBD 1978
Zweiter Teil, Schriften über den Streit zwischen Regnum und Sacerdotium
Übersetzt von Irene Schmale Ott
(F.-v.-St.-G.-Ausgabe) Bd. XII b
WBD 1984
Quellen zur Geschichte des deutschen Bauernstandes im Mittelalter
Gesammelt und herausgegeben von Günther Franz
(F.-v.-St.-G.-Ausgabe) Bd. XXXI
WBD 1974
Slawenchronik des Helmold von Bosau
Neu übertragen und erläutert von Heinz Stoob
(F.-v.-St.-G.-Ausgabe) Bd. XIX
WBD 1973
Die Taten Friedrichs oder richtiger CHRONICA
Bischof Otto von Freising und Rahewin
Übersetzt von Adolf Schmidt
Herausgegeben von Franz-Josef Schmale
(F.-v.-St.-G.-Ausgabe) Bd. XVII
WBD 1986
Geschichte in Quellen, Bd. II, Mittelalter
Bearbeitet von Wolfgang Lautemann
Bayrischer Schulbuchverlag München, 1979
Triumphus sancti Remacli Stabulensis de coenobio Malmundariensis
Herausgegeben von Wilhelm Wattenbach MGh SS 11, Berlin 1854, S. 433–461

Geschichts-, Nachschlage- und Sammelwerke

Das Reich der Salier 1024–1125
Katalog zur Ausstellung des Landes Rheinland-Pfalz veranstaltet vom Römisch-Germanischen Zentralmuseum Mainz und den Forschungsinstituten für Vor- und Frühgeschichte in Verbindung mit dem Bischöflichen Dom- und Diözesanmuseum Mainz, Sigmaringen 1992

Bogyay, Th. von: Grundzüge der Geschichte Ungarns, WBD 1990

Boor, H. de. (Hrsg.): Die deutsche Literatur vom Mittelalter bis zum 20. Jahrhundert, 1988

Borst, Arno, (Hrsg.): Das Rittertum im Mittelalter WBD 1976, mit Beiträgen von

Borst, A.: Das Rittertum im Hochmittelalter. Idee und Wirklichkeit (1959)

Brunner, O.: Die ritterlich-höfische Kultur (1949)

Bumke, J.: Der adelige Ritter (1964)

Duby, G.: Die Ursprünge des Rittertums (1968)

Erdmann, C.: Fortbildung des populären Kreuzzugsgedankens (1935)

Fasoli, G.: Grundzüge einer Geschichte des Rittertums (1958)

Fleckenstein, J.: Friedrich Barbarossa und das Rittertum. Zur Bedeutung der großen Mainzer Hoftage von 1184 und 1188 (1972)

Ganshof, F. L.: Was ist das Rittertum? (1947)

Huizinga, J.: Die politische und militärische Bedeutung des Rittergedankens am Ausgang des Mittelalters (1921)

Johrendt, J.: »Milites« und »Militia« im 11. Jahrhundert in Deutschland (Originalbeitrag)

Köhler, E.: Die Rolle des niederen Rittertums bei der Entstehung der Trobadorlyrik (1966)

Kuhn, H.: Soziale Realität und dichterische Fiktion am Beispiel der höfischen Ritterdichtung Deutschlands (1952)

Mor, C. G.: Das Rittertum (1964)

Otto, E.: Von der Abschließung des Ritterstandes (1940)

Painter, S.: Die Ideen des Rittertums (1935)

Sandberger, D.: Die Aufnahme in den Ritterstand in England (1937)

Winter, J. M. v.: Die mittelalterliche Ritterschaft als »classe sociale« (1971)

Wohlfeil, R.: Ritter – Söldnerführer – Offizier. Versuch eines Vergleiches (1966)

Bühler, J.: Deutsche Geschichte, Bd. 1 u. 2, Berlin 1954

Duby/Perrot,: Geschichte der Frauen, Bd. 2, Klappich-Zuber, Chr. (Hrsg.): Mittelalter, 1933

Dürrenmatt, P.: Schweizer Geschichte, 1963

Fleckenstein, J.: Problematik und Gestalt der ottonisch-salischen Reichskirche, o. J.

Fleckenstein/Fuhrmann/Leuschner: Deutsche Geschichte, Bd. 1, 1985

Gebhardt, B.: Handbuch der deutschen Geschichte, Bd. 3, 4, München 1973
Giesebrecht, W. v.: Geschichte der deutschen Kaiserzeit, Bd. 6, 1929/30
Grimm, J./Grimm, W.: Deutsches Wörterbuch Bd. 1–16, 1877
Groh, D. (Hrsg.): Propyläen Geschichte Deutschlands, Bd. 1, Fried, J.: Der Weg in die Geschichte, bis 1024, 1994
Haller, J.: Das Papsttum. Idee und Wirklichkeit, Bd. 1–4, 1965
Hauck, A.: Kirchengeschichte Deutschlands, Bd. 3, 1920
Hlawitschka, E.: Die Thronkandidaturen von 1002 und 1024. Gründeten sie im Verwandtenanspruch oder in Vorstellungen von freier Wahl? o. J.
Höfer/Rahner: Lexikon für Theologie und Kirche, 1959
Kämpf, H. (Hrsg.): Canossa als Wende. Ausgewählte Aufsätze zur neueren Forschung, WBD 1963, mit Beiträgen von
Arquillière, H. X.: Der Pontifikat Gregors VII. in seiner theologischen Bedeutung (1950)
Arquillière, H. X.: Die juristische Bedeutung der Absolution von Canossa (1950)
Brackmann, A.: Canossa und das Reich (1943)
Brackmann, A.: Heinrich IV. als Politiker beim Ausbruch des Investiturstreites (1927)
Brackmann, A.: Tribur (1939)
Erdmann, C.: Tribur und Rom. Zur Vorgeschichte der Canossafahrt (1937)
Erdmann, C.: Zum Fürstentag von Tribur (1941)
Fliche, A.: Hat Gregor VII. in Canossa Heinrich IV. in seine Königsfunktion wieder eingesetzt? (1947)
Haller, J.: Der Weg nach Canossa (1939)
Mayer-Pfannholz, A.: Die Wende von Canossa. Eine Studie zum Sacrum Imperium (1932/33)
Mayer-Pfannholz, A.: Heinrich IV. und Gregor VII. im Lichte der Geistesgeschichte (1936)
Tellenbach, G.: Zwischen Worms und Canossa (1066/77) (1940)
Tondelli, L.: Ausgrabungen in Canossa. Die drei Umfassungsmauern (1952)
Kupisch, K.: Kirchengeschichte, Bd. 2, 1974
Lechner/Huter (Hrsg.): Handbuch der historischen Stätten Österreichs, Bd. 1 u. 2, Kröner
Mann/Nitschke (Hrsg.): Propyläen Weltgeschichte, Bd. 5, 1979

Meyer v. Knonau, G.: Jahrbücher des Deutschen Reiches unter Heinrich IV. und Heinrich V. 7 Bde., 1880–1909, ND 1965
Nitzsch, K. W.: Geschichte des deutschen Volkes bis zum Augsburger Religionsfrieden, 1959
Petri/Droege (Hrsg.): Rheinische Geschichte, Bd. 1 u. 2, 1983
Pleticha, H. (Hrsg.): Deutsche Geschichte, Bd. 2 u. 3, 1982
Salzer, A.: Illustrierte Geschichte der Deutschen Literatur von den ältesten Zeiten bis zur Gegenwart, Bd. 1, 1912
Schieder, Th. (Hrsg.): Handbuch der europäischen Geschichte, Bd. 1 u. 2, 1987
Schmid, K. (Hrsg.): Reich und Kirche vor dem Investiturstreit, 1985
mit Beiträgen von
Keller, H.: Grundlagen ottonischer Königsherrschaft
Schmid, K.: Das Problem der Unteilbarkeit des Reiches
Wollasch, J.: Der Einfluß des Mönchtums auf Reich und Kirche vor dem Investiturstreit
Schramm/Mütherisch: Denkmale der deutschen Könige und Kaiser, Bd. 1, von Karl dem Großen bis Friedrich II., 1962
Schuchert, A.: Kirchengeschichte, Bd. 1 u. 2, 1956
Sedlmayer, M.: Geschichte Italiens 1962
Tellenbach G.: Gregorianische Reform. Kritische Besinnungen, o. J.
Tichy, F.: Italien, WBD 1985
Versch. Hrsg.: Handbuch der historischen Stätten Deutschlands, Bd. 1–11, Kröner

Das Thema umfassende und begleitende Literatur

Abel, W.: Geschichte der deutschen Landwirtschaft, 1978
Banniza v. Bazan, H.: Die Persönlichkeit Heinrich V. im Urteil zeitgenössischer Quellen, 1927
Bloch, M.: Die Feudalgesellschaft, 1982
Borst, A.: Lebensformen des Mittelalters, 1973
Bosl, K.: Europa im Aufbruch. Herrschaft – Gesellschaft – Kultur vom 10. bis zum 14. Jahrhundert, 1980
Bosl, K.: Frühformen der Gesellschaft im mittelalterlichen Europa, 1964
Bosl, K.: Die Reichsministerialität der Salier und Staufer, Bd. 2, 1950/51

Boshof, E.: Heinrich IV. Herrscher an einer Zeitenwende, 1979
Bruns, H.: Das Gegenkönigtum Rudolfs von Rheinfelden und seine zeitpolitischen Voraussetzungen, 1939
Bühler, J.: Klosterleben im Mittelalter, 1989
Bühler, J.: Die Kultur des Mittelalters, 1948
Bumke, J.: Höfische Kultur, Bd. 1 u. 2, 1986
Bulst-Thiele, M. L.: Die Kaiserin Agnes, 1933
Campanini, N.: Canossa. Guida Storica illustrata, 1890
Duby, G.: Ritter, Frau und Priester. Die Ehe im feudalen Frankreich, 1988
Duby, G.: Krieger und Bauern. Die Entwicklung von Wirtschaft und Gesellschaft im frühen Mittelalter, 1981
Duby, G.: Die drei Ordnungen. Das Weltbild des Feudalismus, 1981
Ennen, E.: Frauen im Mittelalter, 1985
Erdmann, C.: Die Anfänge der staatlichen Propaganda im Investiturstreit, 1936
Erdmann, C.: Studien zur Briefliteratur Deutschlands im elften Jahrhundert, 1938
Erdmann, C.: Die Entstehung des Kreuzzugsgedankens, 1955
Fauser, A.: Die Publizisten des Investiturstreites. Persönlichkeiten und Ideen, 1935
Ganshof, F. L.: Was ist das Lehnswesen? WBD 1983
Goetz, H. W.: Leben im Mittelalter. Vom 7. bis zum 13. Jahrhundert, 1986
Gurjewitsch, A.: Das Weltbild des mittelalterlichen Menschen, 1986
Haller, J.: Abhandlungen zur Geschichte des Mittelalters, Neuauflage der Cottaschen Buchhandlung von 1944
Haller, J.: Epochen der deutschen Geschichte, Neuauflage der 1950 erschienenen Originalausgabe
Haller, J.: Das altdeutsche Kaisertum, 1926
Hampe, K.: Das Hochmittelalter. Geschichte des Abendlandes von 900 bis 1250, WBD 1977
Hampe, K.: Deutsche Kaisergeschichte im Mittelalter, WBD 1963
Hampe, K.: Herrschergestalten des deutschen Mittelalters, WBD 1967
Hlawitschka, E.: Vom Frankenreich zur Formierung der europäischen Staatengemeinschaft 840–1046, WBD 1986
Huizinga, J.: Herbst des Mittelalters, 1975
Jenal, G.: Der Erzbischof Anno II. von Köln (1056–1075) und sein politisches Wirken, 1974/75

Kern, F.: Gottesgnadentum und Widerstandsrecht im frühen Mittelalter, WBD 1980

Kern, F.: Recht und Verfassung im Mittelalter, WBD 1976

Knabe, L.: Die galesianische Zweigewaltentheorie bis zum Ende des Investiturstreites, 1936

Koch, G.: Auf dem Wege zum Sacrum Imperium. Studien zur ideologischen Herrschaftsbegründung der deutschen Zentralgewalt im 11. und 12. Jh., 1972

Kubach/Haas: Der Dom zu Speyer, 3 Bde. (Die Kunstdenkmäler von Rheinland-Pfalz 5), 1972

Laudage, J.: Gregorianische Reform und Investiturstreit, WBD 1993

Laudage, J.: Priesterbild und Reformpapsttum im 11. Jahrhundert, Beihefte zum Archiv für Kulturgeschichte 22, 1984

Mayer, H. E.: Geschichte der Kreuzzüge, 1986

Mikoletzky, H. L.: Der fromme Kaiser Heinrich IV., in: Mitt. Inst. f. Österr. Geschichtsforschung 68, 1960

Mirbt, C.: Die Publizistik im Zeitalter Gregors VII., 1894

Mitteis, H.: Der Staat des hohen Mittelalters, Ndr. 1980

Mitteis, H.: Die deutsche Königswahl, Ndr. 1987

Mittermaier, K.: Die deutschen Päpste, 1991

Overmann, A.: Gräfin Mathilde von Tuszien. Ihre Besitzungen. Geschichte ihres Gutes von 1115–1230 und ihre Regesten, Ndr. 1965

Pernoud, R.: Die Kreuzzüge in Augenzeugenberichten, 1971

Runciman, St.: Geschichte der Kreuzzüge, 1978

Sauerländer, W.: Die Skulptur des Mittelalters, 1963

Schieffer, R.: Die Entstehung des päpstlichen Investiturverbotes für den deutschen König, 1981

Schirmer, E.: Die Persönlichkeit Kaiser Heinrichs IV. im Urteil der deutschen Geschichtsschreibung vom Humanismus bis zur Mitte des 18. Jhs., 1931

Schmeidler, B.: Kaiser Heinrich IV. und seine Helfer im Investiturstreit, Ndr., 1970

Schramm, P. E.: Kaiser – Rom und Renovatio, WBD 1984

Steinen, W. von den: Canossa. Heinrich IV. und die Kirche, WBD 1969

Tellenbach, G.: Libertas. Kirche und Weltordnung im Zeitalter des Investiturstreites, 1936

Vogel, J.: Gregor VII. und Heinrich IV. nach Canossa. Zeugnisse ihres Selbstverständnisses, 1983

Waas, A.: Heinrich V. Gestalt und Verhängnis des letzten salischen Kaisers, 1967

Wahl, R.: Der Gang nach Canossa. Heinrich IV., 1977
Weinfurter, St.: Herrschaft und Reich der Salier. Grundlinien einer Umbruchzeit, 1992
Ziese, J.: Wibert von Ravenna. Der Gegenpapst Clemens III. (1084–1100), 1982
Zimmermann, H.: Der Canossagang von 1077. Wirkungen-Wirklichkeit, 1975

Personenregister

A. = Abt
Ä. = Äbtissin
B. = Bischof
bez. = bezeugt
Br. = Bruder
Eb. = Erzbischof
Gf. = Graf
Gfn. = Gräfin
Gem. = Gemahl/Gemahlin
Geschr. = Geschichtsschreiber
Hg. = Herzog
Hgn. = Herzogin
Hl. = Heilige(s)
Kg. = König
Kgn. = Königin
K. = Kardinal
Ks. = Kaiser
Ksn. = Kaiserin
L. = Legat
Lgf. = Landgraf
Lgfn. = Landgräfin
M. = Mutter
Mgf. = Markgraf
Mgfn. = Markgräfin
Mn. = Mönch
N. = Verwandter (nepos)
P. = Papst
Pgf. = Pfalzgraf
S. = Sohn
Schw. = Schwester
Sm = Schwiegermutter
T. = Tochter
V. = Vater

Die Biographie
des letzten großen Staufers

Ernst W. Wies vermittelt ein neues Bild dieses Herrschers, der die Welt in Staunen versetzte, den einen galt er als Messias, den anderen als Antichrist.

Bechtle Verlag

Legende und Wirklichkeit der faszinierendsten Frau des Mittelalters

Die heilige Elisabeth, aus bedeutendem Herrschergeschlecht, entsagte der Welt materieller Bedürfnisse und widmete ihr kurzes Leben den Ausgestoßenen und Armen.

Bechtle Verlag

Konrad der Rote
Herzog von Lothringen
reg. 944–954 (abgesetzt)
∞ Liutgard

Otto
Graf vom Wormsfelde,
Herzog von Kärnten
reg. um 1002–1004

Hermann II.
Herzog von Schwaben und dem Elsaß
reg. 997–1003
∞ Gerberga

Heinrich
Graf von Speyer
∞ Adelheid
von Metz

Brun/Gregor V.
Papst 996–999,
vorher Bischof von
972–999

Hermann III.
Herzog von Schwaben
reg. 1003–1012

1. Bruno
sächsicher Graf
† 1006

2. Ernst I.
Graf von Babenb
Herzog von Schw
reg. 1012–1015
∞ Gisela
2. Hochzeit um 1
3. Hochzeit 1016

Ernst II. (»Herzog Ernst«)
Herzog von Schwaben
1007–1030 gef.
reg. 1015–1027, 1028–1030

Hermann IV.
Herzog von Schwab
um 1010–1038
reg. um 1030–1038

Rudolf
Graf von Rheinfelden, Herzog von Schwaben
Gegenkönig 1077–1080
∞ Mathilde

Konrad
1071–1101
Königskrönung 1087
1098 abgesetzt
∞ Konstanze

Ende